中国证券业发展报告(2016)

Development Report of
China's Securities Industry (2016)

中国证券业协会◎著

中国财政经济出版社

图书在版编目（CIP）数据

中国证券业发展报告．2016／中国证券业协会著．—北京：中国财政经济出版社，2016.5

ISBN 978－7－5095－6716－6

Ⅰ.①中… Ⅱ.①中… Ⅲ.①证券市场－经济发展－研究报告－中国－2016 Ⅳ.①F832.51

中国版本图书馆 CIP 数据核字（2015）第 077855 号

责任编辑：翁晓红等　　　　责任校对：胡永立
封面设计：田　晗　　　　版式设计：董生平

中国财政经济出版社出版

URL：http：//www.cfeph.cn

E－mail：jiaoyu@cfeph.cn

社址：北京市海淀区阜成路甲 28 号　邮政编码：100142

发行处电话：88190406　财经书店电话：64033436

北京财经印刷厂印刷　各地新华书店经销

787×1092 毫米　16 开　25.75 印张　556 000 字

2016 年 5 月第 1 版　2016 年 5 月北京第 1 次印刷

定价：70.00 元

ISBN 978－7－5095－6716－6/F·5402

（图书出现印装问题，本社负责调换）

本社质量投诉电话：010－88190744

打击盗版举报热线：010－88190492、QQ：634579818

《中国证券业发展报告（2016）》

编 委 会

《中国证券业发展报告（2016）》

作者名单

（按照姓氏笔画排序）

于　佳　万华伟　万　建　王　旭　王国伟　王明昆

王　旻　王建业　王晓江　井维维　方　芳　叶维武

史若燃　冉　倩　成　瑶　吕建华　朱志雄　朱　蕾

乔光豪　乔愿平　庄虔华　刘世欣　刘　胤　刘美君

刘晓亮　刘晓峰　刘惟卓　孙　刚　孙兆军　孙国雄

孙雯雯　孙　媛　李　云　李伯侯　李怀军　李　贤

李明亮　李树华　李　倩　李海英　李　晗　李　晶

杨舰航　肖　丹　吴一萍　何苗苗　何笑冰　汪　丽

宋文玲　宋世浩　宋　娜　张小莉　张　灿　张春玲

张　玲　张　荣　张晗竹　陆中兵　陈久红　陈春雷

陈显泉　陈晓升　陈　皙　陈锦玉　罗再宏　周洪荣

周　潜　赵立族　赵清源　胡友群　胡泽利　战雪萌

姜婧一　姜　斓　贾丽娜　贾　新　殷　杰　谈志琦

谈　恺　陶　潜　黄诗华　曹永强　曹恒乾　常丽娟

崔冬冬　商　田　梁　迎　蒋健蓉　谢　正　路　颖

蔡梦怡

前　言

中国证券业协会会长　陈共炎

2015 年是资本市场在曲折波动中发展的一年，也是证券行业严控风险规范发展的一年。面对复杂多变的市场环境，中国证券业协会在中国证监会的领导下，以市场化、法制化为导向，坚持防范金融系统性风险，开展行业发展评估，引导行业建立全面风险管理体系，强化合规经营；支持行业健康发展创新，推动经纪、投行、资产管理等业务提升服务能力，促进互联网证券、场外衍生品业务等创新业务规范发展，提升行业服务实体经济的能力；稳妥推进私募市场建设，推动柜台市场建设，优化机构间私募产品报价与服务系统，促进多层次资本市场体系的发展。2015 年，证券行业整体实力显著提升，净资产及净资本稳步增长，传统业务和创新资本中介业务协同并进，盈利水平创历史新高。

作为行业年度发展报告，《中国证券业发展报告（2016）》立足于从行业宏观视角和业务发展的维度，通过对行业数据的分析、国际经验的借鉴，全面、深入、客观地反映了 2015 年行业的发展全貌、行业特色和发展趋势，力求为中国证券业的发展留下真实可靠的历史资料，并为今后证券业的发展提供必要借鉴。《中国证券业发展报告（2016）》紧紧围绕行业和市场的变化，首次以专题报告的形式介绍了 2015 年证券行业人才发展情况及证券投资咨询公司的发展情况。

由于编写时间紧迫，《中国证券业发展报告（2016）》难免有疏漏、错误之处，敬请业内同仁、广大读者提出宝贵意见和建议。

2016 年 4 月

目 录

总 报 告

2015年中国证券业发展回顾与展望

分 报 告

分报告之一：2015年中国证券经纪业务发展回顾与展望

分报告之二：2015年中国投资银行业务发展回顾与展望

分报告之三：2015 年中国证券公司资产管理业务发展回顾与展望

分报告之四：2015 年中国证券公司融资类业务发展回顾与展望

分报告之五：2015 年中国证券公司投资业务发展回顾与展望

分报告之六：2015 年中国证券公司国际化业务发展回顾与展望

分报告之七：2015 年证券市场资信评级业务发展回顾与展望

专题报告

专题报告之一：2015 年证券行业人才发展综述

专题报告之二：2015 年全国中小企业股份转让系统发展综述

专题报告之三：2015 年区域股权市场与柜台市场发展综述

专题报告之四：2015 年机构间私募产品报价与服务系统发展综述

专题报告之五：2015 年中国证券投资咨询公司发展综述

专题报告之六：2015 年证券公司互联网证券发展综述

专题报告之七：2015 年固定收益业务发展综述

专题报告之八：2015 年中国证券公司合规与风险管理发展综述

专题报告之九：2015 年中国证券业信息技术与服务发展综述

专题报告之十：2015 年证券公司投资者保护发展综述

总 报 告

2015 年中国证券业发展回顾与展望

证券行业作为资本市场的重要参与者，是资金直接融通的枢纽，对我国经济发展具有重要意义。在社会主义市场经济取得重大成就、同时面临经济转型重大变局的今天，证券行业在服务实体经济、行业发展方面也面临着新的机遇与挑战。除了为实体经济提供融资服务，优化社会整体资源配置外，证券行业在转型中，将更积极地协助企业建立现代化的治理结构和管理制度、盘活企业存量资产与资金、助推企业进入国际资本市场，为我国经济带来整体效率的提升。

2015 年，证券行业场内场外市场并举，多层次资本市场获得充分发展。随着科技进步、业务创新逐渐深化，证券行业也与时俱进，积极落实“互联网 +”战略。在资本市场大幅波动的背景下，证券行业加强监管、严格进行风险控制，进一步提升自身的风险防范意识和风险控制职能。在市场开放方面，证券行业以开放促发展，推动资本市场双向开放稳步前行。

展望 2016 年，我国资本市场和证券行业还将继续深化各项改革，扩大双向开放，在防范市场风险的基础上强化监管，加强执法效力和制度建设，进一步加快多层次资本市场发展，丰富市场层次和融资工具、渠道，完善并购重组市场化机制，有效增强服务实体经济和供给侧结构性改革的能力。

第一章
2015年中国证券业发展现状

一、证券行业总体情况

（一）证券公司发展情况

截至2015年底，全国共有证券公司125家，较2014年增加5家。其中有24家证券公司在沪、深证券交易所上市，较2014年新增了申万宏源、东兴证券、东方证券和国泰君安；在香港证券交易所上市的证券公司增加至9家，较2014年新增了广发证券、华泰证券、国联证券、恒泰证券和中金公司。在全国股权转让系统挂牌的证券公司增至5家，较2014年新增了3家（见图1-1）。

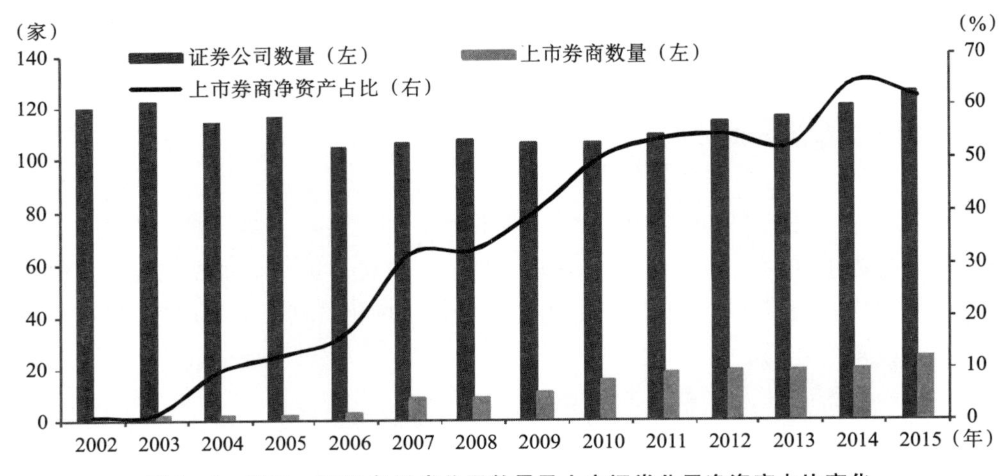

图1-1　2002—2015年证券公司数量及上市证券公司净资产占比变化

资料来源：中国证券业协会网站、Wind资讯。

1. 证券公司资产规模——资本实力增强，抗风险能力提升

截至2015年12月31日，证券公司总资产为6.42万亿元，净资产为1.45万亿元，净

资本为 1.25 万亿元，客户交易结算资金余额（含信用交易代理买卖证券款）2.06 万亿元，托管证券市值 33.63 万亿元，受托管理资金本金总额 11.88 万亿元（见图 1－2）。

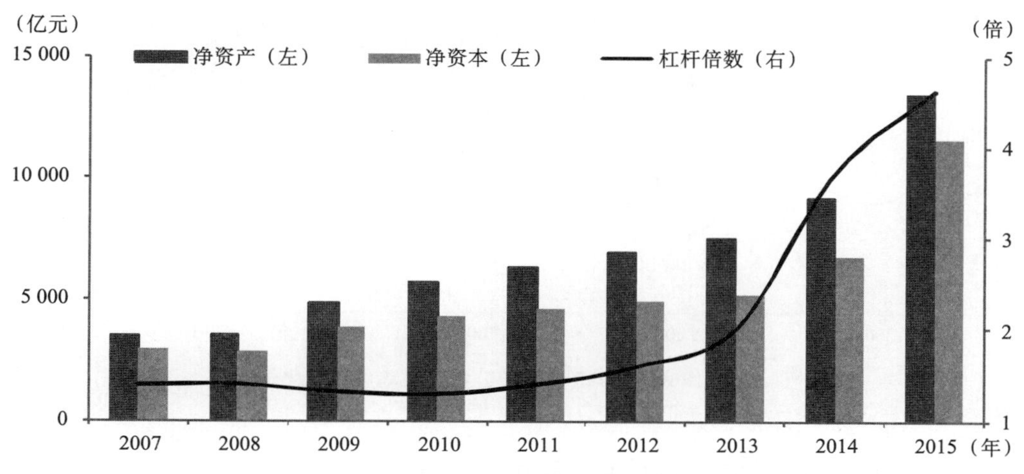

图 1－2　2007—2015 年证券公司资本规模情况

注：杠杆倍数＝（总资产－客户交易结算资金）/净资产。

资料来源：中国证券业协会网站、Wind 资讯。

与 2014 年相比，2015 年证券公司总资产和净资产分别增长 56.97% 和 57.69%，资本实力继续增强，抗风险能力有一定提升。受益于市场的波动性加强，2015 年末证券公司客户交易结算资金余额 2.06 万亿元，较 2014 年底的 1.2 万亿元增加 71.67%；托管证券市值 33.63 万亿元，较 2014 年 15.36 万亿元增加 118.95%；受托管理资金本金总额 11.88 万亿元，较 2014 年增加 49.06%；融资融券余额也经历了大幅震荡，最高曾到 22 730 亿元，年末回落至 11 742 亿元，较年初的 10 379 亿元略有增加。

证券公司规模的集中度数据显示出竞争格局的状态基本稳定，净资产和净资本集中度在经历了 2013 年的阶段性谷底之后缓慢回升，但总资产集中度却始终保持上升趋势，早已超越了 2007 年的高点（见图 1－3）。总资产、净资产、净资本前 5 家证券公司的集中率（CR5）分别为 38.70%、33.63% 和 22.68%。

2. 证券公司业务利润变动和收入结构情况——盈利水平稳步提升，收入结构改善

2015 年证券公司全年实现营业收入 5 751.55 亿元，同比大幅增加 120.97%；实现净利润 2 447.63 亿元，同比大幅增加 153.50%；净利率为 42.56%，大幅提升 5.46 个百分点；行业净资产收益率（ROE）为 16.86%，上升 6.37 个百分点。利润增幅较收入增幅明显，证券公司的盈利水平大幅提高，2015 年创下收入和利润的历史最好水平。

经过近年来的业务创新，证券公司的传统业务和创新业务形成了相互促进的稳定格局。经纪、承销和自营三项传统业务维持着齐头并进、稳步上升的态势，但侧重略有变化，经纪业务收入占比上升，反映出与市场行情波动的紧密联系。与此同时，融资融券的业务量虽然经历了 2015 年的大幅波动，但已扩张到了成熟阶段，在收入中的占比稳定，形成了传统业

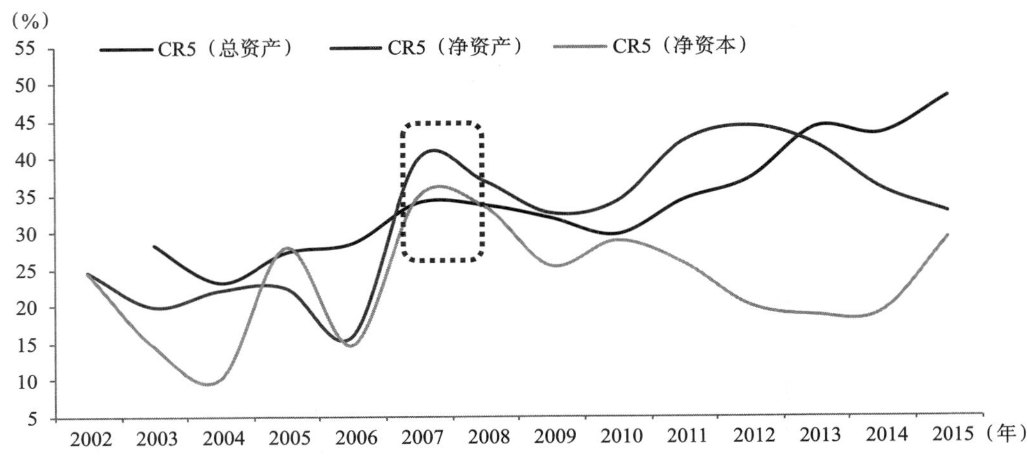

图 1－3　2002—2015 年证券公司规模集中度变化情况

资料来源：中国证券业协会、Wind 资讯、各公司年报及中报。

务和创新业务共同稳步推进的较好格局（见表 1－1）。

表 1－1　　2015 年证券公司利润和收入情况

	2015 年上半年	2015 年全年	2014 年
营业收入（亿元）	3 305.08	5 751.55	2 602.84
代理买卖证券业务净收入占比（%）	47.94	46.79	40.32
投资咨询业务净收入占比（%）	0.58	0.78	0.86
证券承销与保荐业务净收入占比（%）	4.86	6.84	9.23
财务顾问业务净收入占比（%）	1.32	2.40	2.66
受托客户资产管理业务净收入占比（%）	3.70	4.78	4.78
证券投资净收益占比（%）	27.85	24.58	27.29
融资融券业务利息净收入占比（%）	11.09	10.28	17.14
其他业务占比（%）	2.67	2.14	1.24
净利润（亿元）	1 531.96	2 447.63	965.54
净利率（%）	46.35	42.56	37.10

注：净利率＝净利润/营业收入×100%。

资料来源：中国证券业协会。

2014 年以来，证券公司的盈利状况与股票市场的波动有明显相关关系，从 2012 年的谷底回升到 2015 年收入、利润均创下历史最高纪录，不可否认是有赖于市场波动的力量。但同时，我们从净利润率、ROE 以及收入结构来看，证券公司已经利用创新业务和传统业务的结合，获得了较好的综合盈利水平，特别是融资业务和经纪业务形成了较好的相互促进的良性格局。从净利润率和 ROE 指标来看都已经回升到 2007 年以来的高位水平，反映出证券公司的成本控制做得很好，“开源”的同时并没有忘记“节流”，多方面因素共同促进证券公司盈利水平稳步提升（见图 1－4）。

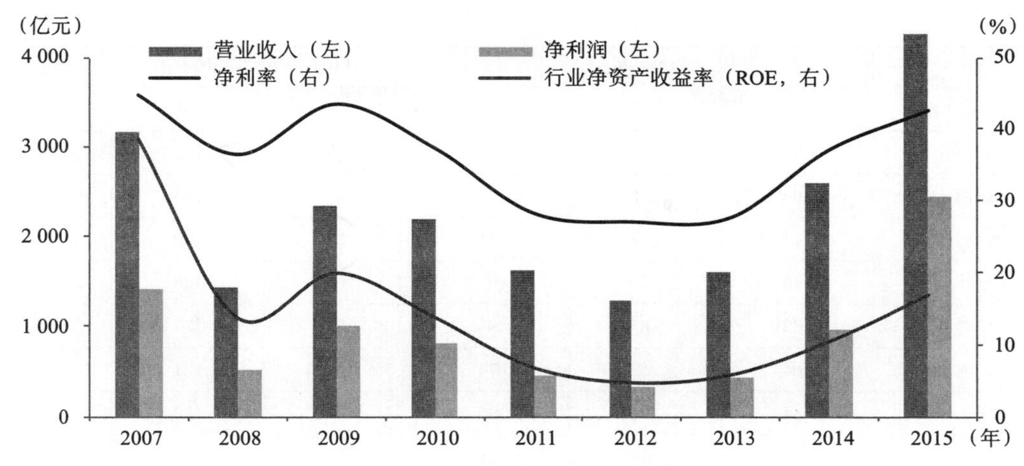

图1-4　2007—2015年证券公司盈利情况

资料来源：中国证券业协会网站、Wind资讯。

3. 证券公司营业网络分布情况——布局更加优化

截至2015年底，证券公司营业部共8 170家，较2014年增加了971家，增加13.49%。轻型营业部的扩张态势依然在持续，不过增速略有放缓。区域分布上，加速扩张的区域仍然集中在沿海地区，广东、浙江、江苏还是增设营业部最多的区域，分别增加了129家、95家、78家；中部地区参差不齐，总体有所放缓，2014年扩张较快的江西饱和度提升后趋于稳定，湖南、湖北、河南2015年分别扩张了56、39、39家营业部（见表1-2和图1-5）。

表1-2　近年来证券公司营业部辖区分布　（单位：家）

地区	2010年	2011年	2012年	2013年	2014年	2015年
广东	613	673	703	769	934	1 063
江苏	300	334	363	445	603	681
浙江	333	370	381	436	581	676
上海	476	483	489	501	575	640
山东	222	253	280	315	403	453
北京	228	253	265	287	338	390
福建	188	218	237	256	316	350
四川	199	210	219	242	301	329
辽宁	205	202	215	228	283	312
湖北	145	182	190	204	249	288
湖南	162	168	177	209	243	299
江西	108	114	117	124	235	260
河南	131	143	145	170	229	268
安徽	135	148	158	165	211	232
河北	148	158	165	175	199	216

续表

地区	2010 年	2011 年	2012 年	2013 年	2014 年	2015 年
陕西	92	105	119	140	168	196
重庆	96	111	111	119	163	176
山西	90	108	122	130	146	157
黑龙江	113	117	121	122	140	154
天津	95	101	103	108	128	148
广西	82	87	98	101	127	158
云南	64	69	74	101	121	136
吉林	84	91	96	104	120	129
内蒙古	51	60	61	66	85	91
甘肃	58	60	63	66	71	89
贵州	32	44	48	54	66	79
新疆	59	62	62	62	64	73
海南	33	37	40	40	44	52
宁夏	18	19	23	24	29	37
青海	10	13	13	16	17	23
西藏	3	4	5	6	10	15
总计	4 573	4 997	5 263	5 785	7 199	8 170

资料来源：上海证券交易所网站。

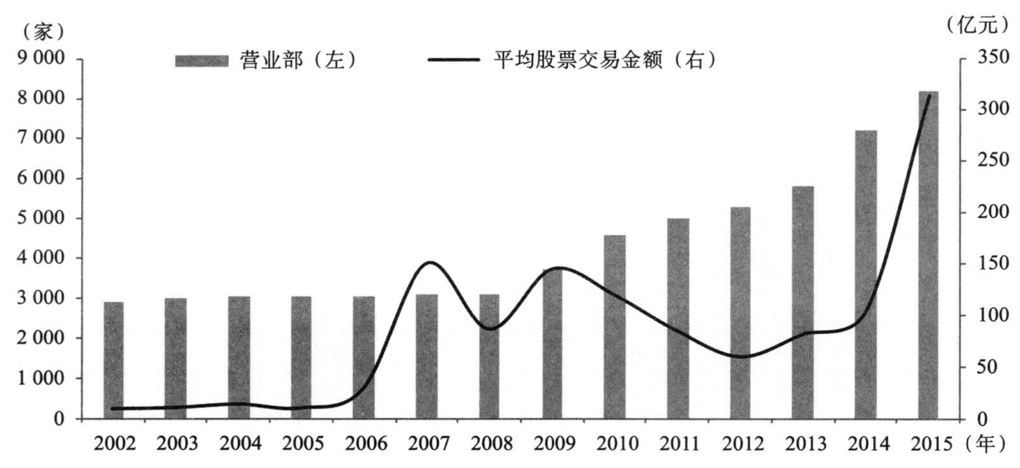

图 1－5　2002—2015 年证券公司营业网络分布发展情况

资料来源：上海证券交易所网站、Wind 资讯。

在证券公司营业部数量快速扩张势头延续的同时，单体营业部的股票交易金额也迅速放大，2015 年达到 313 亿元/家，较 2014 年增长 201%。随着证券市场的活跃度上升，营业部的经营状况得到明显提升。

4. 证券从业人员——从业人员实现较快增长

截至 2015 年底，证券行业已注册从业人员 29.24 万人，从业人员较 2014 年大幅增加 5.23 万人，增幅达 21.80%。其中，一般从业人员 17.67 万人，证券经纪业务营销人员 2 415 人，证券经纪人 7.32 万人，证券投资咨询业务（分析师）2 350 人，证券投资咨询业务（投资顾问）3.34 万人，保荐代表人 2 870 人，投资主办人 1 482 人。

从业人员的结构变化出现了新特点：一般证券业务、证券经纪人和证券投资咨询业务（投资顾问）数量大幅增长，而证券经纪业务营销人员和证券投资咨询业务（分析师）减少。这一格局反映出 2015 年一般从业人员随市场需求而较快增长的行业特征。另外，保荐人数量稳步上升也是近年来的一个特征（见表 1－3）。

表 1－3　2014—2015 年证券行业（含证券公司和证券投资咨询机构）从业人员规模及分布

（单位：人）

	从业人员	一般证券业务	证券经纪业务营销	证券经纪人	证券投资咨询业务（分析师）	证券投资咨询业务（投资顾问）	证券投资咨询业务（其他）	保荐代表人	投资主办人
2015 年	292 365	176 666	2 415	73 214	2 350	33 368	0	2 870	1 482
2014 年	240 029	145 328	2 962	55 503	2 866	29 519	0	2 637	1 214

注：证券从业人员执业资格分类依据来源于中国证券业协会。

资料来源：中国证券业协会。

（二）证券投资咨询公司发展状况

截至 2015 年底，证券投资咨询公司共 84 家，其中北京辖区 18 家，深圳辖区 10 家。2015 年证券投资咨询机构的注册证券从业人员 1 894 人，较 2014 年的 1 528 人增加了 366 人，增幅为 23.95%，呈现出较快的增长态势。其中注册证券投资咨询业务（分析师）资格 149 人，较 2014 年减少 60 人，呈现持续减少态势；注册证券投资咨询业务（投资顾问）资格为 1 160 人，较 2014 年增加 9 人；一般证券业务资格 585 人，较 2014 年增加 317 人，是 2015 年度从业人员增加的主要来源。

（三）证券市场资信评级机构发展状况

截至 2015 年底，经中国证监会批准的从事证券市场资信评级业务的资信评级机构共 7 家。根据 2015 年中国证券业协会专项调查统计，7 家资信评级机构资产总额达 17.75 亿元，同比增加 14.79%；营业收入近 11.11 亿元，比 2014 年增长 42.79%；其中证券评级业务收入 7.04 亿元，占比 63.37%，较 2014 年的 31.79% 大幅上升；净利润 3.56 亿元，同比增长 19.44%。

2015 年，得益于公司债发行市场化改革，资信评级业务大幅增长。2015 年我国债券市场共发行各类债券 22.3 万亿元，同比大幅增长 87.5%，大力推动了资信评级业务扩张。资信评级机构共承接债券评级项目 6 894 个，同比增长 9.97%。首次评级项目 4 546 单，跟踪评级项目 2 348 单。其中，公募公司债项目为 1 217 单，较 2014 年大幅增长 651.23%。同时，资产证券化评级业务发展较快，全年承做资产证券化项目 436 项，同比大幅增长 436.3%。

截至 2015 年底，7 家证券资信评级机构从业人员总数达到 1 141 人，其中具有证券从业资格的评级人员 665 人，同比增长 48.44%；具有硕士以上学历的人员占比为 70.2%，较 2014 年增加 8.2 个百分点。

二、证券公司各项业务开展情况

（一）经纪业务

1. 市场规模、交易及收入情况

截至 2015 年底，境内上市公司（A、B 股）达到 2 827 家，相比 2014 年增加 214 家；上市公司总市值和流通市值大幅提升，分别同比增加 42.63% 和 32.41%，达到 53.13 万亿元和 41.79 万亿元，流通市值占比约为 78.66%。

2015 年，股票和基金交易共实现 270.86 万亿元的交易额，同比增长 242.38%。其中，全市场全年累计成交股票 255.59 万亿元，较 2014 年增长 243.58%；累计成交基金 15.27 万亿元，是 2014 年的 3.24 倍，交易活跃度显著提升。2015 年交易所债券市场持续火爆，实现 126.73 万亿元的成交量，同比增长 39.91%（见表 1－4）。

表 1－4　　2014—2015 年市场规模和交易情况

	上市公司数量（家）	退市公司数量（家）	股本（万亿股）		市值（万亿元）		股票成交额（万亿元）	基金成交额（万亿元）	交易所债券成交额（万亿元）
			总股本	流通股本	总市值	流通市值			
2015 年	2 827	23	4.30	3.70	53.13	41.79	255.59	15.27	126.73
2014 年	2 613	3	3.68	3.23	37.25	31.56	74.39	4.72	90.58

资料来源：Wind 资讯。

证券公司经纪业务与证券市场交易活跃状况密切相关。2015 年随着股基交易量的大幅增长，证券公司代理买卖证券业务净收入达 2 690.96 亿元，同比增长 156.41%。

2. 投资者情况

截至 2015 年末，沪、深两市投资者数量（投资者数量指持有未注销、未休眠的 A 股、B 股、信用账户、衍生品合约账户的一码通账户数量）达到 9 910.53 万人，其中自然人 9 882.15万人，非自然人 28.38 万人。自然人投资者中，约 99.29% 的投资者开立 A 股账户，2.41% 的投资者开立 B 股账户；非自然人投资者中，约 91.83% 的投资者开立 A 股账户，

8.28%的投资者开立 B 股账户。

从 A 股账户的构成来看，与 2014 年相比，2015 年各类特殊机构及产品账户的数量均有明显增加。其中，证券投资基金、基金公司专户理财产品、证券公司集合理财和人民币合格境外机构投资者（RQFII）账户增速最为明显，增幅均超过 60%；信托、保险、社保基金和合格境外机构投资者（QFII）账户也分别增加 48.18%、44.96%、22.05% 和 18.77%（见表 1－5）。

表 1－5　2014 年 A 股特殊机构及产品账户变化情况　（单位：户）

	2015 年	2014 年
证券投资基金	19 033	5 080
证券公司自营	85 592	85 205
证券公司集合理财	5 857	3 311
基金公司专户理财产品	23 863	9 450
社保基金	310	254
企业年金	6 835	6 184
QFII	981	826
RQFII	942	563
保险	2 834	1 955
信托	25 442	17 170

资料来源：中国证券登记结算有限责任公司。

3. 市场集中度情况

2015 年证券经纪业务的市场集中度与 2014 年相比更为集中。2015 年，排名前 5 家（CR5）和前 10 家（CR10）的证券公司股票及基金交易量的市场份额分别为 27.95% 和 48.06%，与 2014 年相比分别提升 3.02 个和 4.56 个百分点。

（二）投资咨询业务

投资咨询业务包括证券投资顾问业务和发布研究报告两种基本服务形式。2015 年全年，投资咨询业务实现净收入 44.78 亿元，同比增加 100.72%。

1. 投资顾问业务创新不断，人员规模显著扩大

2015 年中国证券业协会专项调查统计显示，截至 2015 年底，在参与调研的 97 家证券公司中，共有 90 家已开展投资顾问业务，与 2014 年相比新增 6 家。其中，63 家设立了专门从事及管理投资顾问业务的独立部门，与 2014 年持平。2015 年已有 14 家证券公司成立了一级部门从事投资顾问业务，其余 49 家则多在经纪业务总部、零售业务部、销售交易部、互联网金融部等一级部门下开展该项业务。从事投资顾问业务的部门主要定位于成本中心，以服务为导向。2015 年已有 70 家公司的投资顾问业务创造收入，其中 9 家自 2015 年开始创

收，业务收入主要源于差别佣金和投资顾问收费。2015 年有 30 家公司的投资顾问收费在投资顾问业务中的收入占比有显著提升。

证券公司投资顾问业务的组织形式基本以总部和分支机构分工协作为主；总部主要负责投资顾问业务规章制度、投研体系、风控体系的构建，以及业务的组织、推广、培训、指导及系统支持等，分支机构主要负责投资顾问业务的具体开展。从人员规模来看，总部投资顾问的平均团队规模为 26 人，分支机构投资顾问平均规模为 518 人，两项规模均超过 2014 年相应指标的 2 倍。

调查统计显示，投资顾问业务的产品类型较为丰富。根据投资者的风险偏好，设立稳健型、平衡型、进取型产品；根据投资标的，设立权益类、固定收益类、杠杆类、组合类产品；根据服务对象，设立标准化产品和个性化产品；根据服务方式，设立基础服务产品、终端服务产品、投资顾问服务产品、短信服务产品及资讯服务产品；根据收费方式，分为基础服务产品、固定收费产品和提高佣金模式。2015 年投资顾问业务创新不断，主要体现在：第一，持续运用微信、网络服务平台等互联网技术加强客户服务，丰富资讯类产品线；第二，服务内容不断拓宽，从股票拓宽至 ETF、债券、分级基金、融资融券、个股期权等多种金融产品；第三，推进固定前端收费模式，创新前端收费产品；第四，加强与媒体、互联网提供商及第三方平台的合作，通过多种形式提高品牌效应。

2. 发布研究报告业务持续创新

根据 2015 年中国证券业协会的专项调查统计，在参与调研的 95 家证券公司中，设有研究所（部、子公司）的有 87 家证券公司，总共发布研究报告 121 812 篇，同比减少 7. 01%；其中，深度报告 12 652 篇，占研究报告总数的 10. 39%，在数量和比重上均略有降低。

从证券研究的广度来看，主要包括宏观研究、策略研究、行业与公司研究、金融工程研究、债券及固定收益研究、衍生品研究、大宗商品研究、中小市值研究等。研究报告为证券研究产品的主要形式。

证券研究服务对象包括本公司内外部服务。在开展证券研究的 87 家证券公司中，62 家开展对机构客户的产品推广及服务工作，73 家开展对公司分支机构的服务，81 家开展对公司其他部门的服务，其中 35 家证券公司的研究服务以外部服务为主，比 2014 年增加 7 家。从具体的服务形式看，外部服务对象包括公募基金、保险公司、社保基金、私募基金、产业资本、资产管理公司、证券公司资产管理部门、证券公司自营部门、QFII、合格境内机构投资者（QDII）、海外客户 、高净值客户等，服务形式以提供研究报告、路演、策略会、委托调研为主；对公司分支机构的服务形式主要包括研究报告、策略报告会、产品销售支持、研究培训等；对公司其他部门的服务形式主要包括提供定制化研究咨询、产品评估、定价报告、研究培训等。

2015 年，证券研究部门适应市场变化，加强研究业务创新，除延续 2014 年利用微信等新媒体推广研究成果、加强新三板等场外市场研究等创新外，2015 年出现以下新的创新方向：（1）运用产业链研究方法，掌握产业资源定价权，深入融合产业与资本；（2）部分公司加强国际化研究，设立海外市场研究部；（3）扩大各类金融产品研究，增加量化研究方向的覆盖。

根据 2015 年中国证券业协会的专项调查统计，从事发布研究报告业务的人员数量有所减少，87 家证券公司研究所（部、子公司）的全部员工总数为 3 571 人，同比增加 239 人；其中，具有 5 年及以上从业经验的员工人数为 1 349 人，约占 37.78%；具有博士及以上学历的员工人数为 306 人，与 2014 年基本持平。

（三）证券承销与发行业务

2015 年证券公司股权融资业务增长显著，在境内证券交易所市场（包括 A 股市场、B 股市场和证券交易所债券市场）证券承销总额为 32 049.96 亿元，同比增长 280.98%。其中，股票承销总额为 10 526.22 亿元，同比增长 79.27%，占证券承销总额的 32.84%；债券承销总额为 21 523.74 亿元，同比上升 502.81%，占证券承销总额的 67.16%。受首次公开发行（IPO）及再融资业务持续活跃的影响，股权融资业务（包括 IPO、公开增发、融资性非公开发行股票、配股、优先股等）较 2014 年大幅增长；受公司债券市场快速发展的影响，交易所市场债券融资业务较 2014 年大幅上升。

1. 股票发行与承销业务

（1）首次公开发行（IPO）。2015 年证券公司共完成首次公开发行 220 家，共募集资金 1 578.29 亿元，首发融资数量和金额分别同比增长 76% 和 136%。虽然 2015 年 7 月至 11 月 IPO 暂停，但与 2014 年相比，2015 年的 IPO 发行家数增加 95 家，募集资金总额增加 909.4 亿元。

（2）公开增发。2015 年没有公开增发项目。

（3）融资性非公开发行股票。2015 年共完成融资性非公开发行股票项目 520 家，募集资金 6 709.48 亿元，平均每家约 12.90 亿元；与 2014 年相比发行家数增加 210 家，募集资金增加 2 678.18 亿元。

（4）配股。2015 年共有 6 家公司实施配股，总计募集资金 42.33 亿元，平均每家 7.06 亿元；与 2014 年相比发行家数减少 7 家，募集资金减少 95.65 亿元。

（5）优先股。2015 年共有 12 家公司完成优先股发行，发行方式均为非公开发行，募集资金总额 2 007.50 亿元，较 2014 年同比增长 94.90%。

2. 债券发行与承销业务

2015 年交易所债券市场实现快速发展，公司债券发行数量和融资规模出现大幅增长。证券公司在交易所市场承销债券总额达 10 246.68 亿元，同比增长 472.66%。其中，公司债券（包含公开发行公司债券、中小企业私募债、创业板非公开发行公司债）合计募集资金 9 989.65亿元，较 2014 年同比增长 667.25%；可转换公司债券募集资金 98 亿元，较 2014 年减少 69.47%；可交换公司债券募集资金 159.03 亿元，较 2014 年增长 166.11%。

3. 证券公司参与全国中小企业股份转让系统业务

（1）挂牌公司情况。根据全国中小企业股份转让系统统计数据，2015 年全国中小企业股份市场挂牌公司数量快速增长，交易活跃度大幅提升。截至2015年底，全国中小企业股份挂牌公司数量达5 129家，是2014年底的3.26倍，挂牌公司中的1 115家采取做市交易方式，4 014家采取协议转让方式。全年市场成交金额达1 910.62亿元，是2014年的14.66倍。

2015年共有84家证券公司作为主办券商参与全国中小企业股份公司挂牌和推荐业务。其中，前5家和前10家推荐公司数量占比达到23.11%和38.57%，分别比2014年降低2.11和3.14个百分点，业务竞争更为激烈。

（2）定向增发融资情况。2015年，全国中小企业股份转让系统融资功能显著。共1 944家挂牌公司进行了2 565次定向增发，合计发行股份230.79亿股，募集资金总额1 216.17亿元，平均单次募资规模为4 741.40万元，发行股份数量和募集资金总额分别较2014年同比增长770.25%和820.71%（见图1－6）。

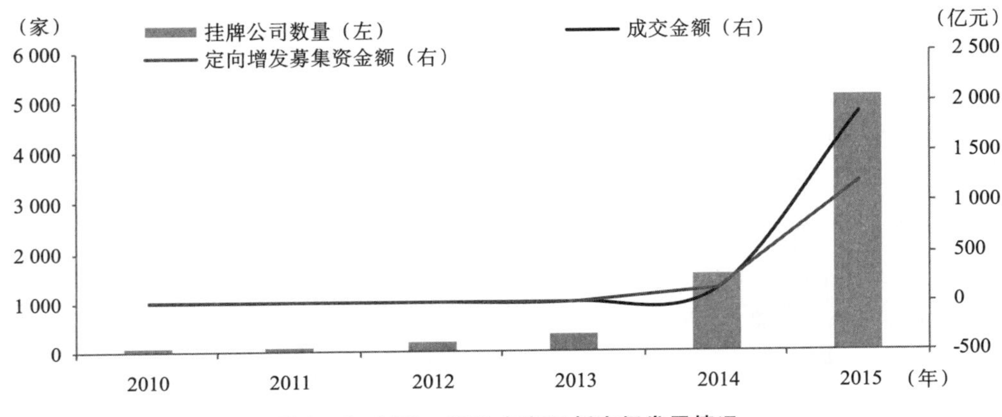

图1－6　2010—2015年新三板市场发展情况

资料来源：全国中小企业股份转让系统。

4. 证券承销与发行业务收入情况

2015年，证券公司证券承销业务延续2014年快速发展的节奏，行业总收入达393.52亿元，同比增长63.84%（见图1－7）。

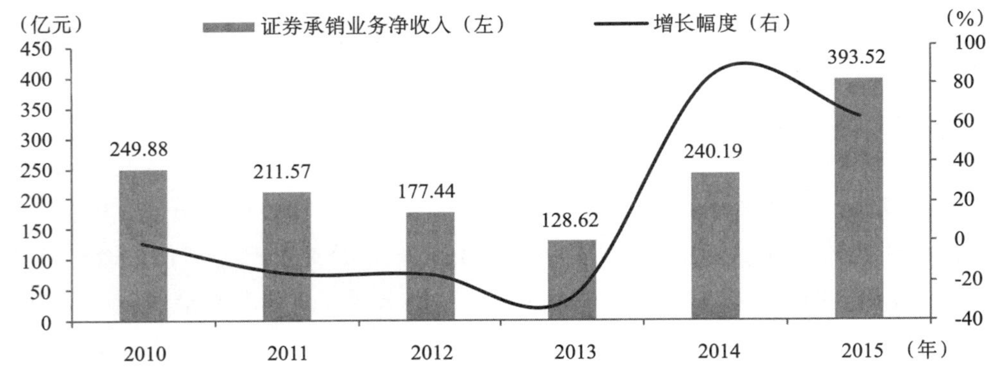

图1－7　2010—2015年证券承销业务净收入及增幅

资料来源：中国证券业协会。

5. 市场集中度情况

从股票和债券承销项目募集资金的集中度来看，与 2014 年相比，2015 年证券承销业务集中度有所下降。债券承销市场前 5 家和前 10 家的集中度分别下降 0.35 和 2.79 个百分点；股票承销市场前 5 家和前 10 家的集中度分别下降 0.26 和 7.05 个百分点。

（四）财务顾问业务

2015 年，上市公司重大资产重组交易数量及交易规模均创历史新高，并购交易活跃，并对国企改革形成助力。首次披露重大资产重组交易数量达 485 起，较 2014 年的 234 起上升 107.26%；重大资产重组交易规模达 13 613 亿元，较 2014 年上升 127.79%。其中，中国证监会共核准通过重大资产重组 320 家，其中上交所 90 家、深交所 230 家。在国企改革方针政策的推动下，通过并购重组进行国有企业改革、结构调整和转型升级成为 2015 年的新浪潮；同时，“互联网 +”概念受热捧，上市公司并购标的中以互联网、IT 等行业公司为主，出现传统企业“ + 互联网”的热潮。

2015 年，证券公司财务顾问业务累计实现 137.93 亿元的营业收入，同比增长 99.35%；财务顾问业务在行业总收入的比重与 2014 年相比略有下降，约为 2.40%（见图 1 – 8）。

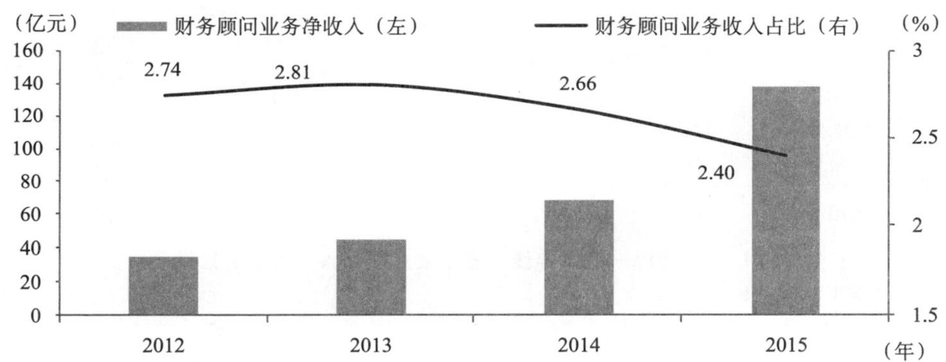

图 1 – 8　2012—2015 年财务顾问业务净收入及其业务比重

资料来源：中国证券业协会。

（五）资产管理业务

1. 资产管理产品规模情况

截至 2015 年底，国内证券公司受托管理资金总计 11.84 万亿元，较 2014 年增长 48.77%。其中，集合理财和专项资产管理业务发展迅速，92 家证券公司共发行集合理财产品 3 361 只，期末受托管理金额 14 926.28 亿元，规模增长 131.88%；46 家证券公司共发行专项资产管理产品 1 093 只，期末受托管理金额 1 867.82 亿元，是 2014 年的 4.73 倍。另外，95 家证券公司发行了定向资产管理产品，期末受托管理金额 10.16 万亿元，是 2014 年的 1.40 倍，且占 2015 年资产管理资金总规模的 85.82%（见表 1 – 6）。

表 1-6　　2014—2015 年证券公司资产管理业务规模（存量）一览

	集合资产管理产品		专项资产管理产品		定向资产管理产品	
	产品数量（只）	期末受托金额（亿元）	产品数量（只）	期末受托金额（亿元）	公司数量（家）	期末受托金额（亿元）
2015 年	3 361	14 926. 28	1 093	1 867. 82	95	101 628. 23
2014 年	2 197	6 437. 01	149	395. 13	90	72 792. 72

资料来源：中国证券业协会。

2. 资产管理业务收入情况

2015 年，证券公司资产管理业务规模的扩大也带来收入的大幅提升，全年该业务净收入达 274. 88 亿元，同比增长 121. 05%；资产管理业务在行业总收入中的比重基本保持不变，约为 4. 78%（见图 1-7）。

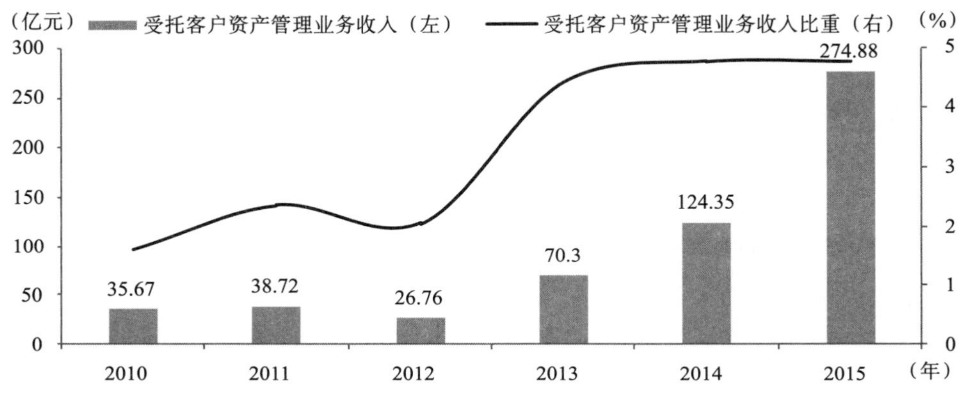

图 1-9　2010—2015 年资产管理业务净收入及其业务比重

资料来源：中国证券业协会。

（六）证券自营业务

2015 年证券公司自营业务规模增加，收益大幅提升。截至 2015 年底，证券公司进行金融产品投资的资金规模达 17 243. 56 亿元，同比增加 96. 75%。其中，股票资产的比重相较于 2014 年下降 3. 50 个百分点，基金资产的比重同比上升 10. 96 个百分点，债券资产的比重同比下降 15. 45 个百分点。全年证券公司含公允价值变动的证券投资收益达 1 413. 54 亿元，较 2014 年增加 703. 26 亿元，增长 99%（见表 1-7）。

表 1-7　　2014—2015 年证券公司金融产品投资配置情况

	投资规模（亿元）	股票（%）	基金（%）	债券（%）	权证（%）	其他证券产品（%）
2015 年	17 243. 56	13. 01	17. 80	48. 15	0	21. 01
2014 年	8 764. 34	16. 51	6. 84	63. 60	0	13. 50

资料来源：中国证券业协会。

（七）融资类业务

1. 融资融券业务

（1）融资融券交易情况。2015 年上半年融资融券市场规模持续增长，在 2014 年融资融券余额突破万亿元规模后，2015 年 5 月突破 2 万亿元，而后受市场异常波动影响，融资融券余额回落。截至 2015 年底，融资融券余额达 11 742.67 亿元。其中，融资余额 11 713.07 亿元，约占融资融券余额的 99.75%；融券余额 29.60 亿元，约占 0.25%。与 2014 年相比，融券余额的比重下降 0.55 个百分点。

从融资融券的交易规模来看，2015 年融资买入和融券卖出总额达到 34.63 万亿元，约为 2014 年的 2.23 倍。其中，融券卖出的交易额约占融资买入和融券卖出总额的 8.09%，比 2014 年高 0.85 个百分点。

从整个 A 股市场来看，融资融券交易是股票市场流动性的重要组成部分。截至 2015 年底，融资融券余额约占 A 股市场流通市值的 2.81%，融资融券交易额约占 A 股交易总额的 13.60%，与 2014 年的 3.21% 和 20.98% 相比均有所下降（见图 1－10 和图 1－11）。

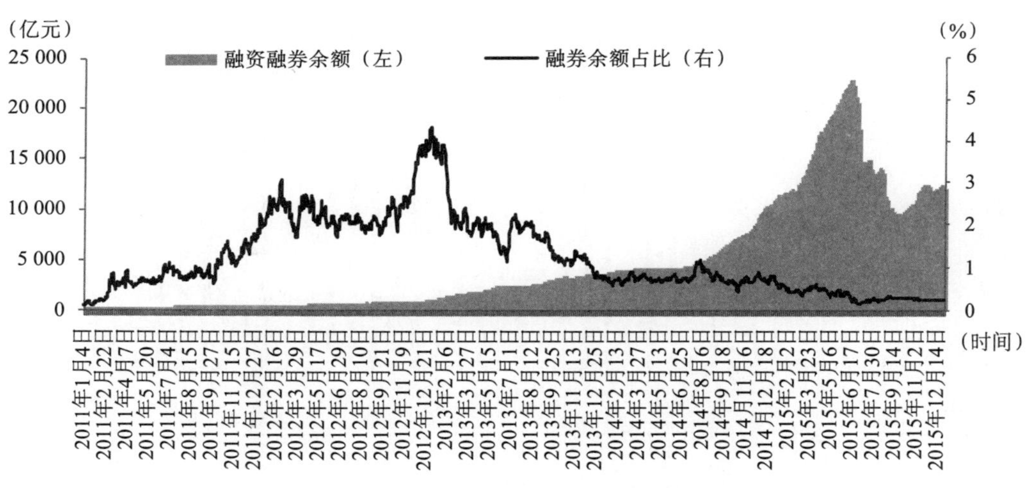

图 1－10　融资融券业务开展以来规模发展情况

资料来源：Wind 资讯。

（2）转融通交易情况。我国转融通业务包括转融资业务和转融券业务。转融资业务是指中国证券金融股份有限公司将自有或者依法筹集的资金出借给证券公司，供其办理融资业务的经营活动；转融券业务是指本公司将自有或者融入的证券出借给证券公司，供其办理融券业务的经营活动。2015 年上半年转融通规模较快增长，转融通余额在 2015 年 6 月达到历史最高值，约为 1 314.15 亿元；转融资余额规模在 2015 年 5 月达到历史最高值，约为 1 101.30亿元；转融券余额在转融通余额中的比重在 2015 年 4 月达到历史最高值，约为 16.93%。截至 2015 年底，分别有 80 家和 72 家证券公司在中国证券金融公司具有转融资和转融券资格，截至年末转融通余额约为 191.16 亿元，较 2014 年底下降 83.30%，约占融资

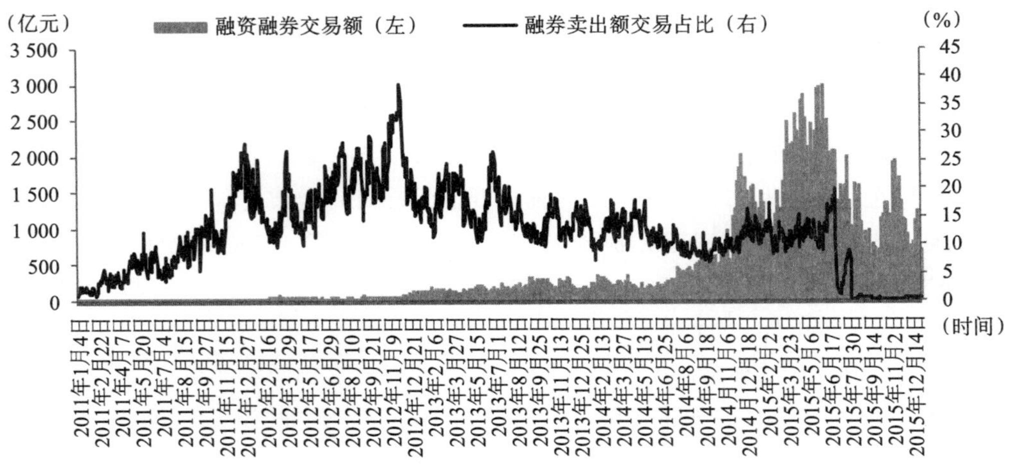

图 1－11　融资融券业务开展以来交易情况

资料来源：Wind 资讯。

融券余额的 0.02%（见图 1－12）。

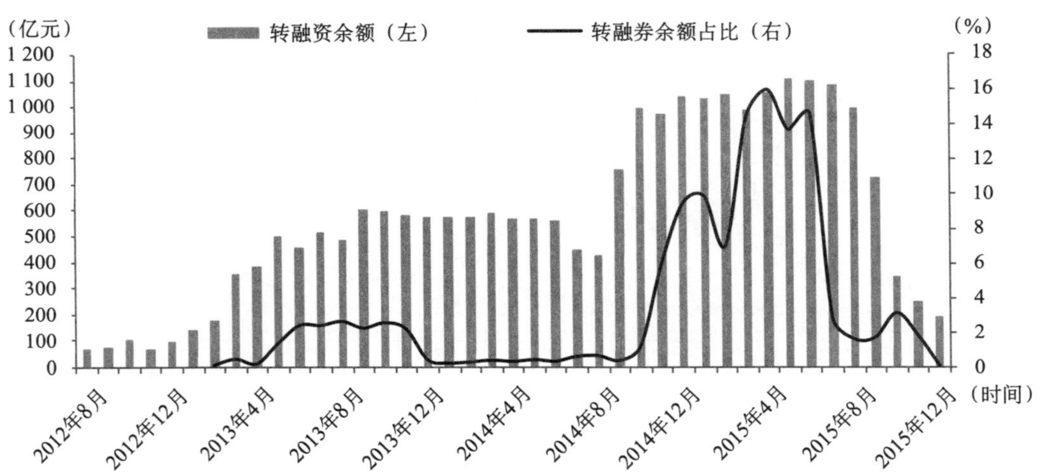

图 1－12　转融通业务开展以来规模情况

资料来源：Wind 资讯。

（3）融资融券投资者情况。2015 年，融资融券业务参与者数量持续增加。截至 2015 年 12 月，融资融券信用账户开户数为 794.01 万户，约是 2014 年底的 1.35 倍；2015 年平均每月新增 16.84 万户信用账户（见图 1－13）。

（4）融资融券市场集中度情况。截至 2015 年底，国内证券市场共有 92 家证券公司开展融资融券业务，前 5 家证券公司融资融券余额的集中度变化不大，而前 5 家融券余额的集中度波动较大，呈现先下降再上升趋势。在 2015 年内，融资融券余额前 5 家占比由 1 月的 30.15% 略降至 12 月的 28.77%，融券余额前 5 家占比则由 1 月的 51.87% 上升至 12 月的 66.86%。融券余额的集中度明显高于融资融券余额（或融资余额）的集中度，2015 年末前者比后者高 38.09 个百分点（见图 1-14）。

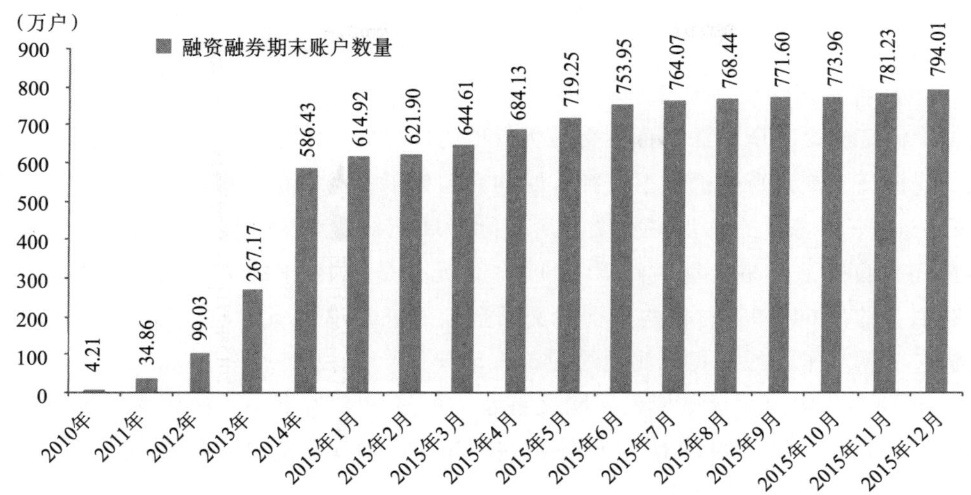

图 1-13　证券信用账户期末账户数量

资料来源：中国证券金融股份有限公司。

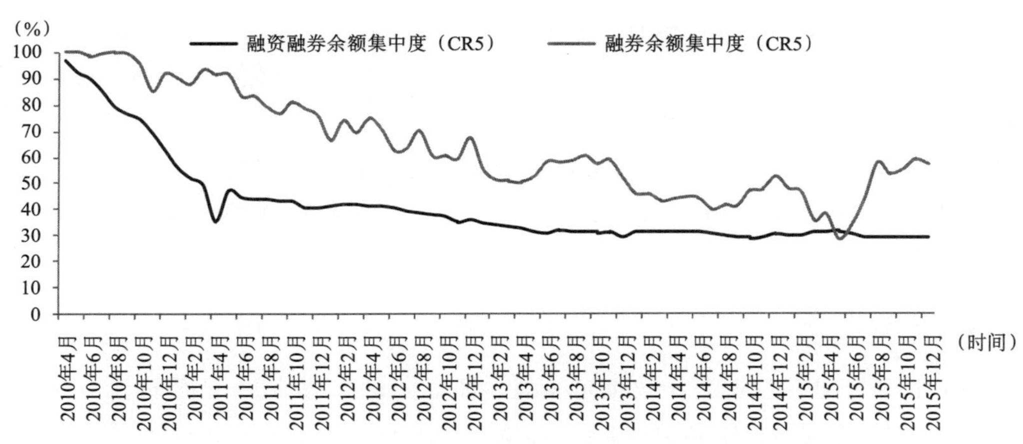

图 1-14　证券公司开展融资融券业务的融资融券余额集中度情况

资料来源：Wind 资讯。

2. 约定购回式证券交易业务

根据上海证券交易所和深圳证券交易所专项统计数据，截至 2015 年底，沪市和深市均有 82 家证券公司获得约定购回式证券交易试点资格，其中在上海证券交易所实际开展交易的证券公司有 61 家，在深圳证券交易所实际开展交易的证券公司有 78 家。

2015 年约定购回业务规模延续之前两年的下降趋势。根据沪、深证券交易所统计的数据，截至 2015 年 12 月 31 日，两市待购回初始交易金额约 56 亿元，相比 2014 年底约 109 亿元待购回金额，降幅达 48.62%。截至 2015 年底，沪、深两市累计初始交易金额 925.29 亿元，其中沪市占 60.35%，深市占 39.65%。

2015 年证券公司间约定购回式证券交易业务竞争的集中度与 2014 年基本相当，初始交易金额排名前 5 位的证券公司交易金额约占行业整体的 46.00%，前 10 位的证券公司交易金额约占 64.65%。

3. 股票质押式回购交易业务

根据上海证券交易所和深圳证券交易所专项统计数据，截至 2015 年底，共有 92 家证券公司在沪、深证券交易所开通股票质押式回购交易权限，其中在上海证券交易所实际开展交易的证券公司有 89 家，在深圳证券交易所实际开展交易的有 91 家。截至 2015 年底，两市股票质押式回购初始交易金额共计 20 011.53 亿元，是 2014 年的 4.12 倍；其中 12 924.85 亿元已购回，约占 64.59%；待购回初始交易金额 7 086.72 亿元，涉及股票市值 26 043.51 亿元；沪、深两市平均履约担保比例约为 367.50%。

2015 年证券公司间股票质押式回购交易业务的竞争更为集中，初始交易金额排名前 5 位的证券公司交易金额约占行业整体的 40.38%，前 10 位的证券公司交易金额约占 57.03%，分别比 2014 年上升 1.22 和 0.76 个百分点。

4. 收益互换和跨境收益互换

收益互换/跨境收益互换是指证券公司与符合条件的客户约定在未来一定期限内，根据约定数量的名义本金和收益率定期交换收益的行为。其中，交易一方或双方支付的金额将与境内外特定的股票、指数、基金、可转债等标的证券的表现挂钩。原则上，双方按照收益轧差后的净额进行支付，不发生本金交换。

证券公司从 2012 年底开始开展收益互换/跨境收益互换业务，截至 2015 年底，开展该项业务的证券公司已达到 48 家，交易笔数达到 38 263 笔，是 2014 年底的 6.57 倍，合约累计名义本金已达到 5 454.48 亿元，较 2014 年底增加 32.37%。

（八）直投业务

2015 年证券公司直投业务持续稳定发展。证券公司 62 家直投子公司注册资本合计 478.1 亿元，实现净利润共计 35.09 亿元，净资产合计 688.73 亿元，对外投资项目共计 382 个，对外投资总额 149.49 亿元。截至 2015 年，证券公司直投基金共计 178 只（已终止 3 只），累计已募集资金共计 1 193.23 亿元，其中最多的是股权投资基金达 112 只。其中，2015 年直投基金投资项目共 243 个，投资总额 170.63 亿元（见表 1－8）。

（九）国际化业务

2015 年，证券公司加快国际化业务发展，国际化路径呈现多样化特征。一方面，国内证券公司走出国门的途径多样化。以中信、海通为首的涉及境外业务较早的国内大型证券公司，得益于多年的积累，已经形成了较稳定的境外营业模式和盈利途径；以国金、西南证券为代表的国内中小型证券公司，通过资本手段并购香港成熟本土证券公司，达到迅速布局的效果。另一方面，国内证券公司不断提高国际金融服务能力，满足境外或跨境业务需求。如

表 1 - 8　　2015 年证券公司直投基金业务数据一览

基金类型	数量（只）	计划募集总额（亿元）	已募集总额（亿元）	已募集比例	单只基金平均已募集金额（亿元）	平均存续期（年）
股权投资基金	112	875.42	706.98	80.76	6.31	5.5
并购基金	16	353.13	228.29	64.65	14.27	6.37
其他	8	135.1	135.1	100.00	16.89	3.88
夹层基金	14	65.36	65.36	100.00	4.67	4
创业投资基金	20	55.43	52.28	94.32	2.61	6.5
债权投资基金	5	7.01	5.22	74.47	1.04	3.8
合计	175	1 491.45	1 193.23	80.00	7.08	5.18

资料来源：中国基金业协会。

海通国际，以能够参与到各类证券市场交易为目的，将业务范围扩展到企业融资、资产管理、固定收益、货币与商品、结构性融资和股票衍生品等多项业务；国泰君安已正式进入国内银行间市场从事结售汇业务，初步展开 FICC（固定收益证券、货币及商品）业务布局，有利于开展跨境金融服务，加快向国际投行转型的步伐。

在经纪业务方面，国内证券公司的国际化业务仍主要集中在中国香港市场。香港联交所将市场参与者按照 A、B、C 三类进行区分。其中 A 类参与者为市场占有率前 14 名，B 类为 15—65 名，C 类为 65 名以后。国内证券公司中，中银国际位列 A 类证券公司，其余属 B 类中型证券公司。随着中国市场国际化程度不断提高，国内证券公司在香港的投入将会持续增加，市场份额持续扩大。

在投资银行业务方面，2015 年我国内地证券公司在中国香港市场业务规模增长迅速，市场份额快速提升。股票承销与发行业务方面，2015 年在港交所 IPO 市场上，承销额排名前 50 名中有 17 家为内地证券公司，市场份额总占比为 25.78%，较 2014 年上升 14.08 个百分点。债券承销业务方面，2015 年香港市场发行的各类国债、金融债、企业债、可转债市场中，仅国泰君安 1 家内地证券公司入围承销额前 40 名，市场份额为 0.18%；离岸人民币债券市场中，8 家内地证券公司入围承销额前 50 名，共占据 2.21% 的市场份额。兼并与收购业务方面，香港并购市场排名前 50 位的投行中有 11 家内地证券公司，合计市场份额为 9.64%，比 2014 年提升 2.14 个百分点；平均交易数目在 2.9 家，远超过 2014 年 1.2 家的水平。

在资产管理业务方面，内地证券公司通过中国香港平台打开的资产管理及境外投资业务规模持续扩容。第一，QDII（合格境内机构投资者）规模新增。截至 2015 年底，15 家证券公司获得 QDII 资格，与 2014 年数量持平，总计获得 QDII 投资额度 87.5 亿美元，同比增长 15.13%。第二，中资证券公司 QFII（合格境外机构投资者）资格扩容。截至 2015 年底，共有 9 家证券公司获得 QFII 业务资格，较 2014 年同期增加 1 家。2015 年，QFII 累计额度为 810.98 亿美元，同比增长 23.35%，其中证券公司累计额度为 20.81 亿美元，同比增长

9.53%。第三，RQFII（人民币合格境外机构投资者）业务试点进一步扩大，中国证监会与中国人民银行、国家外汇管理局等有关部门共同修改RQFII相关法规，放宽对RQFII的资产配置限制、扩大RQFII试点范围。截至2015年12月25日，RQFII投资总额度达到4 443.25亿元人民币，同比高增49%，较刚推出时额度增长近40倍；其中，券商系RQFII总额度为578.5亿元人民币，同比增长5.47%，占RQFII总额度的13.02%。

（十）其他业务

1. 衍生品业务

2015年，国内期货和衍生品市场功能稳步拓展，包括上证50ETF期权、10年期国债期货、上证50股指期货和中证500股指期货等金融衍生产品相继推出，金融衍生工具更加丰富，为资产管理机构进行风险管理提供了更多选择。上海证券交易所数据显示，截至2015年底，上证50ETF年内共成交近2 327万张，其中认购成交量1 320.95万张，认沽成交量1 006.05万张。中国金融期货交易所数据显示，年内上证50股指期货成交超过3 548.39万手，中证500股指期货成交超过2 219.59万手，10年期国债期货成交168.39万手。在场外衍生品交易方面，中证机构间报价系统股份有限公司披露数据显示，2015年场外市场累计完成互换类和期权类衍生品签约41 380笔，对应初始名义本金9 468.04亿元，分别同比增长510.41%和80.8%。

2. 资产证券化业务

2015年证券公司资产证券化业务步入快车道，备案制和负面清单管理机制节省了发行成本和发行时间，基础资产范围也进一步拓宽，产品创新频出，规模大幅增长，市场份额显著提升。全年共发行200单资产证券化产品，募集资金2 092亿元，较2014年增长5.5倍。

三、证券行业制度建设情况

2015年证券市场的制度建设继续全面推进，具体涉及新股发行、融资融券与股票期权交易、基金管理、公司债券承销、证券账户管理、机构间市场的制度建设以及提升监管效率等几个重要领域。

（一）进一步完善新股发行承销制度，规范发行承销行为

股票发行承销制度一直是中国证监会制度建设的重中之重。2015年中国证监会对《证券发行与承销管理办法》进行了修订，进一步完善新股发行承销制度。2015年11月中国证监会发布了征求意见稿，12月30日《证券发行与承销制度》修订完成。中国证监会发布《关于修改〈证券发行与承销管理办法〉的决定》、《关于修改〈首次公开发行股票并上市管理办法〉的决定》和《关于修改〈首次公开发行股票并在创业板上市管理办法〉的决定》，同时还发布了《关于首发及再融资、重大资产重组摊薄即期回报有关事项的指导意

见》。新规突出审核重点，进一步体现以信息披露为中心的监管理念，强化中介机构监管，切实保护投资者合法权益，体现了市场化、法治化的改革取向。为落实新股发行改革措施，中国证监会还对主板和创业板首次公开发行招股说明书准则进行修订，明确了保荐机构先行赔付承诺及填补摊薄即期回报的承诺要求。从 2016 年 1 月 1 日起，新股发行按照新的制度执行，投资者申购新股时无须再预先缴款，小盘股直接定价发行，发行审核更加注重信息披露要求，在保护投资者合法权益上，发行企业和保荐机构需要承担更多的义务和责任。

（二）规范公司债券市场的发行与交易制度

为贯彻落实国务院《关于进一步促进资本市场健康发展的若干意见》中关于规范发展债券市场的总体目标，适应债券市场改革发展的新形势，推动债券市场监管转型，提升债券市场服务实体经济的能力，中国证监会对原有的《公司债券发行试点办法》进行了修订。2015 年初，中国证监会发布修订后的规则，并更名为《公司债券发行与交易管理办法》，该规则进一步规范了公司债券的发行、交易或转让行为，保护投资者的合法权益和社会公共利益。

为规范承销机构承销公司债券行为，根据中国证监会《公司债券发行与交易管理办法》及其他相关法律法规、规范性文件和自律规则，中国证券业协会相继制定了《非公开发行公司债券备案管理办法》、《非公开发行公司债券项目承接负面清单指引》、《公司债券受托管理人执业行为准则》、《公司债券承销业务规范》和《公司债券承销业务尽职调查指引》等系列配套规则与制度。2015 年 4 月，中国证券业协会与沪、深证券交易所联合发布《关于进一步明确债券评级信息披露规范的通知》，方便投资者和其他市场主体及时获取债券评级信息，保护投资者合法权益。

为加强公司债券上市管理，保护投资者合法权益，促进债券市场持续稳定发展，根据中国证监会《公司债券发行与交易管理办法》有关规定，上海和深圳证券交易所 2015 年对债券上市规则、投资者适当性管理办法进行了修订和整合。2015 年 5 月 29 日，上交所发布《上海证券交易所债券市场投资者适当性管理办法》、《上海证券交易所非公开发行公司债券业务管理暂行办法》、《上海证券交易所公司债券上市规则（2015 年修订）》。同日，深交所也发布《深圳证券交易所非公开发行公司债券业务管理暂行办法》、《深圳证券交易所关于公开发行公司债券投资者适当性管理相关事项的通知》、《深圳证券交易所公司债券上市预审核工作流程》。交易所法规修改的重点在于简化上市流程，优化信息披露程序，对债券投资实行合格投资者标准，完善投资者适当性管理。

（三）在融资融券和股票期权两方面完善并加强证券交易制度的建设和风险管理

根据证券市场的变化，2015 年监管层进一步完善了证券交易制度。2015 年 7 月，中国证监会修订并发布了《证券公司融资融券业务管理办法》，上海、深圳证券交易所同时对《融资融券交易实施细则》进行配套修订，建立融资融券业务逆周期调节机制，合理确定融资融券业务规模，强化投资者权益保护，完善风险监测监控机制等。根据市场的变化和发展，上海、深圳证券交易所分别于2015年8月和11月，对《融资融券交易实施细则》进行了修订，将融券交易当日融券卖出后可还券改为次一交易日才可还券，防止部分投资者利用融资融券业务，变相进行日内回转交易；适当提高融资保证金比例，降低新开仓融资合约杠杆水平。

为落实《国务院关于进一步促进资本市场健康发展的若干意见》提出的“强化证券交易所市场的主导地位，壮大主板，创新交易机制，丰富交易品种”、“建设金融期货市场，平稳有序发展金融衍生产品，逐步丰富股票期权品种”的有关要求，2015年初，中国证监会发布了《股票期权交易试点管理办法》及《证券期货经营机构参与股票期权交易试点指引》。其中，《股票期权交易试点管理办法》包括“股票期权交易场所和结算机构”，“证券公司和期货公司与股票期权相关的业务资格”，“投资者保护”，“股票期权风控措施”及“其他规定”五方面内容；《证券期货经营机构参与股票期权交易试点指引》包括“证券期货经营机构从事股票期权经纪业务有关要求”，“证券期货经营机构自营、做市及资产管理业务参与股票期权的有关要求”，“证券期货经营机构强化内控管理及计算风控指标等监管要求”三方面内容。2015年6月，中国证监会又发布了《境外交易者和境外经纪机构从事境内特定品种期货交易管理暂行办法》。这些期货交易制度建设有利于规范股票期权交易试点，维护股票期权市场秩序，防范市场风险，保护股票期权交易各方的合法权益，有利于促进期货市场创新发展和对外开放，维护资本市场健康发展。

配合中国证监会股票期权相关法规的推出，中国结算公司以及交易所制定了相应的规则。中国结算公司相应制定了《中国证券登记结算有限责任公司关于上海证券交易所股票期权试点结算规则》，即《股权结算规则》。2015年1月9日，上海证券交易所发布一系列股票期权交易的相关法规：《关于发布〈上海证券交易所股票期权试点交易规则〉的通知》、《关于发布〈上海证券交易所、中国证券登记结算有限责任公司股票期权试点风险控制管理办法〉的通知》、《关于发布〈上海证券交易所股票期权试点投资者适当性管理指引〉通知》、《关于发布〈上海证券交易所股票期权试点经纪合同示范文本〉和〈股票期权风险揭示书必备条款〉的通知》。系列法规对股票期权的交易规则、风险控制、投资者资质进行了详细规定，并制定了股票期权交易的规范性合同文本和文字风险提示条款。详尽的交易规定和风险制度建设为新的金融衍生品的上市提供了重要的制度保障。在主要规定推出之后，2015年还对股票期权相关的制度交易进行了修改和补充完善。

（四）取消一人一户限制，加强证券账户管理，严格落实证券账户实名制，维护市场运行秩序

放开自然人投资者开立A股账户、封闭式基金账户数量一人一户的限制，严格落实账

户实名制管理，是 2015 年证券账户制度建设中非常重要的工作。中国证券登记结算公司修订《证券账户业务指南》，自 2015 年 4 月 13 日起，取消自然人投资者开立 A 股账户限制的一人一户，允许自然人投资者根据实际需要和意愿开立多个沪、深 A 股账户及场内封闭式基金账户，最多可以申请 20 个账户。

上海证券交易所于 2015 年 5 月 7 日发布《关于投资者开立多个证券账户进行证券交易有关事项的通知》，就一人多户涉及的指定交易办理、新股及风险警示股票交易监控要求、私募债持有人数控制以及会员客户交易行为管理等事项予以明确。与此同时，为了落实中国证监会《关于投资者开立多个证券账户进行证券交易有关事项的通知》规定的事项，还集中修改了 4 项业务规则，分别为：《上海证券交易所指定交易实施细则》、《上海证券交易所证券异常交易实时监控细则》、《上海证券交易所会员客户证券交易行为管理实施细则》以及《关于新股上市初期交易监管有关事项的通知》。

为了严格落实证券账户实名制，进一步加强证券账户管理，2015 年 7 月，中国证监会发布《关于清理整顿违法从事证券业务活动的意见》，强调对证券账户的规范管理。中国证券业协会于 2015 年 8 月要求证券公司根据《关于加强证券公司信息系统外部接入管理的通知》（证监办发〔2015〕35 号）规范信息系统外部接入行为，依据其《证券公司外部接入信息系统评估认证规范》开展相关评估认证工作。中国证券登记结算公司也随即发布《关于贯彻落实〈关于清理整顿违法从事证券业务活动的意见〉有关事项的通知》，落实对证券公司、信托公司等证券账户的实名制管理，维护证券市场正常良好的运行秩序。

（五）完善机构间市场的业务规范，促进机构间市场快速健康发展

在 2014 年大力推进机构间市场互联互通的基础上，2015 年中国证券业协会进一步加强机构间市场的规则建设，从 2015 年 2 月开始陆续发布一系列具体操作规程与指引。2015 年 2 月，中国证券业协会为规范资产支持证券在机构间私募产品报价与服务系统的转让，保护投资者合法权益，维护报价系统运行秩序，发布《机构间私募产品报价与服务系统资产证券化业务指引（试行）》。2015 年 7 月中国证券业协会发布《机构间私募产品报价与服务系统私募股权转让业务指引（试行）》、《机构间私募产品报价与服务系统管理办法（试行）》、《机构间私募产品报价与服务系统挂牌企业分类指引（试行）》和《机构间私募产品报价与服务系统企业挂牌注册指引（试行）》。2015 年 8 至 9 月间，中国证券业协会进一步发布《机构间私募产品报价与服务系统参与人授信管理指引（试行）》、《中证机构间报价系统股份有限公司股权信用额度管理指引（试行）》、《机构间私募产品报价与服务系统非公开发行公司债券募集说明书编制指引（试行）》、《机构间私募产品报价与服务系统债券推荐意见书范本（试行）》、《机构间私募产品报价与服务系统非公开发行公司债券挂牌申请材料报送须知（试行）》和《机构间私募产品报价与服务系统私募股权融资业务指引（试行）》。机构间市场制度建设的完善促进了机构间市场的快速发展。

（六）继续积极探索和尝试推进基于提高监管效能的监管转型

如何以切实有效的方式保护中小投资者的利益一直是证券市场监管的重要内容之一。为贯彻落实国务院关于“探索建立证券期货领域行政和解制度，开展行政和解试点”的要求，加强资本市场投资者权益保护工作，中国证监会在证券期货行政执法领域开展了行政和解试点。2015 年 2 月，中国证监会制定发布了《行政和解试点实施办法》。为了进一步贯彻落实国务院关于简政放权、放管结合优化服务的部署，适应资本市场监管新形势、新任务，整合监管资源，推进基于提高监管效能监管转型，2015 年 10 月中国证监会正式发布《中国证监会派出机构监管职责规定》，11 月又发布《中国证券监督管理委员会行政处罚听证规则》。

中国证券业协会继续一如既往地推进市场诚信建设，倡导守法经营、诚信服务的行业文化。2015 年 1 月中国证券业协会根据中国证监会《证券期货市场诚信监督管理暂行办法》，发布了《中国证券业协会诚信管理办法》。2015 年中国证券业协会还对从业人员资格考试制度进行大幅改革，发布《关于证券业从业人员资格考试测试制度改革有关问题的通知》和《关于调整证券业从业人员执业注册有关事项的通知》，加强对从业人员的管理，以适应证券市场新发展对从业人员资质的要求。

第二章
2015 年中国证券业发展特点

2015 年，在强化监管和深化改革的背景下，资本市场基础功能进一步完善，市场开放积极稳妥推进，服务实体经济的能力有效提升。2015 年中，在多重因素作用下，市场出现大幅波动：2015 年 6 月 15 日至 7 月 8 日的 17 个交易日，上证综指下跌 32%。大量获利盘回吐，各类杠杆资金加速离场，公募基金遭遇巨额赎回，期现货市场交互下跌，市场频现千股跌停、千股停牌现象，流动性几近枯竭，股市运行的危急状况实属罕见。与 2014 年相比，2015 年证券行业发展呈现如下特点：

一、监管转型，从严治市，提升证券行业治理水平

2015 年是我国资本市场在曲折波动中发展的一年，中国证监会坚持以市场化、法治化为导向，着力推动监管转型和从严治市，加强制度建设和市场修复，强化制度规则执行，提升监管效力，防范市场风险。中国证监会全年共取消行政审批 9 项，发布的重要法规主要涉及新股发行改革推进、并购重组和再融资审核机制优化、公司债券市场化改革、股票期权试点以及内地与香港基金产品互认等多个方面。

在加强市场建设和促进行业发展方面，新股发行机制改进和注册制改革工作有条不紊，优先股试点进一步扩大，再融资和并购重组配套融资机制进一步优化，公司债券市场化改革明显提速，期货及衍生品市场功能亦稳步拓展。与此同时，多层次资本市场建设取得显著进展，场外证券业务备案管理进一步规范，全国中小企业股份转让系统首次发布指数并在挂牌、融资、做市交易、信息披露以及市场分层等基础制度方面继续完善，机构间市场实现与全国主要证券经营机构和区域股权市场的互联互通。此外，2015 年监管层还积极稳妥推动资本市场双向开放，改革境外上市审批制度，设立离岸人民币证券产品交易平台，推动香港与境内基金产品互认并扩大 RQFII 试点。受益于此，全年证券期货经营机构和公、私募基金健康发展，行业整体实力大幅提升。截至 2015 年底，全行业共计 125 家证券公司总资产和净资产分别达到 6.42 万亿元和 1.45 万亿元，分别同比增长 57% 和 58%，150 家期货公司总资产 932.21 亿元，同比增长 30%，具有公募基金牌照的资产管理机构和已登记备案的私募

基金机构分别有112家和2.5万家，公募基金管理规模达8.4万亿元，同比增长85%，私募基金认缴规模5.1万亿元，同比增长138%。

由于市场估值修复、改革红利预期、流动性充裕、居民资产配置调整以及杠杆资金和非理性狂热情绪等多因素叠加，国内A股市场过快上涨并在2015年6月和8月出现大幅异动，各类杠杆资金加速离场，公募基金遭遇巨额赎回，期货、现货市场交互下跌，市场流动性近乎枯竭。对此，监管机构果断采取措施并积极与各有关部委配合行动，在遵循市场规律的前提下，坚持稳定市场，并将之与修复市场和建设市场有机结合，避免了可能发生的系统性风险。本次股市异动及其危机处理在一定程度上反映了国内资本市场仍不够成熟，监管制度也有待完善，进一步深化改革和健全制度仍是今后加快监管转型和强化监管的重要途径。

2015年，中国证监会继续推进监管转型，加强事中、事后监管，完善信息披露监管制度，推行上市公司分行业监管试点，稳妥有序实施新退市制度，完善债券市场风险防控机制并加强对非上市公众公司的监管，积极使用新技术手段查处和打击违法违规行为，切实提升证券行业和资本市场治理水平。2015年中国证监会坚持以问题和风险为导向对证券经营机构及其从业人员开展专项检查，累计对281家次上市公司采取行政监管措施，对92家次证券基金期货机构和48人次从业人员采取行政监管措施，对190多家有风险隐患的私募基金管理机构进行现场检查或非法集资排查，对141家互联网非公开股权融资平台进行专项检查。全年共移交处罚审理案件273起，对767个机构和个人作出行政处罚决定或行政处罚事先告知，同比增幅超过100%，涉及罚没款金额逾54亿元，超过此前10年罚没款总额的1.5倍，为资本市场平稳运行和投资者利益提供了有力保障。

二、场内场外并举，多层次资本市场服务实体经济能力进一步增强

建设多层次资本市场是提升市场资源配置效率、推进大众创新创业和促进证券行业持续创新发展的关键。2015年我国多层次资本市场加快发展，交易所市场各项基本制度进一步完善，全国中小企业股份转让系统继续保持较快发展，区域股权市场监管体制和市场规则进一步细化，基本定位更加明确，柜台市场步入常态化发展并已成为证券公司私募业务创新的重要平台，机构间市场迅速壮大，并为证券公司柜台市场和区域股权市场的互联互通提供了有力支持。

2015年，中国证监会稳步推进新股发行制度改进工作，优先股试点逐步扩大，交易所证券市场投融资功能显著增强。全年境内交易所市场共承销证券32 049.96亿元，同比增长280.98%。220家公司实现首发上市，共计完成融资1 578.29亿元，分别同比增长76%和136%；399家上市公司完成再融资发行，实现融资8 931.96亿元，同比增幅超过三成，其中12家上市公司发行优先股共计融资2 036.5亿元，同比增长93%。年初，中国证监会发布《公司债券发行与交易管理办法》，标志公司债券市场化改革再次提速，年内中国证券业协会和沪、深证券交易所出台大量配套规则，公司债券发行主体进一步扩大，发行方式更加

丰富，审核流程更加简化和便捷，全年交易所债券市场共计发行公司债券21 523.74亿元，较 2014 年增长 502.81%，其中私募债券 4 734.66 亿元，同比增长 626%，其在交易所债券市场发行占比升至 6.6%。

作为多层次资本市场的重要组成部分，全国中小企业股份转让系统在 2015 年保持快速成长，为服务中小微企业和完善直接融资体系提供了有力支持。2015 年，全国中小企业股份转让系统继续完善挂牌、融资、做市交易和信息披露制度并首度发布指数行情，优先股试点工作稳步推进，内部分层方案在有序筹备中，投融资功能明显增强，交易质量显著改善，市场结构明显优化。根据全国中小企业股份转让系统披露数据，截至 2015 年底，该市场共有 5 129 家公司挂牌，总市值近 2.46 万亿元，分别同比增长 226% 和 435%。在融资方面，全年共发行 2 565 家次，实现融资 1 216.17 亿元，首度超越中小板和创业板。在交易方面，可做市股票由 2014 年的 122 只升至 1 115 只，占比也相应从 7% 提升至 22%，全年共成交 1 910.62 亿元，同比增长 1 366%。与此同时，市场投资者群体也迅速壮大，截至 2015 年底，机构投资者账户和个人投资者账户分别达 2.27 万户和 19.86 万户，分别同比增长 383% 和 352%。

2015 年，区域股权市场继续保持高速成长态势，着力创新，因地制宜，旨在服务区域小微创企业和各类私募投资者，为服务大众创业和区域经济发展做出了重要贡献。截至 2015 年底，全国已设立 37 家区域性股权市场，共有挂牌股份公司 3 375 家，展示企业 4.15 万家，累计为企业实现各类融资 4 331.56 亿元。为了践行国务院发布的《关于发展众创空间推进大众创新创业指导意见》以及《关于大力推进大众创业万众创新若干政策措施的意见》，多家区域股权市场精耕细作，着眼地方产业创新发展的层次化需求，并积极借助互联网手段打造综合性金融资产交易平台和布局众筹试点，为支持当地新兴创业型科技企业和服务“三农”发展提供了有力支持。例如，上海股权托管交易中心专门为科技型、创新型企业设立“科技创新板”，重点为新兴创业型企业提供多元化金融服务；前海股权交易中心设置梧桐创客和创梦空间等模块为创业企业提供包括政策扶持、创业辅导、项目孵化和融资服务等一站式全方位服务；广州股权交易中心和齐鲁股权托管交易中心分别设立“中国青创板”和“众创板”，以试水众筹业务。

中国证券业协会在支持证券公司参与区域性股权市场业务方面主要做了以下几方面工作：一是取消证券公司参与区域性股权市场业务事前备案，同时加强报告制度，要求证券公司会员每月按要求向中国证券业协会报告有关参与区域性股权市场情况。截至 2015 年 10 月底，49 家证券公司参与了 29 个区域性股权市场，证券公司帮助企业实现了 681 个项目的推荐挂牌，开展了 96 项融资服务，在区域性股权市场实现融资 79.25 亿元。二是建立区域性股权市场联席会议机制。目前已有 26 家区域性股权市场加入了联席会议。三是引导证券公司和区域性股权市场加强小微企业服务，对区域性股权市场服务小微企业的相关情况进行专项调查研究，总结区域性股权市场和证券公司在服务小微企业中的经验、创新思路及典型做法，并在行业中推广宣传。中国证券业协会发布的《证券公司开展场外股权质押式回购交易业务试点办法》明确符合条件的区域性股权市场挂牌企业的股权可以开展场外股权质押式回购交易业务，积极支持提升区域性股权市场服务实体经济、促进中小企业发展的能力。四是组织区域性股权市场开展课题研究，加强对实体经济和小微企业服务。

2015 年，国内证券公司柜台市场业务稳步发展，制度建设逐步完善，产品种类进一步丰富，市场规模进一步扩大，为提升直接融资占比和推进多层次资本市场建设做出了重要贡献。中证资本市场发展监测中心数据显示，截至 2015 年底，共有 42 家证券公司开展柜台业务试点，所涉业务以发行和代销资产管理计划、收益凭证等固定收益和融资类金融产品为主。年末共计拥有机构投资者账户 7 617 户和个人投资者账户近 61.99 万户，全年共计发行各类金融产品 7 836.29 亿元，其中收益凭证 4 154.19 亿元，资管计划 2 376.74 亿元，占比分别为 53% 和 30%。在柜台市场产品转让方面，2015 年累计 1 515 只产品发生转让，涉及金额 183.71 亿元，其中资管计划和收益凭证占比 98.43%。

2015 年机构间私募产品报价与服务系统加速发展，在资产证券化、非公开发行公司债、企业挂牌、私募股权融资及转让等方面均已出台相应的业务指引和规范，参与人账户迅速增长，产品种类更加丰富，市场规模大幅攀升，并已实现证券柜台市场、区域性股权市场的有效互联互通，成为场外多层次市场的重要组成部分。7 月，中国证券业协会发布《场外证券业务备案管理办法》，对证券经营机构参与场外证券业务时的备案条件、备案程序和自律管理作了详细规范，旨在为分散化、多样化的场外证券业务提供统一的管理框架，强化场外证券业务的系统化监管和风险防控。根据中证机构间报价系统股份有限公司披露数据，截至 2015 年底，共有 64 家机构累计提交首次备案 279 笔，其中证券公司 46 家，占比 72%。机构间市场参与人也从年初的 229 户增加到 1 484 户，增幅达 548%。在产品发行方面，机构间市场年内累计发行各类产品 3 129 只，发行规模 3 173.84 亿元，其中收益凭证占主导地位，年内共计发行收益凭证 3 050 只，涉及规模 2 971.58 亿元，占总发行量的比重分别为 97.48% 和 91.93%。另外，2015 年机构间市场中证众创平台累计上线众筹项目 67 个，对应拟融资金融 5.29 亿元，其中已完成的 16 个项目累计融资近 1.56 亿元，项目融资成功率达 23.88%。

三、传统业务和创新业务协同发展，盈利水平稳步提升

2015 年是证券行业创新发展较快的一年，行业整体实力显著提升，传统业务和创新资本中介业务协同并进，营业收入大幅增长，盈利能力明显增强。

受益于 2015 年二级市场交投活跃以及资本市场投融资功能稳步增强，证券公司经纪、承销、财务顾问等业务稳步发展。全年沪、深两市股票基金累计成交额同比增幅超过 242%，证券公司实现代理买卖证券业务收入共计 5 751.55 亿元，同比增长 156.41%，在行业总收入中占比 46.79%，较 2014 年回升 6.47 个百分点。在证券承销和保荐业务方面，IPO 和再融资规模显著增长促使证券公司投行业务收入稳步提升，全年证券公司实现证券承销和保荐业务收入 393.52 亿元，较 2014 年增长 63.84%，其中全国中小企业股份转让系统主办业务贡献明显提升。在财务顾问业务方面，改革深化和经济转型促使国内并购重组市场延续

活跃态势，受益于并购重组审核机制简化及配套融资政策优化，2015 年国内并购重组交易规模再创新高，并购重组成为深化国企改革和上市公司践行“互联网 +”战略的重要手段。全年首次披露重大资产重组交易 485 起，重大资产重组交易规模达 13 613 亿元，分别同比增长 107.26% 和 127.79%。全年证券公司共实现财务顾问收入 137.93 亿元，较 2014 年增长 99.35%。另外，2015 年证券公司在股权投资业务和证券投资业务方面也明显增长，其中股权投资收益 81.45 亿元，证券投资收益 1 413.54 亿元，分别较 2014 年增加 68.04% 和 99.01%。

在居民资产配置调整和财富管理转型时代背景下，2015 年证券公司资产管理业务继续发挥专业优势，积极调整业务结构并整合线上线下资源，着力产品创新和管理业绩提升，加强与证券公司其他业务进一步融合和协同发展。根据中国证券业协会披露数据，截至 2015 年底，全行业受托管理资金本金总额达 11.88 万亿元，同比增长 49.25%，共实现资产管理收入 274.88 亿元，同比增长 121.05%，业绩增幅仅次于经纪业务和利息收入。其中，集合资产管理产品 3 361 只，期末受托金额 1.49 万亿元，占总管理规模的比重为 12.6%，较 2014 年增加 4.5 个百分点，表明行业主动管理能力增强是盈利提升的主要原因。

2015 年，以融资融券业务为代表的资本中介业务仍保持快速成长，中国证监会对《证券公司融资融券业务管理办法》进行修订，强化对融资融券业务的宏观审慎管理，建立健全逆周期调节机制，有效防范和化解市场风险。根据 Wind 资讯金融终端数据，2015 年共有 92 家证券公司开展融资融券业务，共实现利息收入 1 175.03 亿元，同比增长 163.32%，仍是增幅最快的业务。截至 2015 年底，融资融券余额 1.17 万亿元，较年中峰值回落约五成，略高于 2014 年底时的水平。与此同时，证券公司其他融资类创新业务亦稳步成长。根据上海证券交易所和深圳证券交易所专项统计数据，2015 年两市分别有 92 家和 91 家证券公司开展股票质押式回购交易业务，截至年底，两市股票质押式回购交易初始交易金额达 20 011.53亿元，较年初增长 312.2%，其中待回购初始交易金额 7 086.69 亿元，涉及股票市值 26 043.51 亿元。在约定购回证券交易方面，2015 年两市分别有 82 家和 78 家证券公司开展这项业务，截至年底，两市约定购回式证券交易初始交易金额达 514.44 亿元，期末待购回余额 56 亿元，期末标的股票市值 138.23 亿元。

此外，伴随创新型资本中介业务和资本业务快速扩张，2015 年证券公司通过发行短期融资券、证券公司债（含次级债），共募集资金超过 1.03 万亿元，在机构间市场和柜台市场的收益凭证累计发行规模亦超过 7 000 亿元，这在一定程度上有利于增强行业实力和提升净资产收益率水平，但当证券市场出现异常波动时亦难免承担过度风险。有鉴于此，2015 年内监管层对此加强业务规范，强化资本监管，落实风险化解。

四、深化践行“互联网 +”战略，互联网金融布局提速

2015 年，证券行业积极推进“互联网 +”战略，一方面，多项支持政策出台，互联

网证券面临良好的发展环境；另一方面，证券公司继续推进传统业务的互联网改造，通过线上投资顾问、账户体系、组织架构、跨界合作等多维创新加快互联网证券尤其是移动证券的发展步伐。同时，互联网等其他机构也在加紧布局证券业务链，互联网证券发展进入深度融合阶段。

《关于推动移动金融技术创新健康发展的指导意见》、《关于促进互联网金融健康发展的指导意见》、《证券公司网上证券信息系统技术指引》、《证券公司外部接入信息系统评估认证规范》等政策相继发布，明确了行业发展的方向、目标和规则。此外，中国证券业协会成立了互联网证券专业委员会，促进互联网证券的发展。

证券公司互联网证券取得明显进展，根据中国证券业协会专项调查数据，2015 年证券公司网上开户占比由 2014 年的 50% 提升至 92%，网上交易人数占比从 2014 年的 79.28% 升至 84.43%。在移动互联网终端方面，已有 83 家证券公司推出自己的 APP，占调查样本的 87.36%，一些技术力量和业务规模有限的中小证券公司偏好以提供资讯、交易等基础功能的 APP，而一些综合实力更强的证券公司则倾向于构建能够同时提供多元化金融服务的综合平台。手机端开户占网上开户比例已从 2014 年的 60% 提升至 89%，使用手机客户端进行交易的投资者占比从 2014 年的 36.93% 增至 51.55%。在互联网证券模式创新方面，证券公司开始重视专业服务优势的打造，2015 年已有 32 家证券公司开展网上投资顾问产品销售，主要是基于投资顾问服务的各类咨询和投资组合产品，部分证券公司还进一步在大数据投资顾问和基于“C2C”模式的社交投资顾问业务方面进行积极探索。

以蚂蚁金服、腾讯、百度和京东为代表的传统互联网公司亦在积极构筑证券业务链，这些公司借助在网络技术和客户端的优势与多家证券公司展开合作，在推动网络证券业务快速发展的同时也在一定程度上影响到行业的竞争格局。例如，年内腾讯加速在香港的券业资源整合，百度和京东分别推出“线上智能选股”和“大金融战略”，雪球网、淘金路等带有“社交型股票投资应用”特点的第三方机构亦在一定程度上丰富了证券业态链条，有助于缓解行业同质化竞争，促使证券行业进一步深化改革和加强创新。

五、双向开放稳步推进，国际化探索取得新进展

2015 年，资本市场双向开放稳步推进，以开放促发展成为新时期多层次资本市场建设和证券行业发展的重要特点。年内监管层进一步简化境外上市融资审批制度，成立离岸人民币证券产品交易平台，稳妥推进内地与香港基金产品实现互认。同时，年内沪港通机制进一步完善，深港通筹备工作有序推进，沪伦通开始初步探索，证券公司国际化探索持续深化。

2015 年中国证监会进一步改革境外上市审批制度，取消了 H 股发行价格与 A 股挂钩的要求以及参照适用 A 股发行的禁止性条件，精简审核内容，缩短审核时间，提升审核透明度，年内共核准 69 家境内企业境外首发和再融资，较 2014 年增长 82%，共募集资金 454 亿美元，同比增长 23%。在扩大资本市场双向开放方面，年内沪港通运行平稳有序，相关制

度逐步细化，全年累计成交额近 2.28 万亿元，深港通准备工作稳步推进，各项制度设计进一步优化和完善。另外，上海证券交易所已与伦敦证券交易所就两市互联互通展开初步商讨，沪伦通即将提上日程。

2015 年，随着人民币获准加入特别提款权（SDR）货币篮子，人民币合格境外投资者（RQFII）试点范围进一步扩展至包括瑞士、卢森堡、智利、泰国等在内的 16 个国家和地区，可投资总额度超过 1.2 万亿元，年内累计获批投资额度增至 4 330.25 亿元，相较 2014 年均有大幅增长。同时，年内中国证监会批准上海证券交易所和中国金融期货交易所与德意志交易所集团在欧洲合作建立离岸人民币证券产品交易平台，作为境内交易所国际化发展战略的新尝试，有益于进一步促进人民币国际化和推动我国资本市场双向开放。另外，2015 年 5 月，中国证监会发布《香港互认基金管理暂行规定》，首批 7 只互认基金已于 12 月相继完成互认注册，标志年内基金市场双向开放取得重大突破，既能为境外投资者提供更加丰富的投资产品，亦有利于吸引更多境外资金投资境内资本市场，与现行的 RQFII、QDII、QFII 以及沪港通共同构成资本市场多层次双向开放制度体系。

伴随人民币国际化进程加快和国家“一带一路”战略推进，2015 年证券公司开拓国际业务市场和加强国际化合作的力度进一步加强。在香港市场上，内资证券公司在股票承销和财务顾问等业务方面取得明显进展，年内股票承销市场份额从 2014 年的 11.7% 大幅提升至 25.78%，财务顾问业务的市场份额从 2014 年的 7.5% 升至 9.64%。在资产管理方面，内资证券公司在香港业务规模持续扩容，年内证券公司 QDII 和 QFII 投资额度分别同比增长 15.13% 和 9.53%。此外，2015 年华泰证券、广发证券和国联证券在联交所发行上市，招商证券和光大证券等公司已发布 H 股发行方案。

继香港市场后，部分证券公司还进一步加快在欧美成熟市场的扩张和整合。例如，2015 年海通证券完成对葡萄牙圣灵投资银行的收购后将其更名为海通银行，并借此以全球统一品牌拓展境外市场；招商证券在伦敦设立英国子公司；太平洋证券公司设立的太平洋特别并购公司年内完成在 NASDAQ 上市交易，成为国内证券行业第一家在美国上市的壳公司。

六、坚持依法稳健经营，行业合规风控意识进一步提升

顺应监管转型趋势，2015 年，全行业及从业人员提高对合规风控的重视程度，寻求合规与风险管理的自我升级。证券公司进一步完善合规管理组织架构和制度体系，进一步落实中国证券业协会《证券公司全面风险管理规范》要求，完善风险管理组织架构，建立风险指标和风险管理信息系统，推动各项风险应对措施的升级改进，向全面主动型风险管理迈进。整个行业合规管理工作进一步深化，合规管理工作整体有效。

2015 年，行业内证券公司秉承依法稳健经营的基本原则，保持创新发展和合规风控的动态均衡。为规范创新业务的合规与风险管理，各证券公司进一步明确创新业务目的与宗旨，建立健全覆盖全流程的配套机制，切实履行创新业务事前合规风控审核程序，从公司授

权和规模控制要求、面临风险类型、系统支持准备等各个角度对新业务做好风险评估论证，并主动对创新业务开展敏感性分析和压力测试，对内外部风险进行识别和评估。随着创新业务的推进，不断研究完善风险监测、应对、报告等各项机制，将合规风控管理渗透到业务创新的各个环节。此外，各证券公司持续加强内部管理，树立全员合规风控责任意识，提高各条防线合规风控人员队伍素质及风险管控能力，切实把合规风控管理落实到每个岗位与每项流程，确保合规风控管理及时有效，不流于形式。

2015 年，中国证监会着力提高证券公司对于资本补充的重视程度，引导证券公司把健全资本补充机制与完善公司战略定位、优化公司治理、发展创新业务相结合，以应对证券公司融资类业务、做市交易等资本中介业务发展所导致资本消耗快速增加、资金不足的问题，并使资本扩充成为公司加快发展的重要推动力。2015 年各证券公司积极采取措施，通过利用境内外交易所挂牌上市、股东增资控股、资本积累等各种渠道补充资本，提高公司资本实力。2015 年度，54 家证券公司增加了股权资本，合计 3 130. 77 亿元；2 家实施资本公积转增股本，合计 40. 23 亿元。

与此同时，各证券公司牢固树立流动性风险防控理念，在维持净资本充足的基础上，提高对流动性风险管理的重视程度。一方面，建立科学有效的流动性风险管理策略，根据各项业务开展情况，充分考虑自身风险承担能力，及时进行压力测试，制订流动性应急预案，做好极端情况下的流动性风险应对；另一方面，注重加强流动性风险管理的系统化程度与指标计算准确性，建立流动性风险管理信息系统，加强流动性风险量化监测和预警，及时准确捕捉问题，迅速有效采取应对措施。截至 2015 年底，证券公司折算后的优质流动性资产总计7 990. 48亿元，未来 30 日的现金净流出为 3 192. 19 亿元，行业平均流动性覆盖率（LCR）为 250. 31%；证券公司折算后的可用稳定资金总计 25 228. 71 亿元，所需稳定资金总计16 339. 09亿元，行业加权平均净稳定资金率（NSFR）为 154. 41%。125 家公司均已达到 100% 的监管要求。

对于 2015 年出现的市场异常波动，各证券公司积极吸取经验教训，按照监管部门和行业自律组织的要求，进一步强化合规风控意识，严格落实投资者适当性管理、账户实名制管理、信息系统接入管理等基础性制度。2015 年，各证券公司在完善制度、健全流程、明确责任、强化督促落实等方面加大力度，从而推进了“了解你的客户”原则的全面落实。此外，各证券公司进一步树立以客户为中心的理念，严格投资者适当性管理要求，在销售金融产品、提供服务过程中，完善风险揭示、客户评估、金融产品评估机制，确保提供的服务或销售的产品与客户的风险承受能力相匹配，将适当性管理作为加强投资者保护的重要内容，切实维护客户合法权益。

第三章 2016 年中国证券业发展展望

从“十三五”规划建议、中央经济工作会议，再到国务院常务会议，均明确提出“加快金融体制改革、提高直接融资比重”，资本市场改革有望加速。构建多层次资本市场、提供更加丰富的融资工具将是改革的重要内容。2016 年我国资本市场和证券行业发展的主要特点将表现为：强化监管，深化改革，切实防范市场风险，着力提升多层次资本市场服务实体经济的能力。

一、深化改革，夯实行业发展制度基础

（一）夯实证券行业发展制度基础

完善的制度是行业发展的重要保障，2016 年证券行业将继续加强以下方面制度建设：进一步完善证券公司融资融券业务逆周期调节机制，防范融资融券业务风险，规范杠杆融资。建立健全证券期货投资者适当性管理制度，加强投资者保护，强化证券经营机构依法合规诚信经营，引导其切实履行应尽职责，树立行业健康发展和长远成长思维，强化合规守法经营理念，完善内控机制建设，提升监管机构事中、事后监管效率。促进上市公司规范发展，强化信息披露监管，建立并完善上市公司大股东和董、监、高减持股份长效机制，加大对内幕交易和市场操纵行为的打击力度，提升资本市场治理水平。

（二）完善注册制改革的法制环境，创造条件实施股票发行注册制

从长期来看，实行注册制是必然趋势。注册制是党中央、国务院关于中国资本市场长期健康发展顶层设计下的一个重大任务。但注册制相关的系列配套制度还在研究论证，这需要一个相当长的过程。注册制的推出需要各方充分沟通、凝聚共识，共同创造注册制推出的各项条件。

（三）建立健全我国多层次非公开发行制度，将包括众筹、互联网非公开股权融资在内的各类场外发行行为纳入统一规范管理

近年来，多层次资本市场建设加快，提升了直接融资占比，增强了服务大众创业、万众创新以及供给侧改革的能力。但多年来国内更多偏重公开发行市场建设，对于私募市场和场

外证券业务，尽管近年明显提速，但非公开发行制度仍亟待完善。

二、强化行业监管，加大对投资者保护力度

（一）顺应市场发展，突出一线监管职能

在科技日新月异的今天，行业监管也要跟上新形势、新步伐。这就要求不仅从监管层制定制度和政策、行业自律组织约束自身行为入手，而且需要从大数据监管、全视角监控要求出发，打造独立运转、功能强大的市场交易一线监管。

（二）推动跨市场立体联动监管

加快以大数据中心和信息交换枢纽为主要功能的境外资金流动信息共享平台建设，扩大国家外汇管理局、中国人民银行及银行系统、公安机关、中国结算、交易所等部门间的信息交换，完善信息的大数据挖掘机制，实现及时、有效、动态跟踪、检测、评估和风险处理，提升监管资源的使用效率和监管效率，推进协同监管。改进跨期、现货市场监管协调机制，强化期货和其他衍生证券市场交易管理，加强跨市场联动交易管理，有效抑制过度投机，建立健全风险监测预警体系。

（三）治理从严，加强执法力度和对违法违规行为的打击力度，提升监管有效性

强化事后监管，加大执法力度是深化监管的重要方式。2016 年，行业监管将在完善制度的基础上，进一步细化相关操作规范，落实监察流程，加强行业主体的自查力度，加大对违法违规行为的打击惩处力度，维护公开、公平、公正的市场秩序。

（四）加大保护中小投资者力度

保护投资者合法权益是关系到广大中小投资者切身利益的大事，是资本市场健康运行的内在要求。近年来，中国证监会通过落实上市公司现金分红监管指引要求、建立先行赔付机制、实施行政和解试点、完善以投资者需求为导向的信息披露制度等多种方式健全投资者权益保护。2016 年监管层将继续完善资本市场法制建设，加强市场监控监测，查处违法违规交易行为，更好地保护投资者合法权益。

三、在风险可控的前提下积极稳妥推动金融创新

（一）稳妥推进期货和衍生证券市场创新发展

强化市场风险监测和防范机制，在借鉴国际经验的同时还需要注重立足于国情，做好原油等战略性期货品种的上市工作，进一步完善股票期权试点，增强证券市场服务新兴产业和

风险管理的能力。

（二）鼓励证券、基金、期货经营机构交叉持牌

鼓励证券、基金、期货经营机构依法申请交叉持有业务牌照，探索与现有业务在风险隔离基础上的综合化经营。金融机构均将受益于交叉持牌。

（三）进一步创新发展互联网金融

在“十三五”规划、深化金融改革的背景下，2016 年互联网金融布局将加速，市场各参与主体将进一步深度发展互联网。2016 年监管层对互联网金融的关注重点将由“促进”转变为“规范”，初具规模的互联网金融行业将朝着规范化的道路前进。2016 年互联网金融的发展将向寻求优质资产端转变，创造出更多安全、创新的普惠金融服务和产品。积极落实“互联网 +”战略，促进互联网证券业务创新，改善客户服务体验，促进创新创业和实体经济产业升级。

四、加快推进资本市场其他配套改革

（一）深化改革，多层次股权市场有望快速发展

在场内市场方面，交易所主板市场进一步发展壮大有助于提升蓝筹股活力。“新三板”市场的规则体系尤其是投融资机制将得到进一步完善，如打通新三板与创业板之间的资金流动壁垒，将激发新三板各市场参与主体的积极性。场外市场方面，区域股权市场规范发展并尝试构建与“新三板”市场的合作机制，从而为万众创新战略提供有力支持；股权众筹融资试点、互联网非公开股权融资等互联网证券业务创新同样拓展了资本市场服务实体经济的外延。

（二）进一步扩大资本市场双向开放

拓宽境内企业境外上市融资渠道，完善 QDII、QFII 和 RQFII 制度建设，持续深化自贸区金融开放创新试点，提升资本市场国际化水平的同时增强国内证券经营机构的国际竞争力。

（三）深入推进并购重组市场化改革，为供给侧结构性改革和国企改革提供有力支持

通过完善资本市场并购重组机制，进一步简化并购重组审核机制和流程，盘活存量和消化过剩产能，能够更好地支持经济结构转型和产业升级。

总之，在 2016 年，我国资本市场和证券行业还将继续深化各项改革，扩大双向开放，在防范市场风险的基础上强化监管，加强执法效力和制度建设，进一步加快多层次资本市场发展，丰富市场层次和融资工具、渠道，完善并购重组市场化机制，有效增强服务实体经济和供给侧结构性改革的能力。

附：

2015 年中国股票市场异常波动纪实

时间	公告、通知名称或执法措施	实施机构	主要内容
2015 年 7 月 2 日	加大稽查执法力度	中国证监会	组织稽查执法力量对涉嫌市场操纵，特别是跨市场操纵的违法违规线索进行专项核查。对于符合立案标准的将立即立案稽查，严肃依法打击，涉嫌犯罪的将移送公安机关查办。
2015 年 7 月 3 日	证金公司第三次增资扩股	中国证监会	将证金公司注册资本从 240 亿元增资到约 1 000 亿元，用于扩大业务规模，维护资本市场稳定。
2015 年 7 月 4 日	21 家证券公司联合公告	21 家证券公司	（一）21 家证券公司以 2015 年 6 月底净资产 15% 出资，合计不低于 1 200 亿元，用于投资蓝筹股 ETF。（二）上证综指在 4500 点以下，在 2015 年 7 月 3 日余额基础上，证券公司自营股票盘不减持，并择机增持。（三）上市证券公司将积极推动回购本公司股票，并推进本公司大股东增持本公司股票。（四）按照中国证监会发布的《证券公司融资融券业务管理办法》等相关规定，完善逆周期调节机制，及时调整保证金比例、担保证券折算率、融券业务规模等相关指标，在风险可控的前提下尽量平稳地做好客户违约处置工作。
2015 年 7 月 4 日	中国证券业协会倡议书	中国证券业协会	（一）正确认识我国经济和资本市场发展形势。当前，改革开放红利继续释放的趋势没有改变，宏观经济企稳向好的势头没有改变，市场流动性总体充裕的基本面没有改变，居民大类资产配置的格局没有改变，资本市场持续改革开放的进程没有改变。股票市场过快上涨和下跌，都不利于市场稳定健康发展，证券公司作为市场主要参与者，必须主动承担责任，团结一致，众志成城，全力维护市场稳定。（二）广大证券公司要比照 21 家证券公司联合公告，根据各公司情况作出相关行动。（三）中国证券业协会将继续发挥行业自律、服务、传导职责，全力支持并督促证券公司做好维护市场稳定工作，引导行业加强投资者教育和服务，凝聚全行业力量共同维护资本市场改革发展大局。

续表

时间	公告、通知名称或执法措施	实施机构	主要内容
2015 年 7 月 5 日	中国证监会公告［2015］17 号，证金公司多渠道筹资稳定市场	中国证监会	为维护股票市场稳定，中国证监会决定，充分发挥中国证券金融股份有限公司的作用，多渠道筹集资金，扩大业务规模，增强维护市场稳定的能力。中国人民银行将协助通过多种形式给予中国证券金融股份有限公司流动性支持。
2015 年 7 月 5 日	新股 IPO 暂缓	中国证监会	28 家拟上市公司暂缓发行。
2015 年 7 月 5 日	限制期指账户开仓	中金所	中金所依照《中国金融期货交易所违规违约处理办法》第二十二条的规定，对交易股指期货合约特别是中证 500 股指期货合约的部分账户采取了限制开仓等监管措施。
2015 年 7 月 6 日	21 家证券公司出资 1 280 亿元	各个证券公司	21 家证券公司出资 1 280 亿元购买股票，维护市场稳定。
2015 年 7 月 8 日	中国证监会公告［2015］18 号，限制大股东及高管减持股份	中国证监会	（一）从即日起 6 个月内，上市公司控股股东和持股 5% 以上股东（以下并称“大股东”）及董事、监事、高级管理人员不得通过二级市场减持本公司股份。（二）上市公司大股东及董事、监事、高级管理人员违反上述规定减持本公司股份的，中国证监会将给予严肃处理。（三）上市公司大股东及董事、监事、高级管理人员在 6 个月后减持本公司股份的具体办法，另行规定。
2015 年 7 月 8 日	提高中证 500 股指期货卖出持仓交易保证金比例	中金所	中金所自 7 月 8 日结算时起，将中证 500 股指期货卖出持仓交易保证金提高至 20%（套期保值持仓除外）；自 7 月 9 日结算时起，将中证 500 股指期货卖出持仓交易保证金提高至 30%（套期保值持仓除外）。
2015 年 7 月 8 日	证金公司获得央行支持，并给证券公司提供流动性	证金公司、央行	中国人民银行积极协助中国证券金融股份有限公司通过拆借、发行金融债券、抵押融资、借用再贷款等方式获得充足的流动性。证金公司通过多渠道向证券公司提供足额资金，通过股票质押方式，向 21 家证券公司提供了 2 600 亿元的信用额度，用于证券公司自营增持股票。
2015 年 7 月 8 日	证监发〔2015〕51 号：《关于上市公司大股东及董事、监事、高级管理人员增持本公司股票相关事项的通知》	中国证监会	允许近期减持过股票的产业资本可以通过证券公司定向资管等方式立即在二级市场增持本公司股票；近期股价出现大幅下跌的（连续 10 个交易日内累计跌幅超过 30% 的），董、监、高增持本公司股票可以不受窗口期限制；上市公司大股东持股达到或超过 30% 的，可以不等待 12 个月立即增持 2% 股份。

续表

时间	公告、通知名称或执法措施	实施机构	主要内容
2015 年 7 月 8 日	承诺不减持，支持增持	财政部	财政部在履行出资人职责时，承诺不减持所持有的上市公司股票，并要求中央管理的国有金融企业不减持所持有的控股上市公司股票，支持国有金融企业在股价低于合理价值时予以增持。
2015 年 7 月 8 日	维护上市公司股价稳定	国资委	在股市异常波动期间，不得减持所控股上市公司股票。国资委支持中央企业增持股价偏离其价值的所控股上市公司股票，努力维护上市公司股价稳定。同时，国务院国资委监管的 111 家央企作出承诺，采取多项措施共同维护资本市场稳定。国有控股上市公司的控股股东及董、监、高通过二级市场增持本公司股票，无须事前报请国资委批准，履行自身决策程序即可。
2015 年 7 月 8 日	关于提高保险资金投资蓝筹股票监管比例有关事项的通知	中国保监会	放宽了保险资金投资蓝筹股票监管比例，对符合条件的保险公司，将投资单一蓝筹股票的比例上限由占上季度末总资产的 5% 调整为 10%；投资权益类资产达到 30% 比例上限的，可进一步增持蓝筹股票，增持后权益类资产余额不高于上季度末总资产的 40%。同时，通知还适度提高保险资金投资蓝筹股票的资产认可比例。
2015 年 7 月 9 日	关于保险资产管理产品参与融资融券债权收益权业务有关问题的通知	中国保监会	保险资产管理公司通过发行保险资产管理产品募集资金，与证券公司开展融资融券债权收益权转让及回购业务，可以协商合理确定还款期限，不得单方强制要求证券公司提前还款。
2015 年 7 月 9 日	银行业舒缓股票质押贷款风险	中国银监会	一是允许银行业金融机构对已到期的股票质押贷款与客户重新合理确定期限，质押率低于合约规定的，允许双方自行商定押品调整；二是支持银行业金融机构主动与委托理财和信托投资客户协商，合理调整证券投资的风险预警线和平仓线；三是鼓励银行业金融机构与中国证券金融股份有限公司开展同业合作，提供同业融资；四是支持银行业金融机构对回购本企业股票的上市公司提供质押融资，加强对实体经济的金融服务，促进实体经济持续健康发展。

续表

时间	公告、通知名称或执法措施	实施机构	主要内容
2015 年 7 月 12 日	中国证监会公告［2015］19 号：《关于清理整顿违法从事证券业务活动的意见》	中国证监会	（一）按照中国证监会《关于加强证券公司信息系统外部接入管理的通知》要求，规范证券公司信息系统外部接入行为，中国证券业协会从 2015 年 8 月开始，依据其《证券公司外部接入信息系统评估认证规范》开展相关评估认证工作。（二）中国证券登记结算公司按照《证券法》第一百六十六条的规定，严格落实证券账户实名制，进一步加强证券账户管理，强化对特殊机构账户开立和使用情况的检查，严禁账户持有人通过证券账户下设子账户、分账户、虚拟账户等方式违规进行证券交易。（三）各证券公司按照《证券公司监督管理条例》第二十八条的规定以及证券账户管理规则，在为客户开立证券账户时，对客户申报的姓名或者名称、身份的真实性进行审查，保证同一客户开立的资金账户和证券账户的姓名或者名称一致。证券公司不得将客户的资金账户、证券账户提供给他人使用。对通过外部接入信息系统买卖证券情形，证券公司严格审查客户身份的真实性、交易账户及交易操作的合规性，防范任何机构或者个人借用本公司证券交易通道违法从事交易活动。（四）信息技术服务机构等相关方，直接或者间接违法从事证券活动的，应当清理整顿。中国证监会《关于加强证券公司信息系统外部接入管理的通知》发布前的存量可以持续运行，按照有关规定逐步规范，但不得新增客户、账户和资产。
2015 年 7 月 28 日	对抛售股票行为稽查	中国证监会	中国证监会已组织稽查执法力量，重点针对 27 日集中抛售股票等有关线索进场核查。
2015 年 7 月 31 日	对疑似程序化交易的账户进行监管问询	沪、深证券交易所，中国证监会	中国证监会相关派出机构及沪、深证券交易所对部分具有程序化交易特征的机构和个人进行核查，了解其账户实名制情况、资金来源和交易策略，分析其对市场波动的影响。沪、深证券交易所根据《交易规则》，对频繁申报或频繁撤销申报，涉嫌影响证券交易价格或其他投资者投资决定的 24 个账户采取了限制交易措施。
2015 年 8 月 3 日	融券改为 T+1，限制日内回转交易	沪、深证券交易所	为防止部分投资者利用融资融券业务，变相进行日内回转交易，加大股票价格异常波动，影响市场稳定运行，该项调整有利于进一步规范融券交易秩序，不会影响融资融券业务的正常开展，有助于维护市场稳定以及融资融券业务的平稳健康发展。

续表

时间	公告、通知名称或执法措施	实施机构	主要内容
2015 年 8 月 14 日	中国证监会公告［2015］21 号，证金公司转让股票给汇金	中国证监会	证金公司稳定市场的职能不变，但一般不入市操作，当市场剧烈异常波动、可能引发系统性风险时，仍将继续以多种形式发挥维稳作用。证金公司依照证券交易所相关规则，通过协议转让方式向中央汇金公司转让了一部分股票，由其长期持有。
2015 年 9 月 7 日	关于加强上证 50ETF 期权持仓限额管理有关事项的通知	上交所	进一步加强 50ETF 期权持仓限额管理，将单日买入开仓限额调整为单日开仓限额，对投资者单日买入开仓与卖出开仓实施合并限额管理。投资者总持仓限额为 50 张的，单日开仓限额不超过 100 张；投资者总持仓限额为 50 张以上至 2 500 张的，单日开仓限额不超过总持仓限额的 2 倍；投资者总持仓限额为 2 500 张以上的，单日开仓限额不超过 5 000 张。
2015 年 9 月 17 日	关于继续做好清理整顿违法从事证券业务活动的通知	中国证监会	截至 9 月 16 日，共完成 3 577 个资金账户的清理，占全部涉嫌违法从事证券业务活动账户的 64. 30%。在完成清理账户中，84. 96% 以取消信息系统外部接入权限并改用合法交易的方式进行清理，1. 01% 账户仅余停牌股票，其他账户已无资产余额或采取产品终止、销户等方式处理。采取进一步措施确保场外配资清理整顿工作：仔细甄别、确认涉嫌场外配资的相关账户。证券公司要按既定部署开展清理整顿工作，积极与客户沟通、协调，不要单方面解除合同、简单采取“一断了之”的方式。对于符合业务合规性要求的证券账户应持续做好客户服务。
2015 年 10 月 9 日	《证券期货市场程序化交易管理办法（征求意见稿）》发布	中国证监会	需按照“严格管理、限制发展、趋利避害、不断规范”的指导思想，加强对程序化交易的监管。明确监管范围，建立申报核查管理、接入管理、指令审核、收费管理、严格规范境外服务器的使用、监察执法等监管制度。总结了六类行为特点，规定了禁止的程序化交易行为，在自律监管、行政监管和对违法犯罪行为的打击等不同层次构筑了保护投资者权益、维护正常交易秩序的立体防线。

资料来源：中国证监会、中国证券业协会、上海证券交易所、深圳证券交易所、中国人民银行、中国保监会等网站。

分报告

分报告之一：2015年中国证券经纪业务发展回顾与展望

第一章 2015年中国证券经纪业务的总体情况和竞争格局

第一节 2015年中国证券经纪业务的总体情况

一、市场总体情况和经纪业务规模

（一）两市指数大幅波动，股票、基金交易量增幅显著，债券交易量持续增长

2015年上半年，股票二级市场大幅上涨，中期出现异常波动，第四季度渐趋平稳。上证综指创6年新高，深证综指创历史新高。2015年，上证综合指数从上年收盘的3234.68点，最高到5178.19点，最低达2850.71点，收盘3539.18点，全年指数上涨9.41%；深证综合指数从上年收盘的1415.19点，最高到3156.96点，最低达1408.99点，收盘2308.91点，全年指数上涨63.15%。

2015年中小板块指数和创业板块指数创历史新高，创业板指数远超大盘平均涨幅。2015年，中小板指数从上年收盘的5461.19点，最高到12084.30点，最低达5447.90点，

收盘 8393.83 点，全年指数上涨 53.70%。创业板指数从上年收盘的 1471.76 点，最高到 4307.96 点，最低达 1429.08 点，收盘 2714.05 点，全年指数上涨 84.41%（见表 1－1）。

表 1－1　　2014—2015 年板块指数变化情况

	上证指数（000001）	深证综指（399106）	中小板指数（399005）	创业板指数（399006）
2014 年收盘点位	3234.68	1415.19	5461.19	1471.76
2015 年收盘点位	3539.18	2308.91	8393.83	2714.05
变化幅度（%）	9.41	63.15	53.70	84.41

资料来源：沪、深证券交易所。

股票基金交易量大幅度提升。根据沪、深两市交易所的统计数据，2015 年两市股票基金总成交 270.86 万亿元，较 2014 年的 79.11 万亿元激增 191.75 万亿元，增幅 242.38%。其中，上海证券交易所股基交易金额 143.48 万亿元，深圳证券交易所股基交易金额 127.38 万亿元，分别较 2014 年上升 246.07% 和 238.33%。日均成交量方面，2015 年成交天数为 244 日，较 2014 年 245 个交易日减少 1 个交易日，2015 年两市日均股基交易量提升更为显著，达到 11 100.99 亿元，较 2014 年日均 3 229.17 亿元上升 243.77%。

股票、基金、债券①交易量均出现大幅增长。2015 年，沪、深两市股票合计成交 255.59 万亿元，较 2014 年的 74.39 万亿元增长 243.58%，股票日均交易额从 2014 年的 3 036.38 亿元增长到 2015 年的 10 475.17 亿元，增幅为 244.99%；基金成交方面，2015 年两市基金成交金额 15.27 万亿元，较 2014 年的 4.72 万亿元上升了 223.52%；债券成交方面，近两年持续增长，2015 年债券合计成交 126.73 万亿元，较 2014 年 90.58 万亿元增长了 39.91%（见图 1－1）。

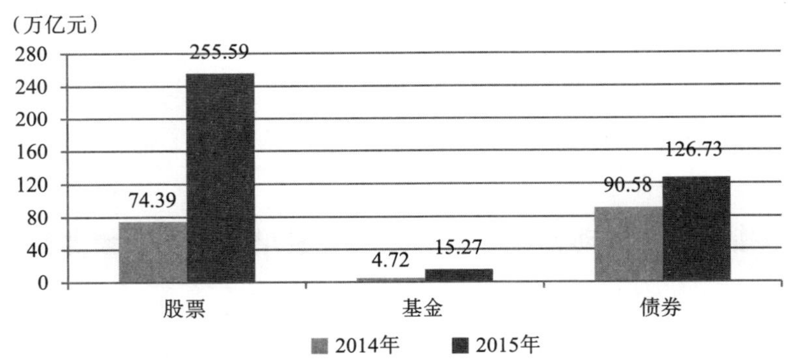

图 1－1　2014 年和 2015 年各品种交易量变化对比图

资料来源：沪、深证券交易所。

① 本文的债券交易特指深圳证券交易所和上海证券交易所的债券交易。

（二）市场扩容提速，市值大幅增长，市盈率快速提高

2015 年上半年市场持续发行新股，7 月暂停，11 月底恢复发行。截至 2015 年底，境内上市公司数（A、B 股）合计 2 827 家，较 2014 年底 2 613 家增加了 214 家，增幅为 8.19%。

随着市场新股扩容和指数的上涨，沪、深两市总市值快速增长。2015 年底，沪、深两市股票市价总值为 53.13 万亿元，较 2014 年的 37.25 万亿元增长 42.61%；其中，流通市值从 2014 年的 31.56 万亿元提升到 2015 年底的 41.79 万亿元，升幅达 32.41%。

市场平均静态市盈率大幅提升。截至 2015 年底，沪市平均静态市盈率为 17.63 倍，较 2014 年底的 15.99 倍提升幅度为 10.26%；深市的平均静态市盈率为 52.75 倍，较 2014 年底的 34.05 倍上涨了 54.92%（见表 1－2）。

表 1－2　　2015 年证券市场概况统计表

	2014 年底	2015 年底	变化幅度（%）
境内上市公司数（A、B 股）（家）	2 613	2 827	8.19
境内上市外资股（B 股）（家）	104	101	－2.88
股票市价总值（A、B 股亿元）	372 546.96	531 304.20	42.61
其中：股票流通市值（亿元）	315 624.31	417 925.40	32.41
股票成交金额（亿元）	743 912.98	2 555 942.11	243.58
日均股票成交金额（亿元）	3 036.38	10 475.17	244.99
上证综合指数（收盘）	3 234.68	3 539.18	9.41
深证综合指数（收盘）	1 415.19	2 308.91	63.15
股票有效账户数（万户）	14 214.68	21 477.57	51.09
平均市盈率（静态）			
其中：上海	15.99	17.63	10.26
深圳	34.05	52.75	54.92
证券投资基金只数（只）	1 897	2 724	43.60

资料来源：中国证监会、上海证券交易所、深圳证券交易所、中国证券登记结算公司。

（三）行业收入快速增长，代理买卖证券业务净收入占比显著上升

2015 年，证券行业整体盈利情况出现很大改观，受益于市场股基交易量大幅增长，代理买卖证券业务净收入占比显著上升。

根据中国证券业协会初步统计，全行业 125 家证券公司（较上年增加了 5 家）2015 年实现营业收入 5 751.55 亿元，较 2014 年的 2 602.84 亿元增长 120.97%，环比增速提高 58 个百分点；净利润为 2 447.63 亿元，较上年的 965.54 亿元上升了 153.50%。具体到经纪业务收入方面，行业代理买卖证券业务净收入为 2 690.96 亿元，较 2014 年的 1 049.48 亿元增

长了156.41%。收入结构与2014年相比，代理买卖证券业务净收入占营业收入的比重从40.32%上升到46.79%（见表1-3、表1-4）。

表1-3　　2014—2015年证券行业主要经营数据对比

	2014年	占比（%）	2015年	占比（%）
营业收入（亿元）	2 602.84		5 751.55	
代理买卖证券业务净收入（亿元）	1 049.48	40.32	2 690.96	46.79
证券承销与保荐业务净收入（亿元）	240.19	9.23	393.52	6.84
财务顾问业务净收入（亿元）	69.19	2.66	137.93	2.40
投资咨询业务净收入（亿元）	22.31	0.86	44.78	0.78
资产管理业务净收入（亿元）	124.35	4.78	274.88	4.78
证券投资收益（含公允价值变动）（亿元）	710.28	27.29	1 413.54	24.58
融资融券业务利息收入（亿元）	446.24	17.14	1 175.03	20.43
净利润（亿元）	965.54		2 447.63	
证券公司盈利家数（家）	119.00	99.00	124.00	99.20

资料来源：中国证券业协会。

表1-4　　2014—2015年证券行业主要财务指标对比

	2014年	2015年	增减值	增减幅度（%）
证券公司数量（家）	120.00	125.00	5.00	4.17
总资产（万亿元）	4.09	6.42	2.33	56.97
净资产（亿元）	9 205.19	14 515.42	5 310.23	57.69
净资本（亿元）	6 791.6	12 523.03	5 731.43	84.39
客户交易结算资金余额（万亿元）	1.20	2.06	0.86	71.67
受托管理资金本金总额（万亿元）	7.97	11.88	3.91	49.06

资料来源：中国证券业协会。

（四）融资融券交易继续保持增长，融资交易规模高于融券

2015年，融资融券交易继续保持增长，“两融”业务余额由2014年的10 256.56亿元上升到11 742.67亿元，增幅为14%。融资交易规模增速显著。截至2015年底，融资余额11 713.07亿元，期间买入额318 296.07亿元，偿还额316 756.67亿元，而2014年同期对应的三项指标仅分别为10 173.73亿元、95 065.59亿元及88 326.56亿元，增幅分别达到15%、235%及259%。融券方面，2015年期间卖出额28 024.32亿元，较2014年增幅为150%（见表1-5）。

表 1－5　　**2011—2015 年融资融券业务发展数据**

	融资			融券		
	截止日余额（亿元）	期间买入额（亿元）	期间偿还额（亿元）	截止日余额（亿元）	期间卖出量（亿股）	融资融券余额（亿元）
2011 年	375.48	2 908.99	2 661.12	6.59	22.88	382.07
2012 年	856.94	7 265.98	6 784.51	38.21	358.47	895.16
2013 年	3 434.70	32 891.94	30 314.18	30.57	1 108.71	3 465.27
2014 年	10 173.73	95 065.59	88 326.56	82.83	2 026.73	10 256.56
2015 年	11 713.07	318 296.07	316 756.67	29.60	2 552.32	11 742.67
2015 年相比 2014 年的变化幅度（%）	15	235	259	－64	26	14

（五）股票质押交易继续保持快速增长，约定购回式交易萎缩

2015 年，沪、深两市股票质押交易次数从 2014 年的 2 410 次增加到 2015 年的 4 089 次，总质押股份数从 2014 年的 585.69 亿股增加到 2015 年的 920.78 亿股，增幅为 57.21%；未解押交易的股数从 2014 年的 492.81 亿股增加到 2015 年的 770.25 亿股，增幅为 56.30%；已解押交易的股数从 2014 年的 92.88 亿股增加到 2015 年的 150.53 亿股，增幅为 62.07%（见表 1－6）。

表 1－6　　**2014—2015 年股票质押交易概况**

年份	全部交易			未解押交易			已解押交易		
	交易次数（次）	总质押股数（亿股）	参考市值（亿元）	交易次数（次）	总质押股数（亿股）	参考市值（亿元）	交易次数（次）	总质押股数（亿股）	参考市值（亿元）
2014 年	2 410	585.69	7 100.90	2010	492.81	6 064.12	400	92.88	1 036.78
2015 年	4 089	920.78	18 435.38	3 383	770.25	15 208.06	706	150.53	3 227.32
变化幅度（%）	69.67	57.21	159.62	68.31	56.30	150.79	76.50	62.07	211.28

资料来源：Wind 资讯。

与股票质押交易相比，约定购回式交易呈现回落趋势。2015 年，两市约定购回式交易次数从 2014 年的 22 次减少到 2015 年的 15 次，交易股份数从 2014 年的 4.22 亿股减少到 2015 年的 1.63 亿股，降幅为 61.37%；未购回的股数从 2014 年的 3.61 亿股减少到 2015 年的 1.63 亿股，降幅为 54.85%；已购回的股数从 2014 年的 0.61 亿股减少到 2015 年的 0（见表 1－7）。

表 1-7　　2014—2015 年约定购回式交易概况

年份	全部交易			未购回			已购回		
	交易次数（次）	交易总数量（亿股）	交易总价值（亿元）	交易次数（次）	交易数量（亿股）	交易市值（亿元）	交易次数（次）	交易数量（亿股）	交易市值（亿元）
2014 年	22	4.22	36.49	18	3.61	31.21	4	0.61	5.28
2015 年	15	1.63	27.06	15	1.63	27.06	0	0	0
变化幅度（%）	-31.82	-61.37	-25.84	-16.67	-54.85	-13.30	—	—	—

资料来源：Wind 资讯。

二、市场参与主体

（一）近半数投资者期末空仓

2015 年末，沪、深两市共有投资者数 9 910.54 万个。其中 5 937.26 万个投资者近一年内参与了二级市场交易，占期末投资者数的 59.91%，参与交易的投资者中，21% 的投资者期末空仓（未持有任何证券，下同）。未参与交易的投资者数 3 973.28 万个，占期末投资者数的 40.09%。未参与交易的投资者中，90% 的投资者期末空仓。

2015 年末持仓的投资者数为 5 117.29 万个，持仓投资者数占全部投资者数的比重为 51.63%，空仓投资者数占 48.37%。

1. A 股账户数持续增加

2015 年，随着上半年市场的快速上涨，入市人群增加，A 股账户数持续增长，A 股账户净增 4 944.58 万户，增长幅度为 27.25%（见表 1-8 和图 1-2）。

表 1-8　　2014—2015 年 A 股账户数变化

	2014 年	2015 年
期末 A 股账户数（万户）	18 145.62	23 090.20
较上年增长（%）	5.11	27.25

资料来源：中国证券登记结算有限责任公司。

2. 开通创业板功能投资者数持续增加

截至 2015 年末，具有创业板块功能投资者数为 3 559.71 万户，占全部投资者数的 39.07%（见表 1-9）。

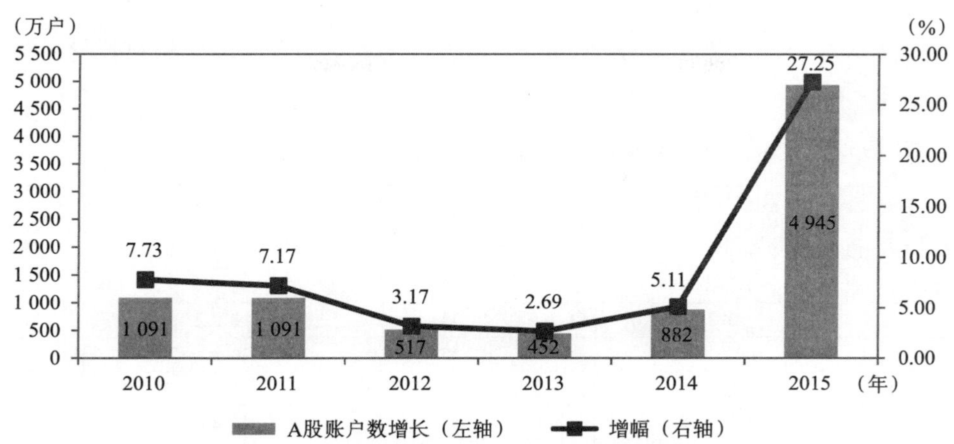

图 1－2　2010—2015 年 A 股账户数

资料来源：中国证券登记结算有限责任公司。

表 1－9　　2015 年具有创业板功能账户数　　（单位：万户）

项目	2015 年
期初具有创业板功能投资者数	3 498. 66
期末具有创业板功能投资者数	3 559. 71

资料来源：中国证券登记结算有限责任公司。

3. 开立信用账户的投资者数保持增长

截至 2015 年末，开立信用证券账户的投资者数为 397. 69 万个，其中，个人投资者 3 969 249 个，机构投资者 7 683 个（见表 1－10）。

表 1－10　　2015 年信用证券投资者数　　（单位：个）

项目	2015 年
期初信用证券账户	3 936 435
其中：个人	3 928 982
机构	7 453
期末信用证券账户	3 976 932
其中：个人	3 969 249
机构	7 683

资料来源：中国证券登记结算有限责任公司。

（二）根据自然人与机构划分，投资者市值分布差异较大

根据中国证券登记结算公司 2015 年底的专项统计数据，对于投资者 A 股账户的期末已上市 A 股流通市值，71. 63% 的自然人投资者低于 10 万元，93. 28% 的投资者低于 50 万元；

34.91%的机构投资者低于50万元，38%的投资者超过500万元。从占比上看，依然是大部分自然人的A股投资者市值在50万元以下，机构投资者不同资产区间账户数量的分布比较平均（见表1-11）。

表1-11　　2015年自然人和机构投资者证券账户结构

期末已上市的A股流通市值	自然人投资者账户		机构投资者账户	
	投资者数（个）	比重（%）	投资者数（个）	比重（%）
1万元以下	11 612 075	23.15	4 026	6.15
1万—10万元	24 323 556	48.48	8 028	12.26
10万—50万元	10 860 279	21.65	10 806	16.50
50万—100万元	1 881 845	3.75	5 752	8.78
100万—500万元	1 315 609	2.62	11 864	18.11
500万—1 000万元	109 951	0.22	4 389	6.70
1 000万元—1亿元	60 207	0.12	11 711	17.88
1亿元以上	4 417	0.01	8 931	13.63
合计	50 167 939	100.00	65 507	100.00

资料来源：中国证券登记结算有限责任公司。

（三）特殊机构及产品A股账户：证券公司自营账户占比最高

从特殊机构及产品A股账户构成上看，同往年一致，占比最高的依然是证券公司自营账户，比例比2014年下降。

从变化趋势来看，证券自营账户数基本持平，没有增长，其他各类型的投资者账户数均较上年有所增加。其中基金公司专户理财产品账户增加1.44万户，表明市场对基金投资者的吸引力有所增强。从增幅大小来说，近几年基金公司专户理财产品账户投资者的增幅较大（见表1-12）。

表1-12　　2015年特殊机构及产品A股账户结构及变化

投资者	2015年末A股账户数（户）	占比（%）	2014年末A股账户数（户）	2015年较2014年变化（户）	变化幅度（%）
证券公司自营	85 592	49.85	85 205	387	0.45
证券公司集合理财	5 857	3.41	3 311	2 546	76.90
证券投资基金	19 033	11.09	5 080	13 953	274.67
基金公司专户理财产品	23 863	13.90	9 450	14 413	152.52
社保基金	310	0.18	254	56	22.05
企业年金	6 835	3.98	6 184	651	10.53
QFII	981	0.57	826	155	18.77
RQFII	942	0.55	563	379	67.32
保险	2 834	1.65	1 955	879	44.96
信托	25 442	14.82	17 170	8 272	48.18

资料来源：中国证券登记结算有限责任公司。

第二节 2015 年中国证券经纪业务的竞争格局

一、行业集中度有所回升

2015 年，证券行业集中度较 2014 年有所回升。根据沪、深证券交易所的统计数据，股票基金交易量排名行业前 20 位证券公司的市场份额总和为 63.55%，比 2014 年的 62.56% 增加了 0.99 个百分点。

2015 年，证券经纪业务股票基金市场份额前 10 名的证券公司分别是：华泰证券、中国银河、海通证券、广发证券、国泰君安、中信证券、招商证券、国信证券、申银万国证券及中信建投证券。其中，前 5 位交易排名中，中国银河证券、海通证券、广发证券超越国泰君安证券分别列第 2、第 3、第 4 位；中信证券从 2014 年的第 8 位上升到第 6 位；招商证券、国信证券下滑 1 位，名列第 7、第 8 位；申银万国证券、中信建投证券依旧分别排名第 9、第 10 位。

第 11—20 位的证券公司，平安证券上升 3 位，排名进入第 19 位，其他 9 家证券公司没有变化，但排名大多发生变化。齐鲁证券与安信证券互换了排名，分别位列第 12、第 13 位。方正证券、长江证券、兴业证券超越中信证券（浙江），分别位列第 15、第 16、第 17 位。

相较于 2014 年，2015 年排名前 50 位内上升幅度较大的证券公司有国金证券、国联证券、西部证券、山西证券、平安证券、东吴证券、华安证券，下滑幅度较大的证券公司有中国民族证券与中国国际金融公司（见表 1－13）。

表 1－13　　2015 年股票基金份额排名前 50 位的证券公司统计

证券公司	市场份额（%）			排名（位）	
	2015 年	2014 年	变化幅度（%）	2015 年	2014 年
华泰证券	7.249	6.364	13.90	1	1
中国银河证券	5.014	4.874	2.87	2	3
海通证券	4.865	4.546	7.01	3	4
广发证券	4.705	4.256	10.55	4	5
国泰君安证券	4.668	4.886	－4.47	5	2
中信证券	4.130	3.638	13.53	6	8
招商证券	4.070	4.18	－2.63	7	6
国信证券	3.853	3.763	2.39	8	7
申银万国证券	3.305	3.615	－8.56	9	9
中信建投证券	3.128	3.373	－7.26	10	10
光大证券	2.596	2.843	－8.67	11	11
齐鲁证券	2.444	2.248	8.70	12	13

续表

证券公司	市场份额（%）			排名（位）	
	2015 年	2014 年	变化幅度（%）	2015 年	2014 年
安信证券	2.407	2.394	0.55	13	12
中国中投证券	2.024	2.162	-6.37	14	14
方正证券	1.890	1.769	6.86	15	16
长江证券	1.711	1.669	2.52	16	17
兴业证券	1.416	1.468	-3.53	17	18
中信证券（浙江）	1.410	1.879	-24.96	18	15
平安证券	1.349	1.095	23.16	19	22
宏源证券	1.316	1.362	-3.37	20	19
国金证券	1.231	0.93	32.31	21	27
浙商证券	1.219	1.127	8.19	22	21
东方证券	1.202	1.273	-5.58	23	20
财通证券	1.151	1.082	6.40	24	23
东吴证券	1.042	0.881	18.32	25	28
东兴证券	0.967	0.982	-1.53	26	26
国元证券	0.926	0.995	-6.97	27	24
华西证券	0.924	0.992	-6.80	28	25
华福证券	0.822	0.79	4.09	29	31
中银国际证券	0.817	0.861	-5.09	30	29
长城证券	0.814	0.775	5.08	31	33
西南证券	0.813	0.805	0.99	32	30
东莞证券	0.761	0.724	5.17	33	35
信达证券	0.758	0.79	-4.04	34	32
湘财证券	0.723	0.687	5.29	35	37
中信山东	0.699	0.678	3.13	36	38
上海证券	0.698	0.735	-5.06	37	34
东北证券	0.688	0.663	3.74	38	39
华安证券	0.669	0.63	6.23	39	42
中原证券	0.626	0.651	-3.83	40	41
南京证券	0.614	0.608	1.00	41	43
国海证券	0.596	0.608	-1.99	42	44
财达证券	0.583	0.592	-1.57	43	45
国联证券	0.573	0.541	5.86	44	48
西部证券	0.534	0.517	3.34	45	49
中国民族证券	0.524	0.689	-23.98	46	36
东海证券	0.510	0.583	-12.60	47	46
山西证券	0.508	0.467	8.78	48	52
中国国际金融公司	0.483	0.655	-26.25	49	40
民生证券	0.461	0.562	-17.98	50	47

注：2015 年中信证券市场份额包含中信证券（浙江）10—12 月的数据。

资料来源：沪、深证券交易所。

二、证券营业网点数量继续增加

截至2015年底，证券公司营业部数量达8 170家，相比2014年的7 199家，增加了971家，增幅为13.49%。整体来看，行业的网点数量一直呈现稳步增长的趋势（见表1－14）。

表1－14　网点数量排名靠前的证券公司2014—2015年营业部数量　（单位：家）

会员名称	2014年营业部数量	2015年营业部数量	增加数量
中国银河证券	331	356	25
海通证券	272	291	19
华泰证券	255	269	14
广发证券	248	264	16
国泰君安证券	244	257	13
中泰证券	227	248	21
安信证券	179	207	28
中信建投证券	200	205	5

资料来源：上海证券交易所。

三、行业托管市值大幅增长

根据中国证券登记结算有限责任公司的统计，2015年行业托管证券市值达到了336 252亿元，较2014年的251 165亿元增长幅度达到33.88%。

在市场交易份额排名靠前的证券公司中，2015年A股托管总额（流通市值）排名前3位的分别是中信证券、银河证券和华泰证券；海通证券超过国泰君安，排名第4位。

相比2014年，排名靠前的8家证券公司托管市值都大幅提升，上升幅度较高的有华泰证券、海通证券、国信证券。从排名看，这8家证券公司中，海通证券的排名有所上升，国泰君安、广发证券的排名下滑（见表1－15和表1－16）。

表1－15　2014—2015年份额排名靠前证券公司A股托管总额

证券公司	2014年（亿元）	2015年（亿元）	变化幅度（%）
中信证券	26 125.10	35 841.97	37.19
银河证券	25 167.94	30 787.80	22.33
华泰证券	14 602.80	25 535.65	74.87
海通证券	13 785.92	24 024.94	74.27
招商证券	13 998.19	20 989.02	49.94
国泰君安证券	14 089.28	20 831.34	47.85
广发证券	13 821.67	19 982.62	44.57
国信证券	10 826.94	17 666.63	63.17

资料来源：中国证券登记结算有限责任公司。

表 1－16　　2015 年底两市 A 股托管总额前 50 位的主要参与人排名情况

序号	名称	沪市托管总额（亿元）	比例（%）	名称	深市托管总额（亿元）	比例（%）
1	中国银河证券	22 601.42	7.69	华泰证券	15 412.77	6.50
2	中信证券	21 697.30	7.38	中信证券	14 144.67	5.97
3	海通证券	11 768.98	4.00	广发证券	12 614.93	5.32
4	国泰君安证券	11 686.00	3.97	国信证券	12 577.16	5.30
5	华泰证券	10 122.88	3.44	海通证券	12 255.96	5.17
6	招商证券	9 978.02	3.39	招商证券	11 011.00	4.64
7	中国中投证券	9 969.28	3.39	国泰君安证券	9 145.34	3.86
8	中银国际证券	9 737.31	3.31	中国银河证券	8 186.38	3.45
9	申万宏源证券	9 347.21	3.18	中信建投证券	6 792.51	2.86
10	中信建投证券	8 717.24	2.96	中国工商银行	6 394.97	2.70
11	宏源证券	8 597.82	2.92	申万宏源证券	6 084.55	2.57
12	东兴证券	7 972.42	2.71	光大证券	4 796.65	2.02
13	中国国际金融	7 936.69	2.70	中泰证券	4 653.28	1.96
14	广发证券	7 367.69	2.51	中国中投证券	4 234.35	1.79
15	交通银行托管	7 291.81	2.48	申万宏源西部证券	4 177.56	1.76
16	工商银行托管	6 690.74	2.28	中国国际金融	4 059.89	1.71
17	农业银行托管	6 537.40	2.22	中国建设银行	3 892.37	1.64
18	国信证券	5 089.47	1.73	平安证券	3 832.43	1.62
19	光大证券	4 870.87	1.66	中国农业银行	3 653.40	1.54
20	中国证券金融	4 731.49	1.61	安信证券	3 607.22	1.52
21	中泰证券	4 257.92	1.45	兴业证券	3 297.11	1.39
22	兴业证券	4 220.29	1.44	东吴证券	3 151.21	1.33
23	东方证券	4 216.21	1.43	长江证券	2 967.73	1.25
24	建设银行托管	3 524.39	1.20	东方证券	2 780.16	1.17
25	安信证券	3 417.38	1.16	中国银行	2 680.94	1.13
26	长江证券	3 176.72	1.08	浙商证券	2 370.30	1.00
27	中国银行托管	2 968.23	1.01	国元证券	2 311.98	0.98
28	中航证券	2 310.67	0.79	方正证券	2 136.15	0.90
29	长城证券	2 142.08	0.73	东北证券	1 963.95	0.83
30	上海证券	1 940.75	0.66	招商银行	1 785.84	0.75
31	北京凤山投资	1 936.92	0.66	西南证券	1 778.22	0.75
32	西南证券	1 918.66	0.65	财通证券	1 724.09	0.73

续表

序号	名称	沪市托管总额（亿元）	比例（%）	名称	深市托管总额（亿元）	比例（%）
33	方正证券	1 804.89	0.61	长城证券	1 715.17	0.72
34	国元证券	1 690.67	0.57	交通银行	1 706.27	0.72
35	山西证券	1 623.46	0.55	中航证券	1 704.65	0.72
36	平安证券	1 552.56	0.53	华融证券	1 685.79	0.71
37	华宝证券	1 502.34	0.51	中银国际证券	1 607.95	0.68
38	东吴证券	1 399.70	0.48	国金证券	1 593.78	0.67
39	香港中央结算	1 247.91	0.42	民生证券	1 560.30	0.66
40	信达证券	1 177.71	0.40	华西证券	1 473.60	0.62
41	浙商证券	1 134.64	0.39	西部证券	1 391.04	0.59
42	汇丰银行托管	1 122.32	0.38	信达证券	1 295.59	0.55
43	华安证券	1 080.96	0.37	山西证券	1 264.74	0.53
44	财达证券	1 072.47	0.36	湘财证券	1 213.80	0.51
45	华西证券	1 040.57	0.35	广州证券	1 182.23	0.50
46	财通证券	947.85	0.32	财达证券	1 151.59	0.49
47	东北证券	934.72	0.32	国海证券	1 125.86	0.47
48	东海证券	899.64	0.31	中信证券（山东）	1 119.76	0.47
49	国金证券	898.38	0.31	第一创业证券	1 094.40	0.46
50	中原证券	883.31	0.30	东海证券	1 081.67	0.46

资料来源：中国证券登记结算有限责任公司。

四、从业人员总量持续增加

根据中国证券业协会统计数据，2015 年证券公司登记的证券从业人员数继续呈现上升态势。截至 2015 年底，登记的证券公司从业人数为 290 566 人，人员总量相较 2014 年增加了52 059人，增幅为 21.83%。其中，一般从业人员 176 179 人，证券经纪业务营销人员数 2 415人，证券经纪人人员数 73 214 人，证券投资咨询业务（投资顾问）32 212 人，证券投资咨询业务（分析师）2 194 人，保荐代表人 2 870 人，投资主办人 1 482 人。

从证券从业人员结构来看，一般从业人员占比 60.63%，相较 2014 年略有下滑；证券经纪业务营销人员、证券投资咨询业务（分析师）占比下降，人数较 2014 年减少；证券经纪人占比上升，人数快速增加；证券投资咨询业务（投资顾问）、保荐代表人和投资主办人占比有所下降，但人数持续上升。各类人员结构的变化在一定程度上反映了行业为推进经纪、投行、资管等各项主营业务均衡发展所做的努力和布局。

第二章
2015 年中国证券经纪业务面临的问题及 2016 年前景展望

第一节 2015 年中国证券经纪业务面临的问题

2015 年，我国证券市场虽然经历了异常波动，但是整体表现活跃，代理买卖证券业务净收入达到 2 690.96 亿元，相较 2014 年的 1 049.48 亿元，增长 156.41%。代理买卖证券业务净收入贡献度相较 2014 年上升 6.47 个百分点，达到 46.79%。同期，受“一人多户”政策以及互联网金融等因素影响，传统经纪业务竞争更加激烈，行业平均佣金率相较 2014 年继续下滑。总体来看，经纪业务收入主要依赖市场行情的问题依然存在。2016 年，经纪业务面临较大挑战，转型和创新亟待加速。

一、竞争激烈，行业平均佣金率持续下滑

2015 年，受“一人多户”政策以及互联网金融等因素影响，证券公司传统经纪业务竞争更加激烈，行业佣金率持续下滑。自 2015 年 4 月 13 日起，中国证券登记结算有限责任公司取消自然人投资者开立 A 股账户的一人一户限制，允许自然人投资者根据实际需要开立多个沪、深 A 股账户及场内封闭式基金账户。

在此之前，证券公司传统经纪业务的同质化竞争已经较为严重，特别是证券行业互联网金融的兴起，打破了以往地理空间对经纪业务的束缚，为了快速抢占客户资源，多家证券公司在推出“网上开户”功能时，不惜将佣金率直接降至万分之三甚至更低水平。

在“一人多户”政策和互联网金融的共同作用下，投资者在证券公司之间的转移成本大幅降低，避免了以往先销户再开户的各种繁琐，佣金议价能力明显提升，进而促使行业平均佣金率继续下滑。

二、收入剧增，但依赖市场行情的问题依然存在

2015 年，证券市场整体表现活跃，证券行业主要业务收入相较 2014 年均有大幅增长。其中，代理买卖证券业务净收入（含席位收入）达到 2 690.96 亿元，相较 2014 年增长 156.41%，不仅增长幅度位列行业各项主营业务之首，收入贡献度更是高达 46.79%（见表 2－1）。

表 2－1　　2015 年证券行业各项主营业务收入情况

主要业务收入明细	2014 年（亿元）	占比（%）	2015 年（亿元）	占比（%）	变化幅度（%）
代理买卖证券业务净收入（含席位收入）	1 049.48	40.32	2 690.96	46.79	156.41
证券承销与保荐业务净收入	240.19	9.23	393.52	6.84	63.84
财务顾问业务净收入	69.19	2.66	137.93	2.40	99.35
资产管理业务净收入	124.35	4.78	274.88	4.78	121.05
股权投资收益	48.47	1.86	81.45	1.42	68.04
证券投资收益	710.28	27.29	1 413.54	24.58	99.01
利息净收入	283.72	10.90	591.25	10.28	108.39
投资咨询业务净收入	22.31	0.86	44.78	0.78	100.72
其他收入	54.85	2.11	123.24	2.14	124.69
营业收入合计	2 602.84	100.00	5 751.55	100.00	120.97

资料来源：中国证券业协会。

代理买卖证券业务净收入与佣金率、交易额密切相关。2015 年，尽管行业平均佣金率相较 2014 年继续下滑，但是交易额创出历史新高，不仅抵消了佣金率下滑的不利影响，而且助推代理买卖证券业务净收入大幅增长。这也从侧面反映出经纪业务收入主要依赖市场行情的问题尚未解决（见图 2－1）。

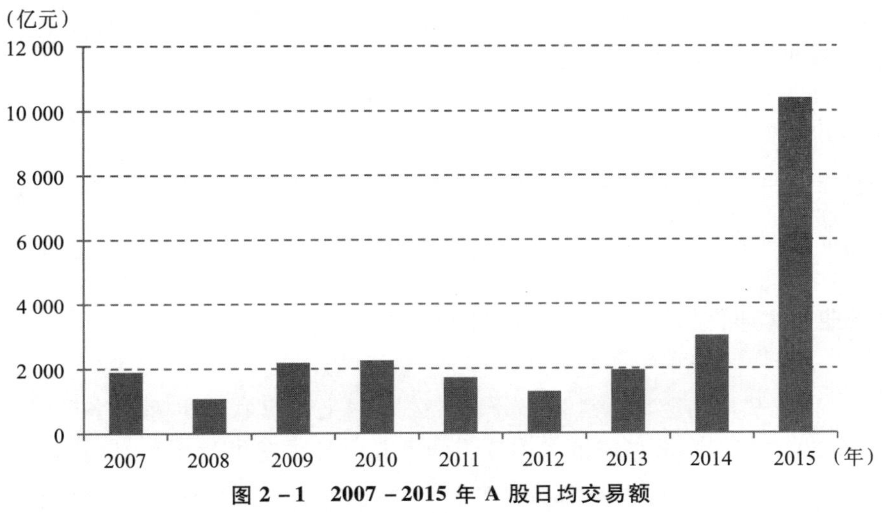

图 2－1　2007－2015 年 A 股日均交易额

资料来源：Wind 资讯。

三、转型缓慢，人力资源结构亟待优化

推动经纪业务转型、提升综合服务水平是行业的共同愿望。现阶段，证券行业已经汇聚了大量的高净值个人投资者和机构投资者。统计显示，相较于2014年，50万元以上各层级账户数，无论是自然人还是机构，在2015年均出现较大幅度的增长。这些优质的客户资源和多样化的金融服务需求为证券公司经纪业务向针对个人投资者的财富管理和针对机构投资者的综合金融业务转型提供了良好机遇（见表2－2）。

表2－2　　2014—2015年市值50万元以上证券账户结构变化

期末已上市的A股流通市值	自然人账户（户）			机构账户（户）		
	2014年	2015年	变化幅度（%）	2014年	2015年	变化幅度（%）
50万—100万元	1 347 077	1 881 845	39.70	5 467	5 752	5.21
100万—500万元	911 278	1 315 609	44.37	10 782	11 864	10.04
500万—1 000万元	73 030	109 951	50.56	3 457	4 389	26.96
1 000万元—1亿元	38 898	60 207	54.78	8 175	11 711	43.25
1亿元以上	2 603	4 417	69.69	7 362	8 931	21.31

资料来源：中国证券登记结算有限责任公司。

但是就2015年证券从业人员结构而言，当前的经纪业务人力资源条件尚不能很好地适应客户需求的综合化、多元化发展趋势，专业人才虽然有所增长，但是相对规模庞大的客户群体依然不足，尤其是能够熟练运用新业务、新产品、新工具满足不同客户需求的专业人才匮乏。这不仅制约了新型经纪业务的发展速度，而且掣肘了经纪业务与其他业务的协同。因此，当务之急是着力优化人力资源结构，加速培养和建立高水平、专业化的人才队伍，以有效支持财富管理业务和机构经纪业务创新发展。

第二节　2016年中国证券经纪业务发展前景展望

一、行业平均佣金率下滑压力依然存在

2015年，行业平均佣金率下滑，部分证券公司网上开户默认的佣金率已降至万分之三左右。考虑到2016年证券市场行情存在较大的不确定性，赚钱效应相对减弱，投资者可能更加看重佣金费用，同时，不排除部分证券公司继续通过价格战争夺客户资源，从而带动行业佣金水平进一步走低，因此，2016年行业平均佣金率下滑压力依然存在。

尽管佣金率呈下滑态势，但是预计 2016 年的下滑幅度有限，主要原因有两点：一是 2014—2015 年的行业佣金率下调幅度较大，多数证券公司前期已加入价格战，市场竞争较为充分；二是对 2016 年的市场行情预期普遍偏谨慎，加之潜在的增量客户有限，证券公司持续大幅降佣的动力不足，具有品牌优势和专业优势的大中型证券公司更愿意通过特色化、综合化的服务维系与高净值客户和机构客户的良好关系，尽力避免佣金率继续下滑。

二、代理买卖证券业务净收入下降难以避免

2015 年，A 股市场颇为活跃，日均交易额超万亿元，创出历史最高水平。展望 2016 年，由于国内外经济形势以及国际金融市场均存在较大的不确定性，投资者对 A 股市场的预期日趋谨慎，交易额继续维持 2015 年水平的可能性微乎其微，加之平均佣金率下滑压力仍然存在，因此代理买卖证券业务净收入下降将难以避免（见图 2 -2）。

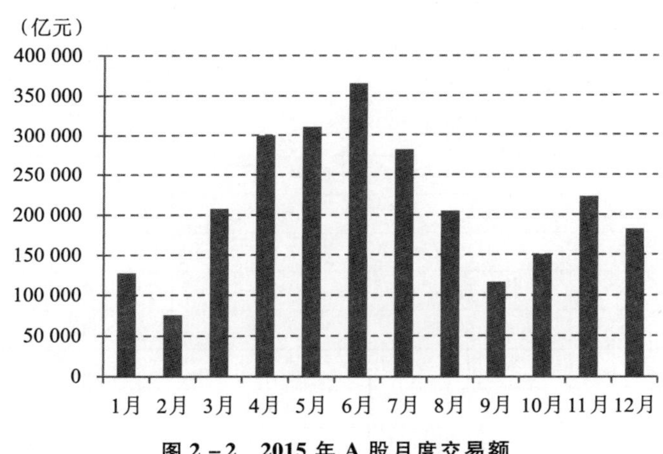

图 2 -2　2015 年 A 股月度交易额

资料来源：Wind 资讯。

但是也应该看到，2016 年 A 股市场依然存在积极因素：一是经历 2015 年的异常波动后，市场将逐渐回归理性，波动频率和幅度将有所缩窄；二是供给侧结构性改革、国企改革、“一带一路”、“双创”战略等一系列国家重大战略举措在推进过程中，将产生大量的投资热点并贯穿全年，有助于提振市场信心和热度；三是资本市场加速开放，完善沪港通、启动深港通、研究沪伦通，以及 QFII、RQFII 规模扩大，有望带动海外资金入场，并且，2016 年 A 股有可能被纳入 MSCI 指数，届时也将进一步刺激交易量提升；四是杠杆交易已经深入人心，在经历 2015 年的异常波动之后，投资者对杠杆的运用趋于成熟和理智，“两融”余额能够维持在一定水平；五是国内货币政策稳健，有利于金融体系保持流动性充裕，股票市场仍然能够汇聚一定的资金和人气。此外，也不排除 2016 年推出有利于提升市场活跃度的新制度或新产品。因此，对于 2016 年的代理买卖证券业务净收入的预期不必过度悲观。

三、经纪业务竞争格局继续分化

从2014年开始，部分大中型证券公司积极推进经纪业务线上化，借助互联网金融和价格战策略，大力拓展客户资源，导致传统经纪业务的竞争愈发激烈，市场格局发生了较大变化。从2015年股基交易份额来看，排名行业前5位（CR5）、前10位（CR10）、前20位（CR20）的证券公司的市场份额，相比2014年均有提升（见表2-3）。

表2-3　　2015年股票基金份额排名前20位的证券公司统计

证券公司	市场份额（%）		排名（位）	
	2015年	2014年	2015年	2014年
华泰证券	7.249	6.364	1	1
中国银河证券	5.014	4.874	2	3
海通证券	4.865	4.546	3	4
广发证券	4.705	4.256	4	5
国泰君安证券	4.668	4.886	5	2
中信证券	4.130	3.638	6	8
招商证券	4.070	4.18	7	6
国信证券	3.853	3.763	8	7
申银万国证券	3.305	3.615	9	9
中信建投证券	3.128	3.373	10	10
光大证券	2.596	2.843	11	11
齐鲁证券	2.444	2.248	12	13
安信证券	2.407	2.394	13	12
中国中投证券	2.024	2.162	14	14
方正证券	1.890	1.769	15	16
长江证券	1.711	1.669	16	17
兴业证券	1.416	1.468	17	18
中信证券（浙江）	1.410	1.879	18	15
平安证券	1.349	1.095	19	22
宏源证券	1.316	1.362	20	19
国金证券	1.231	0.93	21	27
浙商证券	1.219	1.127	22	21
东方证券	1.202	1.273	23	20

注：2015年中信证券市场份额包含中信证券（浙江）10—12月的数据。

资料来源：中国证券登记结算有限责任公司。

鉴于短期内经纪业务同质化竞争和依赖市场行情的问题无法解决，预计2016年经纪业务的竞争态势更为激烈，市场格局将继续分化。其中，大中型证券公司应对市场竞争的能力较强，有望凭借资本实力和综合服务能力为经纪业务转型赢得时间和空间；小型证券公司的业务基础薄弱，应对市场变化的能力相对不足，如果竞争对手采用降佣方式争夺存量客户资源，其经纪业务乃至整体收入将遭受很大冲击。

四、创收压力和互联网金融发展促使营业部加速转型

营业部是证券公司拓展客户资源、维系客户关系以及推动经纪业务转型的主要抓手。2013 年，中国证监会放开了证券公司新设网点的限制，实力较强的证券公司由此加速网点布局，营业部数量急剧增长。2015 年，行业营业部总量达 8 170 家，相比 2014 年的 7 199 家，增加了 971 家，增幅为 13.49%。

长期以来，营业部的创收渠道不够丰富，同质化竞争现象普遍。伴随互联网金融的不断深化，证券公司标准化业务和服务正加速向线上迁移，营业部新增客户成本降低的同时，其存量客户的转移成本也大幅降低，由此对营业部传统的经营理念和运营模式产生了深刻影响。预计在 2016 年，创收压力和互联网金融发展将迫使证券公司营业部加速转型。其中，实力较强的大中型营业部有望成为证券公司区域性的综合服务中心、利润中心、管理中心，在深化经纪业务和服务的同时，协同公司其他业务板块，为客户提供一站式、全方位、多市场、多品种的投融资服务，扩展高净值客户和机构客户，拓宽收入渠道，提升协同效能；基础较弱的小型营业部或新设的轻型营业部则有可能借鉴美国嘉信理财的经验，采用“鼠标+水泥，以鼠标为主”的经营模式，向社区化、O2O 方向转型，为周边投资者提供个性化、专业化的财富管理和互联网金融服务。

五、多元化收入渠道进一步拓宽

现阶段，证券公司展业模式向以客户为中心的多层次市场、多业务协同方向转型的趋势日益明朗。2016 年，受证券公司自身转型动力和代理买卖证券业务收入潜在下滑压力的双重影响，经纪业务有望从以“吸纳证券交易客户”为主的单一（通道佣金）收入模式，加速转向以“提供综合金融服务”为主的多元收入模式。

从证券公司目前的业务情况来看，经纪业务领域潜在的多元化收入渠道非常丰富，不仅包括基于市场交易品种创新的多元化收入（如个股期权业务），而且包括基于业务协同发展的多元化收入，例如 PB 业务、期货 IB 业务、资产管理业务、信用业务等业务的分成。此外，随着新三板的不断完善以及科创板的推出，围绕多层次资本市场的衍生业务也为经纪业务提供了多元化收入渠道。以新三板为例，截至 2015 年底，挂牌企业达到 5 129 家，总市值达到 24 584 亿元。今后，经纪业务有望与做市交易进一步结合，在提高新三板市场流动性的同时拓展收入来源。

分报告之二：
2015 年中国投资银行业务发展回顾与展望

第一章
2015 年中国投资银行业务的总体情况

2015 年，中国投资银行业务总体发展形势较好，境内交易所市场证券承销总额为 32 049. 96 亿元，同比增长 280. 98%。其中，受 IPO 及再融资业务持续活跃的影响，股权融资业务（包括 IPO、公开增发、融资性非公开发行股票、配股、优先股等）较 2014 年大幅增长，全年股票承销总额为 10 526. 22 亿元①，同比增长 79. 27%；受公司债券市场快速发展的影响，交易所市场债券融资业务较 2014 年大幅上升，全年公司债券承销总额为 21 523. 74 亿元，同比上升 502. 81%②。

在产业升级及转型的背景下，上市公司重大资产重组的交易数量和交易规模均创历史新高，计算机、通信和其他电子设备制造业、软件和信息技术服务业等新兴产业的并购重组占比较高，跨界并购和海外并购业务继续增加。全国股转系统挂牌企业数量保持快速增长态势，融资功能显著提高，流动性持续改善，其他区域性股权市场等场外市场也逐渐发展成熟。资产证券化等创新业务处于实践初期，虽然市场规模较小，但显示出较强的市场活力。

①② 资料来源：中国证监会统计数据。

第一节 股权融资业务情况①

一、股权融资发行情况

2015 年，我国 A 股证券市场股权融资金额和主承销项目家数与 2014 年相比大幅上升，全年股权融资（包括 IPO、公开增发、融资性非公开发行股票、配股、优先股等）募集资金共 10 526.22 亿元②，较 2014 年的 5 871.82 亿元增长 79.27%；主承销项目家数共 759 家，较 2014 年的 454 家增长 67.18%。此外，上市公司发行股份购买资产的交易金额超过 5 700 亿元，较 2014 年同比增长约 111%（见图 1－1）。

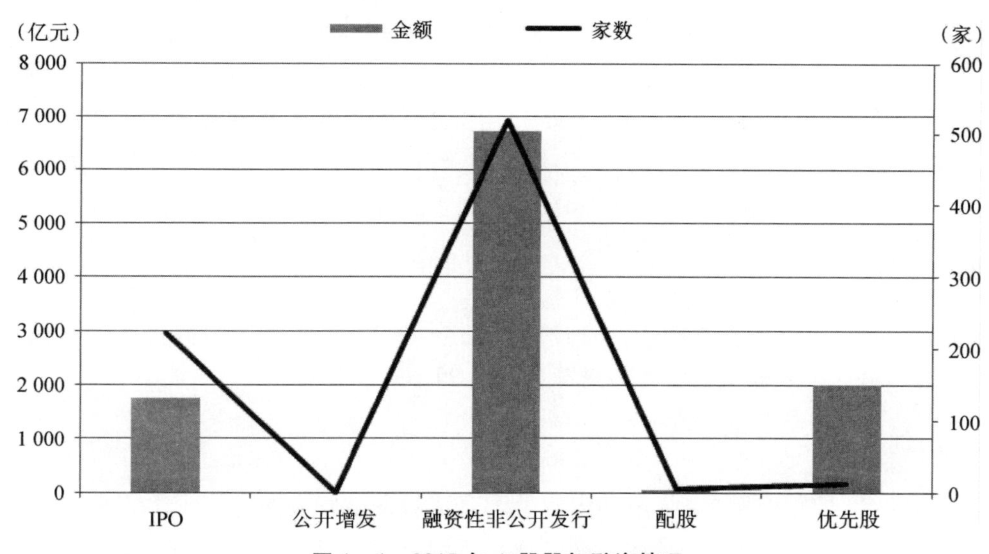

图 1－1 2015 年 A 股股权融资情况

资料来源：中国证监会统计数据、Wind 资讯。

（一）IPO

2015 年共有 221 家企业完成首次公开发行，合计募集资金 1 766.91 亿元③，平均每家募集资金 8.00 亿元。其中，9 家企业在 IPO 的同时实施了老股转让，老股转让金额合计 9.75 亿元，平均每家 1.08 亿元。虽然 2015 年 7 月至 11 月 IPO 暂停，但与 2014 年相比，2015 年

① 本节数据若无特殊说明，均取自 Wind 资讯。

② 中国证监会统计数据。

③ 中国证监会统计数据。

的 IPO 家数增加 96 家，募集资金总额增加 1 098. 02 亿元。

从 IPO 上市板块分析，主板 90 家，募集资金 1 206. 59 亿元；中小板 44 家，募集资金 182. 04 亿元；创业板 87 家，募集资金 378. 28 亿元。上海主板与中小板、创业板之间平均融资金额差距增大，分别为 13. 41 亿元、4. 14 亿元和 4. 35 亿元；2014 年，该数据分别为 7. 25 亿元、6. 38 亿元和 3. 13 亿元。

融资规模最大的前 5 家 IPO 公司分别是：国泰君安（300. 58 亿元）、中国核电（131. 90 亿元）、招商蛇口（118. 54 亿元）、东方证券（100. 30 亿元）、温氏股份（70. 29 亿元）。

（二）公开增发

在二级市场大幅波动的情况下，2015 年没有公开增发项目。

（三）融资性非公开发行股票

2015 年融资性非公开发行股票家数和融资额继续保持增长态势，融资额较 2014 年增长 66. 43%。全年共完成融资性非公开发行股票项目 520 家，募集资金 6 709. 48 亿元①，平均每家约 12. 90 亿元；与 2014 年相比，发行家数增加 210 家，募集资金增加 2 678. 18 亿元。

除融资性非公开发行股票外，还有 293 个由资产置换重组、壳资源重组、实际控制人资产注入等原因触发的上市公司发行股份购买资产项目。2015 年，该部分非公开发行股票合计约 808 亿股，涉及金额超过 5 700 亿元。

（四）配股

2015 年共有 6 家公司实施配股，总计募集资金 42. 33 亿元②，平均每家 7. 06 亿元；与 2014 年相比，发行家数减少 7 家，募集资金减少 95. 65 亿元。

（五）优先股

随着 2014 年《优先股试点管理办法》及配套法规的陆续发布，多家上市公司相继启动优先股发行工作。2015 年共有 12 家公司完成优先股发行，发行方式均为非公开发行，募集资金总额 2 007. 50 亿元②，较 2014 年同比增长 94. 90%。

二、股权融资发行特点

（一）IPO 发行家数和金额大幅增长，但募资规模占比较小，同时发行节奏受控、发行市盈率仍趋同

受二级市场大幅波动的影响，2015 年 7—11 月 IPO 暂停 4 个月，全年发行节奏感明显，

①② 资料来源：中国证监会统计数据。

② 资料来源：上海证券交易所、深圳证券交易所。

主要集中在上半年：第一季度有 70 家企业实现上市，募集资金 481.59 亿元；第二季度有 117 家企业实现上市，募集资金 973.93 亿元；第三季度有 5 家企业实现上市，募集资金 11.73 亿元；第四季度有 29 家企业实现上市，募集资金 299.66 亿元。全年 IPO 募集资金 1 766.91亿元，仅占股权融资业务募集资金总额的 16.79%。

2015 年的 IPO 家数较 2014 年的 125 家同比增长 76.80%。由于发行家数增长和国泰君安、中国核电等大盘蓝筹股 IPO，2015 年 IPO 募集资金总额较 2014 年的 668.89 亿元同比大幅增长 164.16%。

2015 年新股发行市盈率平均为 21.93 倍，较 2014 年的 23.08 倍相比降低 1.15 倍，全年发行市盈率保持趋同态势。由于发行市盈率控制严格，上市后股价表现较好，以 2015 年 12 月 31 日收盘价计算，仅有一家 IPO 公司股价跌破发行价。

（二）股权再融资创历史纪录，非公开发行股票是主要品种，优先股快速发展

2015 年，共 538 家次上市公司完成再融资（包括公开增发、融资性非公开发行股票、配股和优先股，不包括发行股份购买资产项目），融资金额达到 8 759.31 亿元[①]，家数和金额在 2015 年股权融资业务中占比分别为 79.88% 和 83.21%。再融资项目数量和金额较 2014 年分别同比增长 63.53% 和 68.35%，均创历史新高。

从品种上看，融资性非公开发行股票是上市公司再融资的主要品种，项目数量和金额占比分别达到 96.65% 和 76.60%，且保持快速增长，项目数量和金额在 2015 年均创造了新的历史纪录。其中，并购重组业务激发了较大的融资需求，重组项目配套融资 221 家次，融资金额 1 291.45 亿元。

2014 年推出的优先股品种在 2015 年快速发展，12 家公司共募集资金 2 007.50 亿元[②]，平均募资规模约 167.29 亿元，显示出优先股强大的融资能力和较大的市场潜力，丰富了 A 股市场的融资手段，一定程度上满足了金融、建筑等资金密集型行业的资金需求。

（三）股权融资的行业分布较 2014 年有所变化

2015 年股权融资（不含优先股）的行业分布相对分散，融资规模最大的行业是计算机、通信和其他电子设备制造业，募集资金 771.07 亿元，占股权融资募集资金总额的 9.05%；第二位是资本市场服务业，募集资金 732.68 亿元，占比 8.60%；第三位是房地产业，募集资金 682.85 亿元，占比 8.02%。2014 年融资金额居前的三大行业则是计算机、通信和其他电子设备制造业（占比 17.93%），房地产业（占比 7.30%），电器机械和器材制造业（占比 6.97%）。

2015 年优先股发行主要集中在金融和建筑行业，显示出优先股品种特点和金融、建筑行业特性的高度契合性。金融和建筑行业分别募集资金 1 658.50 亿元和 315.00 亿元，分别

① 资料来源：中国证监会统计数据。

② 资料来源：上海证券交易所、深圳证券交易所。

占优先股募集资金总额的 82.62% 和 15.69%①。

第二节　公司债券业务情况②

一、公司债券发行情况

2015 年 1 月，中国证监会发布《公司债券发行与交易管理办法》，在扩大债券发行主体范围、丰富债券发行方式、增加债券交易场所、简化发行审核流程、实施分类管理、加强债券市场监管和强化持有人权益保护等方面实现了重大突破。在发行主体范围上，将公司债券的发行范围扩大至所有公司制法人；在债券发行方式上，全面建立非公开发行公司债券制度，并丰富了向合格投资者公开发行的方式；在交易场所上，公开发行公司债券的交易场所由上海证券交易所、深圳证券交易所拓展至全国中小企业股份转让系统，非公开发行公司债券的交易场所还包括机构间私募产品报价与服务系统和证券公司柜台；在发行审核流程和分类管理上，取消了保荐制和发审委制度，将公开发行区分为面向公众投资者的公开发行（大公募）和面向合格投资者的公开发行（小公募）两类，大公募由中国证监会进行审核，小公募由交易所进行预审核，并完善相关投资者适当性管理安排；在市场监管和持有人保护上，强化了信息披露、承销、评级、募集资金使用等重点环节监管要求，完善了债券受托管理人和债券持有人会议制度，并对契约条款、增信措施作出引导性规定。

《公司债券发行与交易管理办法》发布以来，中国证监会修订了公开发行公司债券的信息披露要求；上海证券交易所、深圳证券交易所分别发布了《公司债券上市预审核工作流程》，明确了小公募的预审核流程，并在修订《公司债券上市规则》的基础上，发布了《非公开发行公司债券业务管理暂行办法》以及债券市场投资者适当性管理的相关规定。以上法规和规范性文件构成了公开发行和非公开发行公司债券的规则体系。

公司债券发行与交易制度的改革顺应了我国经济转型升级、强化直接融资的客观需要，也符合各行业企业优化融资结构、降低融资成本的迫切需求。因此，2015 年交易所债券市场实现了快速发展，公司债券发行数量和融资规模出现大幅增长。2015 年共发行 859 期公司债券（包括公开发行公司债券、非公开发行公司债券、可转换公司债券和可交换公司债券），较 2014 年的 492 期增长 74.59%；募集资金 10 246.68 亿元，较 2014 年的 1 795.58 亿元增长 470.66%（见图 1－2）。

---

① 资料来源：上海证券交易所、深圳证券交易所。

② 本节数据如无特殊说明，均取自 Wind 资讯。

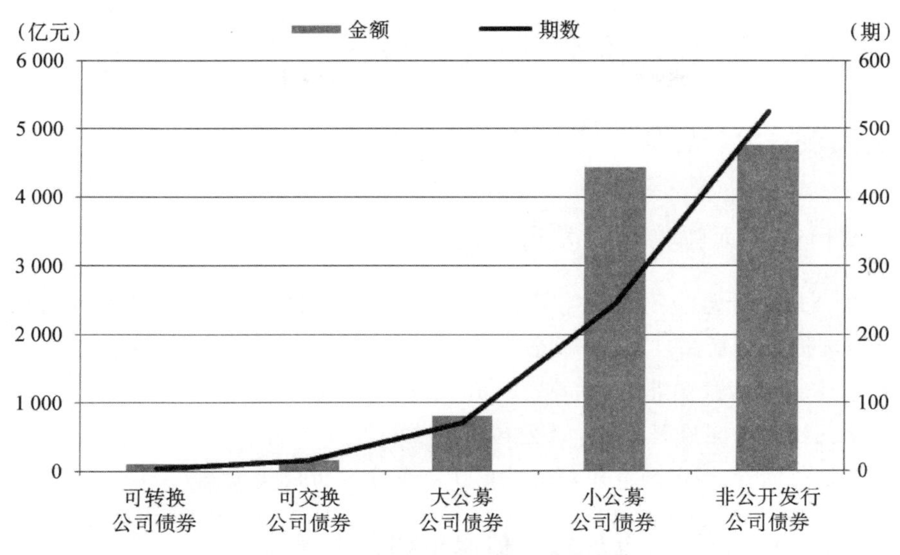

图 1－2　2015 年上市公司债券融资情况

资料来源：Wind 资讯。

2015 年公司债券发行具体情况如下：

（一）可转换公司债券和可分离交易可转换公司债券

2015 年共发行 3 单可转换公司债券，较 2014 年减少 10 单；募集资金 98 亿元，较 2014 年的 320.99 亿元减少 69.47%。上述可转换公司债券均采用公开发行方式。自 2011 年起，分离交易可转换公司债券一直处于停滞状态，2015 年全年无发行。

（二）可交换公司债券

2015 年全年发行 15 单可交换公司债券，较 2014 年增加 10 单；募集资金 159.03 亿元，较 2014 年的 59.76 亿元增长 166.11%。上述可交换公司债券中 4 单采用公开发行方式，合计募集资金 92 亿元；11 单采用非公开发行方式，合计募集资金 67.03 亿元。

（三）公开发行公司债券和非公开发行公司债券

2015 年，公司债券发行出现大幅增长，全年发行 841 期债券（仅包含公开发行公司债券和非公开发行公司债券），合计募集资金 9 989.65 亿元，发行债券期数和募集资金分别较 2014 年发行债券期数和募集资金（包含公开发行公司债券、中小企业私募债、创业板非公开发行公司债）同比增长 113.99% 和 667.25%。2015 年平均每期债券募集资金 11.88 亿元，较 2014 年的 3.31 亿元同比增长 258.91%。

从发行方式上看，采取公开发行方式（大公募）的共有 70 期债券，募集资金 798.34 亿元，其中约 60 期债券（募集资金超过 550 亿元）是发布前中国证监会已受理发行申请的公司债券，适用原规则规定采用公开发行方式；采取向合格投资者发行方式（小公募）的共有245期债券，募集资金4 427.65亿元；采取非公开发行方式的共有526期债券，募集资金4 763.66亿元，期数和金额在三种发行方式中都是最高的。

二、公司债券发行特点

（一）发行规模大幅增长，发行人范围扩大

2015年在公司债券监管政策优化的有力推动下，公司债券发行规模实现大幅增长，发行期数和融资规模均创新高。据Wind资讯统计，公司债券全年融资金额占国内债券市场融资总额的4.31%，成为我国非金融企业发债融资的重要品种之一。

公司债券发行人范围显著扩大。《公司债券发行与交易管理办法》实施以来，公司制企业均可以发行公司债券，2015年共有超过600家企业发行公司债券。

（二）发行品种和方式多样化，期限结构更加灵活

从品种上看，可转换公司债券和可交换公司债券是交易所市场的特有品种。其中，可交换公司债券在2015年加速发展，共发行15期，合计募集资金159.03亿元。

从发行方式上看，可交换公司债券可选择公开发行或非公开发行，公司债券可选择大公募、小公募或非公开发行，不同类型的企业可以根据不同的融资需求、市场环境灵活选择发行方式。

从发行期限上看，债券期限日益灵活，既有1年期的短债，也有15年期的长债，不仅“2年+1年”、“3年+2年”结构日益普遍，还出现了“1年+1年+1年+1年+1年”、“0.5年+0.5年+1年”等灵活设计的特殊结构。2015年发行的公司债券中，大公募以“3年+2年”、5年期和3年期为主，分别占比42.86%、17.14%和15.71%；小公募以“3年+2年”、5年期、“5年+2年”和3年期为主，分别占比49.80%、13.06%、11.02%和9.80%；非公开发行公司债券则以“2年+1年”、“3年+2年”、3年期为主，分别占比40.87%、20.72%、19.20%。

（三）发债企业的行业分布发生变化

2015年公司债券融资规模最大的前三大行业是房地产（4 282.11亿元）、资本货物（1 805.45亿元）和多元金融（1 304.40亿元），分别占全年公司债券融资总额的42.87%、18.07%和13.06%，符合上述行业资本密集和债务融资需求突出的特点。

此外，材料、能源、运输、公用事业等行业的2015年公司债券融资规模均超过300亿元；零售业、汽车与汽车零部件、食品、饮料与烟草、耐用消费品与服装、消费者服务等行业的2015年公司债券融资规模均超过100亿元。公司债券对实体经济和重要行业的支持作用日益体现。

（四）公开发行公司债券的信用发行比例较高

2015 年发行的大公募中，1 期债券提供抵押担保，24 期债券提供连带责任担保，信用发行比例达 64.29%；小公募中，2 期债券提供抵押担保，27 期债券提供连带责任担保，信用发行比例达 88.16%。因此，公开发行公司债的信用发行比例较高。

2015 年的非公开发行公司债中，10 期债券提供抵押或质押担保，231 期债券提供连带责任担保，信用发行比例达 54.18%。

（五）公开发行公司债券的信用等级相对较高

《公司债券发行与交易管理办法》实施后申报的公司债券，只有债项评级达到 AAA 级才能向公众投资者发行。由于 2015 年发行的部分大公募是在前述法规实施之前申报，因此 2015 年发行的 70 期大公募中仅有 19 期的债项评级是 AAA 级，但其中 68 期的债项评级达到 AA 级及以上级别，63 期的主体评级达到 AA 级及以上级别。2015 年发行的 245 期小公募中 62 期的债项评级是 AAA 级，243 期的债项评级达到 AA 级及以上级别，238 期的主体评级达到 AA 级及以上级别。因此，绝大部分公开发行公司债券的信用级别相对较高。

2015 年非公开发行公司债券中，只有 13 期的债项评级是 AAA 级，135 期的债项评级达到 AA 级及以上级别。

（六）公开发行公司债券的票面利率具有较大优势

大公募中，AAA 级债项评级的 5 年以上期限债券的平均利率是 4.44%，低于 5 年以上期限银行贷款利率（4.90%）；AAA 级债项评级的 5 年期债券的平均利率是 4.17%，低于 3—5 年期（含 5 年期）银行贷款利率（4.75%）。

小公募中，AAA 级债项评级的 5 年以上期限债券的平均利率是 4.18%，低于 5 年以上期限银行贷款利率（4.90%）；AAA 级债项评级的 5 年期债券的平均利率是 3.90%，AA+ 级债项评级的 5 年期债券的平均利率是 4.62%，均低于 3—5 年期（含 5 年期）银行贷款利率（4.75%）；AA 级债项评级的 5 年期债券的平均利率是 5.64%，高于 3—5 年期（含 5 年期）银行贷款利率（4.75%）。15 万科 01、15 石化 02、15 中航债等一批 5 年期小公募的票面利率维持在 4% 左右，很大程度上降低了实体行业的融资成本。

第三节　并购重组业务情况①

一、并购重组市场概况

2015 年，上市公司重大资产重组交易数量及交易规模均创历史新高。首次披露重大资产重组交易数量达 485 起，较 2014 年的 234 起上升 107.26%，重大资产重组交易规模达 13 613亿元，较 2014 年的 5 976 亿元上升 127.79%。其中，中国证监会共核准通过重大资产重组 320 家，其中，上海证券交易所 90 家，深圳证券交易所 230 家，分别占其交易所上市公司数量的 8.33% 和 13.17%，同比 2014 年分别增长 165.29% 和 37.33%。上海证券交易所主板上市公司并购重组尤其活跃，同比上年增长 190.32%；深圳证券交易所总体上同比上年增长近 50%（见表 1－1）。

表 1－1　　2014—2015 年中国证监会核准上市公司并购重组情况表　　（单位：家）

上市板块		2014 年并购重组核准项目数	2015 年并购重组核准项目数
上海证券交易所	主板	31	90
深圳证券交易所	主板	26	40
	中小板	64	93
	创业板	64	97
合计		185	320

资料来源：Wind 资讯。

二、并购重组市场特点

2015 年，在资本汇聚、制度创新双轮驱动下，A 股并购市场大幅增长，并呈现出新特点。

（一）并购重组政策持续放宽

2015 年，关于并购重组的政策频出，极大地激发了市场活力的同时，也在不断规范并购重组的相关制度。如 2015 年 4 月，中国证监会对《〈上市公司重大资产重组管理办法〉

① 本节数据如无特殊说明，均取自 Wind 资讯。

第十四条、第四十四条的适用意见——证券期货法律适用意见第 12 号》进行了修订，将募集配套资金比例从 25% 提升至了 100%，加大了并购重组融资力度，并明确募集配套资金的用途；2015 年 6 月，根据《关于促进企业重组有关企业所得税处理问题的通知》（简称“109 号文”）第三条规定，对 100% 直接控制的居民企业之间，以及受同一或相同多家居民企业 100% 直接控制的居民企业之间按账面净值划转股权或资产，凡具有合理商业目的、不以减少、免除或者推迟缴纳税款为主要目的，股权或资产划转后连续 12 个月内不改变被划转股权或资产原来实质性经营活动，且划出方企业和划入方企业均未在会计上确认损益的，可以进行所得税减免；2015 年 8 月，中国证监会、财政部、国务院国有资产监督管理委员会、中国银监会四部委联合发布《关于鼓励上市公司兼并重组、现金分红及回购股份的通知》，从并购重组制度、审批程序、支付方式等方面鼓励上市公司兼并重组。2015 年并购重组相关政策持续放宽，在新的制度环境下，并购市场需求进一步释放，市场化、规范化程度不断提高，提升了资本市场服务实体经济的能力。

（二）并购重组成为深化国企改革的重要手段

在《关于深化国有企业改革的指导意见》、《关于改革和完善国有资产管理体制的若干意见》等国有企业改革方针政策的推动下，通过并购重组进行国有企业改革、结构调整和转型升级成为 2015 年的新浪潮。从 2015 年初的南北车合并到中国电力投资集团公司和国家核电合并，再到招商蛇口整体上市、绿地集团借壳上市、城投控股吸收合并阳晨 B 并实施分立和专业化运作等具有创新意义国有企业改革，并购重组成为完成国有企业改革、“中国制造 2025”、“一带一路”的实施途径，以及释放过剩产能、改革供给侧的重要手段。

（三）上市公司“+互联网”并购出现热潮

2015 年以来，“互联网 +”概念不断受热捧，上市公司并购标的中以互联网、信息技术（IT）等行业公司为主，出现传统企业“+互联网”的热潮。这主要是因为，在资本的青睐下，以科技、媒体和通信（TMT）等“互联网 +”概念的新兴产业企业的估值被持续推高，部分传统行业上市公司面临产能过剩和激烈的市场竞争，纷纷选择通过“+互联网”来挖掘新的业务增长点或实现跨界转型，从而实现市值和业绩的增长。

（四）中国境外上市企业加速回归 A 股

随着中国资本市场的不断发展，中国企业从境外上市逐渐转向境内上市成为新常态。2015 年有超过 30 家中概股公司宣布私有化要约，比过去 4 年的总和还多，拆除特殊股权结构回归 A 股的热情空前高涨。分众传媒顺利在 A 股市场借壳上市，不仅成为 2015 年交易金额最高的并购重组项目之一，也为境外上市企业回归 A 股探索了一种模式和路径。此回归热潮，一是源于中国资本市场的不断发展和完善，如工信部 196 号《关于放开在线数据处理与交易处理业务［经营类电子商务］外资股比限制的公告》放开经营类电子商务公司的外资持股比例至100%等，给了企业在境内上市的信心；二是中国资本市场市盈率较国外更高，2015年海外上市公司回归有利于自身估值提升，实现股东财富增值。

（五）“一带一路”推动海外并购创新高

2015年，“一带一路”政策正式实施，推动了包括亚洲基础设施投资银行（简称“亚投行”）、卫星通信、蒙内铁路、卡拉奇－拉合尔高速公路等在内的多项重大投资落地，同时，中国企业也加快了海外并购的步伐。2015年，根据商务部初步统计，中国企业实施的海外并购项目总共有593个，累计交易金额401亿美元（包括境外融资）。随着“一带一路”的推进，中亚、东欧、东南亚、北非等发展中国家逐渐成为海外并购的新热点，在资金融通方式上，丝路基金、亚投行及金砖银行逐渐成为中国企业走出去的多元化金融服务提供商。未来，人民币国际化也将为中国企业的海外并购带来更多的融资渠道。

（六）B股改革“新出发”

第一只B股真空B于1992年发行，当初成立B股市场是以筹措外资为主要目的。但2001年以后，A股市场茁壮发展，B股市场再没有进行过融资，也没有新股发行。截至2016年1月14日，共有101只B股，其中A+B股共有82家，占比81.19%；纯B股共有19家，占比18.81%。2015年B股创新案例频现，如南玻B转H股成功，成为继万科B、丽珠B和中集B之后，又一家进行B股转H股的公司；新城B股转A股，是市场上第二家纯B股公司转A股成功的案例，前一例是东电B股转A股；城投控股换股吸收合并阳晨B股是市场上首例“A+B”股转“A+A”股；招商地产换股吸收合并招商局B首例“A+B”股转“A”股。

第四节　证券公司参与场外市场情况

一、证券公司参与全国股转系统情况

（一）挂牌情况

2015年是全国股转系统快速发展的一年，挂牌公司数量增长迅猛，交易活跃度大幅提升，市值规模和估值水平显著提高，融资能力实现长足发展。2015年11月，中国证监会发布《关于进一步推进全国中小企业股份转让系统发展的若干意见》，进一步完善了全国中小企业股份转让系统的相关制度，全国股转系统已成为我国多层次资本市场发展和建设的亮点。

2015年全国股转系统新增挂牌公司3 557家，超过2006—2014年新增挂牌公司数量的总和。截至 2015 年底，全国股转系统挂牌公司共 5 129 家，已远超上海证券交易所、深圳证券交易所上市公司数量之和。

2015 年全国股转系统成交数量和成交金额分别达到 278.91 亿股和 1 910.62 亿元，分别较 2014 年同比激增 1 122.22% 和 1 365.65%，市场流动性大幅提升。截至 2015 年底，挂牌公司中的 1 115 家已采取做市交易方式，4 014 家采取协议转让方式。

全国股转系统挂牌公司以中小企业为主。在已披露 2015 年中报的 3 566 家挂牌公司中，净资产在 5 000 万元以下的公司有 1 830 家，占比约 51.32%；净利润在 500 万元以下的公司有 2 521 家，占比约 70.70%。根据 2015 年中报的财务数据，全国股转系统也出现了中科招商、九鼎投资、齐鲁银行、东海证券等 32 家净资产超过 10 亿元的大型企业；东海证券、湘财证券、硅谷天堂在内的 21 家企业 2015 年中期净利润超过 1 亿元。

截至 2015 年底，全国股转系统总市值 24 584.42 亿元，挂牌公司总股本 2 959.51 亿股，流通股本 1 023.63 亿股，平均市盈率 47.23 倍，较 2014 年的 35.27 倍上升 1.34 倍。

在主办券商方面，2015 年申万宏源、中泰证券、安信证券推荐挂牌数量居前，分别为 254 家、155 家和 152 家，分别占 2015 年推荐总家数的 7.14%、4.36% 和 4.27%，前 10 名合计占比为 38.57%（见表 1-2）。

表 1-2　　2015 年推荐挂牌家数前 10 名的证券公司

序号	主办券商	推荐挂牌家数（家）	市场占比（%）
1	申万宏源	254	7.14
2	中泰证券	155	4.36
3	安信证券	152	4.27
4	中信建投	135	3.80
5	国信证券	126	3.54
6	广发证券	124	3.49
7	招商证券	114	3.20
8	国泰君安	113	3.18
9	东吴证券	105	2.95
10	长江证券	94	2.64

资料来源：全国中小企业股份转让系统。

（二）挂牌公司定向增发情况

2015 年，共 1 944 家挂牌公司进行了 2 565 次定向增发，合计发行股份 230.79 亿股，募集资金总额 1 216.17 亿元，发行股份数量和募集资金总额分别较 2014 年同比增长 770.25% 和 820.71%。按发行时间区分，挂牌后发行 2 236 单，合计募集资金 1 000.52 亿元；挂牌同时定向增发 329 单，合计募集资金 215.65 亿元。

2015 年度，全国股转系统定向增发平均单次规模为 4 747.40 万元，中位数为 1 512.40 万元。单笔规模两极分化，单笔规模不超过 1 000 万元的有 911 单，占比 35.52%，募集资金合计 51.24 亿元，占比仅为 4.21%；单笔融资金额在 1 亿元以上的有 170 单，占比仅 6.63%，募集资金合计 713.10 亿元，占比高达 58.64%。2015 年募集金额最大的前 5 家挂牌公司是：中科招商（108.84 亿元）、九鼎投资（100.00 亿元）、天图投资（38.81 亿元）、南京证券（34.44 亿元）、硅谷天堂（30.71 亿元）。

二、区域性股权交易市场发展情况①

区域性股权交易市场是由地方政府管理的、非公开发行证券的场所，服务对象立足于中小微企业。截至 2015 年底，全国大部分省和直辖市均设立了区域性股权交易中心，已公开披露数据的区域股权中心有 37 家，共有挂牌股份公司 3 375 家，展示企业 4.15 万家，累计为企业实现各类融资 4 331.56 亿元。挂牌企业家数居前的有上海股权托管交易中心、前海股权交易中心、浙江股权交易中心等。各地股权交易市场发展并不均衡，存在挂牌企业数量不多、交易活跃度较低的情况。

第五节　创新业务情况②

2014 年 2 月，中国证监会取消了资产证券化业务的行政许可；2014 年 11 月，中国证监会发布《证券公司及基金管理公司子公司资产证券化业务管理规定》及配套法规，将资产证券化业务的管理人范围由证券公司扩展至基金管理公司子公司，统一以资产支持专项计划作为特殊目的载体开展资产证券化业务，并取消事前行政审批，实行中国证券投资基金业协会事后备案和基础资产负面清单管理制度。上述监管政策的调整顺应和推动了交易所市场资产证券化业务的发展，2015 年中国证监会主管的资产证券化产品发行期数和融资金额大幅增长，基础资产种类进一步丰富，资产证券化业务进入新的发展阶段。

2015 年，交易所市场共发行 200 单资产证券化产品，较 2014 年的 25 单同比增加 700.00%；累计募集资金 2 092 亿元③，较 2014 年的 351.88 亿元同比增长 494.52%；平均每期融资金额 10.46 亿元。

从基础资产类别看，2015 年资产证券化产品的基础资产包括租赁租金、基础设施收费、应收账款、信托收益权、小额贷款、企业债权、住房公积金贷款、门票收入、保理融资债权、航空票款等传统品种与融资融券债权、股票质押回购债权、不动产投资信托 REITs 等创新品种。其中，以租赁租金为基础资产的证券化产品发行期数和融资金额最多，共发行 62

① 资料来源于中国证监会。

② 本节数据如无特殊说明，均取自 Wind 资讯。

③ 资料来源于 2016 年全国证券期货监管工作会议。

期产品，募集资金 556. 92 亿元，期数和金额分别占比 31. 00% 和 26. 62%；其次是基础设施收费，共发行 44 期产品，募集资金 484. 79 亿元，期数和金额分别占比 22. 00% 和 23. 17%；第三位是应收账款，共发行 28 期产品，募集资金 244. 38 亿元，期数和金额分别占比 14. 00% 和 11. 68%。

第六节　投资银行业务组织架构基本情况

一、证券公司承销业务集中度略有下降[①]

2015 年，A 股主承销市场格局保持集中态势，前 10 家证券公司市场占有率仍然超过 40%，但有下降股权主承销方面，前 10 家证券公司主承销的金额占比为 46. 60%，较 2014 年下降 6. 03 个百分点；家数占比为 46. 00%，较 2014 年下降 1. 13 个百分点（见图 1 - 3）。债券主承销方面，前 10 家证券公司主承销金额占比 51. 24%，较 2014 年下降 9. 12 个百分点；家数占比为 41. 24%，较 2014 年降低 9. 57 个百分点。

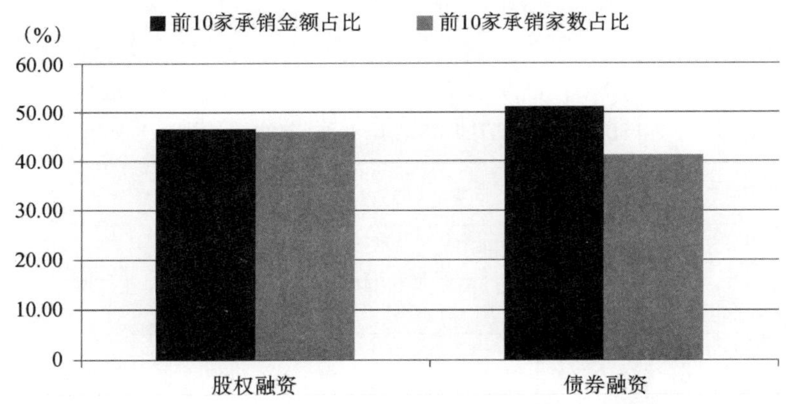

图 1 - 3　2015 年前 10 家证券公司承销占比情况

资料来源：Wind 资讯。

二、证券公司开展投资银行业务的组织架构情况[②]

各家证券公司开展投资银行业务的组织架构设置情况，既有相似性，也有差异性。总体而言，多数证券公司设置了股权承销业务部、债券承销业务部、资本市场部和质量控制部

① 资料来源于 Wind 资讯。

② 本节第二、第三部分数据均来源于中国证券业协会 2015 年专项调查。

门。层级关系设计上，约 1/3 的证券公司将股权承销业务与债券承销业务分开设置，接近 1/3 的证券公司将债券承销业务隶属于股权承销业务部门，其余证券公司将债券承销业务隶属于固定收益业务部门或未单独设置债券承销业务部门；资本市场部，有的是股债合一，有的则分别设置股权资本市场部（EMC）与债务资本市场部（DCM），多数证券公司将资本市场业务隶属于承销业务部门，只有不足 20% 的证券公司单独设置了资本市场部；质量控制部门多隶属于承销部门，仅 20% 左右的证券公司单独设置了质量控制部门。

从组织架构设置上看，近 40% 的证券公司设置了并购重组业务部门从事并购重组业务，其中近 1/3 的并购重组业务部门是独立设置，其余部分则隶属于投资银行部；约 1/3 的证券公司单独设立从事全国股权系统业务的部门，约 1/4 的证券公司将全国股权转让系统业务部门隶属于投资银行部；约 15% 的证券公司设置了从事新产品、新服务品种开发协调工作的创新业务部；近 30% 的证券公司对国际业务有所涉猎，有的还单独设置了国际业务部。

三、从业人员数量变化情况

根据中国证券业协会 2015 年专项调查的数据，证券公司投资银行（含股权、债券承销和资本市场等部门）总人数约 1.41 万人，比 2014 年度增加约 18%。主要负责股权融资业务的投资银行部门（不含资本市场部门、债券承销部门）2015 年底人数约 1.1 万人；其中，保荐代表人数为 2 849 人，呈现稳步增长态势，较 2014 年底增长了约 8%。债券承销部门总人数较 2014 年底增长超过 10%，已超过 2 000 人。资本市场部（含股权资本市场、债券资本市场人数）总人数约 1 110 人，较 2014 年底增长约 30%（见图 1-4）。

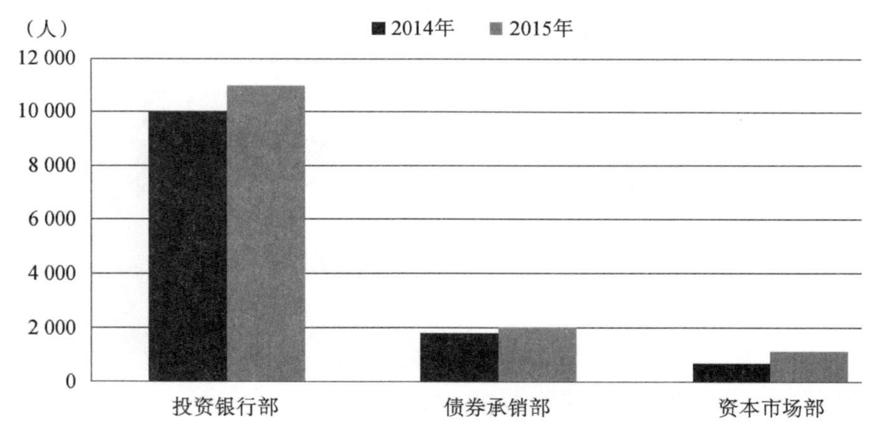

图 1-4　近两年投资银行从业人员数量情况

资料来源：中国证券业协会 2015 年专项调查。

第二章 2015年中国投资银行业务面临的问题及2016年前景展望

第一节　中国投资银行业务当前存在的主要问题

一、收入结构较为集中，受市场和政策的双重影响

2015年，随着新三板市场快速发展、并购重组业务快速增长，投资银行业务结构单一的状况有所改善，但股票和债券承销与发行仍是投资银行收入贡献的主体。市场和政策仍是影响投资银行业务收入的两大重要因素，2015年两大因素对投资银行业务的影响均偏积极。

股票一级市场持续活跃，较2014年大幅增长，全年股票承销总额为10 526.22亿元，同比增长79.27%；公司债券推出新政策，交易所市场债券融资业务较2014年大幅上升，全年公司债券承销总额为21 523.74亿元，同比上升502.81%。

监管政策不断创新，中国证监会采取多项举措，持续推进并购重组市场化改革，助推经济转型：扩大配套募集资金比例，由不超过交易总金额的25%提高到不超过拟购买资产交易价格的100%；公开审核时点和审核反馈意见，接受社会监督；完善审核分道制，提高审核效率；协调推动财税部门完善并购重组税收政策，大幅降低交易成本。在市场化改革政策的推动下，2015年上市公司重大资产重组交易数量及交易规模均创历史新高：首次披露重大资产重组交易数量达485起，较2014年增加107.26%；重大资产重组交易规模达13 613亿元，较2014年增加127.79%。

在各方面利好的刺激下，投资银行收入较上年大幅增长。根据中国证券业协会公布的数据，2015年125家证券公司证券承销与保荐业务净收入393.52亿元、财务顾问业务净收入137.93亿元，分别较上年增加63.84%和99.35%。

二、业务模式亟须转型升级，适应市场化趋势

虽然注册制推出将是个长期过程，但市场化趋势已不可回避。市场化趋势下，投资银行也面临诸多挑战。投资银行的研究实力、定价能力、销售能力和风险控制能力等都需要完善和提高。第一，市场化趋势下，需要投资银行对行业发展和公司业务模式有深刻的理解，回归投资银行的价值引导和资源配置功能。第二，投资银行业务将从传统的保荐模式向承销模式转型，价格发现和销售能力将成为投资银行业务成功的关键要素。第三，先行赔付制度对投资银行的风险控制能力提出了更高的要求和挑战。投资银行必须对企业情况进行更为审慎的尽调，判断发行人提供信息的可靠性、管理层的稳定性、未来经营能力等。

传统投资银行的盈利模式也将受到一定冲击，投资银行业务模式亟须转型升级，更强调综合服务能力、产品设计能力和风险管控能力，为企业提供全生命周期的金融服务。

三、同质化竞争激烈，亟须拓展创新和特色服务能力

2015 年，投资银行业务中，传统通道类业务的占比仍较高，收入相对丰厚。然而，近年来随着资本市场的繁荣发展、监管公开透明和现代信息手段的普及，融资、上市等资本概念深入人心，各类机构、行业组织、媒体等均已成为企业家获得资本市场信息的渠道。随着信息不对称的情况大幅改善，投资银行在信息提供、交易撮合、专业咨询等方面的功能有所削弱，同质化竞争的现象较为普遍。有限的业务品种、相似的业务流程，价值创造作用不明显，服务的深度和广度难以满足实体经济的多元化需求，造成投资银行通道业务的竞相压价和过度竞争，出现了低价承揽、大项目基本不赚钱等现象。

投资银行亟须拓展创新和特色服务能力，一方面，创新服务手段，提高产品设计、定价与自主配售能力，从以产品为中心转向以客户为中心；另一方面，术业有专攻，培育特色服务优势，如专注并购重组和撮合交易、深耕在以互联网为代表的高科技领域等。

四、综合实力仍偏弱，需要培育具有国际化视野和跨国业务能力的投资银行

2015 年，证券公司资本实力大幅增强。根据中国证券业协会公布的数据，截至 2015 年底，125 家证券公司总资产 6.42 万亿元，净资产 1.45 万亿元，净资本 1.25 万亿元，分别较上年增加 56.97%、57.52% 和 84.05%。但与银行业相比，证券公司的资本实力仍偏弱，对国内金融体系的影响力不足。在国际市场开拓方面，作为连接资本市场投融资方的国内投资银行，也多局限于国内业务，服务中国企业走出去、争取国际客户的能力和实力还有待提升。

目前，中资投资银行开展国际化业务多先在我国香港设立子公司，凭借母公司在境内的

资源网络，服务于有境外需求的客户。除了拓展香港市场外，2015 年，中资投资银行在欧美市场的布局有所动作，海通证券收购圣灵投资银行 100% 的股权，在进入欧美投资银行业方面进行了尝试。

在国际经济呈现分化新格局、国内经济步入运行新常态的背景下，在人民币跨境使用规模范围齐升、国内资本市场逐步开放的趋势下，在“走出去”战略、“一带一路”战略积极推行的历史契机下，国际化是投资银行发展的必然趋势。

第二节 2016 年中国投资银行业务前景展望

一、市场化趋势下 IPO 业务平稳发展

虽然注册制推出将是个长期过程，但股票发行市场化改革方向是明确的。市场化改革，意味着形成市场参与各方各司其职、各尽其责的责任体系，促进 A 股朝着更加市场化、专业化方向发展。2015 年底，中国证监会发布了《证券发行与承销管理办法》等四项规章，并于 2016 年 1 月 1 日起实施。投资者申购新股时无须再预先缴款，小盘股将直接定价发行，发行审核将会更加注重信息披露要求，发行企业和保荐机构需要为保护投资者合法权益承担更多的义务和责任。IPO 市场将迎来市场化、健康发展的新契机，带动 2016 年投资银行 IPO 业务的平稳发展。

二、公司债券市场规模继续增长

2015 年，《公司债券发行与交易管理办法》颁布后，发行主体扩大至所有公司制法人，简化发行审核程序，便利企业通过债券市场融资，迎来了公司债券市场的大幅增长。在党中央、国务院扩大直接融资比重、优化金融机构、服务实体经济发展的精神指导下，预计 2016 年公司债券市场规模有望在活跃中继续增长。

目前，我国债券交易市场分为银行间市场、银行柜台市场和交易所市场。加强债券市场的监管协调，加大银行间、交易所两个市场的互联互通，已列入监管部门的工作任务。统一的债券市场，有利于增强流动性，扩大市场容量，促进债券市场高效运行，从而扩大直接融资比重，更好地服务实体经济发展。

三、经济转型和政策红利将再掀并购重组浪潮

经济转型是推动并购重组的主要内在动力。目前，我国经济的发展已经进入转型和换挡

的新常态，亟须优化产业结构，整合行业资源。中央政治局会议分析研究2016年经济工作，提出积极稳妥推进企业优胜劣汰，通过兼并重组、破产清算实现市场出清。在2015年并购重组快速增长的基础上，2016年并购市场仍将呈现繁荣态势。

监管政策方面，中国证监会将继续从简政放权、透明高效、完善市场化机制、优化兼并重组市场环境、加强服务等方面推动兼并重组市场化改革。

2016年是“十三五”开局之年，五年规划带来的政策红利将引导资本市场发掘多个领域的主题投资机会。国有企业混改持续推进、海外并购常态化、“一带一路”战略实施、新三板市场发展，也将推动并购重组在多层次、多领域掀起浪潮。

四、迎接多层次资本市场发展，机遇与挑战并存

2016年全国证券期货监管工作会议提到，发展多层次股权市场，要进一步发展壮大证券交易所主板，深入发展中小企业板，深化创业板改革，加快完善“新三板”制度规则体系，规范发展区域性股权市场，开展股权众筹融资试点。在多层次资本市场的建设中，投资银行服务客户的范围和机会将更加广阔，也面临一系列新的挑战。

2015年全国股转系统获得了前所未有的发展，并充分显示了在经济新常态下提高中小企业直接融资的作用，现已成为投资银行服务客户，尤其是高科技、中小型客户的重要阵地。随着挂牌公司数量增长、融资金额增加，全国股转系统对挂牌企业的信息披露和日常监管要求也在提高，并拟推出挂牌企业分层方案。投资银行需要加强信息披露工作，落实责任意识，重数量更重质量，做好推荐挂牌和持续督导工作。

互联网金融、股权众筹融资对于投资银行而言，既是机遇更是挑战，需要主动改变传统的运作模式和盈利方式，顺势而变、择机而为，创新服务方式，寻找新兴市场中的业务切入点，才能融入市场潮流、逐渐建立竞争优势。

分报告之三：
2015年中国证券公司资产管理业务发展回顾与展望

第一章
2015年中国证券公司资产管理业务的总体情况

第一节 2015年中国证券公司资产管理业务的发展环境

截至2015年，我国证券公司资产管理业务已走过了十年。从最初的小范围试点发展到如今证券公司业务的重要组成部分；从局限性的业务部门成长为如今重要的金融综合服务平台，甚至独立子公司已成为不少证券公司资产管理业务的组织形式；从以通道业务为主发展到如今具备较强的投资管理和投融资服务能力，业务范围从三大主营业务延伸到公募基金，证券公司的资产管理业务已经进入一个崭新的发展阶段。在快速发展过程中，证券公司的资产管理业务根据自身优势禀赋选择了独具特色的发展道路，形成了与其他资产管理机构差异化的竞争优势，逐步满足市场不同的投资理财和融资需求。当前在制度创新和监管市场化的重要契机下，证券公司资产管理业务通过产品创新和服务对象创新，有望实现资产管理规模和收入的进一步快速增长。

一、推动证券公司资产管理业务发展的经济环境

2015 年中国经济处于重要的转型期，经济增速下行压力较大，全年 GDP 增长 6.9%，虽基本符合预期，但与前几年的高速增长相比有所放缓，经济增长步入了中高速增长的新常态。在此宏观背景下，证券公司资产管理业务无论是产品数量还是受托资产规模仍保持快速发展趋势，这主要得益于由居民财富持续积累和低利率市场环境共同推动的财富管理需求增长。而 2012 年资产管理新规颁布以来，监管层面一定程度上的放松也有利于证券公司资产管理业务的快速发展。

近年来我国居民家庭可支配收入持续大幅增长（见图1－1）。根据国家统计局数据，中国城镇居民家庭人均可支配收入从 2001 年的 6 860 元增长到 2015 年的 31 195 元，年均复合增长率为 11.43%；农村居民家庭人均纯收入从 2001 年的 2 366 元增长到 2015 年的 11 422 元，年均复合增长率为 11.90%。在居民收入持续攀升的同时，居民支出结构也出现较大变化，城镇居民恩格尔系数从 2001 年的 38.20 下降到了 2013 年的 35.00，农村从 47.70 下降到 37.70，这意味着居民用于维持基本生活之外的支出比例在快速增长，居民家庭的财富管理需求正在快速提升。这构成证券公司资产管理业务成长的根本动力和源泉。根据中国人民银行每季度公布的城镇储户问卷调查报告，2015 年我国倾向于进行更多投资的居民比例一直稳定在 35% 左右；至于投资的资产类别，我国居民偏爱的前三种投资方式依次为："基金及理财产品"、"房地产投资" 和 "购买债券"，其中 "基金及理财产品" 最受欢迎。

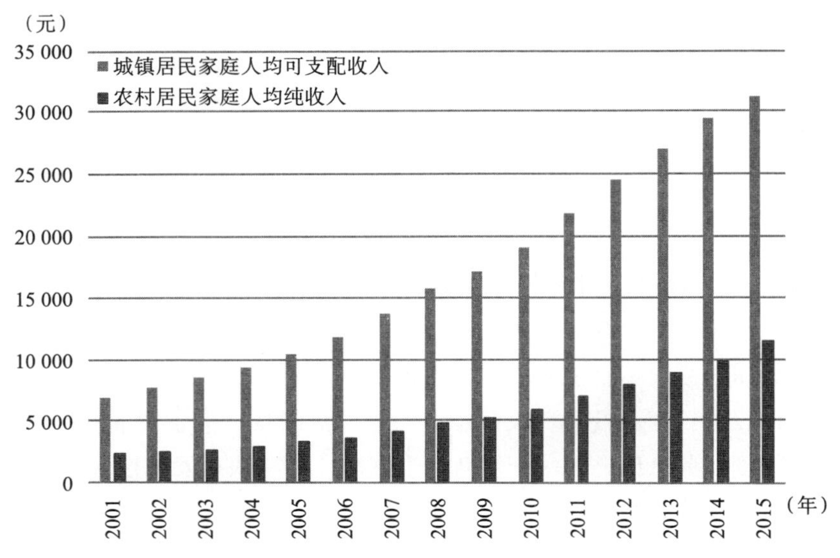

图 1－1　2001—2015 年城乡居民家庭人均收入增长情况

资料来源：国家统计局、Wind 资讯。

2015 年利率市场化进程取得重大进展，随着央行多次降准降息，存款利率不断下行，银行“存款搬家”现象更趋明显，市场对各类资产管理产品和理财产品的需求不断增加。不仅如此，由于证券公司在相关产品结构设计和定价方面的优势，利率市场化后银行发行的理财产品也越来越多地选择与证券公司合作，进一步推动了证券公司资产管理业务的发展。

二、推动证券公司资产管理业务发展的制度环境

2012 年以来，审批管制放松、投资范围拓宽、银证合作受到鼓励等一系列政策利好，也推动了证券公司资产管理业务的迅速发展。2015 年，市场化监管逐渐成为证券公司资产管理业务的政策导向。年内主要政策变化见表 1 – 1。

表 1 – 1　　2015 年证券公司资产管理业务的主要政策变化

监管主体	新颁布或修改的政策规定	主要政策变化
中国证券业协会、中国证券投资基金业协会等	《关于促进融券业务发展有关事项的通知》	为了促进融券业务发展，支持包括公募基金、证券公司资管等机构参与融券交易，扩大融券券源，推出市场化的转融券约定申报办法，便利证券公司根据客户需求开展融券业务等
中国证监会	起草《证券期货市场程序化交易管理办法（征求意见稿）》	明确了程序化交易的定义，建立了申报核查管理等监管制度，并对程序化交易的其他事项提出了要求：一是异常报告或公告；二是净买入额及开仓限制；三是档案保管；四是保障接入公平
中国证监会	暂缓分级基金有关产品的注册工作	市场认为分级基金机制比较复杂，普通投资者不易理解，故暂缓相关产品的注册工作，并研究有关政策
中国证监会	叫停证券公司融资类收益互换产品	要求各家证券公司不得通过场外业务向客户融出资金，供客户交易 A 股、新三板及挂牌公司股票
中国证券投资基金业协会	起草《私募投资基金募集行为管理办法（试行）征求意见稿》	主要涉及以下方面问题的规范：规范私募基金的募集主体资格；规范私募基金代销的责任归属；细化私募基金募集程序；募集专用账号及资金安全；基金销售机构的特别规定等
中国证监会	《关于规范证券经营机构涉嫌配资的私募资管产品的相关工作的通知》	一是督促甄别确认涉嫌配资的私募资管产品；二是确认私募资管产品范围和标准；三是坚决清理私募资管产品下设子账户、分账户等虚拟账户情形；四是持续关注一人多户等新型场外配资的风险，防范场外配资的工作制度和流程
中国银行间市场交易商协会	发布一系列资产支持证券信息披露指引	包括《个人汽车贷款资产支持证券信息披露指引（试行）》、《个人住房抵押贷款资产支持证券信息披露指引（试行）》、《棚户区改造项目贷款资产支持证券信息披露指引（试行）》及《个人消费贷款资产支持证券信息披露指引（试行）》，以进一步规范资产支持证券信息披露行为

资料来源：根据中国证监会、中国证券业协会、中国证券投资基金业协会等网站内容整理。

监管制度的调整对证券公司资产管理业务的发展产生了直接且重要的影响。

第一，直接促进证券公司资产证券化业务基础制度，主要是信息披露制度的完善。监管部门在助力市场发展的同时，也强化了业务监管。对于风险防范，信息披露是重要的市场约束机制。

第二，《关于促进融券业务发展有关事项的通知》允许融券卖出所得价款购买证券公司现金管理产品，证券公司现金管理类产品获得进一步发展的空间。而允许证券公司资产管理计划参与融券交易，可以盘活资管产品的底仓，有利于增厚资产管理产品收益，提高证券公司资产管理业务收入。融券的引入也为证券公司资产管理产品的套期保值或趋势投机提供了新的金融工具。

第三，限制分级资产管理产品和融资类收益互换产品的发行，有效控制了证券公司的风险暴露，进一步稳定了A股市场运行。

第四，相关制度调整也推动了证券公司资产管理业务与其他业务的进一步融合与转型。目前，企业和机构客户的金融需求已经不仅仅局限于股权和债权融资，还包括一系列的理财、投融资等金融需求。根据国外投资银行的发展经验，投资银行业务的重点已经从IPO业务，逐步向上市后的综合资产配置方向转移，包括企业现金的管理、再融资的解决方案、战略规划、收购兼并、全球资产配置等。这些衍生资产管理性质的服务所带来的收入已远远超过IPO的承销收入，成为欧美大型投资银行业务的主要收入来源，也将是我国证券公司业务的转变方向。以发展资产管理业务为推手，有利于进一步加强证券公司的业务整合，强化证券公司的综合创新能力。

第二节　2015年中国证券公司资产管理业务的发展情况

一、2015年证券公司资产管理产品发行市场的特征

中国证券业协会数据显示，截至2015年底，证券公司资产管理业务受托资金规模11.84万亿元，较2014年底的7.96万亿元增长48.74%。其中，以资产证券化为主的专项资产管理计划受托金额规模为1 868亿元，较2014年底的395亿元增长约3.98倍；集合资产管理计划受托资产规模1.49万亿元，较2014年底的6 437亿元增长了131.47%；定向资产管理计划受托资产规模10.16万亿元，较2014年底的7.28万亿元增长39.56%。资产管理业务结构方面，定向资产管理计划仍占绝对主导地位，其2015年规模占比高达85.82%，集合计划为12.60%，专项资管计划为1.58%。

（一）集合资产管理产品发行数量和规模大幅增加

2015年共有94家证券公司开展集合资产管理业务，共发行产品4 438只，总份额达

3 373 亿元，较 2014 年分别增加 38.47% 和 130.69%（见图 1－2）。另外，产品结构发生了较大变化，此前数量和份额不多的股票型产品在 2015 年明显超过了债券型和混合型产品（见图 1－3），这显然与 2015 年央行多次降准降息以及 2015 年上半年股市快速上涨，吸引资金从类固定收益市场流入二级市场有关。

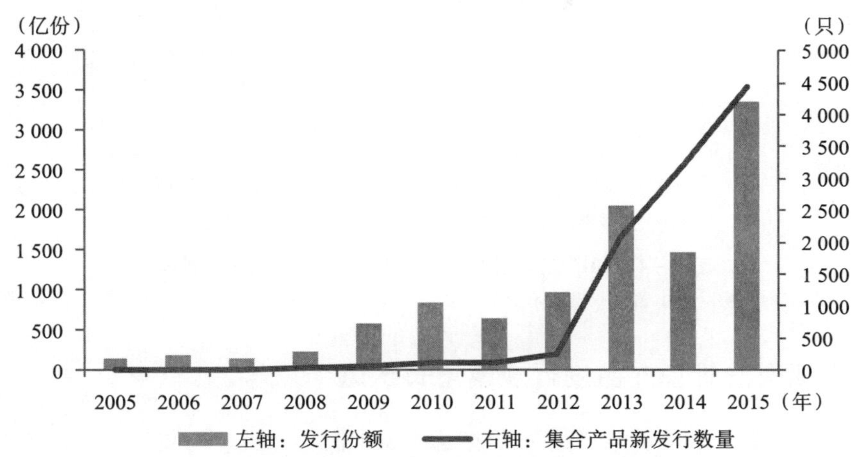

图 1－2　2005—2015 年证券公司集合理财产品新发行情况

资料来源：Wind 资讯（检索日期 2016 年 3 月 19 日）。

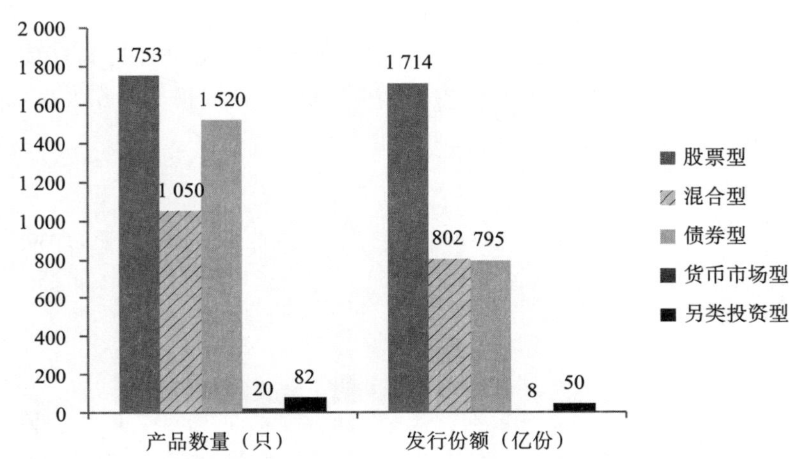

图 1－3　2015 年证券公司集合理财产品结构分布情况

资料来源：Wind 资讯（检索日期 2016 年 3 月 19 日）。

（二）定向资产管理计划发行规模增速减缓，但仍占绝对优势

2015 年以通道为主的定向资产管理业务仍是证券公司资产管理业务的主要构成，但定向资产管理计划的发行规模增速已有所减缓。根据中国证券投资基金业协会数据，2015 年共发行 14 830 只定向产品（见图 1－4）。

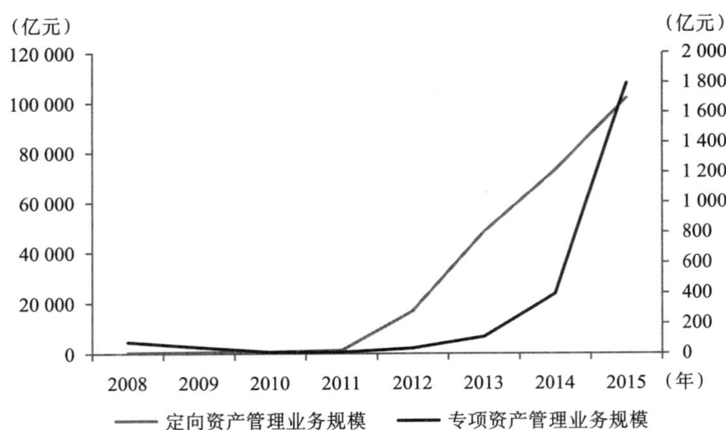

图 1-4　2015 年证券公司集合理财产品结构分布情况

资料来源：中国证券业协会、中国证券投资基金业协会。

（三）专项资产管理产品发行规模增长迅速

2015 年证券公司专项资产管理业务规模为 1 868 亿元，虽然与集合、定向产品相比仍有较大差距，但与 2014 年的 395. 13 亿元相比，已增长 3 倍多（见图 1-4）。证券公司资产证券化业务备案制的实行以及基础资产负面清单明确化等相关制度的变革，有力推动了专项资产管理业务的发展和资产支持的证券化（ABS）的发行。

2015 年我国 ABS 无论在发行量、利率和品种、参与方、流动性还是制度建设等方面均出现了明显突破和创新。由中国证监会主管的企业 ABS 发行规模共 1 611. 93 亿元，为 2014 年同期发行规模的 4 倍左右（见图 1-5）。

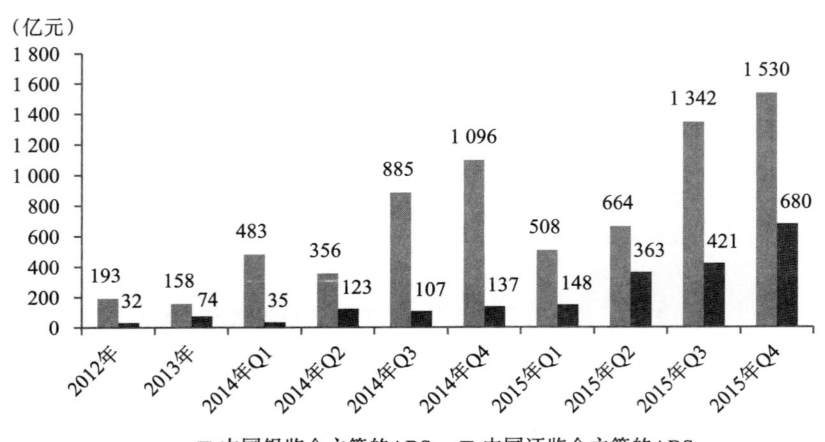

图 1-5　2012—2015 年证券公司专项理财产品新发行规模

资料来源：Wind 资讯（检索日期 2016 年 3 月 19 日）。

从企业 ABS 基础资产构成来看，租赁 ABS、基础设施收费权 ABS 等已有较为成熟模式的 ABS 发行量大幅上升；更多类型融资主体也使得企业 ABS 出现了较多创新基础资产类别，包括航空客票、股票质押融资债权、“两融”债权、物业费、影院票务收入、保理资产等。

二、2015 年证券公司资产管理产品投资收益概况

与 2014 年相比，2015 年证券公司资产管理产品的投资业绩出现了一定程度的下滑。根据 Wind 资讯，2015 年当年业绩可查的 3 524 只集合产品（剔除清盘及成立未满一年的产品）平均收益率为 4.4%，不及 2014 年的 13.22%；1 961 只产品获得正收益，占比由 80.01% 下滑至 55.65%；收益为负的产品 351 只，占比 9.96%；其余产品收益为零。具体见图 1－6。

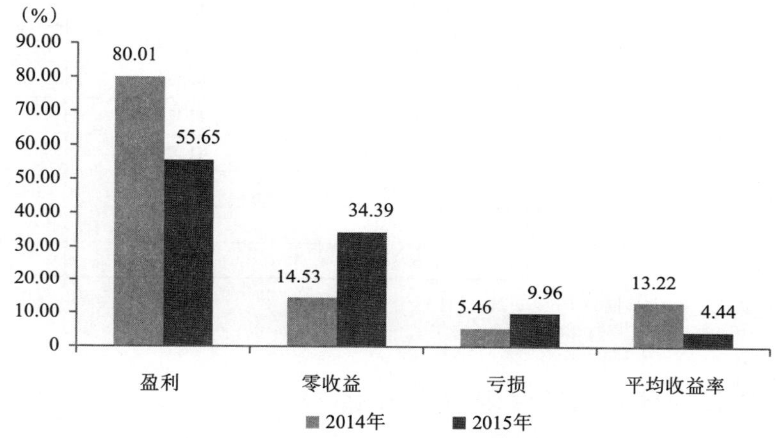

图 1－6　2014 年和 2015 年盈利、零收益和亏损的集合理财产品数量占比和平均收益率

资料来源：Wind 资讯（检索日期 2016 年 3 月 19 日）。

2015 年实现正收益的集合资产管理产品类型构成变化不大，32.94% 为混合型产品，39.52% 为债券型产品，8.67% 为股票型产品（见图 1－7）。

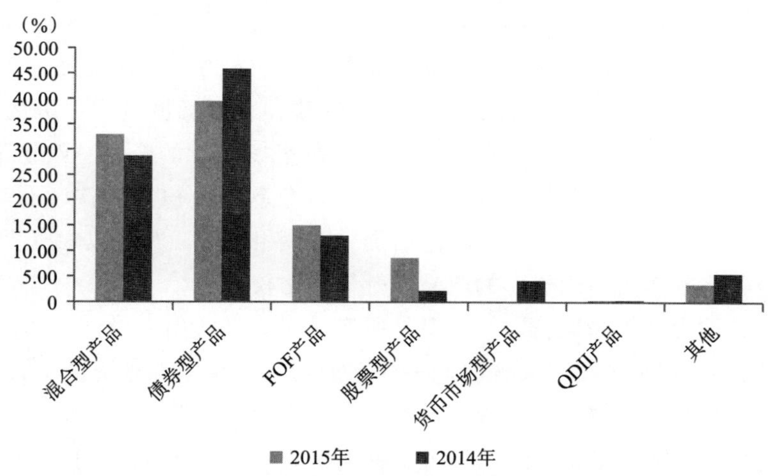

图 1－7　2014 年和 2015 年实现正收益产品的类型构成比较

资料来源：Wind 资讯（检索日期 2016 年 3 月 19 日）。

根据 Wind 资讯，2015 年混合型和股票型产品收益率相对较高，最高分别达 1 077.22% 和 201.77%；债券型和 FOF 产品最高收益率分别为 98.96% 和 36.85%。另外，全年仅一只货币市场型产品获得正收益，收益率为 1.13%。各类型产品收益率排名前 10 位情况具体见表 1－2。

表 1－2　2015 年度各类产品收益率前 10 位　单位：%

业绩排名	混合型	股票型	债券型	FOF
1	1 077.22	201.77	98.96	36.85
2	419.40	193.76	49.31	29.90
3	367.69	150.70	44.74	25.29
4	176.17	131.00	44.59	21.03
5	165.70	130.84	41.70	20.00
6	160.72	127.46	41.70	17.06
7	152.91	119.84	41.70	16.33
8	142.23	113.64	41.70	15.95
9	136.34	98.30	41.70	15.31
10	128.49	86.54	41.70	14.90

资料来源：Wind 资讯（检索日期 2016 年 3 月 19 日）。

三、2015 年证券公司资产管理业务创新进程

（一）资产证券化业务实现重要突破

2015 年，我国资产证券化发展提速，在备案制、基础资产负面清单制等利好政策推动下，市场发行日渐常态化，规模持续增长，流动性明显提升，创新迭出，基础资产类型持续丰富，并形成大类基础资产产品，市场参与主体类型更加多样，产品结构设计更加丰富。

第一，基础资产类型更加多元。随着资产证券化业务发展日趋常态化，基础资产类型更加丰富。银行间市场发行的 CLO 产品将绿色金融贷款、工程机械贷款、房地产贷款、汽车贷款、信用卡贷款、银团贷款等纳入资产包；交易所市场发行的企业 ABS 产品基础资产类型更加多样，包括了小额贷款、保理融资债权、航空票款、公积金贷款、不动产物业收入、股票质押式回购债权、信托收益权、互联网借贷、医疗租赁等，其中以融资租赁资产、公共事业收费权和应收账款作为基础资产的产品发行量占比较大。

第二，产品结构设计不断创新。一是交易所产品引入真实出表设计。2015 年 3 月 4 日，首单真实出表的企业 ABS 项目“南方骐元—远东宏信（天津）1 号资产支持专项计划”取得深圳证券交易所挂牌无异议函。该专项计划引入了有偿流动性支持机制，由原始权益人的关联方为计划提供上限为 5 032 万元（相当于总规模 8%）的流动性支持，并由计划支付一定的流动性支持服务费，以此满足原始权益人出表要求。二是尝试次级档公开发行。3 月 18 日，由国家开发银行发起的“2015 年第一期开元信贷资产支持证券”在银行间市场发行，

此单产品的次级档采取认购金额的方式公开发行，是国内第一只次级档采用公开方式发行的ABS产品。次级档产品的公开发行表明了投资者识别风险能力不断提高，以及对ABS产品认购热情的提高。三是循环结构设计得到更广泛应用。7月15日，“永盈2015年第一期消费信贷资产支持证券”在银行间市场公开招标发行。这是继“2014年平安银行1号小额消费贷款证券化信托资产支持证券”后第二只个人消费贷款类信贷ABS。该债券是银行间市场发行的首单循环购买型ABS产品，通过在信托存续期内不断向资产池注入新的消费贷款来保持资产池的稳定。一直以来，信贷ABS的基础资产以对公贷款为主，循环结构设计能够有效解决个人消费贷款因数额小、周期短、早偿风险高而较难进行证券化的问题。

第三，投资主体更加丰富。2015年6月17日，招商银行发行的2015年第二期信贷ABS首次引入RQFII资金参与认购投资，进一步丰富了我国资产证券化市场的参与主体，对拓宽离岸人民币投资渠道、促进人民币国际化也具有积极意义。

第四，发起机构类型不断增加。一是外资银行发行了首单产品。2015年1月13日，由汇丰银行（中国）有限公司发起的“汇元2015年第一期信贷资产证券化信托资产支持证券”成功发行，是首单发起机构为外资银行的ABS产品。二是民营融资租赁企业首次尝试ABS项目。3月30日，融信租赁股份有限公司发布公告称，“融信一期”资产支持专项计划成功募资2.07亿元。融资租赁企业的资金大多来自银行，资金成本较高，资产证券化为其提供了新的融资方式。“融信一期”ABS产品不仅是中国首单民营融资租赁ABS项目，也是新三板挂牌公司ABS项目的首次尝试。三是互联网金融加速渗透资产证券化市场。9月15日，京东白条资产证券化产品发行完毕，融资总额为8亿元，基础资产为“京东白条应收账款”债权，为互联网借贷资产证券化产品。这是继阿里巴巴后，第二家互联网金融机构发行资产证券化项目，也是首个基于互联网个人消费金融资产的资产证券化项目。12月29日，“嘉实资本分期乐1号资产支持专项计划资产支持证券”收到上海证券交易所无异议确认函。分期乐是成立刚满两年的轻资产创业企业，主要面向大学生提供现金和分期消费服务，其债权具有小额分散的特点，单笔平均额度控制在5 000元以内。2015年，国家出台多项政策推动互联网金融规范发展，且“互联网+”正逐步成为推动传统产业换代升级的技术手段，成为“大众创业、万众创新”的实践平台，未来互联网金融机构与传统金融机构以及类金融机构的合作将进一步加强。

第五，ABS产品首现做市成交。12月1日，兴业银行发行的“兴银2015年第四期信贷资产支持证券”首次实现做市成交，总规模65.60亿元。此次做市成交成功是银行间市场资产证券化产品做市机制的重要突破，有助于进一步提高ABS产品市场流动性。

（二）量化对冲产品

2015年6月中旬以来股市出现异常波动，不少基金产品业绩下滑严重，而量化对冲产品却逆势上涨，凭借其抗跌性和稳健的收益脱颖而出，以基金公司、证券公司资管为主的机构发行量化对冲产品的速度大大加快。

目前证券公司资产管理对量化类集合产品日益重视，在配合现有监管框架的情况下，各家机构正尝试通过结构化的手段和客户需求来进行量化投资产品的设计和开发，在投资标的和金融工具的运用上均有较大突破。

（三）其他创新

资产管理行业进入鼓励创新时代后，一些包括“收益补偿”、结构化、分级等创新手段也被应用到各种产品设计中。随着融资融券业务、股指期货和沪港通的发展，A股双向平衡机制得以完善，国内机构投资者投资港股的途径也得到拓宽，为证券公司资产管理创新提供了新的机遇。

第三节　我国证券公司资产管理业务的比较分析

一、证券公司资产管理业务的特点

（一）资产管理计划的发行特征

证券公司2005年开始发行集合资产管理产品，从最初的12只产品到2015年的4 438只，8年间增长了300多倍。发行规模方面，产品总规模与平均规模基本呈现出负相关走势（见图1-8），主要原因包括两个：一是近几年以来，尽管各大证券公司都在积极创新，但创新产品面世后不久，其他公司就会模仿，各公司集合理财产品同质化现象严重，导致竞争加剧，拉低了单只集合理财产品的发行规模；二是集合计划目前的资金门槛和客户人数的限制导致客户群狭窄，能拿出100万元现金进行证券投资的客户数量有限，这是集合计划无论是单只规模还是总规模都上涨乏力的主要原因。

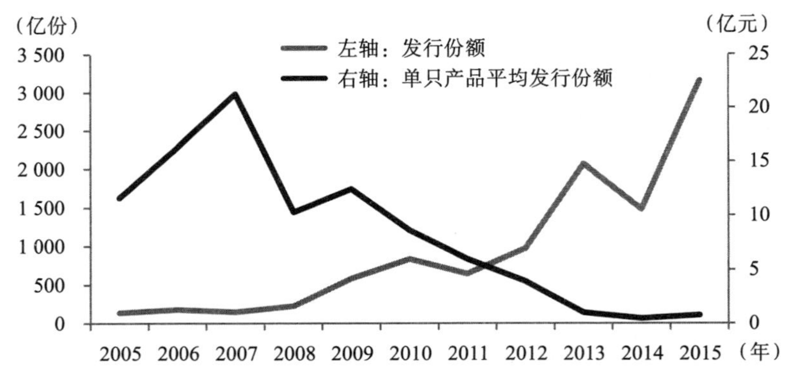

图1-8　2005—2015年证券公司发行集合理财产品总规模与单只产品平均规模

资料来源：Wind资讯（检索日期2016年3月19日）。

（二）证券公司资产管理产品的结构特点

存续期内的产品分布结构（见表 1 –3）主要存在以下几个特征：第一，混合型和债券型产品数量最多，占比分别为 37.20% 和 25.87%。这符合长期以来的结构特征，说明这两类产品的市场吸引力具有较高的可持续性。第二，债券型和货币市场型产品的发行份额或资产净值规模占比最高。第三，虽然 2015 年上半年股票市场的上涨行情助推股票型产品大幅增加，数量和规模都跃居第一，但从目前存续期内的整体情况看，该类产品仍非市场主流，数量、发行份额和资产净值占比都较低。第四，FOF 产品数量较多，占比为 18.75%，但发行份额和资产净值占比都很低。第五，QDII 产品仍处于起步阶段，数量和资产规模都很小。

表 1 –3　　截至 2015 年底存续期内证券公司集合资产管理产品分布情况　　（单位：%）

类型	产品数量占比	发行份额占比	资产净值占比
股票型	6.42	2.48	2.33
FOF	18.75	3.55	4.01
混合型	37.20	17.39	16.71
债券型	25.87	36.50	39.57
货币市场型	5.98	38.55	35.97
QDII	0.30	0.14	0.07

资料来源：Wind 资讯（检索日期 2016 年 3 月 19 日）。

概括而言，混合型产品在证券公司集合资产管理业务中始终占有重要地位，受到市场的长期青睐，主要原因在于其产品设计灵活，仓位可以灵活调整。在震荡行情中，如果市场持续下挫，混合型产品可以果断减仓甚至清仓以减少损失，并投资固定收益类产品；而在市场走强时，该类产品的股票仓位也可以达到 95% 的上限，享受牛市的收益。同时，由于近年市场与客户对固定收益和类固定收益产品较为推崇，债券型及货币市场型产品资产规模占比之和已超过 50%。

另外，股票型产品容易受到股市波动影响，2015 年 6 月开始的股市异常波动使得该类产品规模出现明显回落。

二、证券公司资产管理业务收入分析及其特点

根据中国证券业协会数据，2015 年证券公司资产管理业务净收入为 52.14 亿元，较 2014 年的 29.53 亿元增长约 76.57%。但资产管理业务在行业总收入中的占比略有下滑，由 2014 年的 4.78% 下降到 3.70%。

虽然近几年得益于监管政策的松绑，证券公司资产管理业务规模增长较快，但规模增长与收入增长并不成正比，这与资产管理业务构成关系密切。全行业资产管理总规模超过 10 万亿元，其中通道业务占绝大部分，利润率最高的主动管理业务规模却明显偏低。目前，主

动管理业务规模占资产管理总规模比例超过50%的证券公司只有14家，其中还包括4家规模较小的证券公司。

三、证券公司与其他各类金融机构资产管理业务比较

总体来看，证券公司资产管理业务相较于其他类型金融机构的优势主要为：

第一，充分将资本中介业务及资产管理业务对接发挥资源整合优势。证券公司通过全牌照优势，可以通过充分将资本中介业务和资产管理业务对接实现资源的高效整合，如“资管+投行”、“资管+经纪”模式，证券公司通过模式的创新，能发挥在融资融券、股权质押、权益投资、定向增发、权益互换及衍生品等业务领域的比较优势，充分实现资本中介业务与资产管理业务的对接。

第二，全方位的产品提供优势。与其他开展资产管理业务的机构相比，证券公司拥有能成为全方位的产品提供方这一强大优势。资产管理业务与证券公司其他业务的联动可以发挥协同优势，例如与经纪业务的互相促进，与投资银行业务的加强配合。未来在全面开放的环境下，证券公司代销产品增加，最终证券公司资产管理业务将成为全方位资产配置平台。

证券公司资产管理业务相较于其他类型金融机构的劣势主要为：

第一，集合资产管理业务的投资范围受限，难以与公募基金、信托计划竞争，也难以充分满足投资者需要。证券公司集合资产管理业务的投资范围目前不仅比集合信托狭窄，也比基金子公司的多客户资产管理业务范围狭窄，投资者的一些投资需要无法得到满足，证券公司资产管理产品的竞争力受到限制。

第二，资产管理业务保本和自有资金参与受到限制，保本型产品创新难以开展，不能向社保基金等有客观投资需要及保本需求的特殊投资者提供服务。目前监管限制资产管理业务不得对客户作出保本保收益的承诺，并且对自有资金参与自己发行的集合产品进行比例限制，从而证券公司很难实现对投资者的保本要求。但保险、养老、社保基金等客户有客观的保本需求，金融机构发行保本产品已经成为创新的趋势。目前，公募基金已经可以发行保本基金，而证券公司资产管理业务却仍然受限。

概括而言，证券公司资产管理产品与阳光私募较为相似，而与其信托、公募基金、银行理财和保险在资金投向、预期收益、风险、渠道等方面均有很大差异，具体如表1-5所示。

表1-5　证券公司与其他金融机构资产管理产品的比较

	证券公司资产管理、阳光私募	银行理财产品	公募基金	信托	互联网金融
主要投资方向	货币市场、债券市场、股票市场为主	存款、项目融资、债券市场	货币市场、债券市场、股票市场为主	融资类业务为主，投向地产、实体企业、资本市场等	协议存款为主

续表

	证券公司资产管理、阳光私募	银行理财产品	公募基金	信托	互联网金融
预期收益	账户现金管理类：平均3%；债券型：平均8%；股票型：与资本市场形势有关	平均3%—6%，非保本型收益较高（5%以上），流动性紧张时理财产品收益提升，目前处于下降态势	货币型：平均3% 债券型：平均8% 股票型：与资本市场形势有关	视项目而异。一般集合信托：6%—8%；银信合作产品：5%—7%；房地产类项目在10%以下，未来有下行趋势	4%以下，随着进入降息通道，未来下降趋势大
风险	货币型：较低；债券型：较低；股票型：高	目前维持刚性兑付	货币型：较低；债券型：较低；股票型：高	目前维持刚性兑付	基本无风险
渠道	证券公司、信托、银行	银行	互联网、直销、银行	银行、信托直销、第三方机构	互联网
客户需求	有稳定收益，同时可以定制化，有较高配置需求，适合高净值客户和机构投资者	收益率偏低，有一定配置需求，适合中等富裕阶层	收益率波动性大，个性定制化低，大众均有一定配置需求	有稳定收益，同时可以定制化，有较高配置需求，适合高净值客户	收益率低，只有部分流动性需求，适合中等收入阶层

注：表中的“互联网金融”主要指互联网现金管理类产品，不包括P2P等高风险产品。

资料来源：申万宏源证券整理。

第二章
2015 年中国证券公司资产管理业务发展中面临的问题及 2016 年发展展望

第一节　2015 年中国证券公司资产管理业务发展中面临的问题

我国证券公司资产管理业务经过多年发展已取得了较大的进步，但与资产管理行业的其他类型机构相比，证券公司的资产管理业务发展水平仍存在不小差距。2015 年证券公司资产管理业务发展势头良好，行业呈现出新气象，但证券公司该业务发展过程中的一些新问题值得各方关注。

一、业务结构不平衡

2015 年，虽然证券公司资产管理业务继续保持快速发展，但发展不平衡的态势非常明显，主要表现为证券公司定向资产管理业务占比依然较高，集合理财产品、专项理财产品的占比较低。不可否认，集合理财产品规模和数量也有大幅增长，专项资产管理业务亦取得了不小突破，但从规模看，结构性的偏离并没有根本改变。

二、证券公司资产管理行业加速分化

由于大资产管理行业近几年的加速发展，不同资产管理机构争夺业务人才等各类资源，行业内加速分化。特别地，行业内的中小证券公司资产管理收入利润规模没有与其业务发展形成正向促进，甚至出现收入、利润下降，导致人才流失、业务拓展及风险管理能力下降等问题。另外，部分中小证券公司资产管理未能快速提高主动管理能力及对各类资源的整合能力，业务发展方向不够清晰。

三、风控能力有待提高

根据修订后的《证券公司集合资产管理业务实施细则》（以下简称《集合细则》），集合理财计划由审批制改为备案制，同时证券公司的集合理财计划投资范围大幅扩宽。投资范围增加了中期票据、保证收益及保本浮动商业银行理财计划、股指期货等衍生品、银行间市场交易的投资品种、金融监管部门批准或备案发行的金融产品以及境外金融产品等。

投资范围的拓展和审批制度的放松在推动证券公司集合理财业务快速发展的同时，证券公司介入之前并不熟悉的投资领域也使集合理财业务除市场风险外增加了信用风险、操作风险和合规风险，证券公司需不断提升风险控制能力，向投资风控专业化发展。

第一，证券公司集合计划分级和衍生品投资增加了市场风险。杠杆操作性的增强放大了集合理财计划的各类风险敞口规模。一方面，根据《集合细则》，证券公司集合理财计划可参与融资融券交易，从而集合理财投资中符合规定投资证券可以通过再融资放大杠杆；另一方面，股指期货等衍生品本身就具有高杠杆的特征。

第二，投资范围的放开增加了信用风险、操作风险和合规风险。集合资产管理计划增加了信托、私募债、银行理财产品等监管层认可的其他金融产品。投资范围的放开，使证券公司资产管理的投向非常广泛和灵活，增加了信用风险、操作风险和合规风险。次级债、信托等高风险产品以及涉及更多利益主体的可投资产品将使其面临更高的系统性风险敞口。在宏观经济的某一方面如银行体系、房地产体系或地方政府债务体系等存在较大系统性泡沫时，任一种或几种风险将通过各类金融机构间的金融联系、各类金融产品和金融市场间的传导效应对集合理财产品造成系统性冲击。特别在目前国家监管机构对各类影子银行、资金池等新型金融风险监管不足、相关制度不完善的情况下，金融机构系统风险处于较高水平，这进一步提高了集合理财业务的相关风险暴露水平。

第三，定向资产管理计划的快速发展增加了证券公司的信用风险和操作风险。定向资产管理计划主要是与银行、信托、基金子公司等金融同业开展的通道业务。对于涉及非标准化债权以及融资类项目中信用风险的把控并非证券公司擅长，证券公司也缺乏此类风险管理人员。另外，定向资管业务涉及与众多金融机构的对接，各机构业务流程差异较大，容易产生操作风险。

四、监管环境有待进一步改善

第一，我国目前仍然实行分业监管的方式，资产管理业务分别由中国银监会、中国证监会、中国保监会以及国家发展和改革委员会监管。各金融机构从事资产管理业务各有制度上的优势和劣势，在市场准入、投资范围、运作模式、审批效率方面不尽相同，导致市场竞争规则和投资者保护存在不足。随着泛资产管理时代的来临，统一监管或有助于改善监管效率。

第二，证券行业资金端目前遇到的重要瓶颈是投资者准入门槛过低或过高，资金跨度过大。例如，公募产品一般1 000元起投，但私募产品投资100万元起，中间地带的投资者难以获得风险收益处于中间过度水平的各类投资品种，导致个人投资者在风险极高、极低两种极端跳跃。

第三，资产证券化是今后证券公司资产管理业务发展的一个重要方向，但其涉及的税收问题很可能成为制约该业务发展的重要障碍。2006年版税收办法通知中，MBS的发行机构在印花税大部分进行了减免，但根据证券化“真实销售”的原则，如果风险分散95%以上的，或者无回购协议的证券化产品视为发行机构当年的营业收益，应当征收5%的营业税。这可能阻碍金融机构和企业资产打包进行证券化的动力。

第二节　2016年中国证券公司资产管理业务前景展望

展望2016年，我国证券公司投研优势、协同优势和渠道优势将助力资产管理业务竞争力逐步提升。特别地，与证券公司传统经纪业务相比，资产管理业务受权益市场波动影响较小，未来将在在业务转型过程中承担不可或缺的角色。

一、业务模式仍需转型

当前以通道业务为主的定向资产管理仍是各家证券公司的主力，但通道业务对于证券公司资产管理能力提升及优化营业收入结构影响甚微。自从定向资产管理业务限制松绑以来，证券公司行业资产管理业务的规模快速增长，但管理费用率却呈现长期下滑态势。随着投资者热情的持续走高和对非标产品监管的日益加强，证券公司的业务重心将逐渐向主动管理类资产管理产品转移。在2015年上半年证券公司资产管理推出投向新三板的产品，使得投资者的选择更加丰富，也能够发挥证券公司各业务条线的合理。上半年各家大型证券公司主动资产管理规模显著提升，2016年预计将延续此发展趋势。

二、不良资产证券化有望试点并开始发展

2015年资产证券化市场发展势头良好，常态化的运行有效盘活了市场存量资产，为投资者提供了新的投资选择。但目前所发行的产品以优质资产为主，在当前经济结构转型的情况下，无论是商业银行还是实体企业对于不良资产均存在广泛而迫切的化解需求。以商业银行为例，根据中国银监会主要监管指标数据，截至2015年第三季度末，商业银行不良贷款

余额已达 11 863 亿元，同比增长 54. 7%，较上年末增加 3 437 亿元，不良贷款率 1. 59%，较上年末上升 0. 34%。在此背景下，2015 年市场上重启不良资产证券化的呼声渐起，监管机构也表示在经济下行期将考虑试点不良资产证券化业务。

目前制约不良资产证券化发展的因素主要有四点。一是《金融企业不良资产批量转让管理办法》规定金融企业的不良资产批量转让只能定向转让给金融资产管理公司，限制了不良贷款批量转让的交易范围。二是当前市场上仍然存在的刚性兑付压力，扭曲了信用风险定价，也淡化了投资者的风险偏好，会迫使发行方采用更为严格的信用增级方式，增加发行成本。三是由于市场数据积累不足，尚未形成统一的违约概率、违约回收率等基础模型，加大了不良资产证券化产品定价的难度。四是市场中介机构缺乏不良资产证券化经验，尤其是对于有不良资产处置需求的企业来讲，更需要专业规范的中介机构为其进行不良资产的结构设计、信用评级、承销发行等。

从实际需要考虑，2016 年有望试点不良资产证券化，完善相关法律法规，建立不良资产入库标准，推动标准化发展，引导市场打破刚性兑付现象，促进不良数据库和公允定价模型的形成，扩大投资者范围，形成多层次、有差异的投资者结构，逐步提高不良资产证券化产品的设计、交易和管理水平，带动整个证券化市场的深入发展。

三、泛资产管理时代证券公司势必积极寻求跨界合作

2012 年第三季度开始，中国资产管理分业经营壁垒逐渐被打破，银行、证券公司、保险、基金、信托等各类资产管理机构涌入，泛资产管理时代来临。新的行业竞争格局压缩了原有制度红利，也为各类机构的混业经营提供了崭新的发展机遇。

在利率市场化、人民币国际化的大背景下，整个资产管理行业的产业链不断延伸，为巩固自身实力，证券公司资产管理势必要积极寻求跨界合作。未来 3—5 年将是我国资产管理行业跨界合作的黄金期，根据自身的主流业务和核心资产，证券公司将以此为基础，主要开展下列几类跨界合作：

第一，基于客户的跨界合作。经过十多年的发展，证券公司资产管理已拥有专业的管理团队、稳定的经营业绩，且已与银行开展全方位合作，为银行客户提供专业的投资管理服务。

第二，基于资产的跨界合作。近几年开展的创新业务对证券公司的资本金消耗明显，开展“两融”收益权转让和股票质押回购为银证合作提供可能。转让“两融”收益权是指证券公司将“两融”客户的债权作为收益权卖给银行，以获得资金；等到期后，证券公司再全额回购“两融”收益权。同时，证券公司资产管理还可以设计一款分级类的产品，由银行认购优先级，证券公司自由资金认购劣后级。

第三，基于监管政策差异的跨界合作。这种跨界合作的表现形式之一为银行承兑汇票定向资产管理业务。具体运作方式为：银行作为委托人，以募集的理财资金设立证券公司定向

资产管理计划，证券公司用银行委托资金购买银行票据，并委托银行对票据资产进行独立保管和托收的业务。票据到期后扣除管理费、托管费，将本金和收益归还给银行，再由发起银行对客户进行收益的分配。在合同期内，会有多期资金进入计划，银行资金可持续进行投入。

第四，基于金融杠杆和风险管理技术差异的跨界合作。典型的是开展银证信合作（SOT）业务，即银行作为委托人与证券公司签订定向资产管理合同，约定证券公司资产将银行委托的客户理财资金用于投资某一银行指定的单一资金信托的业务。

第五，基于区域和行业优势的跨界合作。证券公司利用国资控股背景，锁定所在区域的三类资产进行产品化杠杆放大，信托公司利用控股股东的行业强势地位在某类资产业务中的地位，与证券公司资产在区域和行业优势方面的合作，将为证信跨界合作提供可能。

第六，结合“互联网+”进行渠道和平台的跨界合作。在“十三五”规划中，互联网战略已经成为重点之一，因此证券公司资产管理在发展过程中要不断探索与互联网的结合，包括但不限于产品发行、资金募集、产品运营、产品投资等方面，切实做到证券公司资产管理的互联网化，提升行业的整体运营效率，更好地为客户提供高效服务，推动资本市场及实体经济的发展。

分报告之四：
2015 年中国证券公司融资类业务发展回顾与展望

第一章
2015 年中国证券公司融资融券业务发展回顾与 2016 年前景展望

第一节　2015 年中国证券市场融资融券业务发展现状

一、融资融券市场余额情况

据 Wind 数据统计，截至 2015 年 12 月 31 日，融资融券市场余额为 11 742.67 亿元，相比于 2014 年末的市场余额 10 256.56 亿元增长 14.49%（见图 1－1）。

2015 年融资融券余额波动较大。融资余额在 2015 年 6 月 18 日达到全年最高，为22 666.35 亿元；在 2015 年 9 月 30 日达到全年最低，为 9 040.51 亿元（见图 1－2）。而融券余额在 2015 年 4 月 9 日达到全年最高，为 103.11 亿元；在 2015 年 7 月 8 日最低，为 25.05 亿元。

2015 年，融资余额与沪深 300 指数高度相关，相关系数达到 0.94，显示出股市异常波动期间，杠杆资金存在极大的羊群效应；同时，融券余额与沪深 300 指数相关性较低，为

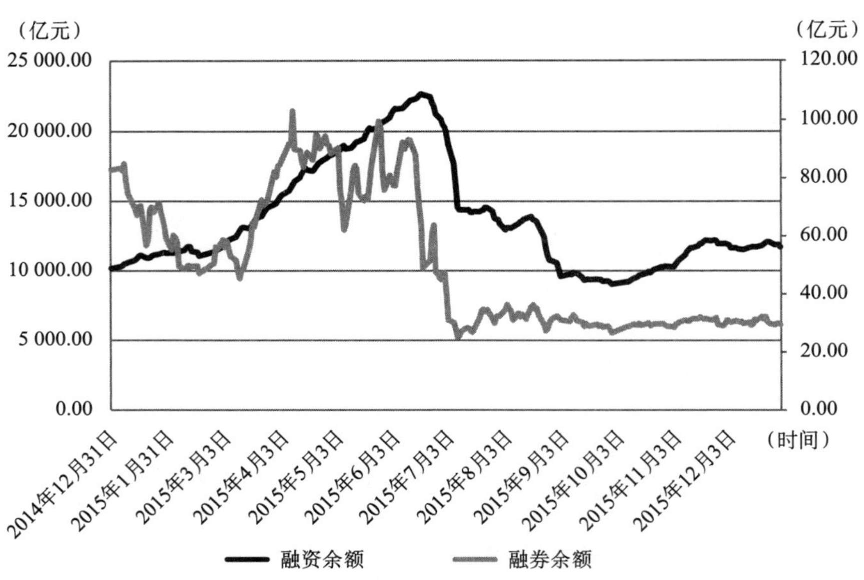

图 1－1　2015 年融资融券市场余额变化情况

0.66，主要原因是下半年大部分大型证券公司暂停融券业务以支持市场稳定而导致下半年融券余额波动较小。

图 1－2　融资余额和沪深 300 指数走势比较

二、融资融券市场交易情况

2015 年 1 月，沪、深两市融资买入金额为 20 863.91 亿元，占 A 股成交额比例为

16.41%，融券卖出金额为 2 846.23 亿元，占 A 股成交金额比重为 2.24%。2015 年末，沪、深两市融资买入金额为 18 565.85 亿元，占 A 股成交额比例为 10.28%，融券卖出金额为 51.88 亿元，占 A 股成交金额比重为 0.03%（见图 1－3）。

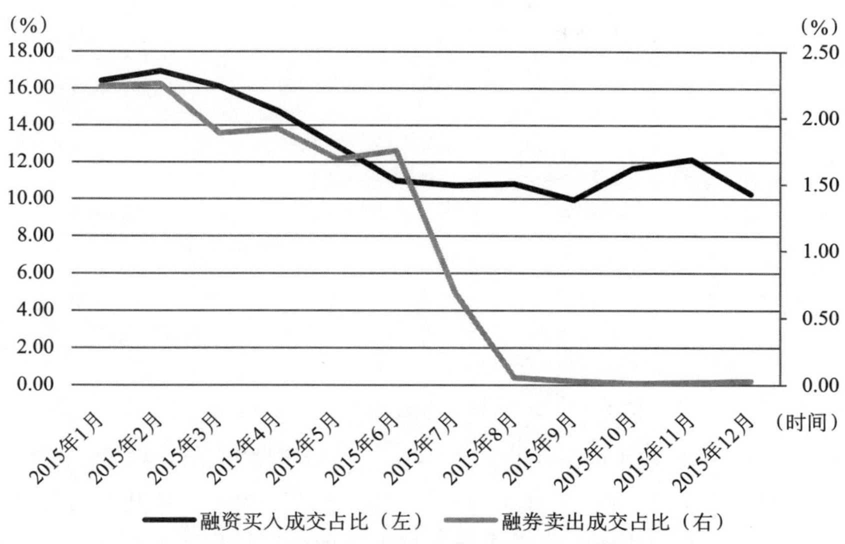

图 1－3　两市融资买入额和融券卖出额占 A 股成交额比例

从 2015 年 2 月以来，融资买入额占市场比重持续下降，可能的原因有两点：一是大部分证券公司受到净资本限制，融资业务发展到了瓶颈，筹措资本金需要一段时间，导致融资买入额增长赶不上市场成交增长；二是民间配资增长过快。

三、融资融券市场开户规模

从融资融券业务的参与者来看，参与融资融券业务的投资者数量快速增长。2015 年底信用证券账户总开户数约为 794.01 万户，较 2014 年底 590.15 万户增长 34.54%。

2015 年下半年“两融”账户开户数明显放缓，8—11 月增长率均低于 1%；其中最低为 10 月，仅为 0.31%；12 月略有反弹，但也仅为 1.08%。显示出“两融”开户有所降温（见图1－4）。

四、融资融券市场担保物及担保比例

融资融券客户的担保物总价值从 2015 年 1 月的 29 606.75 亿元上升至 5 月的 64 288.37 亿元，其后随“两融”余额的下降而回落至 9 月的 28 611.15 亿元，第四季度担保物的总价值逐步回升至年末的 38 384.9 亿元。

2015 年前三个季度，融资融券客户的平均担保比例与融资融券担保物价值的走势基本

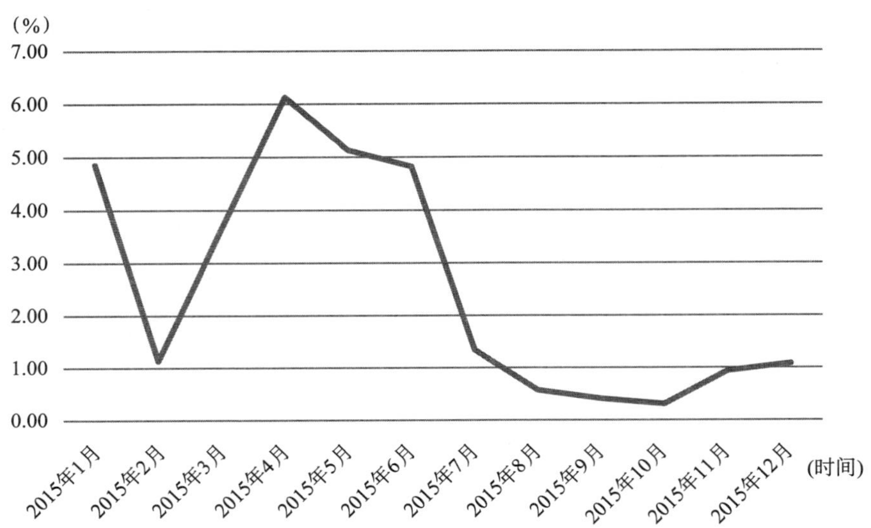

图 1－4　2015 年融资融券新增开户增长率

一致，从年初的 236.16% 上升至 5 月的 277.04%，随后下降至 9 月的 245.61%。第四季度，融资融券担保比例快速上升，在 12 月达到全年最高值 277.30%，且其升高的比例明显大于融资融券担保物价值上升的比例。可以看出，进入第四季度以后，融资融券市场的风险有所下降（见图 1－5）。

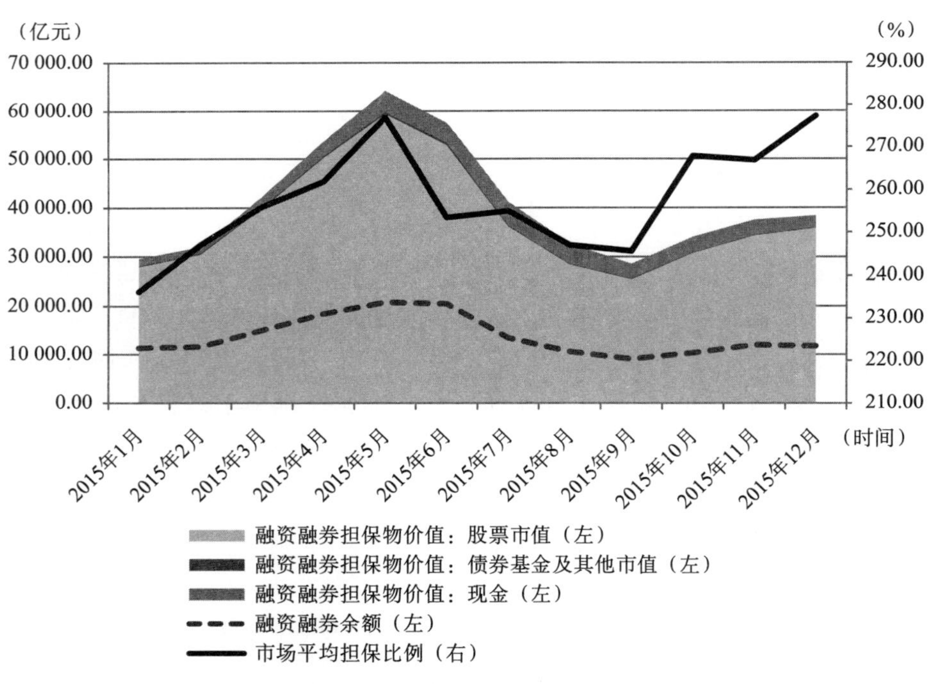

图 1－5　2015 年融资融券担保物价值、余额及担保比例

第二节　2015 年中国融资融券业务发展的重大进展

2015 年，市场波动较大，相关机构出台的政策也较多。为促进融资融券业务均衡发展，相关自律组织联合发文促进融券业务发展。中国证券金融股份有限公司（简称《证金公司》）扩大转融券标的范围，促进转融通业务发展。同时，为进一步规范融资融券业务发展，中国证监会修订了融资融券业务管理办法，沪、深证券交易所也修订了相关实施细则。

一、自律组织联合发文促进融券业务发展

2015 年 4 月 17 日，中国证券业协会、中国证券投资基金业协会、上海证券交易所、深圳证券交易所根据中国证监会《证券公司融资融券业务管理办法》，联合制定并发布《关于促进融券业务发展有关事项的通知》，促进融券业务健康发展。

该通知包含五个方面：一是支持专业机构投资者参与融券交易，扩大融券券源。二是推出市场化的转融券约定申报方式，便利证券公司根据客户需求开展融券业务，实现借贷双方自主商定费率、期限等事项。三是优化融券卖出交易机制，提高交易效率，允许融券卖出 ETF 的申报价格可以低于最新成交价，融券卖出价款可以用于买入或申购交易所认可的高流动性证券。四是充分发挥融券业务的市场调节作用扩大融券交易和转融券交易的标的证券至 1 100 只。五是加强融券业务风险控制，切实防范业务风险。由于 2015 年 7 月股票市场发生异常波动，为稳定市场，通知的部分措施尚未完全落实。

二、转融通标的扩容

为满足转融通业务发展需要，中国证券金融股份有限公司决定自 2015 年 5 月 6 日起将转融通标的证券范围由 625 只股票扩大为 893 只股票。此次转融通标的证券范围扩大后，标的股票数量将达 893 只，与现有融资融券标的证券范围基本一致。

三、融资融券相关法律法规修订

中国证监会于 2015 年 7 月 1 日发布《证券公司融资融券业务管理办法》（以下简称《管理办法》），并自发布之日起实施。上海、深圳证券交易所同步发布《融资融券交易实施细则》。修订的内容主要体现在四个方面：

一是建立融资融券逆周期调节机制。在《证券公司融资融券业务管理办法》中明确，

中国证监会建立健全融资融券业务的逆周期调节机制，对融资融券业务实施宏观审慎管理。证券交易所根据市场情况对保证金比例、标的证券范围等相关风险控制指标进行动态调整，实施逆周期调节。同时要求证券公司根据市场情况等因素对各项风险控制措施进行动态调整和差异化控制。2015 年 11 月 13 日，沪、深证券交易所根据修订后的法规，将融资保证金提高至 100%，以防止融资业务过快发展。

二是合理控制融资融券规模。将融资融券业务规模与证券公司净资本规模相匹配，要求业务规模不得超过证券公司净资本的 4 倍。对于不符合上述规定的证券公司，可维持现有业务规模，但不得再新增融资融券合约。

三是融资融券合约展期。在维持现有融资融券合约期限最长不超过 6 个月的基础上，新增规定，允许证券公司根据客户信用状况等因素与客户自主商定展期次数。

四是优化融资融券客户担保物违约处置标准和方式。取消“投资者维持担保比例低于 130% 应当在 2 个交易日内追加担保物且追保后维持担保比例应不低于 150%”的规定，允许证券公司与客户自行商定补充担保物的期限与比例的具体要求，同时不再将强制平仓作为证券公司处置客户担保物的唯一方式，增加风险控制灵活性和弹性。

五是增加业务集中度管理的相关风控指标。要求证券公司业务集中度风控指标应包括单一客户提交单只担保证券市值占该客户总担保市值的比例。该指标可有效防范市价大幅下跌引致的强制平仓风险。

交易所随后根据新修订的管理办法对融资融券业务进行调节：

一是 2015 年 8 月 3 日，沪、深证券交易所修订《融资融券交易实施细则》，将融券交易当日融券卖出后可还券改为次一交易日可还券，防止部分投资者利用融资融券业务，变相进行日内回转交易加大股票价格异常波动，影响市场稳定运行，有利于进一步规范融券业务，有助于维护市场稳定以及融资融券业务的平稳健康发展。

二是 2015 年 11 月 13 日，沪、深证券交易所再次修订《融资融券交易实施细则》，实施逆周期调节，适当调整融资保证金比例，将融资保证金比例由不得低于 50% 提高至 100%，降低融资杠杆水平，进一步加强融资融券业务的风险管理，促进市场持续健康发展。

第三节　2015 年中国融资融券业务面临的问题

一、风险控制需进一步加强

2015 年融资融券余额大幅波动，一定程度上是因为证券公司在风险控制方面存在不足。在市场加速上涨时期，仅有少部分证券公司根据情况降低了高估值股票充抵为保证金的折算率，提高了集中度过高的客户融资保证金比例。大部分证券公司忽视了市场上涨过快时加速累积的风险，没有及时对融资总规模进行控制，使得市场异常波动期间，融资融券业务规模产生了较大幅度的波动。最新《证券公司融资融券业务管理办法》规定，证券公司应当在符合监管要求的前提下，根据市场情况、客户和自身风险承受能力，对融资融券业务保证金比例、标的证券范围、可充抵保证金的证券种类及折算率、最低维持担保比例和业务集中度等进行动态调整和差异化控制。证券公司应该按照上述规定要求，制定详细的风险指标调整机制，加强业务风险控制。

二、投资者适当性管理需进一步加强，优化投资者结构

2015 年，中国证监会多次就融资融券违规问题对证券公司进行处罚，其中违规原因较多的一些证券公司是向不符合条件的客户融资融券。上述现象说明一些证券公司在利益面前，未坚守底线，向散户过度营销，为不合规定的投资者开立信用账户提供便利，违反了相关法规规定。

证券公司应当进一步加强融资融券客户适当性管理，不得为不符合规定的投资者开立信用账户，对风险承受能力较低、持股集中度过高的客户通过适当调整其授信额度、可充抵保证金证券折算率和保证金比例等指标控制其风险，做好风险提示等客户服务工作，保护投资者权益，完善融资融券业务风险防控机制。

三、融资融券业务发展仍然不均衡

融券业务仍然发展缓慢，甚至进一步萎缩。融券余额占融资余额比重由年初的 0.53% 下降到年底的 0.25%，融券卖出额占融资买入额比重由年初的 13.64% 下降到年底的 0.28%。融资融券业务发展仍然不够均衡（见图 1－6）。

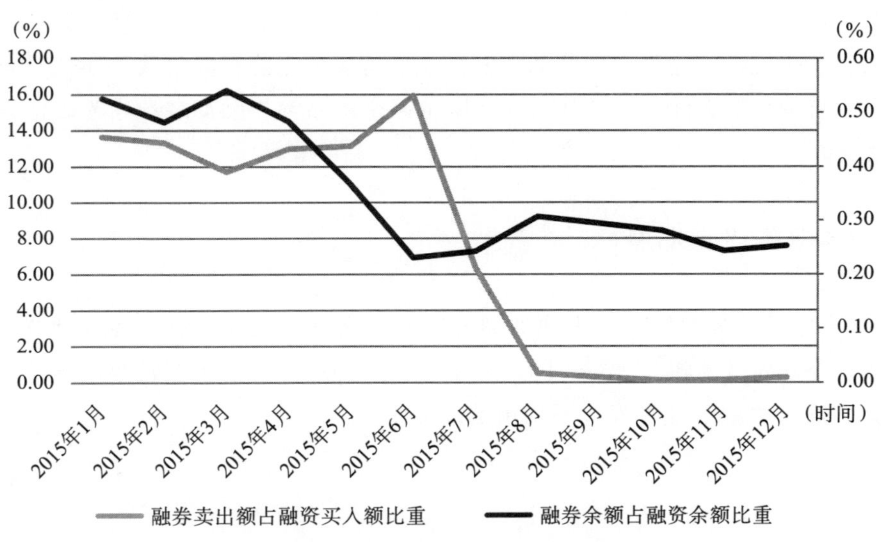

图 1－6　融资业务和融券业务比较

第四节 2016年中国融资融券业务的发展前景

一、融资融券稳步发展

2015年融资融券余额大起大落，投资者对待杠杆工具有了更加理性的认识，而监管机构也建立了较为合理的逆周期调节措施。预计2016年市场将逐步回归理性，融资余额波动也会相应降低。

二、业务风险控制逐步增强

通过2015年的经验教训，证券公司将进一步加强融资融券业务风险控制的能力，通过折算率、保证金比例、集中度控制等多方式科学合理地管理业务风险。预计2016年整个行业的风险控制水平会得到极大提升，融资融券业务风险事件发生概率将逐步降低。

三、投资者结构进一步优化

新《证券公司融资融券业务管理办法》规定符合条件的机构投资者将不受融资融券开户6个月的限制，而随着私募基金、公募基金的发展壮大，未来参与到融资融券业务交易的机构投资者会越来越多，融资融券业务投资者的结构将进一步优化。特别是随着私募基金相关法律法规及自律规则的完善，私募基金的运作日趋规范。监管部门及证券公司如何正确引导私募基金参与融资融券业务以及如何有效防范基金产品参与融资融券业务的相关风险，是优化融资融券客户结构的重要课题之一。

四、融券业务逐步发展

《关于促进融券业务发展有关事项的通知》在扩大融券券源、扩大融券业务参与主体、优化交易结构等方面做了相关规定。随着未来相关规定进一步落实，融券业务有望逐步健康发展，改变当前“两融”业务发展不均衡的局面。

第二章
2015 年中国证券公司其他融资类业务发展回顾与 2016 年前景展望

第一节 2015 年证券公司其他融资类业务发展状况

一、约定购回式证券交易

约定购回式证券交易（以下简称“约定购回”）是指符合条件的客户以约定价格向其指定交易的证券公司卖出标的证券，并约定在未来某一日期客户按照另一约定价格从证券公司购回标的证券的交易行为。证券公司按照交易所规定及与客户的协议约定向交易所交易系统进行申报，由交易系统予以确认；中国结算依据交易所确认的成交结果为约定购回式证券交易提供证券登记和资金划付服务。约定购回业务于 2011 年 10 月 31 日由上海证券交易所正式推出，之后深圳证券交易所于 2013 年 1 月 14 日上线该业务。截至 2015 年 12 月 31 日，共 82 家证券公司开通了约定购回业务权限。

2015 年约定购回业务规模延续之前两年的下降趋势。根据沪、深证券交易所统计的数据，截至 2015 年 12 月 31 日，两市待购回初始交易金额约 56 亿元，相比于 2014 年底约 109 亿元待回购金额，降幅达 48.62%。其中，沪市由 59.8 亿元降至 24.9 亿元，降幅 58.36%；深市由 48.7 亿元降至 31.1 亿元，降幅 36.14%。

截至 2015 年 12 月 31 日，沪、深两市累计初始交易金额 925.29 亿元，其中沪市占 60.35%，深市占 39.65%；累计购回初始交易金额 869.29 亿元，沪市占 61.37%，深市占 38.63%；待购回初始交易金额 56 亿元，沪市占 44.46%，深市占 55.54%；履约保障比例[①]沪、深两市合并统计为 246.84%，其中沪市为 210.16%，深市为 276.21%（见表 2－1）。

① 履约保障比例＝标的证券市值/待购回初始交易金额。

表 2－1　　沪、深两市约定购回交易规模

	沪市		深市		沪深两市（亿元）
	金额（亿元）	占比（%）	金额（亿元）	占比（%）	
累计初始交易金额	558.39	60.35	366.9	39.65	925.29
累计购回初始交易金额	533.49	61.37	335.8	38.63	869.29
待购回初始交易金额	24.90	44.46	31.1	55.54	56
标的证券市值	52.33	37.86	85.9	62.14	138.23
履约保障比例（%）	210.16		276.21		246.84

资料来源：上海证券交易所、深圳证券交易所（截至 2015 年 12 月 31 日）。

2013 年 6 月沪、深证券交易所推出股票质押回购业务后，对约定购回式证券交易业务产生较大的冲击。同时，因约定购回业务在交易规则及占用权益类自营持仓指标等方面的限制，约定购回的待购回交易规模逐年降低。对于业务的发展情况，沪、深证券交易所积极推动约定购回的业务创新，利用约定购回买断式回购的交易特点，力求使该业务从单纯融资性产品向交易类产品的转变，增强该产品竞争力与活力。

二、股票质押式回购交易

股票质押式回购交易（以下简称“股票质押回购”）是指符合条件的资金融入方，以所持有的股票或其他证券质押向符合条件的资金融出方融入资金，并约定在未来返还资金、解除质押的交易。

股票质押回购的主要交易类型包括：初始交易、购回交易、部分购回交易（仅深圳证券交易所）、补充质押、部分解除质押。其中，初始交易是指融入方按约定将所持标的证券质押，向融出方融入资金；购回交易是指融入方按约定返还资金、并解除标的证券及相应孳息的质押；部分购回交易是指融入方按约定返还部分资金、并解除部分标的证券或其孳息的质押；补充质押是指融入方按约定补充提交标的证券进行质押；部分解除质押是指融出方解除部分标的证券或其孳息的质押。

2013 年 6 月 24 日，股票质押回购业务正式上线。根据沪、深证券交易所统计的数据，2014 年末，两市存续规模约 3 375 亿元；2015 年末，两市存续规模突破 7 000 亿元大关，达到约 7 087 亿元，增幅的 110%（见图 2－1）。

截至 2015 年 12 月 31 日，共 92 家证券公司开通了股票质押回购业务权限。沪、深两市累计初始交易金额 17 402.38 亿元，沪市占 38.44%，深市占 61.56%；累计购回初始交易金额 10 315.69 亿元，沪市占 44.77%，深市占 55.23%；待购回初始交易金额 7 086.69 亿元，沪市占 29.23%，深市占 70.77%；履约保障比例沪、深两市合并统计为 367.50%，沪市为 294.45%，深市为 397.67%。

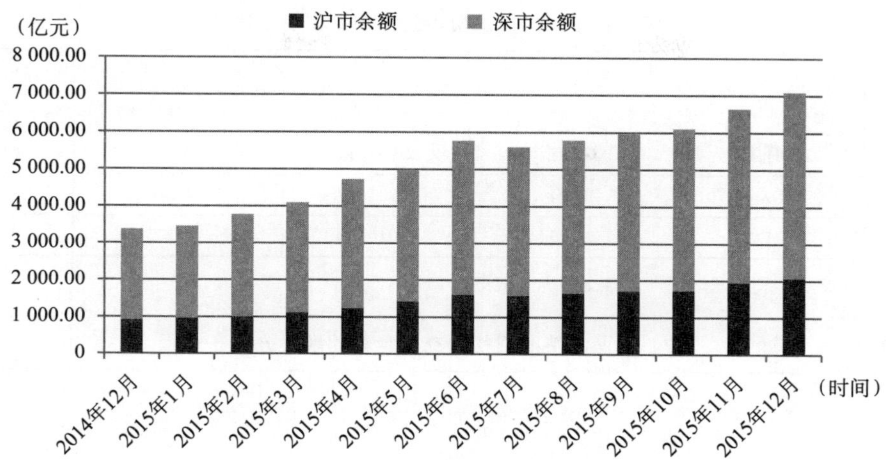

图 2－1　股票质押回购待购回金额

资料来源：上海证券交易所、深圳证券交易所。

待购回标的证券股份性质方面，沪、深两市流通股待购回初始交易金额 4 376.00 亿元，沪市占 31.58%，深市占 68.42%；沪、深两市限售股待购回初始交易金额 2 710.69 亿元，沪市占 25.44%，深市占 74.56%。对沪市，待购回初始交易金额 2 071.29 亿元，其中流通股占 66.71%，限售股占 33.29%。对深市，待购回初始交易金额 5 015.40 亿元，其中流通股占 59.70%，限售股占 40.30%。对沪、深两市，流通股待购回初始交易金额占比 61.75%，限售股占比 38.25%。

资金融出方情况方面，沪、深两市证券公司待购回初始交易金额 3 715.22 亿元，沪市占 17.11%，深市占 82.89%；沪、深两市资产管理产品待购回金额 3 371.47 亿元，沪市占 42.58%，深市占 57.42%。对沪市，证券公司待购回初始交易金额占比 30.69%，资产管理产品占比 69.31%。对深市，证券公司待购回初始交易金额占比 61.40%，资产管理产品占比 38.60%。对沪、深两市，证券公司待购回初始交易金额占比 52.43%，资产管理产品占比 47.57%。相关资料见表 2－2、表 2－3、表 2－4。

表 2－2　　沪、深两市股票质押回购交易情况

	沪市		深市		沪、深两市（亿元）
	金额（亿元）	占比（%）	金额（亿元）	占比（%）	
累计初始交易金额	6 689.98	38.44	10 712.40	61.56	17 402.38
累计购回初始交易金额	4 618.69	44.77	5 697.00	55.23	10 315.69
待购回初始交易金额	2 071.29	29.23	5 015.40	70.77	7 086.69
标的证券市值	6 098.91	23.42	19 944.60	76.58	26 043.51
履约保障比例（%）	294.45		397.67		367.50

资料来源：上海证券交易所、深圳证券交易所（截至 2015 年 12 月 31 日）。

表 2－3　沪、深两市不同类型股份待购回初始交易金额情况

	沪市		深市		沪、深两市（亿元）
	金额（亿元）	占比（%）	金额（亿元）	占比（%）	
流通股	1 381.81	31.58	2 994.19	68.42	4 376.00
限售股＊	689.48	25.44	2 021.21	74.56	2 710.69
合计	2 071.29	29.23	5 015.40	70.77	7 086.69

资料来源：上海证券交易所、深圳证券交易所（截至 2015 年 12 月 31 日）。

表 2－4　沪、深两市待购回初始交易金额的融出方分布

	沪市		深市		沪、深两市（亿元）
	金额（亿元）	占比（%）	金额（亿元）	占比（%）	
证券公司	635.76	17.11	3 079.46	82.89	3 715.22
资产管理产品	1 435.53	42.58	1 935.94	57.42	3 371.47
合计	2 071.29	29.23	5 015.40	70.77	7 086.69

资料来源：上海证券交易所、深圳证券交易所（截至 2015 年 12 月 31 日）。

2015 年上半年，市场快速上涨，上证指数从 2014 年末的 3234.68 点快速上涨至 2015 年 5 月末的 4611.74 点，涨幅 42.57%；同期，股票质押回购的存续规模从 3 374.61 亿元增至 4 970.64 亿元，增幅 47.30%。此阶段，存续规模与市场行情呈现出较大的相关性。

2015 年 6 月 12 日之后，市场快速下跌，股票质押回购业务表现出较好的稳定性。2015 年 7 月，上证指数由 6 月末的 4277.22 点跌至 3663.73 点，跌幅 14.34%；同期，股票质押回购的存续规模从 5 772.48 亿元降至 5 597.81 亿元，降幅仅 3.03%。8 月至 9 月，市场继续下跌，9 月底上证指数 3052.78 点，较 6 月末下跌 28.63%；而股票质押回购的存续规模 9 月末为 5 962.57 亿元，较 6 月末增加 3.29%（见图 2－2）。

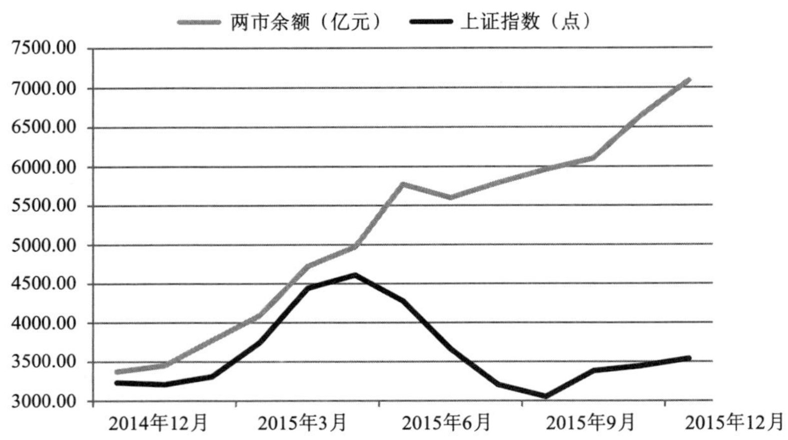

图 2－2　股票质押回购待购回金额与上证指数走势比较

资料来源：上海证券交易所、深圳证券交易所。

三、收益互换/跨境收益互换

收益互换/跨境收益互换是指证券公司与符合条件的客户约定在未来一定期限内，根据约定数量的名义本金和收益率定期交换收益的行为。其中，交易一方或双方支付的金额将与境内外特定的股票、指数、基金、可转债、结构性资产组合等标的证券的表现挂钩。原则上，双方按照收益轧差后的净额进行结算，不发生本金交换。

对于客户投资者而言，参与收益互换交易的方式可以分为三类。第一类是投资者将名义本金的固定收益交换为与标的证券表现挂钩的浮动收益；第二类是投资者将标的证券收益交换为对应名义本金的固定收益；第三类是投资者将与一种标的证券挂钩的浮动收益交换为与另一种标的证券挂钩的浮动收益。

证券公司从 2012 年底开始开展收益互换业务。截至 2015 年底，开展该项业务的证券公司已达到 48 家，交易笔数达到 44 069 笔，较 2014 年底增加了 657%；合约初始名义本金已达到 9 576.47 亿元，较 2014 年底增加了 132%（见表 2 – 5）。

表 2 – 5　　证券公司开展收益互换情况统计

统计时间	证券公司数量（家）	初始交易笔数（笔）	初始名义本金额（亿元）
2013 年末	12	548	166.39
2014 年末	21	5 822	4 120.67
2015 年末	48	44 069	9 576.47

资料来源：中证机构间报价系统股份有限公司。

开展收益互换/跨境收益互换业务，对投资者、证券公司、证券行业都具有重要的现实意义。对于投资者而言，收益互换和跨境收益互换为投资者提供了杠杆投资、风险对冲、股权管理、跨境投资的工具，能够有效满足投资者进行股权管理、资产配置、投资组合优化和风险管理的不同需求，提高了资产配置和风险管理的效率，满足了投资者进行全球资产配置的个性化需求。对于证券公司而言，开展收益互换和跨境收益互换业务，有助于证券公司从传统卖方业务向资本中介型业务的转型，丰富证券公司可提供的金融服务工具，拉近证券公司与国际一流投资银行的距离，增加证券公司的业务收入。对于证券行业而言，推行收益互换和跨境收益互换业务，有助于我国本土证券公司与世界一流投行业务接轨，拓展交易型业务与产品设计领域的创新，提升我国证券行业的服务水准与国际竞争力，推动金融行业发展对实体经济乃至国家宏观经济层面的贡献。

中国证监会在 2015 年 11 月 27 日的新闻发布会上表示，出于对市场整体风险的考虑，为规范证券公司场外衍生品业务，中国证券业协会根据有关自律管理规则，要求证券公司不得通过场外衍生品业务向客户融出资金，供客户进行证券交易。其他满足客户风险管理等合理需求的场外衍生品业务仍可正常开展。

第二节　2015 年证券公司其他融资类业务发展中面临的问题

一、约定购回式证券公司

股票质押回购业务推出后，由于两个产品存在一定替代性，而股票质押回购在产品要素、交易时效、交易成本、监管政策等方面具有一定优势，约定购回式证券交易规模逐年降低。目前约定购回业务主要面临的限制因素有：

监管政策：约定购回的风险管理方式为标的证券过户；而股票质押式回购为标的证券的质押登记，不需要标的证券的过户。对于持股5%以上股东以及上市公司董、监、高，受限于交易所股票买卖的交易限制，较难参与约定购回式证券交易。同时，约定购回业务过户的标的证券占用证券公司权益类自营持仓指标，规定要求证券公司通过约定购回业务持有的证券与通过其他自营持有的该证券合计不得超过该证券总股本的5%，此使得证券公司在约定购回与其他自营业务之间面临取舍，一定程度限制了约定购回业务的发展。

交易期限：约定购回的交易期限最长不超过 1 年，而股票质押回购业务为不超过 3 年。1 年内的融资一般只能满足交易对手的流动资金需求，对于中长期的资金配置则无法满足。

交易规则：交收方面，约定购回业务为 T 日交易，T+1 日交收，T+2 日资金（或证券）可用；而股票质押回购业务为 T 日交易，T 日交收，T+1 日资金（或证券）可用。对于关注时效性的客户，股票质押式回购有一定优势。同时，在购回交易方面，约定购回仅允许一次性全部购回，不可以部分购回，交易设置不够灵活。

资金来源：目前约定购回业务融出资金仅允许证券公司自有资金，后期若证券公司管理的集合资产管理计划、定向资产管理计划可以参与该产品，将带动产品规模的一定提升。

违约处置：目前的交易规则规定，证券公司如需进行违约处置，需向交易所提交相应资料，经交易所对相应资料审核后通知登记公司进行标的证券的划转，然后证券公司才可以进行标的证券的处置。因此，从需处置标的证券到可以处置流程时间比较久，使违约处置的不确定性增大。而股票质押式回购已经实现违约处置的电子化申报，相比约定购回违约处置效率高。

交易成本：因约定购回需经过两次过户，交易成本较高。初始交易，融入方需要支付包括佣金、印花税、过户费（沪市标的证券）；证券公司需要支付经手费、证管费、过户费。购回交易，融入方需要支付佣金、过户费（沪市标的证券）；证券公司需要支付印花税、经手费、证管费、过户费。通常情况证券公司会把其所支付的交易费用以“固定费用”的形式转嫁给融入方。同时，由于以上费用均为绝对比例金额，如果融入方为短期融资，支付相关交易费用经年化后，其会较大幅度提高客户资金成本。

权利方面：对于约定购回，待购回期间证券公司可以根据客户的申请，行使基于股东或持有人身份而享有的出席股东大会、提案、表决等权利。而对于股票质押回购，融入方可以以股东身份自行行使相关权利，如享有出席股东大会、提案、表决等权利。

二、股票质押回购

2015 年，市场经历了快速上涨、急速下跌的行情，股票质押回购业务表现出较好的稳定性，至 2015 年末市场存量达约 7 087 亿元，增幅 110%。在业务发展中，仍面临以下问题：

首先，交易类型仍需进一步完善。2015 年，深圳证券交易所增加了部分购回交易指令，该指令能够支持融入方在待购回期间进行场内部分还款；而上海证券交易所尚未推出该指令。此外，目前尚未推出"卖券还款"交易指令，对有"卖券还款"需求的融入方需准备一部分资金，先部分还款并解除部分标的证券质押后，再在二级市场卖出解除质押的标的证券，然后重复此步骤，多次之后才能实现"卖券还款"的效果。如此操作，一方面融入方需准备相应资金，增加了融入方的流动性压力；另一方面不仅效率低，而且难以在市场有利时点及时卖出标的证券，影响了融入方的利益。若有"卖券还款"指令，将能有效解决这些问题。

其次，业务错向风险较大。股票质押回购业务的风险主要在于融资方的信用资质恶化而无法及时购回，虽然有标的证券作为质押物，由于融资方多为大股东、实际控制人，其资质与标的证券价值相关性较大，若其资质恶化，则标的证券价值也将下降，造成业务的错向风险较大。

同时，对于融入方为控股股东及国有股股东，如其发生违约后的质押标的券处置面临两难。其一，为减少对二级市场的冲击，监管机构规定大股东减持需事先公告。而当证券公司为违约处置而要求上市公司公告时，上市公司往往不予配合，使得证券公司的质权无法实现。其二，按相关规定，国有股减持需事先获得国有资产管理部门的批复，当证券公司为违约处置而要求国有股股东取得相关批复时，国有股股东往往也不予配合，使得证券公司的质权无法实现。

最后，证券公司在与银行的竞争中处于不利地位。目前，银行可通过证券公司的定向资产管理计划参与股票质押回购业务。相比于证券公司，银行有天然的资金成本优势，利率报价通常较证券公司低，使得证券公司在与银行的竞争中处于不利地位。证券公司亟须丰富资金来源，降低融资成本。

三、收益互换/跨境收益互换

目前，证券公司开展收益互换/跨境收益互换业务，在交易对手、监管制度、风险管理、业务成熟程度等方面面临诸多问题。

（一）专业金融机构参与程度不足

从境外金融市场发展经验看，场外衍生品交易参与主体以金融机构为代表的专业机构投资者为主，而专业金融机构的参与有利于提高市场组织和定价效率。从国内市场现状看，以保险公司、共同基金、信托公司、财务公司等为代表的专业金融机构的金融衍生品市场参与程度较低，业务合规性的相关政策不明确是造成此问题的主要原因。具体而言，存在以下几方面问题：

共同基金通过参与收益互换/跨境收益互换可实现基金产品的特定投资目标，丰富共同基金进行投资管理和风险管理的工具。共同基金产品参与场外衍生品交易缺乏明确的业务合规说明，导致市场主体多处于观望阶段，业务需求无法有效满足。

保险公司参与场外衍生品交易缺乏监管部门明确的业务操作指引，导致保险公司业务参与程度不足。中国保监会曾印发《保险资金参与金融衍生产品交易暂行办法》对保险集团（控股）公司、保险公司、保险资产管理公司参与金融衍生产品交易进行约束要求，但未出具保险资金参与衍生品交易的实施细则，以至鲜见保险公司成功进行收益互换/跨境收益互换业务。但从需求而言，保险公司利用场外衍生工具可以实现灵活的组合管理、风险对冲、收益增强等需求，提高投资组合管理的效率。

信托公司存在大量参与收益互换/跨境收益互换的需求，但是目前信托公司须获得中国银监会场外衍生品业务资格批复后，方可开展收益互换/跨境收益互换业务。信托公司管理的信托产品与基金子公司管理的资产管理计划参与收益互换/跨境收益互换的业务模式类似，中国证监会针对基金子公司的资产管理计划参与收益互换/跨境收益互换等相关衍生品交易已经出台了明确的业务指导细则，但是中国银监会对于信托产品参与收益互换/跨境收益互换的指导意见尚不明确，使得信托公司对信托产品开展收益互换/跨境收益互换业务尚处于观望状态。

（二）监管制度有待进一步完善

1. 对于持股比例超过5%的大股东，缺乏规范其参与互换交易业务的相关操作条款

互换合约具有收益杠杆且结构灵活，收益权的互换功能可回避名义持股事实，对于上市公司控股股东增持股票、减持股票、对冲风险提供了灵活的解决方案。目前，国内缺乏对于持股比例超过5%的大股东及其一致行动人通过收益互换方式增持、减持上市公司股票应该履行信息披露义务的相关规定，对这种增持行为本身也未明确监管规定，既可能限制客户的合理需求，也制约了证券公司的产品供给能力和服务空间。

2. 收益互换可能被投资者利用作为交易分仓工具，变相规避信息披露义务，且增加了行业持股集中度风险

目前监管规则暂无对场外衍生品合约头寸与持股头寸合并管理的规定，如何履行信息披露义务尚无明确的操作规则。收益互换合约一般采用现金结算方式，投资者作为交易一方获得合约挂钩标的证券相关的经济利益，但并不持有标的证券本身。尽管互换合约与直接持股并无必然联系，但证券公司与客户达成合约交易后，出于风险对冲需要通常会买入并持有相应数量标的证券，金融机构对标的证券的交易与客户对互换合约的交易存在较强联系。因

此，业务实际开展过程中，可能存在投资者与多家金融机构订立衍生品合约（每家金融机构持股均未突破信息披露要求水平），其通过互换合约间接“持有”的股份数量已达到或超过法定信息披露要求水平，但按目前监管规则并未明确投资者的信息披露义务。

3. 收益互换可能被内幕知情者利用作为内幕交易工具，证券公司可能被客户利用配合完成内幕交易，甚至在不知情的情况下承担监管合规的风险

收益互换合约收益与标的证券价格紧密相关，且具有收益杠杆特征，可能成为内幕知情者利用的交易工具。尽管证券公司在业务开展前会对客户做尽职调查，对标的证券进行限制，对交易集中度、持仓规模进行管控，但仍然不能有效预防客户利用收益互换从事内幕交易，一旦客户进行内幕交易，证券公司甚至在不知情的情况下承担了监管合规风险。

（三）证券公司融资渠道有限，存在资金瓶颈

由于收益互换业务是一项资本中介业务，证券公司与客户达成互换合约之后，需要买入与合约挂钩数量相当的标的资产进行风险对冲，对于资本金的消耗规模与合约名义本金规模基本相当。证券公司目前面临融资渠道有限、融资成本偏高、融资规模不稳定的现状，造成其资金供给上的瓶颈。证券公司亟须丰富资金来源，降低资金成本，提高自身的杠杆率，以满足日益增长的资本中介类业务需求。

（四）行业对互换工具运用方式较单一，互换业务过于集中于杠杆投资功能，多样化创新不足

在业务模式方面，以杠杆交易为主要目的的互换业务规模不断增长，且交易笔数占比最高。而运用互换进行风险管理、套期保值、多样化交易结构设计和其他非杠杆型金融交易目的的交易量较小，有待进一步发展，实现互换业务模式的多样化。

第三节　2016 年证券公司其他融资类业务发展前景展望

一、约定购回

约定购回业务若提升产品市场竞争力，则需要发挥其业务特点，如利用交易过户的产品特征，将约定购回从单一融资模式转型为融资与交易结合的产品模式。如对于交易过户的标的证券，证券公司可以将其应用于融券、转融通或其他方面，提升过户标的证券的使用效率，从而提升该产品的竞争力，同时通过标的证券的使用也可以降低融入方资金成本，实现整体产品效率的提高，增强产品的竞争力。

二、股票质押回购

2015年，市场罕见巨幅波动，股票质押回购业务未发生剧烈震荡，表现出该业务良好的稳定性。随着业务规模增长，市场监管规则也将不断优化和调整，以有效控制风险，支持业务发展。

2015年末，沪、深两市整体履约保障比例为367.50%，质押物相对融资金额的履约担保率充足，市场整体风险处于可控状态。但随着宏观经济和政策环境变化，个别股票的事件性风险仍然值得关注。

三、收益互换/跨境收益互换

收益互换/跨境收益互换作为股权类场外衍生品最为灵活的交易载体，具有蓬勃的发展前景。

（一）推广签署较为简化的标准版本协议

标准版的协议有助于支持开展标准化产品的互换业务，缩短签约周期，提高业务效率。标准版的协议是对客户适当性管理的完善，通过划分准入门槛等级对资质高低具有差异的客户进行区分，针对性提供与客户风险承担能力匹配的衍生产品服务。从境外市场以及境内银行间市场业务经验来看，对于规模较小的客户，金融机构一般会设计标准化合约供客户交易，即以《产品协议》的形式编制。

（二）推进并深化场外衍生品交易的电子化、透明化程度

中证机构间报价系统股份有限公司已在推进交易对手之间在线签署场外衍生品协议、在线协商、在线达成交易。国内的场外衍生品市场将逐步深化场外衍生品业务的公开化、透明化和电子化程度。

（三）更加多样化的业务开展方式与创新设计

在业务模式方面，各大证券行业机构会更加灵活地运用互换工具，设计多样化的金融产品和解决方案，充分发挥互换工具的融资、风险管理、保证金管理、期权等非杠杆功能。

随着国内监管规则的逐步明确和国内投资者对于资产配置、风险管理、跨境投资的需求进一步增强，收益互换和跨境收益互换作为市场上产品形式灵活、交易模式定制化的投资工具，合约规模必将得到进一步扩张。随着国内证券公司“走出去”战略的实施，跨境收益互换也成为证券公司实现全球化战略的重要一步，对于为境内的客户提供全球投资工具、将境外投资者引入境内市场都具有重要意义。

分报告之五：
2015 年中国证券公司投资业务发展回顾与展望

第一章
2015 年中国证券公司传统投资业务的总体情况

我国证券公司传统投资业务可划分为权益投资和固定收益投资两大类。2015 年，证券投资业务成为上市证券公司各项业务中的亮点之一，多家证券公司自营业务实现较快增长。2015 年证券公司营业收入中，含公允价值变动的证券投资收益达 1 413.54 亿元；固定收益和权益投资均取得较高收益（见表 1－1）。

表 1－1　2015 年 12 月底全行业自营业务运作情况表　（单位：亿元）

序号	指标	期末账面成本	期末公允价值	期末市值
1	股票投资	2 038.84	2 244.27	2 246.87
2	基金投资	3 076.29	3 070.81	3 070.10
3	债券投资	8 193.56	8 298.88	8 303.53
4	权证投资	0.00	0.00	0.00
5	其他证券产品投资	3 579.62	3 676.65	3 623.06
6	证券投资产品合计	16 888.31	17 290.61	17 243.56

资料来源：中国证券业协会统计数据。

第一节　2015 年中国证券公司传统投资业务发展情况

一、中国证券公司传统投资业务发展现状

（一）2015 年 A 股市场运行情况

2015 年 A 股市场整体上走出先大幅上涨、再大幅下跌、然后企稳修复的走势：年初到 6 月上旬各大股指一路上行，6 月中旬至 7 月上旬出现第一波快速下跌，其后至 8 月中旬指数以区间震荡为特征，8 月中下旬又出现第二轮快速下跌，进入 9 月后则在低位逐步企稳。进入四季度，A 股投资者信心逐步恢复，指数出现企稳上行的反弹行情。截至 12 月 31 日收盘，沪深 300 报收 3731. 00 点，涨 5. 58%；上证综指报收 3539. 18 点，涨 9. 41%；深证成指报收 12664. 89 点，涨 14. 98%；中证 500 报收 7617. 69 点，涨 43. 12%；创业板指报收 2714. 05点，涨 84. 41%。从行业角度看，2015 年，计算机、传媒和通信等行业指数涨幅巨大，显示出投资者对新经济和新消费模式的偏好。

（二）2015 年证券公司传统投资业务发展现状

证券公司传统投资规模大幅上升。证券公司传统投资主要指方向性股票投资业务。2010 年以来，A 股市场持续震荡下跌，各家证券公司持续收缩传统自营规模。2014 年以来，大中型证券公司方向性自营平均规模稳定在 30 亿元左右。随着 2014 年下半年和 2015 年上半年市场的上涨，大中型证券公司的方向性自营规模出现增加的趋势。证券公司证券投资收益大幅增长，含公允价值变动的证券投资收益达 1 413. 54 亿元，同比大幅增长 99%。

二、中国证券公司传统投资业务发展特征

在过去几年的震荡市中，证券公司传统投资与创新投资的结合从无到有，对创新工具的运用逐渐增多，如股指期货在传统股票自营业务中的应用，使得传统投资的方向性特征有所减弱。经历了 2015 年市场的大幅波动，监管机构及交易所对创新工具的应用监管趋严。中金所对股指期货出台了一系列的新规，严格限制市场过度投机，对自营业务中股指期货的运用也有了更为明确的规定，传统自营业务的方向性特征重新加强。

第二节　2015 年中国证券公司传统投资业务发展中面临的问题和 2016 年前景展望

一、中国证券公司传统投资业务发展中面临的问题

（一）传统权益投资赢利模式尚未成熟

证券公司传统权益投资的资金性质是公司自有资金，由于与市场高度相关，因此即使是一个比较小的规模，也会给公司盈利带来较大的波动。在过去的发展过程中，证券公司传统权益投资往往是牛市中盈利，熊市中亏损，未能形成成熟的盈利模式。如何从大类资产配置角度对权益投资的规模进行稳健适度的调整和平衡，通过主动管理实现资金的稳定持续增值的具体盈利模式依然处于不断探索过程中。

（二）传统权益投资业绩评价的标准难以形成

证券公司传统投资业务经历了综合治理发展阶段之后，目前已经实现了规范经营和适度发展。由于传统投资资金的性质与其他资产管理资金性质不同等因素，因此在过去的发展过程中，未能形成自营业绩评价的行业标准。

投资业务的业绩评价决定了投资经理的绩效，由于行业评价标准缺失，传统权益类投资中往往会出现风险收益划分模糊的情况，甚至出现风控过度或风控不足的现象，不利于传统权益类投资的健康快速发展。

（三）证券公司传统投资对新市场和新产品的投研能力需要提高

随着证券市场的开放和互通，证券公司传统投资的范围已逐步扩大到港股通、新三板等更多市场，股指期货、期权、基金等工具也逐步规范和成熟。目前，投资研究人员合理规范使用不同投资品种及工具，进而构建多品种多策略的投资组合的经验和实践相对缺乏。证券公司传统投资从业人员对新市场和新产品的投资和研究能力需要提高。

二、中国证券公司传统投资业务发展前景展望

（一）监管环境从鼓励创新到重视规范

过去几年，监管机构方面，对行业发展多以鼓励创新为主，如股指期货在股票自营业务

中的应用。经历了2015年6—8月市场的大幅波动，监管机构及交易所更加重视对创新工具应用规范性的监管，防止利用创新工具过度投机，维护市场的健康平稳发展。

（二）投资策略多样化

权益投资方面，随着股指期货、融资融券、期权的推出和常规化，以及转融通业务发展、融券标的进一步放开，股指期货对冲和股票多空等策略成为传统业务的有力补充，使传统业务的风险得到有效降低。传统投资将逐步迈向跨市场、多品种、基本面投研驱动的多策略立体投资体系。

（三）投资渠道多元化

随着多层次资本市场的发展，我国内地与香港的互联互通提升，传统投资的投资渠道更加多元化。从多层次资本市场建设来看，未来新三板分层制度值得期待。届时，创新层股票的流动性或得到提高。从互联互通来看，自2014年11月沪港通开通后，沪港通下的股票交易运行平稳。李克强总理在2016年政府工作报告中提出，促进多层次资本市场健康发展，适时启动深港通。深港通推出后内地与香港金融市场互联互通将进一步提升。“十三五”规划中提到，要规划两地金融合作，加快两地金融市场互联互通。按此思路或将推出一系列举措，传统投资的投资渠道将得到进一步拓展。

第二章
2015 年中国证券公司创新投资业务的总体情况

另类投资（Alternative Investment）并无严格的定义，泛指有别于传统投资的投资方式。

广义上的另类投资指在股票、债券及期货等公开交易产品之外的投资方式，包括对冲基金（Hedge Fund）、私募股权（Private Equity）、风险投资（Venture Capital）、房地产信托（REITS）、组合基金（Fund of Funds）等诸多品种。

狭义上的另类投资，具体指利用市场的非有效性，运用套利、市场中性、股票多空、全球宏观等对冲基金交易策略获取超额收益的投资方式，具有风险敞口低、与市场相关性低等特点。与单向做多股票、债券等传统投资相比，另类投资能减小市场周期性波动带来的风险，获得较为稳定的投资收益。在中国的资本市场中，采用另类投资方式的机构主要是私募证券基金。

第一节　2015 年私募证券基金的发展现状

一、规模大幅增长

受益于三方面因素，私募证券基金的规模在 2015 年有大幅增长：（1）2014 年 2 月 7 日《私募投资基金管理人登记和基金备案办法》正式对外公布实施，意味着私募证券基金被纳入监管范畴，逐步走向规范；（2）一批在市场竞争中脱颖而出的私募基金累积了一定业绩历史和市场影响力，受到众多机构投资者的青睐；（3）2015 年上半年股票市场大幅上涨激发了大量中小投资者的热情，社会资金向能够获取稳定回报的私募基金倾斜。

根据中国证券投资基金业协会的统计数据，截至 2015 年底，中国证券投资基金业协会已登记私募基金管理人 23 705 家，已备案私募基金 22 217 只，认缴规模 4. 79 万亿元，实缴规模 3. 82 万亿元。其中，17 371 只是 2014 年 8 月 21 日《私募投资基金监督管理暂行办法》

发布实施后新设立基金，认缴规模3.13万亿元，实缴规模2.50万亿元。私募基金从业人员43.09万人。相关资料参见图2－1。

截至2015年11月底，私募基金管理人按其管理的正在运行的基金总规模划分，管理规模在20亿元以下的私募基金管理人23 257家，管理规模在20亿—50亿元的273家，管理规模在50亿—100亿元的90家，管理规模100亿元以上的有85家。

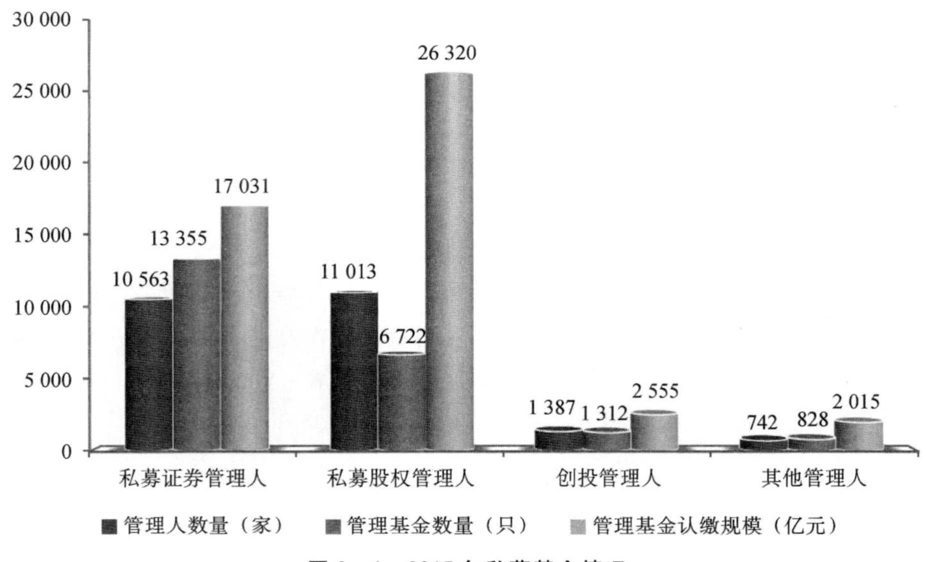

图2－1　2015年私募基金情况

据私募排排网数据中心统计显示，截至2014年末，境内私募基金的整体规模在6 570亿元左右，2015年在政策的扶持下，这一规模在股市大幅异常波动前增长到接近1.5万亿元的水平，已经翻了一倍有余。尽管股市大幅异常波动之后受到一定影响，但是到2015年底相较上一年末总规模已经翻番。从产品数量上来看，截至2015年底，发行的产品数量已经高达21 297只，较2014年底增加了71.46%。其中，自主发行已经成为对冲基金发行的主要途径，占2015年总发行产品数的37.24%；排名第二、第三位的分别是公募专户的25.8%和信托渠道的16.84%。随着对冲基金的逐渐成熟，发行渠道也逐渐从原来的信托为主走向多元化。

二、股市异常波动给行业发展带来冲击

尽管2015年境内私募基金呈现较大发展，但年中的股市异常波动仍然给行业造成了一定影响。从清算产品情况来看，截至2015年末清盘产品超过1 500只。其中，提前清算为496只，占比32.59%，相比往年大幅提高。从股市大幅异常波动期间业绩表现来看，对冲基金整体平均下跌8.96%，其中下跌较为明显的是于A股相关性较大的股票策略、组合基金、事件驱动等，分别下跌18.74%、18.05%和13.42%。另外，相对价值策略、债券策略

和管理期货策略在股灾期间上涨，涨幅分别为 2.25%、1.21% 和 0.48%。

三、中国私募基金 2015 年业绩表现优于境外

2015 年全球资本市场环境动荡不止，彭博数据显示 2015 年全球对冲基金平均亏损 3.49%，同期全球股市投资亏损高达 6.6%，其中宣布清盘的对冲基金管理资产规模合计超过 160 亿美元；花旗数据更是显示 2015 年 8 月以来，对冲基金账面损失达到了 2008 年次贷危机时的水平，很多知名对冲基金也无法幸免。2015 年前三季度，总共有 674 家对冲基金清盘，多于 2014 年同期的 661 家。

根据融智评级中国私募证券基金策略分类，在同期沪深 300 指数大起大落全年小幅上涨 5.58% 的情况下，纳入 2015 年度统计排名的八大策略产品有 1 945 只，平均收益率高达 33.20%，大幅跑赢大盘 27.62%。其中，收益最高的是事件驱动策略，高达 62.78%；宏观策略以 48.96% 的平均收益次之；而股票策略、管理期货和复合策略也有不错的表现；债券策略则收益最低。

2015 年境内外私募基金大类策略业绩表现的对比如表 2－1 所示。

表 2－1　　2015 年私募基金业绩表现

中国		海外	
策略类别	平均收益（%）	策略类别	平均收益（%）
股票多空	12.63	股票多空	2.96
相对价值套利	23.15	相对价值套利	4.47
宏观对冲	48.96	宏观对冲	1.64
管理期货	36.35	管理期货	－1.05
事件驱动	62.87	事件驱动	－1.89
固定收益	7.12	固定收益	0.84

资料来源：境内数据来自私募排排网，境外数据来自 Eurekahedge。

第二节　2015 年私募证券基金面临的问题和 2016 年前景展望

一、股指期货流动性枯竭，市场缺乏对冲工具

2015 年股市异常波动期间，中金所为了抑制投机，先后出台一系列限制股指期货交易的政策：日内开仓额度从 600 手降至 10 手；大幅提高保证金；大幅提高手续费。随之而来

的是股指期货市场的流动性枯竭，日均成交量萎缩到股市异常波动前的 1%。对大机构而言，股指期货的套期保值功能难以发挥。尽管 50ETF 期权在 2015 年 2 月 9 日上市交易，但期权市场的单日成交名义金额最大也不到 100 亿元，尚不足以满足机构的套保需求。

对于通过量化对冲等手段追求绝对收益的另类投资而言，对冲工具的缺乏无疑是巨大的约束。目前业内机构采取的对策包括：（1）开发单向做多的策略；（2）寻找与 A 股相关性高的替代期货品种，比如香港的恒生指数期货、新加坡的 A50 期货；（3）开发其他品种（如商品期货）的交易策略。

二、程序化交易受限，策略执行能力下降

2015 年股市异常波动期间，监管机构先后出台了一系列限制程序化交易的举措，但是一些具体措施，包括对最大下单笔数、撤单申报比例的限制，也会对正常的交易行为带来影响。从国内外市场来看，程序化交易由于快速的价格发现以及给市场带来的流动性，备受证券自营、私募基金等机构投资者的欢迎。

在国内证券市场以散户等非专业投资者占主力的背景下，程序化交易中的高阶模式或许增加了市场竞争的不公平性，使得普通投资者的交易胜算与空间弱化。但从现实的角度看，目前对冲策略基金在机构中的应用及未来发展势头，程序化交易都是管理巨额资产的机构必不可少的工具。

第三章

2015 年中国证券公司直接投资业务总体情况

第一节　2015 年中国证券公司直接投资业务发展情况

一、2015 年中国私募股权市场基本情况

2015 年中国私募股权市场在基金募资、投资和退出方面均保持着较高的活跃度。

清科集团私募通数据显示，2015 年中国私募股权机构新募基金共计 2 249 只，是 2014 年募集基金数量的 5 倍；从基金规模上看，2015 年共募集 5 649. 54 亿元，约为 2014 年全年募资额的 1. 46 倍，但募资增长率略有下降。募资规模大幅提升的重要原因是各级政府、大型国企和具有国资背景的 PE 机构主导或参与设立了大型的产业基金，重点关注领域包括基础设施建设、环保、大健康、新能源、文化和先进制造业等（见图 3 - 1）。

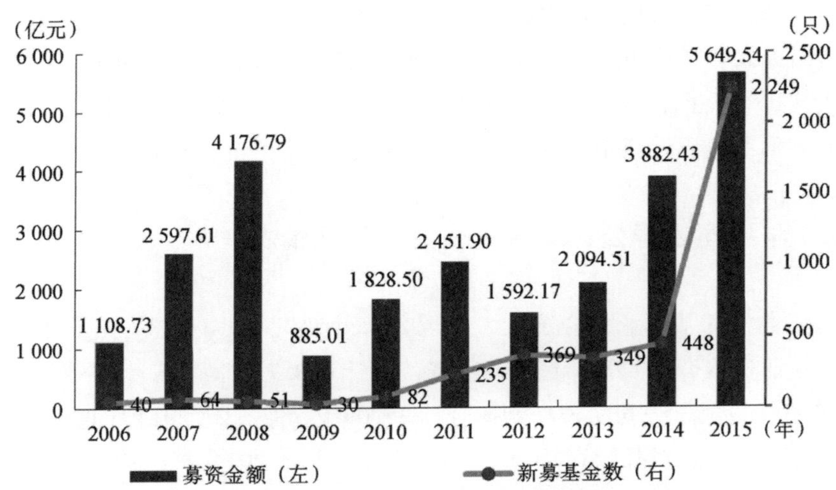

图 3 - 1　私募股权投资基金历年募资总量比较（2006—2015 年）

资料来源：清科集团私募通。

根据清科集团私募通数据，2015 年中国私募股权投资市场共发生投资案例 2 845 起，达到 2014 年全年投资案例数的 3 倍。其中，披露金额的 2 679 起投资事件共涉及投资额达 3 859.74 亿元，较 2014 年增长 16.7%，投资规模继续保持了高位增长。由于 PE 机构投资新三板企业以及早于 C 轮的投资案例数量较 2014 年增幅明显，平均投资规模收缩明显，投资阶段前移趋势进一步加深（见图 3－2）。

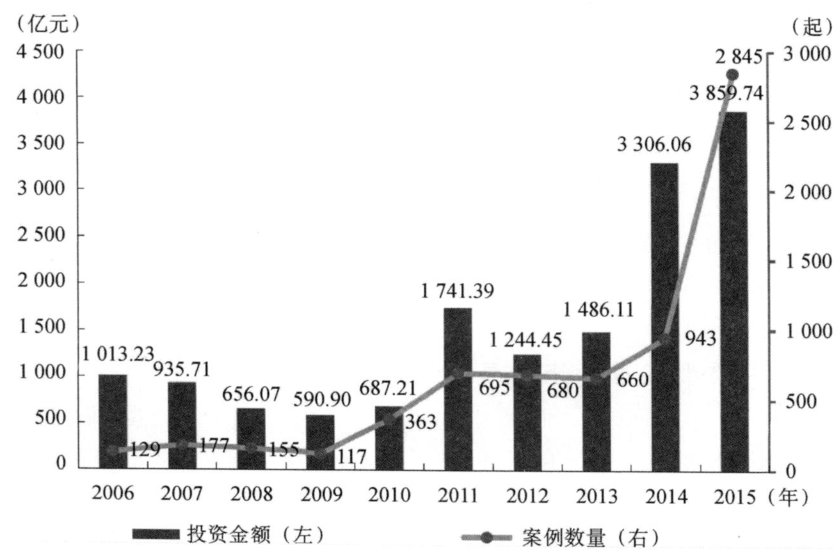

图 3－2　私募股权投资基金历年投资情况比较（2006—2015 年）

资料来源：清科集团私募通。

根据清科集团私募通数据，2015 年中国私募股权投资市场共计实现退出 1 878 笔，其中以被投企业挂牌新三板作为项目退出的案例数达到 954 笔，占比超过 50%；IPO 退出作为回报率最高的退出方式，2015 年共有 267 笔 PE 基金/机构所投企业上市案例，远超过 2014 年 IPO 总数。由于 IPO 下半年一直处于冷冻期，使得企业加速并购整合，因此 PE 机构通过企业并购退出的案例数得以迅速增长，全年共计 276 笔。

二、2015 年中国证券公司直接投资业务开展情况

根据中国证券投资基金业协会统计，截至 2015 年 12 月底，共 62 家证券公司设立直接投资子公司，注册资本合计 478.1 亿元，净资产合计 688.73 亿元。

2015 年各直接投资子公司实现净利润合计 35.09 亿元，相比 2014 年增加 7.97 亿元；对外投资项目共计 382 个，对外投资总额 149.49 亿元，相比 2014 年分别增长 128% 和 107%。

此外，各直接投资子公司共发起设立各类直接投资基金 178 只（已终止 3 只），相比 2014 年末增加 85 只，计划募集总额 1 491.45 亿元，已募集总额 1 193.23 亿元，相比 2014 年分别增长 67% 和 86%。

表 3－1　　证券公司直投子公司设立直投基金情况

直投基金类型	数量（只）	计划募集总额（亿元）	已募集总额（亿元）	已募集比例（%）	基金平均已募集金额（亿元）	平均存续期（年）
股权投资基金	112	875.42	706.98	80.76	6.31	5.50
创业投资基金	20	55.43	52.28	94.32	2.61	6.50
并购基金	16	353.13	228.29	64.65	14.27	6.37
夹层基金	14	65.36	65.36	100.00	4.67	4.00
债权投资基金	5	7.01	5.22	74.47	1.04	3.80
其他	8	135.10	135.10	100.00	16.89	3.88
合计	175	1 491.45	1 193.23	80.00	6.82	5.18

资料来源：中国证券投资基金业协会。

2015 年各类直接投资基金对外投资项目共计 243 个，投资总额 170.63 亿元，相比 2014 年分别增长 53% 和 23%。

第二节　2016 年中国证券公司直接投资业务前景展望

一、2016 年证券公司直接投资业务发展契机

（一）经济周期下行，价值投资机遇来临

近年来，我国宏观经济持续下行，消费、投资、进出口持续疲软和下滑，2015 年第三季度 GDP 增速“破七”（6.9%）。2015 年下半年 IPO 发行暂停，外资撤离引发市场担忧，二级市场冲高后下跌，导致一级市场整体投资节奏大幅放缓。

在此背景下，现在和未来几年可能成为进行股权投资的黄金时期。一方面，虽然传统经济持续下滑，但在经济结构调整升级中，新兴技术正通过转变生产模式、革新发展理念、优化资源配置等方式逐渐渗透并惠及更多的传统产业，仍将有大量的优质企业值得投资和扶持；另一方面，当前估值全面下降，正是发挥价值挖掘能力、进行价值投资的最佳时点。

（二）促进经济结构调整升级，发展生产性和生活性服务业

根据《国务院办公厅关于金融支持经济结构调整和转型升级的指导意见》，促进经济结构调整和转型升级要加快发展多层次资本市场。据此可以预期以下制度和业务发展：进一步优化主板、中小企业板、创业板市场的制度安排，完善发行、定价、并购重组等方面的各项制度；适当放宽创业板对创新型、成长型企业的财务准入标准；将中小企业股份转让系统试点扩大至全国；规范非上市公众公司管理；规范发展各类机构投资者，探索发展并购投资基

金，鼓励私募股权投资基金、风险投资基金产品创新，促进创新型、创业型中小企业融资发展。

进一步加快生产性服务业发展，要以产业转型升级需求为导向，引导企业进一步打破“大而全”、“小而全”的格局，分离和外包非核心业务，向价值链高端延伸，促进我国产业逐步由生产制造型向生产服务型转变。《国务院关于加快发展生产性服务业促进产业结构调整升级的指导意见》明确，现阶段我国生产性服务业重点发展研发设计、第三方物流、融资租赁、信息技术服务、节能环保服务等领域。

当前，我国经济社会发展呈现出更多依靠消费引领、服务驱动的新特征，但生活性服务业发展仍然相对滞后，有效供给不足、质量水平不高、消费环境有待改善等问题突出。根据《国务院办公厅关于加快发展生活性服务业促进消费结构调整升级的指导意见》，在今后一个时期，健康服务、养老服务、旅游服务、体育服务、文化服务、教育培训服务等贴近服务人民群众生活、需求潜力大、带动作用强的生活性服务领域迫切需要加快发展。

（三）“十三五”规划利好医疗、环保、互联网等领域投资

中国经济步入新常态，GDP 增速“破七”，“十三五”规划更关注经济“质”与“量”的协同发展，通过鼓励自主创新培育企业核心竞争力，进一步促进经济结构的转型。

2015 年 10 月 25 日，“十三五”规划公布了 10 个目标，包括：（1）保持经济增长；（2）转变经济发展方式；（3）调整优化产业结构；（4）推动创新驱动发展；（5）加快农业现代化步伐；（6）改革体制机制；（7）推动协调发展；（8）加强生态文明建设；（9）保障和改善民生；（10）推进扶贫开发。

其中，加强生态文明建设被首度写入了“五年规划”中。可见，国家未来对环保领域的重视与支持。另外，互联网、养老产业、基础设施建设等领域不论是从国家还是各地政府层面近期都出台了多项政策或指导文件，用于鼓励和完善相关领域的发展。

（四）新一轮国有企业改革将到来，央企和地方国有企业将带动并购热潮

2015 年 9 月 13 日中央正式公布的《关于深化国有企业改革的指导意见》（以下简称《指导意见》），包括了对国有企业进行分类管理、大力推动整体上市及股权多元化、由管企业向管资本转变以及谨慎推动混合制及双向参股四大亮点。9 月 24 日，国务院又发布了《关于国有企业发展混合所有制经济的意见》作为《指导意见》的配套文件，明确了国有企业发展混合所有制经济的总体要求、核心思路及配套措施。这预示着新一轮国有企业改革将正式、全面开始。预计从 2016 年开始，国有企业改革将进入全面实施阶段，随着本轮国有企业改革的到来，又将引发新一轮投资机构参与国有企业改制、并购重组的投资热潮。

（五）“走出去”战略提供众多优质的投资机会

“走出去”是我国对外开放的重大战略，顺应了中国经济结构转型升级转型和国际产业

转移的需要。尽管国内仍然需要大规模有效投资和技术改造升级，但我们已经具备了要素输出的能力。据统计，2014 年末，中国对外投资已经突破千亿美元，成为资本净输出国。

“走出去”为我国产能过剩行业走出国门提供了重要的发展机遇，对基础设施、交通、电气及能源、通信、旅游等行业的企业来讲，也为国内投资机构开辟了又一大投资领域。此外“一带一路”战略的提出给“走出去”注入了新的内容，成为“走出去”新的有力抓手。

二、证券公司直接投资业务的监管环境展望

为进一步放开对证券公司直接投资行业的束缚，提高证券公司直接投资子公司的竞争能力，中国证券业协会多方听取行业意见，拟废除《证券公司直接投资业务规范》（以下简称《业务规范》），起草了《证券公司直接投资业务子公司管理暂行规定（征求意见稿）》（以下简称《管理暂行规定》）。

相比《业务规范》，《管理暂行规定》突破性地提出允许直接投资子公司股东多元化，证券公司除了可以独资设立直接投资子公司以外，还可以与其他投资者共同出资设立直接投资子公司，但证券公司应当持有直接投资子公司 51% 以上的股权，并拥有管理控制权。同时，简化了直接投资基金的相关要求：证券公司直接投资子公司设立基金管理机构管理直接投资基金，持股比例应超过 35%，且为基金管理机构第一大股东并拥有管理控制权，相比现行《业务规范》中要求的直接投资子公司股权或出资比例 51%，有了很大的简化和放松。设立直接投资子公司和直接投资基金条件的放宽，将使得证券公司能够更深入地和产业投资者合作，设立各类行业基金，深挖产业链投资；也有利于在股权层面解决相比市场化基金激励机制落后的问题。

《管理暂行规定》的另一大亮点就是以“底线思维”明确了直接投资子公司开展业务的负面清单。负面清单包括：以商业贿赂等非法手段获得投资机会，或者违法违规进行交易；对企业投资不得以企业聘请证券公司担任保荐机构为前提；违背国家宏观政策和产业政策；违反法律法规规定或合同约定的保密义务。负面清单的推出为直接投资业务进一步放松监管，打开业务空间，明确了监管层鼓励直投业务发展的意图。

三、中国证券公司直接投资业务发展前景展望

（一）顺应经济结构调整，坚持国内国际业务并重

顺应国务院加快发展生产性服务业促进产业结构调整升级、加快发展生活性服务业促进消费结构调整升级等指导意见，将研究和投资的重心从能源矿产、装备制造、工业生产等传统制造业延伸到高端制造业、生产性服务业、生活性服务业上来。

关注境外投资机会，配合“走出去”和“一带一路”战略，研究投资模式和投资方向，支持国内企业的跨国投资。

（二）深挖行业研究，提升价值投资能力

通过对新投资主题、新投资领域和新投资模式的深入研究，积累和提升团队的行业认知，积极关注注册制改革带来的投资和交易机会。在经济周期下行、估值全面下降的背景下，建设研究型投资团队，发掘价值投资机遇。

（三）自有资金投资和客户资金管理并重，做大管理规模

继续探索多元化基金管理，在《管理暂行规定》进一步简化直接投资基金设立门槛的背景下，单个直接投资子公司旗下将设立多种不同特色、不同策略、不同股权结构的基金，来满足实体产业不同阶段或不同行业的产业链上下游的多元化融资需求，打造全方位、多层次的股权投资和资产管理能力，做大资产管理规模。

分报告之六：
2015年中国证券公司国际化业务发展回顾与展望

第一章
2015年中国证券公司国际化业务发展特点

2015年，全球经济仍处于国际金融危机后的再平衡调整期，旧的动能正趋于消退，总体经济回升势头在放缓，经济下行压力依然存在。2015年，美国标普、道琼斯指数略有下跌，而纳斯达克指数继续上行。日经225指数受益于日本版的“量化宽松”政策，全年在波动中继续增长。欧元区经济继续低迷且仍受债务危机的后续影响，法国CAC40指数和德国DAX指数总体波动继续向上，而富时100指数在波动中继续下跌。香港恒生指数也表现为波动中下降。尽管如此，中国并未因为世界金融市场行情波动而选择停止金融行业的开放，稳健推进中国资本市场的国际化进程。

随着中国金融市场开放程度的不断加大，国内金融市场与国际金融市场日渐接轨，国内证券公司的国际化业务的开展也将迎来重要的契机。

回顾2015年，中国证券业的国际化呈现以下特点。

一、人民币国际化进程加速，市场需求驱动证券公司国际化布局

2015年人民币的国际化进程大大加速。2015年5月22日，中国证监会与中国香港证监

会就内地与中国香港两地基金互认安排正式签署监管合作备忘录。根据配套施行的《香港互认基金管理暂行规定》，将允许符合一定条件的内地及中国香港基金按照法定程序获得认可或许可在对方市场向公众投资者进行销售，内地与中国香港资本市场实现了进一步融合。2015 年 5 月底，中国证监会相继与 58 个国家和地区的证券期货监管机构签署了 62 个监管合作谅解备忘录，在多边、双边备忘录的框架下展开国际监管合作。2015 年 6 月 26 日，中国证监会发布《境外交易者和境外经纪机构从事境内特定品种期货交易管理暂行办法》，自 2015 年 8 月 1 日起正式实施。根据此暂行办法，境外交易者和境外经纪机构，可以通过某种参与模式，从事境内特定品种期货交易。2015 年 8 月 11 日，受人民币报价实施新改革影响，人民币兑美元中间价波动加大，中央银行中间价基本上由市场自发形成，不再由中央银行公布，人民币汇率形成机制市场化程度更加深入。2015 年 10 月 21 日，中国人民银行宣布已与英格兰银行续签了双边本币互换协议，规模由此前的 200 亿英镑（2 000 亿元人民币）扩大至 350 亿英镑（3 500 亿元人民币），新协议有效期为三年。2015 年 11 月 12 日，摩根士丹利国际金融公司（MSCI）公布被纳入 MSCI 中国指数的股票和权重，并在 11 月 30 日收盘之后正式将它们纳入该指数。11 月 18 日，由上海证券交易所、中国金融期货交易所和德意志交易所共同出资成立的中欧国际交易所在德国法兰克福成立，主要交易以中国资产为标的的交易所交易基金（ETF）以及人民币计价的离岸债券。以人民币计价的金融工具在海外市场的发行与流通，扩大了人民币在国际金融领域的计价范围。截至 2015 年 12 月，中国人民银行与 33 个国家和地区的中央银行签署了多边本币互换协议，协议总规模约为 3.3 万亿元人民币。与此同时，在 20 个国家与地区建立了人民币清算安排中心，覆盖了东南亚、西欧、中东、美洲和大洋洲等地区，支持人民币成为区域计价结算货币。

国际货币基金组织于 2015 年 11 月 30 日召开会议，会议讨论决定让人民币加入特别提款权篮子中，成为继美元、欧元、英镑和日元后第五种国际储备货币。12 月 1 日，国际货币基金组织（IMF）宣布将人民币纳入特别提款权（SDR），人民币在特别提款权篮子中所占权重为 10.92%。人民币加入特别提款权篮子以后，预期会为中国资本市场带来一定的增量资金。一方面，各大跨国银行对人民币结算清算的需求上涨，对人民币的配置力度会有所增加；另一方面，境外的投资需求也对人民币资产如股票、债券等产生新的需求。同时，由于人民币作为计价货币的应用范围不断扩大，为境内投资者购买海外金融资产提供了便利，将刺激境内投资者对境外金融资产需求的增加，市场需求扩容有望驱动证券公司国际化布局。

二、业务结构转型升级，国际化业务线不断加长

随着中国资本市场进一步开放，以及国内企业海外业务的拓展，一些国内的证券公司已开始提高国际金融服务能力，以满足跨境或境外投资银行、财务顾问、资产管理、投融资和各类风险对冲的需求，进而驱动国内证券公司在境外的业务转型进程加速。

例如，海通国际以能够参与各类证券市场交易为目的，将业务范围扩展到企业融资、资

产管理、固定收益、货币与商品、结构性融资和股票衍生品等多项业务；国泰君安已正式进入国内银行间市场，从事结售汇业务，初步展开 FICC 业务布局，有利于开展跨境金融服务，加快向国际投行转型的步伐。通过自身业务结构的转变和国际业务线的加长，国内证券公司能够参与的国际市场份额将会不断增加，且在竞争激烈的国际市场中稳占一席之地。

三、双向开放加深，国内证券公司面临的国际化压力与动力俱增

继沪港通顺利运行之后，“十三五”规划建议提出推进资本市场双向开放。此后，深港通的推出预期持续增强、合格境外机构投资者（QFII）额度管理简化升级、内地与中国香港两地基金互认政策落地，投资者资本市场投资通道扩容，资本市场双向开放的程度逐步加深。

对于国内证券公司而言，市场开放程度的提升将带来的国际化发展动力与压力俱增。

（一）发展动力方面

国内证券公司国际化布局以“立足香港—布局亚太—辐射全球”的路径为主，以中国香港为基点，促进国际业务顺利过渡开展。目前，亚洲地区是世界经济最活跃的地区，在世界经济中具有举足轻重的地位。新兴经济体的高速发展必然伴随着企业融资和企业兼并收购等金融服务需求激增。若国内证券公司能够抓住机遇，充分把握新兴经济体地区经济发展过程中的机会，则亚太地区有望成为证券公司经营收益的重要来源地。

（二）发展压力方面

双向开放情况下，国内证券公司也会面临国外证券公司进入中国市场所带来的压力，国外证券公司会争夺国内的市场和资源，尤其会争夺国内高净值客户和高端金融人才。

为此，在面对新的机遇与国外同行强劲挑战的情况下，为了寻得更好的发展，中国证券公司仍需积极开展国际化业务，化竞争压力为发展动力，积极推动国际化布局，缩小与国际同行的差距，培养差异化核心竞争力。

第二章
2015 年中国证券公司国际化业务具体情况

第一节 投资银行业务

2015 年，根据 Bloom Berg 的统计数据，全球股票承销市场前 50 位中共有 12 家中国金融机构，合计市场占有率为 5.14%，其中，国内证券公司合计市场份额为 3.82%。国际债券市场承销前 60 位中有中金公司、工商银行、中国银行以及农业银行入围，其中，中金公司、工商银行、中国银行的市场份额都为 0.03%，农业银行的市场份额为 0.02%，说明在国际承销市场上，国内证券公司未来上升潜力巨大。

一、IPO 业务

2015 年中国香港承销市场前 10 位中有 7 家内地金融机构，分别是建设银行、招商证券、中信证券、中金公司、农业银行、招商银行和工商银行。具体到港交所 IPO 市场上，前 50 位中有 17 家国内证券公司，其总市场份额占比为 26.44%，较 2014 年上升 14.74%。在中资金融机构中，位次最高的建设银行，排名第三，市场占有率为 5.8%，较 2014 年上升 2.9%，共计业务承销 17 单，总承销金额达 19.36 亿美元，同比增长 29.85%。

据 Dealogic 数据显示，2015 年中国香港市场 IPO 及再融资规模总计 804.08 亿美元，其中前 50 位占据总市场份额的 94.74%。其中，内地金融机构有中信证券、海通证券、建设银行和招商银行进入前 10 位，其市场份额占比为 21.00%。

2015 年亚太市场（除中国境内、日本）IPO 及再融资规模排行中，内地金融机构中的中信证券、海通证券、建设银行进入前 10 位，占总市场份额的 12.61%。前 50 位中中国境内证券公司有 9 家，占总市场份额的 15.86%。

二、债券业务

根据香港交易所统计数据显示，2015 年中国香港市场发行的各类国债、金融债、企业债、可转债等总量共计 8 046.72 亿元人民币。其中，港元债券市场总额约 2 057.26 亿港元，总发行数目 611 单，其中，中资企业的市场份额约为 9.6%。中国银行在所有承销商中排位第二，市场份额为 9.09%，总计发行 16 单。国内证券公司的债券承销中，只有国泰君安 1 家入围，市场份额为 0.18%。综合来看，入围的内地金融机构共有 6 家银行、1 家证券公司，银行入围数量与 2014 年相比有所上升。

2015 年离岸人民币债券市场总额约为 2 475.44 亿元人民币，总发行数目 986 单。前 50 位承销商中，中资金融机构占据 18 席，总市场份额为 16.76%，其中，国内证券公司 8 家，总承销数 23 单，承销金额达 54.59 亿元人民币，总计市场份额为 2.21%。

三、并购业务

2015 年，中国香港市场并购业务前 50 位中有 11 家中资证券公司入围，合计市场份额达 9.64%，平均交易数目 2.9 个。在并购业务方面，国内证券公司仍有广阔发展空间。

第二节　资产管理业务

一、合格境内机构投资者（QDII）业务

截至 2015 年末，共计 15 家内地证券公司获得 QDII 业务资格，与 2014 年在数量上持平。QDII 业务总计额度为 87.50 亿美元，同比增长 15.13%（见表 2－1）。

表 2－1　　证券公司获批 QDII 业务额度（截至 2015 年 12 月 25 日）

机构名称	批准时间	额度（亿美元）
中国国际金融有限公司	2014 年 12 月 28 日	22.00
招商证券股份有限公司	2014 年 11 月 27 日	4.00
华泰证券股份有限公司	2010 年 4 月 14 日	1.00
上海国泰君安证券资产管理有限公司	2014 年 12 月 28 日	4.50
上海光大证券资产管理有限公司	2015 年 1 月 30 日	3.00
上海东方证券资产管理有限公司	2010 年 11 月 26 日	1.00
国信证券股份有限公司	2015 年 1 月 30 日	10.00
广发证券资产管理（广东）有限公司	2015 年 2 月 13 日	12.00
中信证券股份有限公司	2014 年 12 月 28 日	4.00
安信证券股份有限公司	2012 年 8 月 16 日	5.00
申万宏源证券有限公司	2015 年 1 月 30 日	4.00

续表

机构名称	批准时间	额度（亿美元）
中银国际证券有限责任公司	2014 年 12 月 28 日	3.00
中国银河证券股份有限公司	2013 年 1 月 24 日	4.00
上海海通证券资产管理有限公司	2015 年 1 月 30 日	8.00
太平洋证券股份有限公司	2014 年 4 月 30 日	2.00
总计		87.50

资料来源：国家外汇管理局。

二、合格境内机构投资者（QDII）定向资产管理业务

证券公司境外证券投资定向资产管理业务，是指证券公司接受单一客户委托，与客户签订定向资产管理合同，进行境外证券投资管理的活动。境外证券投资定向资产管理业务，是证券公司 QDII 业务的一个组成部分。作为定向资产管理业务，它为客户提供一对一、量身定制的理财服务。证券公司发展 QDII 定向资产管理业务有助于发挥自身优势，开展跨境业务，更好地满足客户投资需求，也有利于证券公司积累跨境业务经验，拓展盈利渠道。2014 年，证券公司一对一代理客户资产进行海外投资正式放行，中金公司成为首家开展该业务的国内证券公司。

三、人民币合格境外机构投资者（RQFII）业务

我国通过开展人民币合格境外机构投资者（RQFII）业务试点，配合 QFII，进一步推进我国资本市场国际化，同时为人民币国际化铺路，在引进外资方面起到了积极的作用。为进一步扩大资本市场开放，支持中国香港国际金融中心地位，促进中国香港离岸人民币市场发展，中国证监会与中国人民银行、国家外汇管理局等相关部门进行了密切协商，修改了 RQFII 相关的法规，扩大 RQFII 业务试点。为确保 RQFII 业务试点顺利推出，试点初期参与机构仅限于基金管理公司和证券公司的中国香港子公司。中资银行、保险公司等中资机构在港分支机构及中国香港本地金融机构均有参与 RQFII 业务的较强意愿。此次修改与 RQFII 相关的法规后，境内商业银行、保险公司等的中国香港子公司或注册地及主要经营地在中国香港地区的金融机构将可以参与试点。同时，修改后的法规放宽了对 RQFII 业务的资产配置限制，允许机构根据市场情况自主决定产品类型。

国家外汇管理局的数据显示，截止到 2015 年 12 月 25 日，RQFII 业务的投资总额度已经达到 4 443.25 亿元人民币，同比大幅增长 49%，与刚开始推出的额度相比，增长了近 40 倍，显示出外资对 A 股市场所表现出来的高涨热情。其中，中资证券公司的总额度为 578.5 亿元人民币，同比增长 5.47%，占 RQFII 业务总额度的 13.02%（见表 2－2）。

表 2-2　　中资证券公司 RQFII 业务额度一览表（截至 2015 年 12 月 25 日）

机构名称	获批日期	累计批准额度（亿元）
申万宏源（国际）集团有限公司	2014 年 4 月 30 日	39
安信国际金融控股有限公司	2014 年 7 月 30 日	24
中国国际金融（香港）有限公司	2013 年 6 月 24 日	17
国信证券（香港）金融控股有限公司	2013 年 6 月 24 日	17
光大证券金融控股有限公司	2014 年 5 月 30 日	35
华泰金融控股（香港）有限公司	2014 年 5 月 30 日	29.5
国泰君安金融控股有限公司	2014 年 5 月 30 日	69
海通国际控股有限公司	2014 年 8 月 26 日	107
广发控股（香港）有限公司	2014 年 5 月 5 日	27
招商证券国际有限公司	2014 年 3 月 28 日	27
中信证券国际有限公司	2014 年 6 月 30 日	14
国元证券（香港）有限公司	2014 年 8 月 26 日	73
中投证券（香港）金融控股有限公司	2014 年 5 月 30 日	11
长江证券控股（香港）有限公司	2013 年 11 月 27 日	2
兴证（香港）金融控股有限公司	2014 年 4 月 30 日	13
太平资产管理（香港）有限公司	2014 年 3 月 28 日	13
中银香港资产管理有限公司	2013 年 8 月 28 日	8
东方金融控股（香港）有限公司	2013 年 10 月 30 日	5
中国光大资产管理有限公司	2014 年 5 月 30 日	19
中国银河国际金融控股有限公司	2014 年 9 月 22 日	11
招商资产管理（香港）有限公司	2014 年 6 月 30 日	10
齐鲁国际控股有限公司	2014 年 8 月 26 日	8
总计		578.5

资料来源：国家外汇管理局。

四、合格境外机构投资者（QFII）投资顾问业务

随着我国资本市场开放程度的不断提升，外资对中国资本市场表现出高涨的热情，QFII 的额度上限也不断提高。与此同时，由于中国市场开放时间并不长，境外投资者对中国市场的了解不深入，急需本土的研究机构为其提供策略和投资建议。QFII 投资顾问业务具有低风险、高收益的特征，在未来相当长的一段时间内其会给国内研究实力雄厚的证券公司带来丰厚收益。随着未来 QFII 持续扩容，相关的投资顾问业务将会得到普及。

五、合格境外机构投资者（QFII）业务

为了平稳推进中国资本市场国际化进程，中国政府采用 QFII 业务引导外资进入中国资

本市场。随着中国市场日渐发展成熟，QFII 业务的额度上限每年逐步上升，投资机构的数量同步增加。截至 2015 年 12 月 25 日，共有 9 家证券公司获得 QFII 业务资格，较 2014 年同期增加 1 家。2015 年，QFII 业务累计额度为 810.98 亿美元，同比增长 23.35%，其中，证券公司累计额度为 20.81 亿美元，较 2014 年同期增长 9.53%（见表 2－3）。

表 2－3　　中资证券公司 QFII 业务投资额度（截至 2015 年 12 月 31 日）

机构名称	批准时间	累计额度（亿美元）
海通资产管理（香港）有限公司	2014 年 11 月 27 日	3
中信证券国际投资管理（香港）有限公司	2014 年 4 月 30 日	3
招商证券资产管理（香港）有限公司	2015 年 11 月 27 日	0.2
国泰君安资产管理（亚洲）有限公司	2015 年 8 月 28 日	1.61
中国光大资产管理有限公司	2014 年 11 月 27 日	4
中国国际金融香港资产管理有限公司	2014 年 10 月 30 日	3
广发资产管理（香港）有限公司	2015 年 3 月 26 日	2
国信证券（香港）资产管理有限公司	2014 年 9 月 22 日	2
申银万国投资管理（亚洲）有限公司	2015 年 4 月 28 日	2
总计		20.81

资料来源：国家外汇管理局。

第三节　经纪业务

目前，国内证券公司国际业务主要集中在中国香港。截至 2015 年 12 月底，沪股通额度共使用了约 1 200 亿元人民币，占总额度的 40%；港股通额度共使用约 1 080 亿元人民币，占总额度的 43%。随着沪港两市融合程度的提升，投资者对两地交易规则逐渐熟悉，双向交易额度有望逐步回升。

香港联交所将市场参与者按照 A、B、C 三类进行分类。其中，A 类参与者为市场占有率前 14 位的，B 类为 15—65 位的，C 类为 65 位以后的。截至 2015 年 12 月末，A 类参与者的个体市场占有率为 1.93%—8.28%，总占有率高达 56.32%；B 类个体市场占有率为 0.24%—1.79%，总占有率为 33.64%；C 类个体市场占有率为 0.23% 以下，总占有率为 10.04%。这一市场结构总体上与 2014 年相差不大。国内证券公司中，中银国际是 A 类证券公司，其余公司属 B 类中型证券公司。近几年，随着沪港深等机制接连推出，境内外市场的联动性不断增强，双向开放程度不断深化为证券公司的经纪业务提供了发展新动力。在此背景下，在港率先布局且具备较大资本规模优势的证券公司，其优势将进一步放大。

第四节　国内证券公司国际化业务网络持续扩张

2015 年 11 月，沪港通开通满一年，沪港通成交金额合计 22 795.16 亿元人民币。其中，沪股通累计成交金额达 16 385.76 亿元，港股通累计成交金额达 6 409.40 亿元。沪股通总额度使用约 1 200 亿元，港股通总额度使用约 1 080 亿元，分别占总额度的 40% 和 43.2%。自 2014 年 11 月开通以来，沪港通下股票交易总体平稳有序，交易结算、额度控制、换汇等各个环节运作正常，期间，沪港通经受住了国际资本市场和内地资本市场大幅波动的检验，实现了预期的目标。沪港通的顺利发展，有望推动 A 股市场进一步国际化，促进中国证券市场双向开放。

总的来说，国内证券公司发展境外业务主要有两种模式：一是以中信证券、海通证券、国泰君安为首的涉及境外业务较早的国内大型证券公司得益于多年的积累，已经形成了较稳定的境外营业模式和盈利途径；二是以国金、西南证券为代表的国内中小型证券公司，通过资本手段并购中国香港成熟本土证券公司，达到了迅速布局的效果。2015 年，个别国内证券公司已经开始拓展境外业务市场，且不满足于仅仅在中国香港市场开拓。以海通证券为例，公司制定了明确而清晰的国际化战略：先中国香港，后亚洲，再欧美。随着中国市场国际化程度的提升，境外投资者对中国市场的认知程度也将提高，届时，国内证券公司走出国门的方法将更加多样。

2015 年国内证券公司境外业务的重要事项见表 2－4。

表 2－4　　2015 年国内证券公司境外业务重要事项整理

国内证券公司	事件	描述
中信证券	完成昆仑国际股权收购	2015 年 1 月 29 日，中信证券与 KVB Kunlun Holdings Limited 签署了附条件的股份转让协议，收购其所持有的昆仑国际金融集团有限公司 12 亿股股份，占该股份转让协议签署日昆仑国际金融已发行股本的 60%。
	顺利完成 H 股增发项目	顺利完成总计 11 亿股的 H 股增发项目，发行价格为 24.60 港元/股，共募集资金达 270.60 亿港元，同时引入多家投资者。募集资金将用于补充公司资本金，以发展资本中介业务及跨境业务，建设平台及补充流动资金。
	设立海外业务处	中信里昂证券将在英国建立固定收益、货币及大宗商品（FICC）销售及交易团队，新设立的销售及交易平台将满足欧洲客户投资中国及亚洲固定收益产品日渐增长的需求。
	设立国际资本业务	中信证券与中信里昂共同成立中信证券国际资本市场业务，以充分利用迅速增加的中国企业到境外投资以及海外投资者进入中国的历史机遇。中信证券国际资本市场成立后，中信证券的海外投资银行业务将以一个完整的队伍、一个全新的面貌走向全球市场，推动中信证券国际化战略和布局的稳定发展。

续表

国内证券公司	事件	描述
海通证券	已获批境外自营业务	中国证监会允许以自有资金参与境外交易所金融产品交易，允许与境外机构签署国际掉期交易协会（ISDA）主协议参与境外场外金融产品交易，允许投资于其他合格境内机构投资者允许投资的境外金融产品或工具。
	顺利完成H股增发项目	顺利完成总计19.17亿股的H股增发项目，发行价格为17.18港元/股，共募集资金329.34亿港元。募集资金将用于补充公司资本金，以发展资本中介业务及跨境业务，建设平台并补充流动资金。
	收购葡萄牙圣灵银行	2015年9月7日，海通证券完成了对葡萄牙圣灵投资银行的收购，圣灵银行正式更名为海通银行。
广发证券	成功发行H股	广发证券在香港联交所主板成功挂牌上市，H股股票代码为1 776，发行价为H股18.85港元/股，全球发售H股总数为1 479 822 800股，在全额行使超额配售权后，本次H股发行股数达到1 701 796 200股，募集资金总额约320亿港元。
	向子公司广发香港增资	广发证券于2015年9月8日完成了向广发香港公司增资41.6亿港元事宜。增资后广发香港公司的实缴资本增加至56亿港元。此次增资将有利于推动广发香港公司业务规模的扩大和业务范围的拓展，以应对香港证券行业的激烈竞争，同时配合公司国际化战略的顺利开展，有利于提高公司的综合实力。
招商证券	设立英国子公司	招商证券英国子公司专注于向中国以及国际大宗商品企业和金融机构提供24小时不间断的全球商品交易服务，产品涉及基本金属、贵金属和能源等，进一步强化了招商证券的国际业务平台建设，同时也有利于推动落实招商局集团“产融结合”的发展战略。
	为境外子公司提供担保	为招证国际及其全资子公司向境外银行借款或申请授信额度提供担保或反担保，有助于为招证国际及其全资子公司补充营运资金，促进本公司境外业务的转型与发展。
	拟发行H股	招商证券拟发行境外上市外资股（H股）并申请在香港联交所主板挂牌上市。招商证券董事会会议称，计划发行H股来港挂牌上市，发行H股股数将不超过发行后总股本的15%，同时授予15%的超额配售权。
华泰证券	成功发行H股	华泰证券发布公告称，已确定本次H股发行的最终价格为24.80港元/股（不包括1.0%的经纪佣金、0.0027%的香港证监会交易征费及0.005%的香港联交所交易费），并计划于6月1日开始在香港联交所主板上市交易。
	携手红杉资本设立并购公司	红杉资本与华泰证券发起设立的华泰瑞联并购基金（二期）初步确定募集规模100亿元，在行业布局上将延续第一期的定位：大健康、大消费、TMT、高端制造行业等。华泰证券和红杉资本此次的战略合作实现了优势互补，促进了金融资本全方位服务新兴产业的各个发展阶段，可以推动优秀企业利用境内外两个市场进行资源配置，树立了金融资本服务实体经济的新典范。

续表

国内证券公司	事件	描述
光大证券	子公司光证金控拟收购	香港子公司拟以 40.95 亿港元收购新鸿基持有的新鸿基金融集团 70% 的股份，收购目的在于迅速做大光大证券在港业务体量，加速国际化进程，且高效利用中国香港业务平台提高母公司及光证金控的多渠道融资能力。
	拟发行 H 股	光大证券董事会审议通过发行 H 股在中国香港上市议案。光大证券拟发行至多 6.8 亿股（H 股），并授予簿记管理人不超过 1 亿股（H 股）的超额配售权。
国泰君安	首次获得国际信用评级	标普、穆迪分别向国泰君安授予 BBB 和 Baa1 的长期发行人评级，评级展望为稳定。国泰君安首次获得国际信用评级，成为继中信证券、海通证券之后国内第三家接受国际信用评级的证券公司。
	成为上海黄金交易所国际会员	国泰君安通过上海黄金交易所会员资格认证，获得国际会员（A 类）资格。国际客户在交易所可进行黄金实物存管、买卖、租借和投资交易等业务，有助于扩展国泰君安的服务范围，丰富其服务种类，更好地满足客户境外投资需求。
	建立新加坡子公司	2015 年 7 月，国泰君安国际（新加坡）控股有限公司和国泰君安资产管理（新加坡）有限公司正式成立，启动了在新加坡的资产管理业务，成为国泰君安在东南亚地区开展证券业务的战略支点和重要平台。
国联证券	港交所挂牌上市	2015 年 7 月 6 日，国联证券于香港联交所主板上市，全球发售招股定价为 8 港元/股，其中，中国香港公开发售部分获约 1.87 倍认购；公司股份于联交所主板进行买卖，每手股数为 500 股。
中州证券	香港子公司开始运营	明确子公司的战略定位为：中州证券海外业务发展的战略性平台和重要利润来源、境内企业在中国香港上市及走向海外的战略通道、投资者资产国际化配置和交易的通道。
中金公司	港交所挂牌上市	中金公司 H 股发行价为 10.28 港元/股，一共获得 5 491 份有效申请，认购数量达到 258 717 600 股，获得 4.70 倍认购（不包括中国香港预留股）。中金公司在香港地区公开发行股份数最终确定为 61 140 800 股，占全球发行股份总数约 10%（超额配售权获行使前）。

资料来源：公司公告，Wind 资讯。

第三章 2015年中国证券公司国际化业务面临的问题及2016年前景展望

第一节 2015年中国证券公司国际化业务面临的问题

一、海外融资渠道有限，资本实力仍需提升

中国证券公司经历了将近30年的发展，业务种类日益丰富，但与国际大型投资银行相比，我国证券行业不论是资产规模还是营业收入，都存在较大的差距。据中国证券业协会数据显示，2015年我国125家证券公司的营业收入总计为885.72亿美元，总资产规模为9 886.66亿美元[①]。据2015年年报，美国高盛、摩根士丹利营业收入分别为400.85亿美元、379.53亿美元，总资产规模分别为8 562.40亿美元、8 015.10亿美元，我国整个证券行业资产体量仅相当于海外一家大型投资银行。

伴随着人民币国际化趋势，我国资本市场双向开放格局正逐渐形成，证券公司作为资本市场重要的中介机构，整体资本实力亟待提升。2015年，多家内地证券公司通过H股、A股进行融资，但整体而言，内地证券行业融入资金的规模和渠道仍较为有限。一方面，中国证监会《证券公司风险控制指标管理办法》明确规定，证券公司的杠杆率不能超过5倍，行业整体债务融资规模受资本金规模限制；另一方面，受融资门槛及国际信用评级影响，股权融资、次级债、海外债等大额融资工具的使用范围主要集中在内地大型综合类证券公司，其中，获取国际评级是国内企业真正走向国际资本市场的一个重要条件，为相关公司今后的业务发展及国际战略布局提供了有力支持。良好的国际评级结果将有助于企业拓展境外融资渠道，降低境外融资成本，同时为开展跨境及海外资本中介交易业务奠定了良好基础。

① 使用2015年12月31日银行间外汇市场人民币汇率中间价：1美元兑人民币6.4936元。

二、业务体量较小，尚未形成差异化市场

从国际化业务情况分析可以发现，内地证券公司国际业务体量虽有一定上升趋势，但整体占比依然很低，在业务模式上同质化问题突出，主要依赖通道扩张规模。尽管多家证券公司已通过新设、并购等方式拓宽国际业务平台，但尚未形成差异化市场，无法与母公司的业务形成合力与协同效应。

20 世纪 70 年代，美国开始实行佣金自由化，佣金对证券公司利润的贡献大幅度下降，迫使美国投资银行纷纷发掘自身优势和发展特色业务来获取新的利润增长点，形成独特的品牌价值和市场竞争力。目前，内地证券行业佣金率仍处于下降趋势，倒逼国内证券公司进行业务转型升级，发掘差异化经营方式，发展各自特色业务和细分领域强项业务。“走出去”的市场选择和方式选择应当是多样化的，在巩固本土市场竞争优势的基础上，国内证券公司发展国际化业务竞争特色。对于有能力成为区域市场组织者和中国资本市场中坚力量的证券公司，必须培养全产业链服务能力，以客户为中心建立各业务间协同联系，强化综合竞争力优势；对于机制灵活的中小证券公司，需要重点发展特色业务，培育细分市场优势。

三、国际化布局，协同效应仍待提升

在目前国内证券公司推进自身国际化程度的过程中，内地证券公司尚未把境内机构和境外的分支机构有机地联结起来，境内机构和境外分支机构目前更多的是专注于从事所在地的证券业务，两者之间的协同作用并没有得到很好的发挥。为此，在鼓励证券公司走出国门到境外设立分支机构的同时，也需要重视国内证券公司融入世界资本市场的能力，背靠中国境内庞大的资本市场，发挥好境内境外机构的协同作用，实现境内境外业务有效互联互通，更好地满足国内客户境外投资与融资需求，恰当地引入境外资金参与中国资本市场建设，为中国经济发展转型提供良好的金融环境。

四、国际化人才激励制度尚未完善

国内证券公司的发展已经从 20 世纪 90 年代粗放式发展进入现在的精细式发展阶段，核心竞争力已经成为证券公司立足市场的根本，而核心竞争力的提高，关键在于人才。国内证券公司的人才激励制度最近也有了显著的改善，逐步引入了绩效提成、子公司员工持股等国外的人才激励制度。首先，与国际投资银行相比较，国内证券公司人才激励制度还存在着较大的差距，在吸引顶尖人才方面，国际投资银行拥有股权激励、薪酬激励、晋升激励等多样化完善的激励制度，有利于充分激发员工工作积极性并降低员工的流动性。国际投资银行丰厚的年终奖金股权激励和合伙人制度无疑是国际投资银行中吸引国际高端金融人才，留住人

才的关键所在。其次，在开展国际化业务的同时，国内证券公司将不可避免地要与国际同行竞争，这更是对国际金融人才的竞争。完善目前的人才激励制度，引进、吸收、活用国际投资银行人才管理的方式，扩充国际化人才储备，对证券公司国际化的顺利开展具有十分重要的意义。

第二节　2016 年中国证券公司国际业务前景展望

一、布局国际银行间市场，打造全球性融资平台

银行间市场主要是由同业拆借市场、债券市场、外汇市场和黄金市场等有关市场组织而成。其中，银行间市场中的债券市场是发行债券融资的重要市场。与发达国家相比较，我国本土的债券市场发展并不充分，间接融资目前仍然是以股权融资为主。随着中国金融脱媒进程的加快，中国债券融资将会迎来新一轮的发展机遇，债券融资将会成为中国证券公司融资业务发展的重要领域。国内证券公司在布局国内银行间市场的时候，也不应忽视国际银行间市场的债券融资。与国内银行间市场比较，国际银行间市场的发展历史更悠久，参与的投资机构数量更多，市场的资金量和成交量也更为可观，是国际金融市场的重要组成部分。国内证券公司要实现国际化，那么加入国际银行间市场，完善国际银行间市场布局，是必不可少的一步。

中国资本市场双向开放的力度在逐渐加大，境外市场融资日渐进入各企业发展视野，在境外金融市场发行债券进行融资，将会成为我国企业融资的一种常见方式，而国际银行间市场将会成为中国企业债券发行的重要市场。由于债券融资有合理避税、财务杠杆、优化资本结构等优点，国际成熟资本市场中债券融资更受到企业的青睐。此外，人民币在 2015 年 11 月成功加入了特别提款权（SDR）货币篮子，正式成为世界第五种储备货币，各国中央银行和商业银行将会对人民币金融资产的需求有所增加，以人民币作为计价单位的债券将会更加受到市场欢迎。在中国资本市场双向开放和人民币国际化大背景之下，证券公司应该把握住此次历史性机遇，积极拓展人民币债券业务，大力进军国际银行间市场，打造全球性融资平台，为国内企业国际债券融资提供更加方便、高效的渠道。

二、业务国际化与业务转型互动，打造现代投资银行核心竞争力

当前，国际投资银行与内地证券公司的经营结构之间存在较大差异。内地证券公司主要依赖通道业务收入，而国际投资银行的经营收入主要来源于机构客户服务和资产管理服务，相比之下，其盈利能力更高。随着国内资本市场双向开放力度的持续加强和证券公司国际化业务的开展，来自国际投资银行的竞争压力将倒逼国内证券公司进行改革，以通道业务为主

的经营结构将向以资本中介为主的经营结构转变。国内证券公司应当以此为契机，谋求业务国际化与业务转型互动，以业务国际化来推动内地业务结构转型升级，促进自身综合实力增强，打造现代国际化投资银行核心竞争力。

三、本土研究能力助力国际影响力提升

随着中国金融市场开放程度的不断加大，A股市场已经成为世界资本市场的重要组成部分，世界各国投资者对中国A股市场的关注程度也在持续。由于境外投资者对中国资本市场的了解较为有限，有必要借助中国本土证券公司的研究来辅助其对中国市场进行投资。

目前，由于国内证券公司缺乏大型境外并购项目的运作经验，中国企业进行海外大型融资、并购时，仍多数由海外大型投资银行主导运作。但是，在企业国际化业务需求的催化下，国内证券公司跨境投资银行业务开展力度逐渐增强，考虑到行业研究在投资银行业务开展中日益提升的战略地位，研究实力突出的国内投资银行有望在资本市场国际化的进程中占得先机。一方面，国内证券公司通过并购等方式加快了海外网络建设，其承揽的海外业务范围将进一步拓展；另一方面，与国外的投资银行相比，国内证券公司与中国企业客户业务合作较多，决定了国内证券公司对中国企业的市场诉求和市场规则更为熟悉，更易达成长期的战略合作关系。在此背景下，中国研究实力突出的国内证券公司，在助力中国实体经济海外上市、海外并购和跨境经营的进程中，将更具市场化竞争优势，其国际影响力有望加速提升。

四、“合伙人”机制丰富国际化人才储备

华尔街国际投资银行最初的组织形式都采用了合伙制，美林、高盛、摩根士丹利均发源于合伙制。由于合伙制具备其他组织形式不可比拟的激励和惩罚双方面的优点，合伙制一直在国际投资银行中沿用了一百多年。金融行业是智力高度集聚的产业，能否吸引到优秀人才，关乎一个金融企业的兴衰存亡。证券公司在开展国际化业务的过程中，更离不开对国际人才的吸收和引进。合伙人制度是国际投资银行中最重要的人才激励手段之一，合伙人文化也是国际投资银行中必不可少的一部分。以美国顶级投资银行高盛为例，在成功上市之后，高盛仍继续保留部分合伙人制度，确保能够提供良好的机制来吸引和留住核心人才。

合伙人制度对于投资银行经营的作用主要体现在对企业利润分成和风险约束两个方面。一方面，为了获取丰厚的收入，合伙人有无限的动力去为公司创造收益；另一方面，合伙人制度的无限连带责任的存在使得合伙人在经营决策的时候会时时刻刻防范风险。恰当地引进合伙人制度，有利于提高国内证券公司薪酬待遇的吸引力，改善公司治理结构，激发企业竞争活力，吸引国际高端金融人才加入，实现人才储备构成的多元化、国际化，为进一步推动国际化战略奠定坚实的人力资源基础。

分报告之七：
2015 年证券市场资信评级业务发展回顾与展望

在我国宏观经济进入“新常态”的大背景下，经济增速放缓及结构转型调整成为当前经济周期的主要特征。2015 年，我国政府兼顾稳增长和调结构，适时推出供给侧改革的方针政策。在货币政策层面，中央银行采取降准、降息的货币政策，引导金融市场利率不断下降，各券种收益率持续下行，社会融资成本逐渐降低。然而，在宏观层面去杠杆、去库存和去产能过剩的形势下，经济增长呈现下行态势，经济增速低于 2014 年的水平。中国统计局公布 2015 年宏观经济数据为全年国内生产总值达到 676 708 亿元，同比增长 6.9%，增速较 2014 年下滑了 0.4 个百分点，为 1990 年以来最低。

在流动性总量适度充裕、资金面整体稳中趋松的大背景下，我国交易所债券市场继续保持良好的发展态势。截至 2015 年底，交易所债券市场托管余额[①]为 14 517.94 亿元，同比增长 9.86%，市场规模持续增长。同时，交易所债券市场的债券品种不断丰富，投资者结构更趋合理，充分发挥了交易所债券市场在我国金融资源配置中的作用，对经济发展的支持力度日益明显。

为了提升债券的整体信用水平，获得相对理想的融资成本，大多数私募债均采取了增信措施。增信措施包括第三方担保和土地抵押等，其中第三方担保占绝大比例。2015 年有 197 期私募债券发布了债项评级信息，263 家企业发布了主体级别信息，占比分别为 19.22% 和 59.64%，在发布级别信息的债券中仅 7 期债券的债项级别未达到 AA 级水平。从发债规模看，单期债券规模 10 亿元以上的债券达到 222 期，占比例达到 50.34%，以上都说明参与债

① 资料来源：Wind 资讯。

券非公开发行的发债主体的资产规模和信用水平在提高。

2015 年 1 月，中国证监会正式发布《公司债券发行与交易管理办法》，实现了公司债发行主体、发行方式、发行期限和流通场所的全面扩容。从卖方角度来看，中国证监会将扩大公司债券发行主体范围，丰富债券发行方式。交易所公司债券发行主体将扩展至所有公司制法人，并全面建立健全债券私募发行的相关制度；中国证监会允许全国中小企业股份转让系统挂牌公司发行中小企业私募债；推出并购重组债券、市政公司债券、可交换债券等创新品种。发行主体范围扩展是建立在投资者分层的基础上的，公众投资人只能投资最高评级的 AAA 信用债，而风险识别和承担能力较强的合格投资人才可以投资具有一定信用风险的品种，上述机制兼顾了市场发展与风险承受能力，加大了评级机构参与债券市场的空间和责任。

2015 年中国证券业协会、上海证券交易所、深圳证券交易所、中国证券登记结算有限公司（简称“中证登”）分别公布债券相关规定，规范债券业务，强化风险防范。

综上所述，2015 年是交易所债券市场快速发展的一年，市场规模爆发性增长；通过交易产品的不断丰富和完善，交易所债券市场进一步对接实体经济，匹配社会多方融资需求。我国目前正处于“稳增长、调结构”的关键时期，发债主体的经营情况、偿债能力波动较大，需要评级机构提高风险识别能力，强化风险度量标准，提升风险判定的准确。未来，随着交易所债券市场政策的陆续实施，证券资信评级行业面临的外部环境将进一步规范和完善。

第一章
2015年中国证券资信评级业务发展现状①

第一节 基础设施建设

2015年，我国证券资信评级机构继续通过完善内部控制、加强科研开发、增加人才储备等措施，进一步保障合法合规经营和提升市场公信力。在自身基础设施建设不断夯实的同时，各机构执业能力与水平、全行业形象和地位等都得到显著提升。

一、完善内部控制，保障合法合规经营

内部控制方面，各机构根据中国证券业协会的例行检查和监管要求，对自动化办公系统、评级业务管理系统、评级业务数据库、投资者服务平台、公共披露平台等不同方面的信息系统进行了升级。如部分机构通过重划业务部门、扩充办公地点或新设子公司等措施加强信息系统管理工作。同时，在现有的合规管理制度基础上，结合当前行业出现的新情况、新问题，各机构进一步修订了各自的评级业务制度，并在官网上公布了有关业务制度。如部分机构新修订和公布了《创新产品专家评审制度》、《信用评级结果检验制度》、《研发工作管理办法》等，很多细化制度的出台为评级机构提升作业质量奠定了良好的基础。针对2015年公司债扩大发行主体和丰富发行方式等新情况，各家评级机构均加强了《信用评级报告内容与格式规则》、《评级业务尽职调查工作指引》、《评级业务利益冲突防范与回避制度》、《评级业务人员执行规范》等基础性业务制度完善工作，并及时在中国证券业协会和各公司的网站上进行了信息披露及业务公示，切实保障合法合规经营。

二、加强科研开发，提升市场公信力

随着交易所市场产品和制度的持续创新，近年来各家评级机构纷纷加强了科研开发的力

① 本章所涉及的证券资信评级行业数据来自2015年中国证券业协会专项调查统计数据。

度，不断丰富与完善自身的评级标准和方法。2015 年，各家评级机构加大了对新产品评级方法和行业研究的力度，共完成各类研究课题 143 个，其中，独立研究课题 138 个，合作开展研究课题 5 个；共发表各类科研成果 117 项，其中，公开出版书籍或专著 5 部，公开发表研究报告 112 篇。目前，各家评级机构均拥有各自的内部研究报告，部分信用评级机构在资产证券化业务风险防控、地方政府债务风险、熊猫债信用评级风险研究等领域取得了一定成果，扩大了评级行业的影响力。为加强对资本市场信用风险管理中重大课题的研究，2015 年末已有三家评级机构建立了博士后工作站，并与国内部分重点高校、科研院所开展了合作研究，借此提升市场公信力。

三、增加人才储备，提高执业能力与水平

在人才培养方面，2015 年各家评级机构更加注重评级人才的培养，不断加大内部培训力度，评级人员的整体素质进一步提高。截至 2015 年底，各家机构合计拥有证券从业资格的评级人员总数达 665 人，较 2014 年大幅增长 48.44%。其中，具有 3 年以上评级从业经验的人员数量为 359 人，较 2014 年大幅增长 53.42%，占比由 2014 年的 52% 上升至 54%；拥有注册会计师、律师等专业执业资格人员数量为 44 人，较 2014 年增加 6 人，但占比由上年的 8% 下降至 7%。在评级机构所有员工学历构成中，具有硕士以上学历的人员占比为 64%，占比较 2014 年提升了 2 个百分点；本科学历及以下员工的占比继续呈现下降态势。值得注意的是，随着各家评级机构愈加注重研发人员的储备，2015 年拥有博士学历的人员数量增加至 53 人，研发人员数量增加至 106 人，表明评级机构高层次研发人员的规模进一步提升，为提高执业能力与水平奠定了坚实的基础（见图 1－1）。

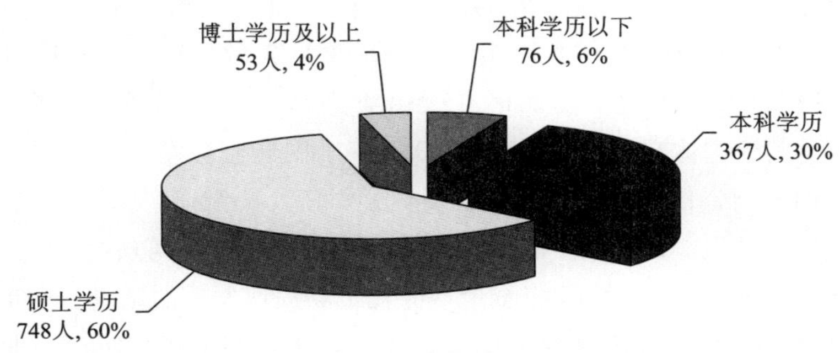

图 1－1　2015 年末 7 家证券资信评级机构人员学历结构

注：7 家证券资信评级机构包括（排名不分先后）：大公国际资信评估有限公司、东方金诚国际信用评估有限公司、联合信用评级有限公司、鹏元资信评估有限公司、上海新世纪资信评估投资服务有限公司、上海远东资信评估有限公司和中诚信证券评估有限公司；不包括未从事证券市场评级业务的资信评级机构。

资料来源：2015 年中国证券业协会专项调查统计数据。

四、提升评级行业形象和地位，坚守独立客观公正原则

伴随着债券市场的蓬勃发展，评级行业在揭示发行人信用风险和保障资本市场有效运行等方面的重要性愈加明显，并得到了市场各方参与者和监管机构的认可。近年来，各家评级机构也逐步加强了信用知识的社会普及工作，陆续发布年度社会责任报告，进一步提升了评级行业的形象和地位。2015 年，很多评级机构通过主办或承办会议、参加论坛及会议演讲、接受媒体采访或召开新闻发布会的形式进行了多种多样的行业宣传，促进了各界对评级行业的了解，提升了评级行业在新型城镇化、资产证券化、地方债风险防控、熊猫债评级方法等热门课题领域的影响力。此外，多家信用评级机构对世界主要国家进行了主权信用评级，并不断加强与世界知名评级机构的交流考察和战略合作，部分信用评级机构已着手开拓中国香港、新加坡、欧洲等海外市场的评级业务。整体看，2015 年我国证券资信评级机构的业务拓展进一步深化，评级行业形象和地位进一步提升，并坚守住了独立、客观、公正的原则。

第二节　评级业务发展概况

一、评级业务总体稳健发展，公司债大举扩容

2015 年，我国证券评级机构的评级业务总体稳健发展，其中全年共承担首次评级项目（含担保公司、借款企业等其他主体）4 546 单①，较 2014 年大幅下降 30.55%，但剔除担保公司和借款企业等其他主体，全年共承担首次评级项目 2 624 单，较 2014 年大幅增长近 3 倍；承担跟踪评级项目 2 348 单，较 2014 年大幅增长 73.54%。从首次受评项目（不含担保公司、借款企业等其他主体）的情况看，受 2015 年中国证监会发布新版《公司债券发行与交易管理办法》的影响，传统的公司债（含证券公司债及次级债产品）产品数量大举扩容。其中，一般公司债项目为 1 217 单，私募公司债项目为 518 单，可转换公司债项目为 8 单，可交换公司债项目为 27 单；受 2015 年资产证券化市场提速发展的影响，全年各机构合计承担资产证券化项目 436 单，较 2014 年大幅增长 4 倍以上。与上述传统产品业务量增长的情况相一致，2015 年各家评级机构对信托、资产管理等非标产品的业务承揽量也呈现增长之势，全年合计承担项目 346 单，较 2014 年增长 16.11%，上述情况也与现有企业融资渠道变化趋势有关（见图 1－2）。

① 新世纪、大公同时拥有银行间债券市场评级资质，统计口径中包含上述业务。

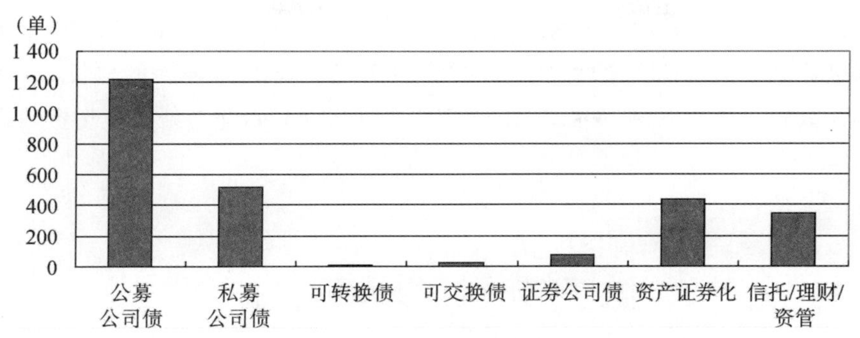

图 1－2　2015 年 7 家证券资信评级机构首次承担的评级项目情况

资料来源：2015 年中国证券业协会专项调查统计数据，相关数据统计口径以各资信评级机构报告口径为准。

从上述受评产品的份额占比情况看，公司债（含一般公司债和私募公司债）重新成为占比最大的产品，占比达到了 66.12%；资产证券化产品次之，占比达到了 16.62%；信托、理财、资产管理产品份额处于第三位，占比达到了 13.19%；证券公司债、可交换债、可转换债产品份额占比微小。

二、整体业务收入大幅增长，证券评级收入重新占据主导地位

受益于交易所债券市场发行主体的扩容，2015 年信用评级行业整体业务收入大幅增长，证券评级收入重新占据主导地位，促使各家评级机构的财务状况也达到历史最好水平（见图 1－3）。

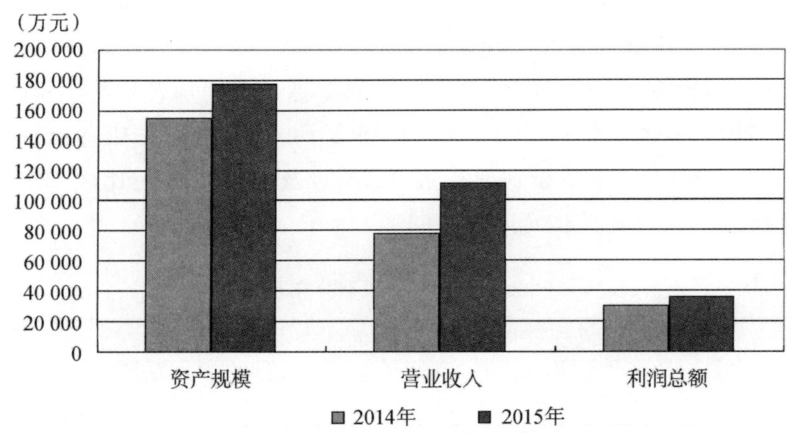

图 1－3　2015 年 7 家证券资信评级机构财务情况

资料来源：2015 年中国证券业协会专项调查统计数据。

全年 7 家证券资信评级机构的合计资产规模、营业收入和利润总额分别达到 177 498.50 万元、111 061.90 万元和 35 591.75 万元，分别较 2014 年增长了 14.79%、42.79% 和 19.24%，评级机构的各项财务指标实现了快速增长，其中，营业收入增长幅度远快于利润

的增长速度，显示评级机构整体业务规模的进一步提升。值得注意的是，2015 年各家机构证券资信评级业务收入规模大幅增加至 70 430.14 万元，较 2014 年大幅增长 184.83%，占 7 家机构整体评级收入的比例由 2014 年的 31.79% 提升至 63.42%，证券市场资信评级业务收入规模重新占据主导地位。

第三节　评级表现分析

一、一般公司债

（一）一般公司债评级情况

一般公司债 AAA 级占比较 2014 年有所提高，AA + 级占比上升最快，主体 AA - 级及以下占比均有所下降，债项 AA 级及以下占比均出现下降。

受 2015 年发行人主体扩容的影响，一般公司债整体发行规模增幅较大。2015 年共有 248 家公司发行了一般公司债，发行家数较 2014 年同比增长了 244.44%。从发行人级别分布情况来看，发行人主体级别分布在 A + 至 AAA 之间，级别跨度分布与 2014 年保持一致。其中，AA 级的企业有 130 家，占比达到了 52.42%，份额占比依旧最大，但较 2014 年下降了 1.75 个百分点，主要来自电力、公路、房地产、能源、化工等行业；AA + 主体级别家数为 66 家，份额占比为 26.61%，是占比第二大的级别，主要分布在基础设施、运输、水务、房地产、煤炭等行业。从级别分布变化情况看，2015 年 AAA 级别的发行人家数较 2014 年提升了 290.00%，占比较 2014 年增加了 1.84 个百分点，是增加较快的级次；而 AA + 级别的发行人数量较 2014 年增长了 340.00%，占比较 2014 年上升了 5.78 个百分点，是上升最快的级次。总体看，2015 年中高级别发行人（AA 级及以上）的占比较 2014 年增加较快，主要是 AA + 发行人增加较多所致（见表 1 - 1）。

表 1 - 1　2015 年一般公司债主体级别分布及变化情况

级别	2014 年		2015 年		变化	
	主体家数（家）	占比（%）	主体家数（家）	占比（%）	家数变化（家）	占比变化（%）
AAA	10	13.89	39	15.73	290.00	1.84
AA +	15	20.83	66	26.61	340.00	5.78
AA	39	54.17	130	52.42	233.33	-1.75
AA -	7	9.72	12	4.84	71.43	-4.88
A +	1	1.39	1	0.40	0.00	-0.99
合计	72	100.00	248	100.00	244.44	—

注：15 东网债发行人东方网力科技股份有限公司主体级别为 A +。

资料来源：巨潮资讯、Wind 资讯。

从债项级别分布情况看，一般公司债产品中，除 14 中弘债、15 辉煌 01、15 宝信债和 15 丰汇 01 等四只债项信用级别为 AA－外，其他债项信用级别均在 AA 级及以上。2015 年合计发行的 320 期一般公司债产品中，AA 级的债项级别占比最大（期数占比为 45.94%），但较 2014 年下降 2.74 个百分点；AA＋级的债项级别占比次之（期数占比为 27.50%），较 2014 年提升 3.82 个百分点；AAA 级的债项级别占比排在第三位，较 2014 年小幅下降 1.01 个百分点。AA＋级及以上的高信用级别产品占比较 2014 年有所提升，由 2014 年的 50% 上升至 52.81%，主要来自于 AA＋级债券发行期数的增长（见表 1－2）。

表 1－2　　2015 年一般公司债债项级别分布及变化情况

级别	2014 年		2015 年		变化	
	期数（期）	占比（%）	期数（期）	占比（%）	期数变化（%）	占比变化（%）
AAA	20	26.32	81	25.31	305.00	－1.01
AA＋	18	23.68	88	27.50	388.89	3.82
AA	37	48.68	147	45.94	297.30	－2.74
AA－	1	1.32	4	1.25	300.00	－0.07
A＋	0	0.00	0	0.00	—	0.00
合计	76	100.00	320	100.00	321.05	—

资料来源：巨潮资讯、Wind 资讯。

（二）一般公司债担保以控股或参股股东提供担保为主，多数担保措施增级效果明显

2015 年发行的 320 期一般公司债中，有 54 期提供了担保，占比为 16.88%，有增信措施的债券占比较 2014 年大幅下降 24.45 个百分点。2015 年一般公司债的增信措施较为单一，绝大部分来自于第三方信用担保，主要由发行人控股股东或实际控制人提供担保；小部分由专业担保公司提供担保或由发行人设定抵押担保。

从担保增级效果上看，在提供担保的 54 期一般公司债中，实现信用增级的达到 35 期，占比达到一半以上，说明多数发行人增信措施有一定增级效果。其中，主体 AA＋级别中实现增级的占比为 78.57%；主体 AA 级别中实现增级的占比为 51.85%，主体 AA－级及以下的增信全部实现了有效增级。上述统计显示，增级效果与主体级别呈现一定反向趋势，这与目前国内一般公司债市场以 AA 级为融资成本的分界线以及交易所债券市场债券质押式回购制度直接相关。

同 2014 年情况类似，在国有独资及控股企业中，除主体为 AAA 级的发行人外，多数的发行人控股股东的担保有一定增级效果，但部分以上市公司作为主要经营体的担保人担保增级效果并不明显，所涉及的行业主要是钢铁、化工等周期性行业。民营企业方面，主体级别为 AA 级的发行人担保主要来自实际控制人或参股企业，股东担保增级效果有限，其中，15 三福 01、15 三福 02 债与主体级别保持一致；而对于主体级别为 AA－级的发行人，多数外

部增级效果明显，其中，15金一债由第三方担保公司提供担保，信用级别上升至AA级；15岭南债由第三方担保公司提供担保，信用级别上升至AA+级（见表1-3）。

表1-3　　2015年一般公司债发行增信情况统计

主体级别	债项级别	期数	增信方式
AAA	AAA	3	全部由控股股东提供担保，均来自大型国有企业
AA+	AAA	11	均由控股或参股股东提供担保
	AA+	3	均由控股或参股股东提供担保
AA	AAA	6	15中房债由中国交通集团有限公司担保，15甘电债由甘肃省国有资产投资集团有限公司担保，其他均为控股或参股股东提供担保
	AA+	8	均由控股或参股股东提供担保
	AA	13	15三福01与15三福02由江苏望涛投资建设有限公司担保，15海伟01、15海伟02采用抵押担保，其余均为控股或参股股东担保
AA-	AA+	5	15义水债由国有控股股东下属企业担保，其余均为专业担保公司担保
	AA	4	15天域债由衡阳市城市建设投资有限公司提供担保，15金一债由北京中关村科技融资担保有限公司提供担保，15博彦债采用抵押担保，15云旅债由国有参股股东提供担保
	AA-	0	—
A+	AA+	1	15东网债由深圳高新投集团有限公司提供担保
	AA	0	—
合计		54	—

资料来源：巨潮资讯网、Wind资讯。

（三）一般公司债发行利率波动较为明显，信用等级基本体现了风险区分和排序的功能

2015年发行的一般公司债产品期限分布较2014年更为分散，但产品仍以3年期、5年期为主。以发行数量最多的202期公开发行的3年期公司债券作为样本，从图1-4中一般公司债的发行利率情况来看，AAA级公司债产品的发行利率全年整体上呈现逐月下降趋势；AA+级公司债产品的发行利率呈现上半年利率高位波动，6—8月后利率出现下调，在9月达到低点后又重新上行；AA级公司债产品的发行利率全年呈现利率高位波动之势。值得注意的是，AA级债项级别的发行利率在9月显著高于其他级别，其利率走势与其他级别呈现相反状态，显示市场投资者对该期间发行的债券产品风险预期较高。

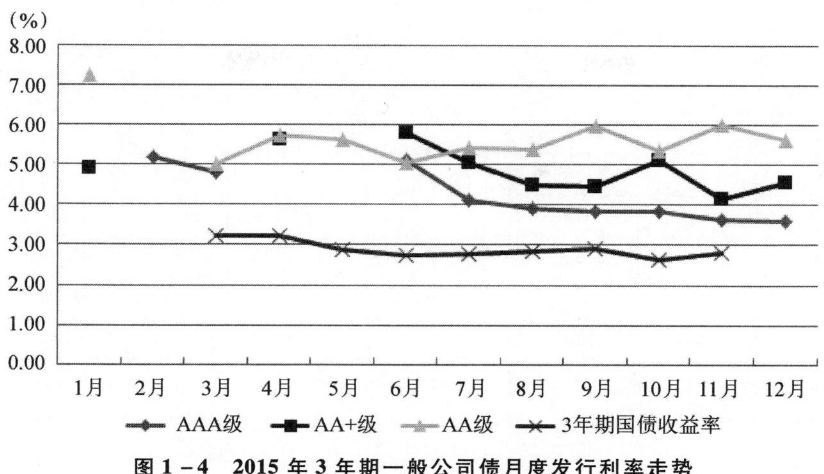

图1－4 2015年3年期一般公司债月度发行利率走势

注：①统计样本为公开发行的3年期公司债券的发行利率；②如果债券存在选择权，期限为选择权之前的期限，例如债券的原始期限设计为“3＋2”，则期限为3年；③以债项级别为统计基础。

资料来源：巨潮资讯、Wind资讯。

从一般公司债利差统计来看，2015年公开发行的3年期公司债券中所有级别的利率均值、利差均值均呈现随级别降低而逐步扩大趋势，其中，AAA级至AA＋级的级差为76.43个基点，AA＋级至AA级的级差为91.73个基点，级差呈逐步扩大之势。从2015年公开发行的5年期公司债券情况看，AAA级别利差均值和标准差水平较其他级别最低，利差均值随着级别的降低逐渐扩大。从3年期和5年期的利差对比情况看，3年期的AAA级别利差均值略大于5年期，3年期的级差差异相较5年期相对较大；3年期的AA级别利差均值大于5年期，5年期的级差差异略小于3年期。形成上述情况的差异可能来自于两方面：

（1）投资者对3年期的AAA级别的认可度相对不高。从样本实际情况看，造成上述AAA级利差异动的情况均来自主体级别较低而担保后增级到AAA级的债券（如15正奇债、14京银债、14粤运01、14粤运02、15甘电债、15中房债）。

（2）发行的时间窗口因素。众多的3年期AAA级产品集中6月以后发行，而在此时间AA＋级与AA级发行利率相对较为接近，AAA级与AA＋级发行利率相应拉高了利差水平。

为进一步研究信用等级对利差的影响程度，本章通过方差分析和多重比较检验（LSD法），确定信用等级对利差影响的显著性以及各信用等级之间的差异化（见表1－4）。

通过对2015年3年期、5年期不同信用等级公司债的发行利差进行显著性检验（设定显著性水平为5%），3年期的信用等级之间的利差差异通过了显著性检验（F＝47.98＞F0.05＝Fcrit＝2.81），且AAA级、AA＋级与AA级三组间显著性差异相近；5年期的信用等级之间的利差差异也通过了显著性检验（F＝27.38＞F0.05＝Fcrit＝2.81），且AAA级、AA＋级与AA级三组间显著性差异也相近。由以上分析可知，信用等级显著影响利差水平，且不同信用等级之间的利差存在显著差异。

表 1-4　　2015 年部分一般公司债券的发行利率和利差分析统计情况

期限	债项信用等级（级）	样本数（个）	利率（%）		利差（基点）			
			区间	均值	均值	级差	标准差	偏离系数
3 年	AAA	33	3.30—5.38	3.96	108.94	N/A	43.04	0.40
	AA+	52	3.38—6.80	4.73	185.37	76.43	83.69	0.45
	AA	117	3.93—8.50	5.62	277.10	91.73	107.19	0.39
5 年	AAA	41	3.50—6.98	4.11	108.78	N/A	49.97	0.46
	AA+	32	3.76—7.50	4.73	166.22	57.44	68.08	0.41
	AA	15	4.30—6.88	5.41	239.55	73.33	67.50	0.28

注：①利差为债券的发行利率减去当期债券同期限的交易所国债到期收益率；②如果债券存在选择权，期限为选择权之前的期限，例如债券的原始期限设计为“3+2”，则期限为 3 年；③级差为本信用等级的发行利差均值减去比该信用等级高一个级别的发行利差均值；④N/A 表示不适用；⑤本表仅列出发行期限为 3 年、5 年的公司债券，其他期限的公司债券由于样本量过小，未列出。

资料来源：巨潮资讯、Wind 资讯。

二、私募债

2015 年，随着公司债（含私募债）业务新规的相继发布，面向特定投资者非公开发行的私募债发行实现了跨越式发展。全年共有 441 家公司发行了私募债，共计发行了 1 025 期私募债，发行规模为 4 946.81 亿元，发行家数较 2014 年有所下降，但发行期数和规模均较 2014 年呈现大幅增长。其中，有评级信息的私募债发行家数 263 家，较 2014 年增加 221 家，占比为 59.64%，较 2014 年大幅提升 47.18 个百分点；有评级信息的私募债发行期数为 197 期，较 2014 年增加 134 期，占比为 19.22%，较 2014 年提升 6.67 个百分点。

从发行人级别分布情况来看，私募债发行人主体级别主要分布在 A+级至 AAA 级之间，级别跨度分布比 2014 年有所扩大，但主要是向 AA+级及以上更高等级发展。其中，AA 级的企业有 168 家，占比达到 38.10%，份额占比最大；AA+级主体级别家数为 60 家，份额占比为 13.61%，是占比第二大的级别；AA-级主体级别家数为 16 家，份额占比为 3.63%，是占比第三大的级别。值得注意的是，2015 年私募债首次出现了 12 家 AAA 级别的发行人，份额占比为 2.72%。总体看，2015 年私募债中高级别发行人（AA 级及以上）的占比较 2014 年提升较大，主要是 AA 级、AA+级发行人家数及其占比大幅增长所致（见表 1-5）。

从债项级别分布情况看，2015 年合计发行的有评级信息的 197 期私募债产品中，除 15 金—01、15 元成债、15 宝信 01、15 洲际 01、15 洲际 02、15 恒泰 01 和 15 翰宇 01 七只债项信用级别为 AA-级外，其他债项信用级别均在 AA 级及以上。其中，AA 级的债项级别占比最大（期数占比为 13.27%），较 2014 年提升 4.70 个百分点；AA+级的债项级别占比次之（期数占比为 4.00%），较 2014 年提升 2.01 个百分点；AAA 级的债项级别占比列位第三位（期数占比为 1.27%），较 2014 年提升 1.27 个百分点。AA+级及以上的高信用级别产品占

表 1－5　　2015 年私募债主体级别分布及变化情况

级别	2014 年		2015 年		变化	
	主体家数（家）	占比（%）	主体家数（家）	占比（%）	家数变化（%）	占比变化（%）
AAA	0	0.00	12	2.72	—	2.72
AA＋	2	0.59	60	13.61	2 900.00	13.02
AA	9	2.67	168	38.10	1 766.67	35.43
AA－	8	2.37	16	3.63	100.00	1.26
A＋	3	0.89	3	0.68	0.00	－0.21
有级别	42	12.46	263	59.64	526.19	47.18
无级别	295	87.54	178	40.36	－39.66	－47.18
合计	337	100.00	441	100.00	30.86	—

资料来源：巨潮资讯、Wind 资讯。

比较 2014 年有所提升，由 2014 年的 1.99% 上升至 5.27%，主要来自于 AAA 级债券发行期数的增长。需要指出的是，在 2015 年私募债发行期数大幅增长的背景下，有级别信息的债项占比较 2014 年提升了 6.67 个百分点至 19.22%，评级在债券发行过程中的作用进一步凸显（见表 1－6）。

表 1－6　　2015 年私募债债项级别分布及变化情况

级别	2014 年		2015 年		变化	
	期数（期）	占比（%）	期数（期）	占比（%）	期数变化（%）	占比变化（%）
AAA	0	0.00	13	1.27	—	1.27
AA＋	10	1.99	41	4.00	310.00	2.01
AA	43	8.57	136	13.27	216.28	4.70
AA－	10	1.99	7	0.68	－30.00	－1.31
A＋	0	0.00	0	0.00	—	—
有级别	63	12.55	197	19.22	212.70	6.67
无级别	439	87.45	828	80.78	88.61	－6.67
合计	502	100.00	1 025	100.00	104.18	—

资料来源：巨潮资讯、Wind 资讯。

从利率及利差分布情况看，私募债的发行利率和利差显著高于同级别一般公司债的发行利率及利差。从各级别利差比较看，3 年期的利差随级别的下降而增长。在期限间的利差变化看，对应级别的利差随期限的延长而呈现增长趋势。上述情况表明，有评级信息的私募债与一般公司债在利差表现上趋势相似，利差在一定程度上能够反映评级内涵。

三、证券公司债

2015 年，我国交易所债券市场共有 69 家证券公司发行了 237 期证券公司债，其中，一般公司债42期（占比17.72%），次级债154期（占比64.98%），短期公司债41期（占比17.30%）。产品结构中次级债占比下降较快，主要是新产品短期公司债自2014年10月试点以来陆续发行，以及一般公司债占比较2014年提高所致。上述发行的237期债券产品中，有评级信息的有116期，其中，一般公司债36期，次级债63期，短期公司债17期，各品种的评级样本数较小。

从发行人级别分布情况来看，证券公司一般公司债发行人主体级别分布在AA级至AAA级之间，级别跨度分布较2014年有所缩窄，暂无AA－级别。其中，AAA级的企业有12家，占比达37.50%，份额占比最大，较2014年下降12.50个百分点；AA+级和AA级的企业各有10家，占比均为31.25%，份额占比并列第二位，分别较2014年提升了18.75个百分点和6.25个百分点。总体看，2015年证券公司一般公司债发行人数量较2014年大幅增长，各级别份额占比变动情况出现差异主要是2014年各对应级别的发行人家数太少所致（见表1－7）。

表1－7　2015年证券公司一般公司债主体级别分布及变化情况

级别	家数（家）	家数同比变化（%）	家数占比（%）	占比同比变化（%）
AAA	12	200.00	37.50	－12.50
AA+	10	900.00	31.25	18.75
AA	10	800.00	31.25	6.25
AA－	0	－100.00	—	－12.50
合计	32	300.00	100.00	—

注：中泰证券股份有限公司2015年1月主体评级为AA+级，2015年6月主体评级为AAA级，此表将其纳入AAA级别的发行人家数之中。

资料来源：巨潮资讯、Wind资讯。

从债项级别分布情况看，2015年合计发行的36期证券公司一般公司债产品中，AAA级的债项级别占比最大（期数占比为55.56%），但较2014年下降19.44个百分点；AA+级的债项级别占比次之（期数占比为25.00%），较2014年提升8.33个百分点；AA级的债项级别占比位列第三位，较2014年提升11.11个百分点。AA+级以上的高信用级别产品占比较2014年下降至80.56%，主要因为AAA级债券发行期数占比下降了（见表1－8）。

表1－8　2015年证券公司一般公司债债项级别分布及变化情况

级别	期数（期）	期数同比变化（%）	期数占比（%）	占比同比变化（%）
AAA	20	122.22	55.56	－19.44
AA+	9	350.00	25.00	8.33
AA	7	600.00	19.44	11.11
合计	36	200.00	100.00	—

资料来源：巨潮资讯、Wind资讯。

次级债产品方面，在有评级信息的样本中，债券信用等级较 2014 年分布整体上移，主要集中在 AA 级及以上的信用级别。其中，AA + 级别的债券有 31 期，占比达到 49.21%，是占比最大的级别；AA 级别的债券有 23 期，占比为 36.51%；AAA 级别有 5 期，AA - 级别有 3 期，A + 级别有 1 期，合计占比为 14.29%（见表 1 - 9）。

表 1 - 9　2015 年证券公司次级债债项级别分布及变化情况

级别	期数（期）	期数同比变化（%）	期数占比（%）	占比同比变化（%）
AAA	5	—	7.94	7.94
AA +	31	244.44	49.21	33.14
AA	23	53.33	36.51	9.72
AA -	3	0.00	4.76	-0.60
A +	1	—	1.59	1.59
A	0	-100.00	—	-51.79
合计	63	12.50	100.00	—

资料来源：巨潮资讯、Wind 资讯。

短期公司债产品方面，目前监管机构对该类产品无评级要求，目前发行的 41 期短期公司债产品中有 17 期进行了评级，但各家机构债券评级符号标识不统一。其中，15 太证 D1、15 申证 D1、15 申证 D2、15 申证 D3、国信 1502、山证 1501、山证 1502、山证 1503、西部 1501 债项级别为 A - 1 级，14 西部 D3 债项级别为 AA 级，银河 1503、15 招商 D3、15 招商 D4、14 海通 D3、14 兴业 D1、14 兴业 D2、15 中信 D1 债项级别为 AAA 级。

整体来看，2015 年证券公司发行人数量大幅增长，主体级别跨度分布有所收窄，且整体上移。同时，伴随着证券公司发行产品类型的多样化，有评级信息的债券数量也较 2014 年有所增长。

四、可转换公司债

受股市震荡下行影响，2015 年可转换公司债券发行期数较 2014 年大幅减少，全年共有 3 家企业发行 3 期可转换公司债券。除蓝标转债是年底发行外，其余 2 期均在大盘市场行情较好的 2015 年上半年发行。与 2014 年发行人主要来自于民营企业不同的是，2015 年发行人中中央国有企业、地方国有企业和民营企业各占一家。在有评级信息的 3 期可转债中，电气转债主体级别为 AAA 级，债项级别与主体级别保持一致；航信转债主体级别为 AA + 级，由于有第三方担保增信措施的存在，债项级别为 AAA 级；蓝标转债主体级别为 AA 级，债项级别与主体级别保持一致。

如表 1 - 10 所示，2015 年发行的可转债信用级别分布有所收窄，级别跨度分布在 AA—AAA 级之间。其中，高级别债券（AA + 级及以上）的占比由 2014 年的 46.16% 一跃提升至 66.67%，反映出在股市震荡下行中，可转债债项等级重心有所上移。

表 1－10　　2014—2015 年可转换公司债券债项信用等级分布

债项级别	2014 年		2015 年	
	发行期数（期）	占比（%）	发行期数（期）	占比（%）
AAA	2	15.38	2	66.67
AA＋	4	30.78	0	0.00
AA	6	46.15	1	33.33
AA－	1	7.69	0	0.00
总计	13	100.00	3	100.00

资料来源：Wind 资讯。

五、可交换债

2015 年，交易所债券市场共 21 家发行人发行了 25 期可交换债产品，其中 4 期为公开发行，21 期为非公开发行。上述可交换债产品均以所持目标上市公司股权作为质押物进行增信，并设置了不同的赎回及回售条款。在有评级信息的 5 期可交换债产品中，除 15 天集 EB、15 九洲债获得了 AA＋级的债项评级外，其他的 15 清控 EB、15 国盛 EB 和 15 国资 EB 等三期均获得了 AAA 级的债项评级（见表 1－11）。

表 1－11　　2014—2015 年可交换公司债券债项信用等级分布

类别	债项评级（级）	2014 年		2015 年	
		发行期数（期）	占比（%）	发行期数（期）	占比（%）
公募发行	AAA	1	20.00	3	15.00
	AA＋	0	0.00	1	5.00
	AA	0	0.00	0	0.00
私募发行	AA＋	1	20.00	1	5.00
	AA	1	20.00	0	0.00
有级别		3	60.00	5	25.00
无级别		2	40.00	15	75.00
合计		5	100.00	20	100.00

资料来源：Wind 资讯。

六、资产支持证券

2015 年，在政策的大力推动下，资产证券化业务规模大幅增长，全年共计发行 1 096 期资产证券化产品（中国证监会主管资产证券化），专项计划管理人也由 2014 年 17 家增长至 69 家，包括证券公司、资本管理公司和资产管理公司等类型。基于基础资产的信用状况，上述资产证券化产品普遍通过优先级/次级结构、超额抵押、机构担保、利差账户等增信方式进行信用增级。2015 年，有评级信息的资产支持证券共计 886 期，其中，除次级及次优级产品外，大多数资产支持证券优先级产品的评级均在 AA—AAA 级之间，低于 AA 级的有 40 期，主要都是次优级和次级产品。其中，BBB + 级的有 1 期，A - 级的有 3 期，A 级的有 13 期，A + 级的有 12 期，AA - 级的有 11 期。

第四节　信用等级迁移分析

为研究 2015 年信用债发行人的级别调整变化情况，本章以 2015 年初存续的公司债发行人①作为研究主体，统计其 2015 年内信用级别及评级展望变化情况。2015 年初，交易所债券市场存续的公司债发行人共计 379 家，信用级别合计变动 44 次，占发行人总数的 11.61%，调整频率较 2014 年提升 5.03 个百分点。其中，信用级别上调 27 次，信用级别下调 17 次，级别上调次数占比大幅高于 2014 年；评级展望上调次数为 12 次，下调次数为 6 次，展望上调次数多于下调情况，展望上调大多是从负面调整为稳定。与 2014 年评级调整时间较为分散一致，2015 年评级调整不定期跟踪次数明显增多，部分企业的评级一年内甚至出现了多次调整，信用等级的调整与宏观经济对发行人信用状况的影响以及市场实际情况较为一致（见表 1 - 12）。

表 1 - 12　　2015 年公司债发行人主体评级调整情况

项目	样本数（个）	级别调升（次）	级别调降（次）	展望调升（次）	展望调降（次）
一般公司债	332	18	17	12	6
可转债	2	0	0	0	0
证券公司债	45	9	0	0	0
合计	379	27	17	12	6

注：①为与 Cohort 法样本研究基础保持一致，上表统计样本均为年初的公司债发行人；②级别和展望均发生变化的视为级别调整，不列入展望变化统计。

资料来源：巨潮资讯、Wind 资讯。

为反映信用评级机构对发行人的信用等级调整变化，本章采用 Cohort 法对发行人主体信用等级变化进行分析。在信用等级迁移情况方面，2015 年 1 年期信用等级迁移矩阵显示②，从年初至年末，在样本量较多的 AA - 级及以上级别中，有 16.67% 的 AA - 级别向上迁移至

① 此处公司债包括一般公司债、可转债、证券公司债产品。

② 1 年期发行人主体信用等级迁移矩阵的计算方法采用 Cohort 法，即期对年初和年末均有效的信用等级从年初到年末的变动情况进行统计，不包括年内新发债券和债券在年内到期的发行主体的级别统计，亦不考虑年内等级多调和等级回调的情况。

AA 级别，迁移率最高；有 9.33% 的 AA + 级别向上迁移至 AAA 级别，迁移率次高；有 4.62% 的 AA 级别向上迁移至 AA + 级别，迁移率列第三位。从评级稳定性看，AAA 级发行人主体信用等级的迁移率最低，仅有 1.35% 的 AAA 级别向下发生迁移，稳定性最好；AA - 级发行人主体信用等级的迁移率最高，共有 25.00% 的 AA - 级别迁移至其他级别，稳定性最差（A 级、BBB 级和 BB 级迁移率较高是样本数量太少造成的）。值得注意的是，很多信用等级的迁移是跨越若干级别的迁移。其中，11—重债、12—重 01 发行人因为存在较大偿债压力、应收账款不断增加、盈利能力持续下滑、2015 年 1—9 月亏损幅度扩大等不利因素使其主体信用等级由 AAA 级向下迁移两个等级至 AA 级；10 煤气 02 发行人因煤炭市场景气度较差且预计未来仍将低迷，煤炭价格持续下降、收入及毛利率均有所下滑导致经营亏损扩大、现金流明显恶化、有息债务大幅增加导致偿债压力加大以及公司货币资金使用受限等风险因素使其主体信用等级由 AA 级向下迁移两个等级至 A + 级；12 舜天债发行人因经营风险和流动性风险较大、或有损失金额巨大，已被监管部门立案调查，未来持续性经营的不确定性增加致使其主体信用等级由 AA 级向下迁移多个级别至 B 级；14 天风 02 发行人因投资银行业务发展较快、资产管理业务规模有所突破，资产流动性较好，净资产水平提升等有利因素促使其主体信用等级由 AA - 级向上迁移两个等级至 AA + 级。上述情况表明该类发行人易受宏观经济波动及自身偿债能力变化等因素影响，主体信用等级调整的连续性不强，级别稳定性较差（见表 1 - 13）。

表 1 - 13　　2015 年发行人主体信用等级 1 年期迁移率　　（单位：%）

样本（个）	年末等级（级）／年初等级（级）	AAA	AA +	AA	AA -	A +	A	A -	BBB +	BBB	BB	B	CC
74	AAA	98.65	—	1.35	—	—	—	—	—	—	—	—	—
75	AA +	9.33	86.67	4.00	—	—	—	—	—	—	—	—	—
173	AA	—	4.62	90.75	3.47	0.58	—	—	—	—	—	0.58	—
48	AA -	—	2.08	16.67	75.00	6.25	—	—	—	—	—	—	—
A +	4	—	—	—	—	100.00	—	—	—	—	—	—	—
3	A	—	—	33.33	33.33	—	—	—	33.33	—	—	—	—
—	A -	—	—	—	—	—	—	—	—	—	—	—	—
—	BBB +	—	—	—	—	—	—	—	—	—	—	—	—
1	BBB	—	—	—	—	—	100.00	—	—	—	—	—	—
1	BB	—	—	—	—	—	—	—	—	—	—	—	100.00
—	B	—	—	—	—	—	—	—	—	—	—	—	—
—	CC	—	—	—	—	—	—	—	—	—	—	—	—

注：①12 舜天债发行人主体信用等级分别于 2015 年 5 月 20 日、2015 年 7 月 22 日和 2015 年 12 月 4 日连续三次下调，由年初 AA 级大幅调降至 B 级；②12 湘鄂债发行人主体信用等级年内下调一次，由年初 BB 级大幅调降至 CC 级。

资料来源：巨潮资讯、Wind 资讯。

整体来看，2015 年发行人主体信用等级迁移方向更加多元化，AA－至 AA＋级别的迁移率均有所上升，迁移方向向上和向下数量均衡，跨级别调整的现象也明显增多。

综合本章所述，在监管层强化监管、交易所债券市场继续扩容的大环境下，国内证券资信评级机构在基础设施建设、评级业务发展以及评级信息质量等方面均取得了较大进步，行业地位与市场影响力稳步提升。2015 年在宏观经济增速放缓的大背景下，企业信用风险与日俱增，信用等级调整频率和幅度明显加大。在 2016 年宏观经济基本面未发生根本变化的大环境下，随着交易所信用债发行人主体的持续增长，未来发行人主体及债项级别发生迁移将趋于常态化，上述均对评级机构的执业能力与水平提出了更高要求，也为提升评级行业地位与市场公信力提供了发展契机。

第二章
证券资信评级行业面临的问题和发展方向

第一节　2015 年证券资信评级行业面临的问题

一、评级机构现有基础设施不适应日益增长的评级服务需求

现有评级服务需求主要从量和质两大方面对评级机构提出了更高要求：量的方面，随着债券市场的不断扩容，债券评级业务相应增长，满足相应资质的从业人员需求不断增加；质的方面，由于债券市场创新产品不断涌现，技术储备及更多研究性人才需求提升。而相对于国外三大评级机构，我国证券资信评级机构普遍存在基础设施建设滞后的现状。

另外，在人员方面，我国证券资信机构评级的从业人员流动性较大，人员结构偏年轻化，经验丰富的分析师流失率较高，不利于评级机构的长远发展。在数据库建设方面，由于发展历史较短，评级机构的数据库普遍存在着数据积累和储备有限的情况。评级数据库建设的相对滞后导致了评级数据对评级方法、评级检验等评级技术实证支撑的有效性不足，继而对评级机构的综合实力提升造成制约。在技术储备方面，虽然近年来各家评级机构逐步加大了研发投入，但是创新产品的系统化研究普遍不足，针对债券市场信用舆论热点进行专题分析的能力仍较滞后。

二、债券市场的不断发展要求评级机构提升服务水平

目前，我国评级行业存在着部分机构评级结果虚高、信用风险揭示程度不足、评级风险识别符号区分度低的问题。以信用风险揭示为例，2014 年“11 超日债”未按期付息成为信用债违约的首只债券，之后债券市场违约风险逐步暴露，2015 年以来信用风险事件暴发愈加频繁。2015 年债券市场主体级别下调的次数与家数均较 2014 年显著增加，发行主体评级展望为负面或列入信用观察的名单数也达到历史最高。虽然各家评级机构注重

及时揭示信用风险，但在投资者普遍关心的评级风险预警方面仍显不足。目前，评级机构需要在流动性评级、无担保情况下的发行人财务实力评级方面有所创新，才能满足投资人更多实质性需求。

目前，评级行业对于信用违约尚未形成一套准确、完整的表述方式，信用违约缺少严谨定义，信用风险事件也未被区分不同情况进行科学分类。因此，评级行业尚需进一步完善违约确认机制，明确信用违约的识别符号并形成信用违约统计的定期上报规范。

此外，在标准化债券产品迅速发展的同时，创新的非标产品评级品种也不断涌现。由于创新产品的交易结构更为复杂，模式更为多样，信用风险的揭示更加专业化和复杂化。目前，业内很多评级机构关于创新产品的信用风险内涵揭示得不够明晰和规范，因此评级机构需要进一步改进。

评级风险符号区分度方面，按现有国内评级监管制度的规定，目前债券的评级结果使用的是统一的评级符号标识（即中国人民银行 2006 年 11 月发布的信用评级行业规范），上述制度的安排有其合理性，但也存在一定的局限性。由于各家机构评级政策松紧度不同，等级符号的相同掩盖了不同评级机构信用等级结果的差异性，上述评级符号的无差异性容易加大级别竞争，助长信用等级虚高。因此，评级机构有必要在评级政策设定、评级信用结果依据分析方面增强信息披露，加强与投资者等相关方的信息沟通。

三、评级服务收费水平有待进一步提升

作为债券市场的重要组成部分，信用评级机构对减少债券信息不对称、提供债券定价参考方面发挥着重要作用。近年来，随着债券市场的蓬勃发展，信用评级机构在一二级市场中的参与度不断提升，评级结果也愈加受到市场各参与方的重视。但是，相较于证券公司、律师等其他中介服务机构，目前评级机构的整体市场地位仍相对较低，评级行业承担的品牌失信风险与其行业收益率水平很不匹配。从服务收费来看，目前我国传统债券产品的评级收费价格多年未有调整，信用评级收费水平一直很低。近年来，监管机构曾对评级机构的尽职调查深度提出过更高的要求，但现有的评级收费水平显然不能支撑相关尽职调查成本支出的增加。此外，由于我国评级机构业务同质化严重，评级品牌尚未树立，评级行业竞争激烈，在创新产品的评级价格方面竞争尤其明显。国内评级行业发展十余年来，员工薪酬、尽职调查费用、办公租金等支出逐年上升，但作为主要收入来源的债券评级收费水平一直未见上涨，上述情况不利于评级行业持续健康发展。

四、债券市场仍存在制约评级行业发展的不利因素

2015 年，在政策层面的推陈出新和制度性红利的释放下，我国债券市场规模继续保持快速增长态势，非金融企业债券净融资额在同期社会融资规模增量的占比创历史最高水平，

但目前债券市场仍存在着制约评级行业发展的不利因素，主要体现在如下方面：

（1）评级市场监管的协同程度低。目前，我国债券市场存在市场分割、多头监管的局面。虽然各监管部门的评级行政性监管规则趋同，但也产生了具有差异性的准入标准和行业执业标准，不利于评级机构按照一致性的原则进行管理并推进业务，在监管成本上升的同时，也容易产生监管标准不同条件下发债主体的监管套利。

（2）市场成熟度不足。相较于欧美国家发达的债券市场，我国评级行业发展仍处于初级阶段，违约率检验方面成熟度依旧不够。交易所债券市场因市场容量、发行交易方式的不同，在2012年之前一直未形成统一有效的定价基准，间接造成了评级利差检验标准的缺失。由于债券风险定价体系未有效建立，无论是监管层还是投资者，均呈现明显的风险厌恶倾向，不利于培育成熟的评级机构。此外，我国债券市场的风险缓释工具匮乏，针对债券市场有效的风险转换、对冲和补偿的金融产品仍处于空白状态，违约退出机制不健全，限制了债券市场的市场化进程，不利于市场化的评级检验体系的建立。

（3）评级行业的有序竞争体系尚未建立。评级行业是公信力行业，但目前我国评级机构众多，业务同质化严重，行业竞争激烈，监管部门缺少相关扶持政策，不利于评级公信力品牌的建立。

（4）市场化的多评级机制未有效建立。多评级制度的引入一定程度上丰富了评级参考序列，有利于评级质量的相互检验，对遏制市场中的评级虚高现象具有一定作用。但目前市场已施行的双评级制度主要来自行政限定的投资者付费机构，存在一定的局限性。监管机构应顺应市场需求，鼓励受评主体聘用两家及以上评级机构进行评级，增加评级信息的对比性和参照性。

第二节　2016年证券市场资信评级行业展望

一、公司债的发行量将呈现平稳增长态势，评级行业市场需求继续扩容

2015年公司债发行规则改革后，公司债发债主体范围迅速拓展，相关审批流程的简化叠加资金面的充裕带动发行量增长迅猛。尤其在2015年下半年，以房地产、类平台企业为主要新增群体的发行人增长迅速，带动公司债发行规模呈现快速增长。但目前公司债发行规模在整个债券市场发行量的占比仍较低，仍有很大发展空间。

从发展前景看，随着公司债相关规则的清晰化，2016年公司债的发行量将呈现平稳增长态势。其中，非公开发行的公司债因备案发行制度更为灵活，其发行规模有望超过公开发行的公司债。值得注意的是，2015年交易商协会、发改委陆续出台了多项债券发行利好政策，越来越多的发行人将同时满足不同监管部门发行政策的要求，未来，不同券种间的替代

效应将更加明显。例如，公开发行的公司债与中期票据、非公开发行的公司债与非公开定向债务融资工具（PPN）、项目收益债与项目收益票据、可续期债与永续票据等相互间存在一定替代作用。未来，公司债一级市场扩容速度可能会放缓，但基于前期的项目累积和基数增加，评级业务市场需求仍将持续旺盛。

二、信用违约风险继续累积，评级机构面临挑战

自“11 超日债”成为首单违约信用债以来，债券市场违约风险持续累积，2015 年以来爆发的信用风险事件愈加频繁。信用风险由私募债向公募债、小企业向大企业、民营企业向国有企业蔓延的趋势进一步加快。2015 年，债券市场共有 21 只债券出现实质性本金或利息违约。整体来看，未来市场上信用违约风险的爆发来自存量和增量两个方面。

从存量来看，由于宏观经济仍未好转，企业经营环境依然较为严峻。在“供给侧”改革实质性推进、产业结构调整不断深入的同时，产能过剩企业、传统制造业将面临大幅调整，行业信用风险将加快释放。在债券存量市场上，上述两大行业企业发行人占据了较大部分。2016 年债券市场信用风险可能会进一步恶化，违约常态化趋势将更明显。

从增量来看，受公司债发行主体拓宽的影响，两大种类发行人迅速扩张，一类来自原境内融资限制较多的房地产企业，另一类为类平台企业。对于前者，虽然房地产行业在 2015 年有一定回暖，但目前去库存压力依然较大，二、三线城市的房地产企业经营仍面临较大压力；而对于类平台企业，虽然债券募集资金实际使用人为当地各级政府，但不同类平台企业在地方经济中所处的地位不同，未来仍需关注区域经济较差或政府支持力度较弱的类平台企业的信用风险。此外，非公开发行的公司债发行主体多为非上市企业，信用质量参差不齐，也为未来信用风险的累积奠定了基础。

2016 年到期的债券规模超过 11 万亿元，约占 2015 年年底债券存量的 1/4，较大的偿债压力会继续引起违约事件的发生。预计 2016 年在“去产能”、“去杠杆”的加速趋势下，债券违约风险程度将继续加深。未来，市场对评级机构违约预警需求也将显著增加，评级机构对违约事件的敏感性和评级调整的及时性将面临挑战。

三、创新开放的债券市场将继续加大对新品种评级服务的需求

2015 年，在备案制、试点规模扩容等利好政策的推动下，资产证券化产品发行逐步常态化，基础资产类型持续丰富，产品结构设计创新不断涌现。目前，交易所债券市场发行的企业资产证券化产品的基础资产包括小额贷款、保理融资债权、航空票款、公积金贷款、不动产物业收入、股票质押式回购债权、信托收益权、互联网借贷、医疗租赁等，未来，随着不良资产证券化、房地产信托投资基金（REITs）等产品的逐步推出，基础资产范围还将进一步扩大。此外，2015 年资产证券化产品结构引入了真实出表设计等创新模式，未来交易

结构的创新仍将继续涌现。

随着“一带一路”战略逐步落实以及人民币国际化进程的不断推进，熊猫债市场也将迎来发展新契机。除了与中国具有合作关系的外国政府机构、多边金融机构等将陆续进入国内发行熊猫债在国内利率逐步降低过程中，也会有越来越多的非政府机构，包括金融机构及非金融企业发行熊猫债，以寻求降低利息成本或谋求息差、汇差等。目前，已经有多家境外机构正在申请在交易所债券市场私募发行熊猫债。

在传统公司债产品逐步增量的基础上，资产证券化产品的创新和交易所债券市场的开放，将进一步加大对新品种评级服务的需求。

四、评级机构管理运营不断规范，风险定价功能逐步显现，行业影响力继续提升

2015 年 1 月，中国证券业协会出台了《证券市场资信评级机构评级业务实施细则（试行)》，沪、深两大证券交易所也陆续出台了关于公司债评级信息披露的相关规则，上述细则出台的一年内，各评级机构参照上述相关监管规定从内控制度、评级业务制度、从业人员管理、信息披露、质量管理等多方面进行重新梳理和规范，提升机构管理运作水平。从实际情况看，各家机构强化合规管理，对评级业务操作流程、评级报告出具时间、利益冲突防范进行了重点强化，使得评级业务操作进一步规范，有效保障了评级业务质量。另一方面，公司债发行的扩容，使得交易所债券市场的债券的有效样本进一步扩大，有利于发行利差和交易利差的有效检验，评级的风险定价功能进一步强化。内外部因素的共同发力，有利于评级行业影响力的不断提升。除此之外，评级机构还通过多种方式加强与投资者、发行人、交易方、监管层等相关方的沟通，扩大行业影响力。2016 年，在交易所债券市场继续扩容的大背景下，评级风险定价的作用将继续强化，评级机构将通过更加规范的运作给予市场各方更加正面的行业形象，行业影响力有望继续提升。

综上所述，受现有债券市场发展成熟度的影响，我国证券资信评级机构在基础设施建设、评级服务水平等方面仍需要改进，但随着债券市场的持续扩容，加之评级机构业务和管理水平的不断提升，未来评级行业影响力仍将进一步增强。展望 2016 年，在中央“供给侧”改革持续深入的大背景下，我国经济结构调整将进一步深化，信用风险将加速释放。随着人民币加入特别提款权（SDR）后，债券市场的国际化进程也将加快，新产品，新服务将进一步提升评级业务需求，未来，评级机构机遇与挑战将并存。

附表 1　　2015 年我国交易所债券市场违约及风险事件情况一览

序号	时间	涉及债券	债券类型	发行额（亿元）	发行人	企业性质	行业	事前信用等级	事后信用等级	信用风险事件	结果
1	2015年1月	12东飞01 12东飞02	私募债	1.10 1.50	东飞马佐里纺机有限公司	中外合资企业	机械设备制造业	AA/A	AA/A	发行人资金链断裂，无法按期偿还本息	违约
2	2015年1月	10银鸽债	公司债	7.50	河南银鸽实业投资股份有限公司	地方国有企业	造纸业	A/A负面	BBB+/BBB+	造纸行业低迷，发行人盈利能力下滑，出现较大亏损	当地政府协调偿付
3	2015年1月	12蓝博01 12蓝博02	私募债	0.60 0.90	安徽蓝博旺机械集团	民营企业	机械设备制造业	—	—	发行人主要债务逾期，资产受限，现金流紧张	违约
4	2015年2月	12致富债	私募债	1.50	江苏宿迁市致富皮业有限公司	民营企业	皮革制品制造业	—	—	发行人部分贷款逾期，资金链断裂	违约
5	2015年2月	11蒙奈伦债	企业债	8	内蒙古奈伦集团股份有限公司	民营企业	食品加工业	AA/AA稳定	BBB/BBB负面	发行人主营业务遭受压力，现金流紧张，出现银行欠息情况	当地政府正在协调解决
6	2015年3月	12蒙恒达	私募债	2	内蒙古恒达公路发展有限公司	民营企业	道路运输业	—	—	发行人现金流紧张，无力偿还到期本息	违约
7	2015年4月7日	12湘鄂债	公司债	4.80	中科云网科技集团股份有限公司	民营企业	餐饮业	A/A负面①	CC/CC稳定	发行人董事长孟凯被证监会调查，发行人经营业绩不佳，被连续降级至CC级	违约
8	2015年4月19日	13大宏债	私募债	3	江苏大宏纺织集团股份有限公司	民营企业	纺织业	AA-（债项）	CCC（债项）	发行人停产，多笔银行贷款逾期，资金链断裂	违约
9	2015年5月	12鄂华研债	企业债	12	鄂尔多斯市华研投资集团有限责任公司	民营企业	综合	AA/A负面	AA/B	发行人出现亏损，现金流紧张	当地政府正在协调解决

① 为2014年定期跟踪评级时公告的级别。

续表

序号	时点	涉及债券	债券类型	发行额（亿元）	发行人	企业性质	行业	事前信用等级	事后信用等级	信用风险事件	结果
10	2015年5月	12中富01	公司债	5.90	珠海中富实业股份有限公司	民营企业	橡胶和塑料制品业	A+/A+稳定	CC/CC	发行人现金流紧张，无法足额偿付本金	违约
11	2015年11月17日	11云维债	公司债	10	云南云维股份有限公司	地方国有企业	化工行业	AA/AA-稳定	A+/A+负面	发行人盈利能力下滑，持续出现亏损	云南省政府已介入
12	2015年11月18日	12舜天债	公司债	7.80	江苏舜天船舶股份有限公司	地方国有企业	船舶制造业	AAA/AA稳定	AAA/BBB负面	行业低迷，发行人资金困难，多处财产被查封，多笔融资款逾期	正在制定危机处置方案

注：此表统计口径为中国证监会核准的公司债，未包括企业债。其中11蒙奈伦债和12鄂华研债为在交易所和银行间市场同时发行的债券。

资料来源：Wind资讯。

专题报告

专题报告之一：
2015 年证券行业人才发展综述

第一章
证券行业人才发展现状

人才资源是第一资源，2015 年度证券行业人才队伍建设取得了新的进展。据中国证券业协会从业人员管理系统数据统计和 2015 年底开展的专项调查，2015 年证券业从业人员总量突破 31 万人，入门资格、专业资格和管理资质考试测试制度基本确立；26—35 岁从业人员超过一半，集中在北、上、广、深的从业人员近 40%；全行业参加培训学时突破 314 万小时，人均培训学时 10.82 小时；年检通过人数达 99.99%。

第一节　概况[①]

截至 2015 年底，中国证券业协会从业人员管理系统中共有机构 218 家，其中，证券公司 125 家（包括 8 家证券资产管理公司），证券投资咨询机构 86 家，证券市场资信评级机构 7 家。全行业人员总数达 310 288 人，较 2014 年增长 56 987 人，同比增加 22.50%。

① 本部分数据以截至 2015 年 12 月 31 日中国证券业协会从业人员管理系统中 310 288 名全行业人员信息和 292 680 名注册从业人员信息为基础。

各类机构注册人员总数[①]为 292 680 人，较 2014 年增长 52 385 人，同比增加 21.8%（见表 1－1）。

表 1－1　　行业人员及注册从业人员情况

时间	行业人员总数（人）	注册从业人员总数（人）	注册从业人员占行业人员总数的比例（%）
2014 年	253 301	240 295	94.87
2015 年	310 288	292 680	94.33

第二节　证券行业资格考试情况

2015 年，中国证券业协会对从业人员资格考试进行了改革，将考试类别划分为一般从业资格考试、专项业务类资格考试和管理类资格考试测试三种类别，同时将入门考试科目改为“金融市场基础知识”和“证券市场基本法律法规”科目，自 2016 年 1 月 1 日开始实行新的考试测试制度。2015 年度，中国证券业协会举办各项考试共计 45 次，报考共计 2 465 745 科次，较 2014 年增加了 866 516 科次，同比增加 54.18%。

一、一般从业资格考试

2015 年改革前 5 科报考 1 951 046 科次，较 2014 年增加 369 859 科次，同比增加 23.39%；改革后两科入门考试共举办 4 次，报考 246 716 科次。

二、专项业务类资格考试

（一）保荐代表人胜任能力考试

2012 年中国证监会将保荐代表人注册、变更执业机构等资格管理职责移交中国证券业协会，由中国证券业协会进行自律管理。该项考试于 2015 年举办 3 次，报名 18 338 科次，较 2014 年增加 1 755 科次，同比增加 10.58%；平均通过率为 10.22%，较 2014 年提高 4.59%（见表 1－2）。

（二）证券分析师胜任能力考试

证券分析师胜任能力考试于 2015 年 7 月开始实行，共举办 2 次考试，总计报名 948 科

① 注册人员总数是指在中国证券业协会从业人员管理系统中提交申请、注册成功并取得执业证书的人数。

次，平均通过率为 37.61%。

表 1－2　保荐代表人胜任能力考试情况

时间	报名科次（科次）	参考科次（科次）	通过率（%）
2014 年	16 583	9 199	5.63
2015 年	18 338	11 238	10.22

三、管理类资格考试

2015 年举办了 21 次考试，其中，证券公司合规管理人员胜任能力考试 3 次，报名 68 科次，平均通过率为 88.46%；证券公司高管人员资质测试 11 次，报名 361 科次，平均通过率为 95.74%，较 2014 年下降 1.22%；证券评级业务高管人员资质测试 7 次，报名 246 838 科次，平均通过率为 55.73%。

四、注册国际投资分析师（CIIA）考试

注册国际投资分析师（Certified International Investment Analyst，CIIA）是全球投资分析领域最具国际影响力的专业资格之一，该考试由注册国际投资分析师协会（Association of Certified International Investment Analyst，ACIIA）统一管理。ACIIA 是由欧洲金融分析师联合会、亚洲证券分析师联合会以及欧洲、亚洲和拉丁美洲的阿根廷、奥地利、比利时、巴西、中国、中国台北、法国、德国、希腊、中国香港、匈牙利、印度、伊朗、意大利、日本、韩国、卢森堡、摩洛哥、荷兰、波兰、俄罗斯、西班牙、瑞典、瑞士、泰国、乌克兰等近 30 个国家和地区的投资分析师协会联合成立的国际性专业机构，中国证券业协会于 2001 年成为该组织的会员，并于 2013 年当选 ACIIA 主席单位。

CIIA 考试是目前中国证券业协会引入的唯一一项国际专业水平考试。2015 年举办了 2 次考试，参加考试 737 科次，平均通过率为 49.39%，较 2014 年上升 3.58%。截至 2015 年年底，累计取得 CIIA 证书的人员已经达 4 040 人。

五、中国香港从业人员内地证券法规科目考试及中国香港证券从业人员资格考试

在《内地与香港关于建立更紧密经贸关系的安排》框架下，中国证监会与香港证券及期货事务监察委员会确定了两地证券、期货及基金从业人员资格互认的具体安排。按照该安排，内地和香港证券从业资格互认考试将分别由中国证券业协会和香港证券专业学会举办。中国香港专业人员内地证券法规科目考试由中国证券业协会负责命题，由香港证券专业学会负责在中国香港组织考试，2015 年中国证券业协会举办 2 次考试，共计报名 20 科次，平均

通过率为70%，比2014年下降20.38%。香港证券从业人员资格考试由香港证券专业学会命题，由中国证券业协会负责在内地组织考试，2015年举办了4次考试，报名523科次，平均通过率为45.75%。

第三节　证券行业人才构成情况

一、注册情况

截至2015年底，各类机构注册人员总数为292 680人，其中，证券公司为290 566人，占比为99.28%；证券投资咨询机构为1 799人，占比为0.61%；证券市场资信评级机构为315人，占比为0.11%（见表1－3）。

表1－3　注册从业人员总体情况

时间	注册从业人员总数（人）	证券公司		证券投资咨询机构		证券市场资信评级机构	
		人数（人）	占比（%）	人数（人）	占比（%）	人数（人）	占比（%）
2014年	240 295	238 507	99.26	1 522	0.63	266	0.11
2015年	292 680	290 566	99.28	1 799	0.61	315	0.11

注：占比即占当年注册从业人员总数的比例。

二、取得证书[①]情况

注册人员中，取得一般证券业务证书的达176 666人，占比为60.36%，较2014年减少0.12%；取得证券投资咨询业务（分析师）证书的达2 350人，占比为0.8%，较2014年减少0.39%；取得证券投资咨询业务（投资顾问）证书的达33 368人，占比为11.4%，较2014年减少0.88%；取得证券投资咨询业务（其他）证书的达315人，占比为0.11%，与2014年持平；取得证券经纪业务营销证书的达2 415人，占比为0.83%，较2014年减少0.4%；取得证券经纪人证书的达73 214人，占比为25.01%，较2014年增加1.91%；取得投资主办人证书的达1 482人，占比为0.51%，与2014年持平；取得保荐代表人证书的达2 870人，占比为0.98%，较2014年减少0.12%（见表1－4）。

① 通过中国证券业协会规定的考试科目获得从业资格；被机构聘用后，员工通过所在机构向中国证券业协会申请注册，申请通过后取得执业证书。

表 1－4　　注册从业人员执业证书类别构成情况

证书类别 / 时间	一般证券业务		证券投资咨询业务（分析师）		证券投资咨询业务（投资顾问）		证券投资咨询业务（其他）	
	人数（人）	占比（%）	人数（人）	占比（%）	人数（人）	占比（%）	人数（人）	占比（%）
2014 年	145 328	60.48	2 866	1.19	29 519	12.28	266	0.11
2015 年	176 666	60.36	2 350	0.8	33 368	11.4	315	0.11
证书类别 / 时间	证券经纪业务营销		证券经纪人		投资主办人		保荐代表人	
	人数（人）	占比（%）	人数（人）	占比（%）	人数（人）	占比（%）	人数（人）	占比（%）
2014 年	2 962	1.23	55 503	23.1	1 214	0.51	2 637	1.1
2015 年	2 415	0.83	73 214	25.01	1 482	0.51	2 870	0.98

注：占比即占当年注册从业人员总数的比例。

三、性别结构

注册人员中男性多于女性，男性为 172 344 人，占比为 58.88%，较 2014 年减少 0.16%；女性为 120 336 人，占比为 41.12%，较 2014 年增加 0.16%（见表 1－5）。

表 1－5　　注册从业人员性别结构情况

性别 / 时间	男		女	
	人数（人）	占比（%）	人数（人）	占比（%）
2014 年	141 873	59.04	98 419	40.96
2015 年	172 344	58.88	120 336	41.12

注：占比即占当年注册从业人员总数的比例。

四、所在地区分布

注册人员主要集中在北京、上海、广东（不含深圳）和深圳四地，合计占比 39.73%，较 2014 年减少 0.66%；江苏、浙江（不含宁波）、四川、湖北、湖南五地各地的人数均超过 1 万人，合计占比达 23.56%，较 2014 年增加 0.66%（见表 1－6）。

表 1－6　　注册从业人员地区分布　　（单位：人）

地区 / 时间	上海	北京	广东（不含深圳）	深圳	江苏	浙江（不含宁波）
2014 年	29 684	24 550	23 216	19 602	14 853	13 805
2015 年	34 902	28 880	28 564	23 934	18 071	17 302

续表

地区 时间	四川	湖北	湖南	山东 （不含青岛）	河南	福建 （不含厦门）
2014 年	8 849	9 182	8 336	8 042	7 401	5 665
2015 年	11 569	11 205	10 795	9 961	9 100	7 000
地区 时间	安徽	辽宁 （不含大连）	江西	陕西	河北	重庆
2014 年	4 926	5 312	4 606	4 460	4 661	4 022
2015 年	6 006	5 944	5 823	5 797	5 741	5 159

注：占比即占当年注册从业人员总数的比例，上表中按照 2015 年人数由多到少，只列出注册从业人员在 5 000 人以上的城市。

五、境外人员情况

截至 2015 年底，中国香港、中国台湾、中国澳门三地共有 251 人在内地就职，同比增加 37.91%；有 220 名外籍人士在国内的证券公司任职，同比增加 23.6%（见表 1 – 7）。

表 1 – 7　　证券从业人员国家或地区分布　　（单位：人）

国家/地区 时间	中国香港	其他国家和地区	中国台湾	美国	加拿大	中国澳门	澳大利亚
2014 年	123	142	36	19	9	23	8
2015 年	174	139	56	32	29	21	20

第四节　证券行业人才后续职业发展情况[①]

根据《证券业从业人员资格管理办法》规定，中国证券业协会应定期组织取得执业证书的人员进行后续职业培训；根据《证券业从业人员资格管理实施细则（试行）》规定，执业人员应定期参加中国证券业协会或其认可单位组织的后续职业培训；根据《关于使用中国证券业协会远程培训系统开展证券从业人员后续职业培训及相关问题的通知》规定，自 2008 年起，证券从业人员应当按照《证券从业人员后续职业培训大纲》的要求，在年检期间完成 30 个后续职业培训学时，且每年不少于 15 学时，其中必修学时不少于 10 学时，选修学时不少于 5 学时。

---

① 培训数据均来自中国证券业协会培训中心年度各项工作情况月报。

一、远程培训

远程培训是证券业从业人员进行后续职业培训的方式之一，是证券业从业人员后续职业培训的主要载体。

2015 年应培训 232 519 人，报名参加远程培训学习的有 230 048 人，占比达 98.94%；全年共发布远程培训课件 125 门，同比增加 58.23%；共 143 学时，同比增加 40.2%。

二、面授培训

2015 年培训中心共举办面授培训班 132 期，较 2014 年增加 97 期；培训学员 26 451 人次，较 2014 年增加 16 414 人次。

三、培训费用

2015 年证券公司人才管理状况调查（中国证券业协会组织，共 78 家证券公司参加）结果显示，78 家证券公司在人才培训方面总投入超过 3 亿元，培训人数超过 15 万人，人均培训投入 1 940 元（见表 1－8）。

表 1－8　证券公司在人才培训方面的投入

时间	2013 年	2014 年	2015 年
年度培训总费用（万元）	27 115	26 353	30 088
年度培训总人数（人）	120 954	131 428	155 055
年度人均培训费用（元）	2 242	2 005	1 940

第五节　证券从业人员年检情况

一、证券从业人员年检

根据《证券业从业人员资格管理实施细则（试行）》规定，中国证券业协会对执业人员自取得执业证书之日起每两年检查一次。2015 年全年度共计应年检人员 107 309 人；截至 2015 年 12 月 31 日，107 214 人已完成年检，95 人未完成年检。

二、证券经纪人年检

根据《证券经纪人执业注册登记暂行办法》规定，中国证券业协会对证券经纪人自取得证券经纪人证书之日起每年检查一次。中国证券业协会对证券经纪人采取到期即年检的滚动式年检方式，机构可随时向中国证券业协会提交符合年检要求的证券经纪人年检申请。2015 年全年度共计通过年检的证券经纪人达 49 061 人，有 281 名证券经纪人未通过年检。

第六节　诚信信息管理情况

2015 年全年中国证券业协会共发现并处理 1 148 名违纪人员，其中，考试违纪的有 1 138 人，虚假注册的 8 人，其他违反自律规则行为的 2 人。

第二章
证券行业人才发展特点

根据中国证券业协会 2015 年底全行业开展的证券公司人才管理状况问卷调查①结果，2015 年证券行业人力资源发展呈现以下特征。

第一节 人员总量快速增长，呈现持续增长态势

一、总量快速增长

近三年，证券行业人员总量呈逐年增长态势，特别是在 2015 年市场成交量巨大、新业务不断拓展的情况下，行业对人才需求较大。其中，证券公司总部人员的增长速度高于证券公司整体（含分支机构）（见表 2 - 1）。根据对未来三年人员规模的调研数据显示，行业人员规模预计将继续保持增长态势，但增长速度可能会相对放缓（见表 2 - 2）。

表 2 - 1　2013—2015 年证券行业人员规模情况

类别	2013 年末	2014 年末		2015 年末	
	人数（人）	人数（人）	增长率（%）	人数（人）	增长率（%）
公司整体	142 606	145 224	1.8	171 502	18.1
公司总部	42 379	45 551	7.5	55 369	21.6

数据说明：77 家证券公司反馈了 2013—2015 年公司整体人数；76 家证券公司反馈了 2013—2015 年公司总部人数。

① 共计 78 家证券公司参加调查，公司整体人数在 5 000 人以上的样本公司共有 10 家；1 000—5 000 人之间的样本公司共有 45 家，占比为 57.69%；500—1 000 人的样本公司共有 7 家，占比为 8.97%；500 人以下的样本公司共有 16 家。总部位于北、上、广深的样本公司共有 46 家，占样本公司的 58.97%；为保证数据口径的一致性和准确性，在分析过程中剔除了缺失数据和无效数据。

表 2－2　　2016—2018 年证券行业人员规模预测

类别	2016 年末		2017 年末		2018 年末	
	人数（人）	增长率（%）	人数（人）	增长率（%）	人数（人）	增长率（%）
公司整体人员	150 064	12.2	163 427	8.9	177 070	8.3
公司总部人员	52 275	15.2	57 907	10.8	63 833	10.2

数据说明：65 家证券公司反馈了 2016—2018 年公司整体预测人数；64 家证券公司反馈了 2016—2018 年公司总部预测人数。

二、证券公司总部各条线人员呈现不同增长趋势

近三年，证券公司总部人员占比最大的三条线为：投资银行业务、经纪业务、信息技术。其中，传统业务的专业人员（经纪业务、投资银行业务）仍是证券公司总部人员的主要构成部分，而信息技术则是证券公司总部职能条线中人员配置最多的条线。

从业务条线来看，增长最为显著的条线有投资银行业务、融资融券业务、资产托管业务和投资自营业务；从职能条线来看，增长最为突出的是战略研究、信息技术、合规风控和稽核（见表 2－3 和表 2－4）。

表 2－3　　证券公司总部专业人员分布变化情况（2013—2015 年）　　（单位：%）

时间	经纪业务	投行业务	资管业务	研究所	融资融券
2013 年	8.85	20.92	5.26	5.29	1.64
2014 年	9.42	20.65	5.55	3.82	2.10
2015 年	9.59	21.72	5.62	3.65	1.95
时间	OTC 业务	资产托管业务	信息技术	办公室、行政部	董事会办公室
2013 年	2.67	0.80	8.04	3.27	0.53
2014 年	2.83	1.07	8.19	3.23	0.56
2015 年	2.37	1.50	8.43	2.74	0.54
时间	监事会	党群、工会、团委、纪检等	股票销售业务	合规、风控、稽核	投资自营（含股票投资、衍生品和量化）
2013 年	0.37	0.71	6.46	3.88	2.15
2014 年	0.35	0.68	6.70	4.13	2.10
2015 年	0.29	0.61	7.06	3.94	2.45
时间	人力资源	固定收益业务（含投资）	财务	战略研究（创新研究等）	其他
2013 年	1.62	3.71	5.69	0.48	17.65
2014 年	1.60	4.08	5.63	0.54	16.79
2015 年	1.50	4.02	5.11	0.66	16.26

数据说明：各类人员占比为各公司相应加权平均值。

表 2 -4　　证券公司总部专业人员增长情况（2014—2015 年）　　（单位:%）

时间	经纪业务	投行业务	资管业务	研究所	融资融券
2014 年	13.04	4.90	12.12	-23.33	35.44
2015 年	21.98	26.06	21.32	14.53	11.30
时间	OTC 业务	资产托管业务	信息技术	办公室、行政部	董事会办公室
2014 年	12.38	42.15	8.27	4.79	10.74
2015 年	0.29	67.25	23.44	1.80	15.67
时间	监事会	党群、工会、团委、纪检等	股票销售业务	合规、风控、稽核	投资自营（含股票投资、衍生品和量化）
2014 年	-0.60	1.55	10.36	13.15	3.48
2015 年	1.80	7.03	26.15	14.54	40.20
时间	人力资源	固定收益业务（含投资）	财务	战略研究（创新研究等）	其他
2014 年	4.62	16.91	5.08	19.91	1.13
2015 年	12.08	18.08	8.86	45.95	16.02

数据说明：各类人员占比增速为各公司相应加权平均值。

第二节　年轻化趋势显现，专业化、国际化程度进一步提升

一、呈现出一定的年轻化趋势

近三年，从业人员平均年龄为 33.54 岁，35 岁以下从业人员占比约 65%。数据显示，受 2015 年上半年市场行情影响，大批青年人才加入（18—25 岁的青年从业人员占比大幅提升，从 8.98% 上升到 13.45%），整体上降低了 2015 年从业人员的平均年龄（从 34.46 岁降低至 33.54 岁）（见表 2 -5）。

表 2 -5　　2013—2015 年证券行业人员年龄结构情况

时间	统计范围	18—25 岁（%）	26—35 岁（%）	36—45 岁（%）	46—55 岁（%）	55 岁以上（%）	平均年龄（岁）
2013 年	公司整体人员	9.18	51.51	30.26	8.21	0.83	34.05
2014 年		8.98	51.44	29.62	9.10	0.87	34.46
2015 年		13.45	51.38	25.86	8.58	0.73	33.54

续表

时间	统计范围	18—25 岁（%）	26—35 岁（%）	36—45 岁（%）	46—55 岁（%）	55 岁以上（%）	平均年龄（岁）
2013 年	公司总部人员	7.79	55.76	27.51	7.94	1.00	35.19
2014 年		8.09	56.56	26.09	8.36	0.91	34.81
2015 年		10.37	58.11	23.06	7.67	0.80	33.60

数据说明：各类人员占比为各公司相应加权平均值。

年轻人才占比的提升在一定程度上影响了人才队伍从业年限结构变化。近三年，从业 1 年以内的人员占比增加，从 2013 年的 9.56% 上升至 2015 年 18.91%。分析认为变化的原因在于：一方面，行业良好发展态势吸引了年轻人才；另一方面，我国资本市场发展历程较短，成熟经验人才供给不足，人才需求在一定程度上依赖于各公司自我积累和培养，故对年轻人才的需求也保持在较高水平（见表 2 - 6）。

表 2 - 6　　2013—2015 年证券行业人员从业年限情况　　（单位：%）

时间	统计范围	1 年以下	1—5 年	6—10 年	11—20 年	20 年以上
2013 年	公司整体人员	9.56	41.60	19.85	24.35	4.63
2014 年		11.85	37.34	21.75	22.12	6.94
2015 年		18.91	33.00	22.36	18.39	7.34
2013 年	公司总部人员	10.45	40.34	21.73	22.97	4.51
2014 年		12.89	37.37	23.13	20.86	5.75
2015 年		18.77	34.67	22.19	18.40	5.97

二、学历结构不断优化

近三年，低学历人员（大专及以下）占比不断下降，高学历人员（硕士研究生及以上）占比持续提升。

证券公司总部人员的学历结构优于分支机构。由于传统经纪业务的性质特点，对从业人员（例如证券经纪人、客户经理等）的专业背景要求相对较低，但从未来发展趋势来看，随着经纪业务分支机构网点作为证券公司全业务平台这一定位的逐步转变，分支机构从业人员的学历结构亟须改善（见表 2 - 7）。

表 2 - 7　　2013—2015 年证券行业人员学历结构情况　　（单位：%）

时间	统计范围	大专及以下	本科	硕士研究生	博士研究生
2013 年	公司整体人员	25.21	55.66	18.22	0.97
2014 年		22.55	56.81	19.64	1.01
2015 年		20.86	56.81	21.30	0.96

续表

时间	统计范围	大专及以下	本科	硕士研究生	博士研究生
2013年	公司总部人员	8.11	44.29	44.44	2.89
2014年		7.33	44.15	45.58	2.85
2015年		6.50	43.61	47.16	2.65

数据说明：各类人员占比为各公司相应加权平均占比。

三、知识背景较为稳定

近三年，从业人员的知识背景[①]基本保持稳定，财会、经济、金融专业背景的从业人员仍是行业人才队伍的主要构成。从变化趋势来看，证券公司总部IT专业背景的从业人员占比相对提升，这在一定程度上反映了行业对于发展互联网金融、提高公司信息化水平的重视和投入（见表2-8）。

表2-8　2013—2015年证券行业人员专业结构情况　（单位：%）

时间	统计范围	财会、经济、金融类	数学、统计类	法律类	企业管理、工商管理或公共管理等	IT类	其他
2013年	公司整体人员	46.05	2.90	4.12	14.64	9.84	22.44
2014年		45.93	2.95	4.20	14.66	9.95	22.31
2015年		46.65	2.93	4.38	14.32	9.54	22.18
2013年	公司总部人员	47.08	4.06	5.90	14.86	10.75	17.36
2014年		47.05	3.94	5.95	14.57	11.09	17.40
2015年		46.71	3.98	5.99	14.07	11.49	17.76

数据说明：各类人员占比为各公司相应加权平均占比。

四、专业化水平稳步提高

证券行业作为以“人力资本”为核心的知识密集型行业，对从业人员的专业水平要求相对较高。从近三年数据显示来看：从增量趋势变化上，行业人才队伍的专业水平在持续提升；但从存量来看，行业人才队伍的专业化水平具有一定的提升空间（见表2-9）。

五、国际化水平持续提升

随着资本市场综合实力的提升，行业对海外人才的吸引力不断提高，越来越多具有国际学习经历或国际投行、国外公司任职经历的人才纷纷加入。截至2015年底，行业具有境外

① 知识背景指的是人员在高校的学习背景。

工作经验的人才占比为2.08%，具有境外学习经历的人才占比为13.69%；整体来看，占比虽在上升但仍相对较低，人才队伍的国际化仍有进一步优化的空间（见表2－10）。

表2－9　2013—2015年行业各专业资质人员占比情况　（单位：%）

时间	统计范围	注册会计师	通过司法考试	注册金融分析师（三级）	国际注册会计师	加拿大注册会计师
2013年	公司整体人员	1.45	0.92	0.18	0.05	0.01
2014年		1.78	1.16	0.23	0.07	0.01
2015年		2.27	1.45	0.26	0.10	0.02

数据说明：本报告将"注册会计师"、"注册金融分析师"、"通过司法考试"等一系列具有行业代表性和专业认可度的资质认证和专业考试作为衡量整个行业人才专业水平的相关依据之一并进行分析统计，其中，各类人员占比为各公司相应加权平均占比。

表2－10　证券公司总部国际化人才储备情况（2013—2015年）

类别	2013年末		2014年末		2015年末	
	人数（人）	占比（%）	人数（人）	占比（%）	人数（人）	占比（%）
境外工作经验人才	730	1.76	839	1.88	1 128	2.08
境外学习经历人才	4 339	10.44	5 379	12.06	7 417	13.69

数据说明：（1）境外工作经验人才为具有两年及以上工作经验；（2）各类人员占比为各公司相应加权平均值；（3）共74家证券公司反馈了2013—2015年公司总部具有境外工作经验人员情况。

第三节　行业对人才的吸引力逐步提高

一、稳定性逐步提高

近三年，证券行业各家公司的整体平均离职率约为13%，低于全国各行业平均离职率[①]，且呈现逐年下降趋势。2015年，行业平均离职率较2013年下降近6%。由于经纪业务从业人员是证券公司整体人员的主要构成部分，离职率的降低可能主要受益于2014年以来市场行情回暖影响。

近三年，各证券公司总部的平均离职率基本保持稳定，整体维持在11%—12%的区间。证券公司总部人员构成主要为成熟业务（如经纪、投资银行、自营、研发等）和职能部门，相对于整体人员的主要构成——分支机构从业人员（如销售人员、经纪人等），前者受市场

① 根据人力资源专业机构前程无忧发布的《2015年离职与调薪调研报告》显示，2014年国内各行业平均离职率为17.4%。

行情变动的影响相对较小（见表 2－11）。

表 2－11　2013—2015 年证券行业人员离职率

（单位:%）

时间 类别	2013 年	2014 年	2015 年
证券公司整体	16.27	14.10	10.63
证券公司总部	11.12	12.17	11.20

数据说明：各类人员占比为各公司相应加权平均值。

二、对其他行业人才的吸引力逐步提高

根据调研数据显示，近三年，证券公司等从其他金融机构引入的人才数量和占比都在提高（从 2013 年的 24.77% 上升至 2015 年的 26.78%），这在一定程度上体现了金融行业人才的混业流动性加强，也表明证券行业对复合型人才需求的加大，拥有银行、保险、信托等多种专业知识及跨行业运作技术的人才越来越受到行业的重视与青睐。

第四节　创新能力与学习能力是核心竞争力

根据调研数据显示，从各家证券公司反馈的实际情况来看，为了积极应对证券行业不断深化改革创新的发展趋势，创新能力与学习能力是证券公司最为看重的员工素质，也是行业从业人员亟须提高的核心竞争力。

第三章
证券行业人才的发展环境

专业化、高素质的人才是行业最宝贵的财富，是行业核心竞争力的重要体现。证券行业的转型和创新发展，最终需要依靠人才来实践和推动。随着人才核心地位的愈发凸显，建立高素质、国际化、创新型的人才队伍已成为行业人才发展的主要目标。

第一节 证券行业人才培养的制度环境

一、国家层面

2010 年党中央、国务院颁布的《国家中长期人才发展规划纲要（2010—2020 年）》提出，到 2020 年实现在金融财会等经济重点领域培养开发急需、紧缺的专门人才 500 多万人，建成一批人才高地；实施“企业经营管理人才素质提升工程”和“专业技术人才知识更新工程”，在金融财会等重点领域开展大规模知识更新继续教育；通过金融手段，加强促进人才发展，实施促进人才投资优先保证的财税金融政策，完善支持人才创业的金融政策和知识产权、技术等作为资本参股的措施。

同时，国家不断深化行政体制改革，改革行政审批制度，充分发挥市场在资源配置中的基础性作用。根据《国务院机构改革和职能转变方案》中“减少资质资格许可和认定”要求，至 2016 年 1 月国务院已经取消 5 批、累计 272 项职业资格许可和认定事项，其中包括中国证监会实施的“外国证券类机构驻华代表机构首席代表资格核准”“保荐代表人资格”“期货公司董事、监事和高级管理人员任职资格核准”三项①。通过简化程序，建立科学的职业资格体系，提供保障行业人才脱颖而出的制度环境。

① 国发［2014］50 号，国发［2015］11 号。

二、中国证监会层面

2012 年中国证监会制定的《中国证券期货行业人才队伍建设发展规划（2011—2020 年）》提出，到 2020 年证券期货行业人才队伍建设基本接近发达国家或地区成熟资本市场水平，各支队伍中都能涌现出一批在国内外金融领域有较高知名度和影响力的领军人才；推进证券期货行业人才队伍建设的七项重点工程包括人才环境优化、人才素质提高、诚信意识提升、领军人才培养、后备人才储备、人才国际交流、海外人才引进工程。

根据国务院减少资质许可的要求，中国证监会发布公告①，取消期货公司董事、监事和高级管理人员任职资格核准行政审批，改为事后报告管理。

三、中国证券业协会层面

中国证券业协会对从业人员的管理进行了更深入的改革，正在原有的资格管理制度基础上探索更加适应从业人员发展的综合管理体系，包括从业人员资格考试、执业注册、执业行为、诚信管理等方面。

2015 年，中国证券业协会先后发布《关于证券业从业人员资格考试测试制度改革有关问题的通知》和《证券业从业人员资格考试测试制度改革常见问题解答》，对从业人员的知识结构、专业素质明确了新要求。同时，为做好从业人员资格考试测试制度改革配套工作，对执业注册条件进行了调整，进一步完善执业注册流程。

在执业行为方面，废止了《证券从业人员行为守则》，发布了《证券业从业人员执业行为准则》，进一步加强对从业人员执业行为的管理。同时，为推进行业诚信体系建设，增强从业人员诚信观念，发布了《中国证券业协会诚信管理办法》。

四、行业机构层面

证券公司的人才机制建设情况在一定程度上能够反映行业人才发展现状。2015 年证券公司人才管理状况调查（中国证券业协会组织，共 78 家证券公司参加）数据显示：参与调查的大部分证券公司已建立较完善的人才引进机制、绩效考核和激励机制、职业规划和晋升制度。有 60% 以上的证券公司引入了产生于欧美投资银行的业务职级体系，同时 360 度考核也广泛地应用于绩效考核、发展评估、领导力评估、培训需求分析等项目之中。此外，70% 以上的证券公司由公司总裁或董事长亲自分管人才资源工作，这在一定程度上说明证券公司对人才发展的重视。

---

① 中国证券监督管理委员会公告［2015］11 号。

第二节 证券行业人才培养的文化环境

行业文化代表着行业人才的价值理念和行为方式体系，对人才发展起到约束、凝聚、导向和激励等作用。长期以来，行业着力于构建良好的文化环境，从强化从业人员依法、合规、诚信经营，切实履行应尽职责，到加强人员诚信管理等。此外，2014 年以来，中国证券业协会组织了行业企业文化研讨、调研、评选等一系列建设活动，大力推进行业企业文化建设，在目前大力推进监管转型、创新发展的背景下，行业更加注重崇尚学习、具有开放包容特征的创新文化，并将文化融入证券公司的经营活动，建立以诚信、责任、创新为核心的行业文化。

在证券行业人才发展进程中，制度建设是保障，市场建设是基础，文化建设是根本。我国证券市场经过多年的发展，在人才发展的制度、市场、文化建设方面都取得了较大进步，为证券行业人才提供了一个朝气蓬勃、创新有序、可持续发展的良好环境。

第四章
证券行业人才建设存在问题

目前，证券行业发展速度加快，人才发展环境日益改善，初步形成了“人才高地”的示范效应。但是，当前行业人才发展整体水平与经济社会发展的实际需求和资本市场发展的日益国际化要求相比，仍有较大差距。

第一节　证券行业人才数量与质量

从数量上看，证券从业人员的规模与 A 股指数的涨跌和成交量有着显著的正相关关系，呈现较强的波动性，尽管 2015 年有着爆发性的增长，但人员规模仍远远低于银行业、保险业，甚至低于近年来新兴的私募股权基金行业。

从质量上看，行业中高层次、创新型、国际化的人才比较缺乏，在财富管理、收购兼并、衍生品、资产证券化、场外交易、互联网金融、风险管理等创新业务方面存在的人才瓶颈仍然制约着整个行业的创新发展。

从结构上看，证券公司分支机构对人才的吸引力远不及证券公司总部，分支机构从业人员在学历水平、业能力上与总部人员都有较大差距，不仅影响着客户服务水平的提升，也制约分支机构的业务转型。

第二节　证券行业的人力资源管理水平

随着资本市场的发展、直接融资比重的提高和证券行业国际化水平的提升，证券公司传统的组织结构和管控模式也需要随之改变。

一些证券公司内部的不同子公司、不同业务单元以及总部与分支机构之间缺乏必要的人员流动和有效的业务协同，不仅影响了证券公司整体创新能力和客户服务水平，也制约了人才的成长。

证券行业是典型的人才驱动型行业，人才成本占公司营业成本的比例超过60%，但是从行业整体情况看，虽然正在摆脱“靠天吃饭”的局面，在建立科学合理的薪酬体系、完善激励约束机制、提高人力成本投入有效性方面仍然任重道远，证券公司的长期激励机制建设缺乏相应的配套制度。在整个人力成本投入中用于员工发展的投入人均只有2 000元，不及人力成本的1%，远低于国家规定的基本水平。

第三节　从业人员的风险意识和职业操守

2015年，证券市场大幅波动，证券行业的风险隐患不断暴露，违法、违规事件时有发生，客户纠纷增加，一些证券公司和从业人员受到了监管部门的处罚。这一方面暴露了从业人员风险意识和风险管理能力的薄弱，另一面也表明了一些从业人员在利益面前需要加强客户服务意识，严守职业道德。

根据中国证券业协会统计，2015年证券行业新增超过20%的从业人员，多为应届毕业生，同时，65%以上的证券公司在招聘员工时最看重的内容之一就是道德素质。从业人员的诚信意识、职业道德素质和证券经营机构甚至行业的健康发展都息息相关，如何不断提高从业人员的合规意识、风险意识、客户意识和职业意识，是摆在全行业面前的挑战，应该引起高度重视。

第四节　证券行业人才发展保障力度

证券行业作为知识密集型行业，专业化和高水平的人才队伍是行业最核心的资本之一，也是证券业和银行业、保险业竞争的重要的战略资产。证券行业对人才的吸引力度和行业发展紧密相关，相对于发展较为成熟的银行业和保险业，证券行业人才发展保障力度不够，影响了对优秀人才的吸引力。

一是行业人才交流机制不畅。目前，行业人才交流方式除了中国证券业协会组织的培训平台外，没有统一的能够使人才和机构之间实现双向信息匹配的交流平台，尤其缺乏走向国外资本市场的沟通和培训平台，这也是行业内缺少具备国际业务操作技能人才的原因之一。二是行业人才发展政策待完善，缺乏针对行业人才发展尤其是人才交流、人才发展研究、人才表彰等的专项基金，以及针对行业人才发展的一些优惠政策等，在一定程度上减缓了人才的发展速度。

第五章
证券行业人才发展展望和发展建议

第一节　证券行业人才发展展望

在国家大力发展多层次资本市场、提高直接融资占比、降低企业融资杠杆的大背景下，证券行业面临难得的发展机遇，行业人才发展将呈现出专业化、竞争多元化、激励长期化、人力资源管理平台化的趋势。

一、人才发展专业化

随着金融创新的发展，金融产品将更加丰富，证券公司的内部分工将更加精细，对从业人员的专业化要求越来越高。在客户层面，一方面，随着机构投资者的不断壮大，投资和融资个性化要求不断提高，对证券公司的服务质量提出了更高的要求；另一方面，随着高净值个人客户的成长，资产配置需求的加大，对证券公司财富管理服务专业性的要求有所提高，需要专业人员组成专业化团队满足客户的需求。

二、人才竞争多元化

当前，金融体系呈现混业化趋势，传统金融机构间的边界变得模糊，风险投资公司、私募股权投资公司、第三方理财公司异军突出，互联网金融公司更渗透到金融领域的方方面面，这些机构都不约而同地将人才争夺的视角投向证券行业，对行业高端人才进行了激烈的争夺，这一局面不仅将持续下去，而且将演化成人才竞争的新常态。

三、激励机制的长期化

证券公司的成本结构中人力成本占比达2/3。由于受法律和体制的限制，证券公司缺乏股权等长期激励的工具和手段，一方面鼓励了经营行为的短期化，另一方面也降低了核心人才的流动成本。随着各种新金融业态的出现，证券公司核心人才流失的情况在近期有所恶化，迫使证券公司必须重视股权等长期激励手段的研究和使用。随着国有企业改革的深入和相关法规的修改完善，我国证券公司在激励机制方面必将与国际接轨。

四、人力资源管理平台化

随着移动互联网的发展，信息传递效率更高，各公司纷纷建立企业内部人力资源系统和学习系统平台，并将尝试人力资源大数据的应用。在技术平台的支撑下，人力资源工作效率大幅提升。越来越多的证券公司人力资源部门开始谋求转型，从控制向服务、从职能向平台转变，更多地扮演变革推动者和业务合作伙伴的角色，企业大学纷纷建立，人力资源业务合作伙伴（HRBP）模式逐渐推广。

第二节　证券行业人才发展建议

为顺应人才发展趋势，满足行业转型和业务发展需求，证券公司应巩固创新成果，加快变革转型，优化组织结构，加强激励机制建设，有序扩大人员规模，提高人员的专业化和国际化水平，强化合规、诚信教育，加强系统建设，提升人力资本管理水平。

一、夯实创新成果，加快转型步伐，提升对人才的吸引力

自 2012 年以来，随着推动行业创新发展的一系列举措的出台，证券公司的业务结构发生明显变化，资本中介业务、债券业务、场外业务、资产证券业务、收购兼并、资产管理等业务发展迅速，证券公司在收入规模、盈利能力、资本实力方面均有明显提升，在金融子行业的地位也有所提高，对优秀人才的吸引力明显增强。但是应该看到，证券公司的业务模式还不稳定，没有得到根本性改变，一些在发达市场上成熟的投资银行业务在中国还没有开展。例如，主交易商业务（PB）刚刚起步，固定收益业务只是在小范围内探索。这需要证券行业不断总结创新发展的经验教训，夯实创新基础，加快与国际接轨的步伐，进一步提高在金融子行业的地位，提高对优秀人才的吸引力。

二、优化组织结构，加强组织创新，为优秀人才搭建良好的平台

证券行业是典型的智力密集型行业，合伙人文化是其天然的文化属性，其本质是要求合

伙人之间合作、共赢，合理配置资源，密切合作，风险与收益共担。目前，国内证券公司的组织结构更强调层级、控制和授权，职能部门强调管控，业务单元之间缺乏有效合作，这种组织结构不适合现代金融业务的发展，无法做到“以客户为中心”，也不利于优秀人才的吸引和保留。这要求证券经营机构要按照现代投资银行的要求，建立以条为主、条块结合、分工合理、统筹协作、客户导向的网络化组织。要将业务职衔制度真正落实到位，探索事业合伙人机制，为优秀人才提供内部创业平台。

三、有序扩大从业人员规模，提高从业人员素质

2015 年证券从业人员经历了脉冲式增长，大批新人涌向证券行业，也对人力资源管理提出了新的挑战，特别是人才招聘和培养。对人力资本的投入应该成为各公司最重要的战略选项，要长期规划、超前投入。对于分支机构，应制定合理的薪资结构；对于公司总部，要着重吸引具有海外投资银行工作背景和其他行业工作经验的成熟人才，提高人才的创新能力和风险管理能力。

四、加强从业人员诚信教育，构建健康行业文化

推动诚信教育和服务，就是要树立客户至上的理念，规范服务行为。一是加强从业人员的教育和培训，健全人员管理体系，加强内部管理，强化职业道德意识和执业行为规范。二是完善管理机制，开展职业道德教育，严格规范服务流程，包括投资者开户、交易、咨询、管理、回访等各个环节。三是推动建立行业统一诚信档案数据库，实施诚信信息共享，实现诚信信息记录、查询、监督等功能，健全行业信用体系。四是开展行业文化交流，积极构建和宣传健康行业文化。五是构建客户服务导向型绩效考核体系，在业绩关键指标的基础上，加强客户满意度、客户成长性、执业合规性等评价指标的制定。

五、优化行业人才发展机制，提升人力资源管理水平

一是推动建立行业人才交流平台，使证券经营机构和从业人员之间信息沟通更为顺畅，双向信息更加匹配，提高证券行业人才流动效率，促进人才有序流动；构建行业文化宣传平台，组织行业核心价值观重点课题的研究。二是鼓励证券经营机构建立培训学院，和高校合作建立培训基地，整合优秀的培训资源，为行业建立高水平人才队伍提供基础保障。三是建立行业人才发展专项基金，用于高端人才引进、培养、交流和表彰等，提高人才队伍的专业水平；应考虑出台针对证券行业人才的特殊优惠政策，如核心人才户籍转移、税收优惠等。四是完善人才激励机制，按照短期激励和长期激励有效结合、充分发挥人才价值等原则，建立有效的薪酬和激励机制；推动实施员工持股、期权计划等长效的激励措施，促进行业长期稳定发展。

专题报告之二：
2015 年全国中小企业股份转让系统发展综述

全国中小企业股份转让系统（National Equities Exchange and Quotations，以下称“全国股转系统”，也称“新三板”）是经国务院批准设立的全国性证券交易场所，主要服务于创新型、创业型、成长型中小微型企业，为中小微型企业提供资本市场服务。全国股转系统是联接深沪交易所与区域性股权转让市场的纽带，是我国多层次资本市场的重要组成部分。

第一章
全国股转系统简介

全国股转系统自 2013 年 1 月正式运营。2013 年 12 月，国务院发布《关于全国中小企业股份转让系统有关问题的决定》，明确规定全国股转系统是经国务院批准、依据《证券法》设立的全国性证券交易场所，在性质和法律地位上，与沪、深证券交易所相同，均为多层次资本市场体系的重要组成部分，并将符合在全国股转系统挂牌转让条件的企业范围扩大至全国。

2014 年 1 月，全国股转系统正式进入加速扩容阶段，挂牌企业数量、成交量迅速增加，社会影响力进一步扩大。经过两年的发展，全国股转系统已成为与上海证券交易所、深圳证券交易所具有同等地位的我国三大证券交易所之一。

2015 年 7 月，经中国证监会批准，中国证券业协会发布《场外证券业务备案管理办法》，明确了全国股转系统作为场内市场的地位。2015 年 11 月，中国证监会发布《关于进一步推进全国中小企业股份转让系统发展的若干意见》，对全国股转系统实施分层制度、展开转板试点、企业摘牌制度等 7 个方面的制度完善予以明确，并重申全国股转系统应逐步完善服务体系，促进挂牌公司成长为优质企业，同时着眼建立多层次资本市场的有机联系。

第二章 2015 年全国股转系统发展概况

2015 年，全国股转系统的制度建设逐步完善，产品供给进一步丰富，挂牌企业数量快速增加，融资功能得到强化，交易活跃度有所提升，实现了跨越式的发展。

一、制度建设进一步完善

自 2013 年以来，中国证监会、全国股转系统陆续发布了一系列部门规章及规范性文件，对全国股转系统的挂牌准入、融资交易、信息披露、做市等各个方面建立了相对完备的业务规则体系。

2015 年 11 月，全国股转系统发布《全国股转系统挂牌公司分层方案征求意见稿》，明确了新三板挂牌公司分层的整体框架，对分层标准、实施程序、差异化服务等内容向社会征求意见。分层方案征求意见稿的发布标志着全国股转系统极为重要的基础性政策将正式实施。

二、产品供给进一步丰富

2015 年，全国股转系统的产品供给也有了新的发展。2015 年 2 月 13 日，全国股转系统推出了三板成分指数和三板做市指数的编制方案，并于 3 月 18 日正式开始发布指数行情。三板指数的发布为全国股转系统的交易情况提供了更为迅捷、直观的行情指向数据和量化衡量基准，标志着全国股转系统进入“指数时代”。

2015 年 9 月 21 日，《全国中小企业股份转让系统优先股业务指引（试行）》发布并实施，并同时发布了配套的工作指引，规定合法规范经营、公司治理机制健全、依法履行信息披露义务的挂牌公司可发行优先股。优先股这一品种的正式引入，丰富了企业的融资途径选择，进一步满足了不同风险偏好投资者的需求。

三、挂牌企业数量迅速增加

截至 2015 年 12 月 31 日，全国股转系统挂牌企业数量达 5 129 家，全年累计新增 3 557

家，相比 2014 年末的 1 572 家，增速超过 226.27%；挂牌公司总股本 2 959.51 亿股，相比 2014 年上涨 349.53%；总市值 24 584.42 亿元，相比 2014 年上涨 435.44%。市场市盈率由 2014 年末的 35.27 倍增长至 47.23 倍。

2012—2015 年 4 年间，全国股转系统挂牌公司数量增长近 25 倍，总市值增长超过 70 倍。挂牌公司数量已超过主板、中小板、创业板公司数的总和（见表 2－1）。

表 2－1　　2012—2015 年市场情况比较

	2015 年	2014 年	2013 年	2012 年
挂牌公司数（家）	5 129	1 572	356	200
总股本（亿股）	2 959.51	658.35	97.17	55.27
总市值（亿元）	24 584.42	4 591.42	553.06	336.10

资料来源：全国股转系统。

在所有挂牌公司中，股东人数小于 10 人的公司占 41.68%，股东人数达到 200 人及以上的公司仅占 4.04%，整体来看，挂牌公司的股权集中度仍较高，企业发展仍在初期阶段。此外，近 70% 的挂牌企业股本小于 5 000 万元，挂牌公司中中小型企业占明显多数，这表明全国股转系统服务的主要对象为中小企业（见表 2－2 和表 2－3）。

表 2－2　　股东人数分布情况

股东人数（人）	挂牌公司数（家）	占比（%）
2	397	7.74
3—10	1 741	33.94
10—50	2 056	40.09
50—100	453	8.83
100—200	275	5.36
200 以上	207	4.04
合计	5 129	100.00

注：采用上组限不在内原则，如 100—200 区间中不包含 200。

资料来源：全国股转系统。

表 2－3　　挂牌企业股本分布情况

股本（万股）	挂牌公司数（家）	占比（%）
500 以下	25	0.49
500—1 000	447	8.72
1 000—5 000	2 916	56.85
5 000—10 000	1 209	23.57
10 000 以上（含 10 000）	532	10.37
合计	5 129	100.00

注：采用上组限不在内原则，如 500—1 000 区间中不包含 1 000。

资料来源：全国股转系统。

从全国股转系统挂牌公司的行业分布来看，制造业挂牌公司 2 744 家，占据了挂牌公司的 53.5%，而代表第三产业的金融业、科学研究和技术服务业、信息传输、软件和信息技术服务业挂牌公司也超过 1 000 家。跟 2014 年相比，租赁和商务服务业、金融业的挂牌企业数增加一倍以上（见表 2－4）。

表 2－4　　挂牌公司行业分布

行业分类	2015 年末		2014 年末	
	公司数（家）	占比（%）	公司数（家）	占比（%）
制造业	2 744	53.50	883	56.17
信息传输、软件和信息技术服务业	1 015	19.79	360	22.90
科学研究和技术服务业	219	4.27	55	3.50
租赁和商务服务业	210	4.09	30	1.91
批发和零售业	169	3.29	26	1.65
建筑业	157	3.06	57	3.63
农、林、牧、渔业	119	2.32	38	2.42
金融业	105	2.05	12	0.76
文化、体育和娱乐业	104	2.03	28	1.78
水利、环境和公共设施管理业	78	1.52	24	1.53
交通运输、仓储和邮政业	59	1.15	15	0.95
电力、热力、燃气及水生产供应业	33	0.64	5	0.32
房地产业	26	0.51	0	0.00
采矿业	24	0.47	14	0.89
卫生和社会工作	24	0.47	11	0.70
教育	19	0.37	4	0.25
居民服务、修理和其他服务业	13	0.25	7	0.45
住宿和餐饮业	11	0.21	1	0.06
综合	0	0.00	2	0.13
合计	5 129	100.00	1 572	100.00

注：由于四舍五入，数据加总结果有可能不为 100%。

资料来源：全国股转系统。

四、股票发行增长较快

2015 年，全国股转系统挂牌企业股票定向发行呈现快速增长，全年完成定向发行 2 565 次，募集资金总额达到 1 216.17 亿元，与 2014 年发行 329 次、募集资金 132.09 亿元相比，2015 年股票定向发行和募集资金总额分别为 2014 年的 7.8 倍和 9.2 倍。股票发行数量和金额的快速增加不仅仅是挂牌企业数量的增长所致，更是由于资本对于全国股转系统挂牌企业关注度的迅速上升和挂牌企业质量的提升（见表 2－5）。

表 2-5　　股票定向发行情况

年度	发行次数（次）	发行金额（万元）	发行股数（万股）
2012	24	85 886.00	19 292.00
2013	60	100 236.43	29 193.87
2014	329	1 320 858.20	265 197.50
2015	2 565	12 161 718.99	2 307 945.26

注：2015 年股票发行数据截至 12 月 31 日。

资料来源：全国股转系统。

2015 年，由于挂牌企业数量多，制造业的股票发行金额和次数占比也较高。从平均单次发行金额来看，金融业远远超出其他行业，发行金额占比也最高。这反映出金融行业整体来看优质企业较为集中，有较强的融资能力（见表 2-6）。

表 2-6　　股票发行行业分布情况

行业门类	金额（万元）	次数（次）	行业平均单次发行金额（万元）	发行金额占比（%）
制造业	3 594 596.92	1 306	2 752.371	29.56
信息传输、软件和信息技术服务业	1 838 546.68	584	3 148.196	15.12
建筑业	347 655.94	99	3 511.676	2.86
农、林、牧、渔业	287 373.49	65	4 421.131	2.36
科学研究和技术服务业	244 175.70	102	2 393.879	2.01
文化、体育和娱乐业	241 273.81	48	5 026.538	1.98
水利、环境和公共设施管理业	114 802.90	37	3 102.781	0.94
卫生和社会工作	37 041.86	18	2 057.881	0.30
交通运输、仓储和邮政业	430 886.18	30	14 362.87	3.54
批发和零售业	224 028.90	87	2 575.045	1.84
采矿业	24 509.25	9	2 723.25	0.20
租赁和商务服务业	701 539.71	100	7 015.397	5.77
金融业	3 906 753.67	42	93 017.94	32.12
综合	—	—	—	—
电力、热力、燃气及水生产和供应业	86 344.70	19	4 544.458	0.71
教育	25 923.47	6	4 320.578	0.21
房地产业	38 114.00	8	4 764.25	0.31
居民服务、修理和其他服务业	10 179.72	4	2 544.93	0.08
住宿和餐饮业	7 972.08	1	7 972.08	0.07
合计	12 161 718.98	2 565	—	100.00

注：由于四舍五入，数据加总有可能不为 100%。

资料来源：全国股转系统。

五、交易活跃度有所增强

2015 年，全国股转系统成交活跃度有所改善。2015 年初，随着三板指数的发布和 A 股市场投资的活跃，全国股转系统的交易量随之上升，并在 4 月份达到峰值，随着 A 股市场的震荡下行，全国股转系统的交易量也大幅下降。进入下半年，政策的密集出台再加上挂牌企业投资价值的显现，全国股转系统的交易逐渐复苏。纵观全年，除了股票转让金额、成交数量这些与规模相关的指标较 2014 年大幅提升之外，换手率也较 2014 年提升 1.7 倍，市场市盈率由 2014 年末的 35.27 倍增长至 47.23 倍，市场交投活跃度明显增强（见表 2－7 和图 2－1）。

表 2－7　　全国股转系统 2012—2015 年市场交易情况

股票转让	2015 年	2014 年	2013 年	2012 年
成交金额（亿元）	1 910.62	130.36	8.14	5.84
成交数量（亿股）	278.91	22.82	2.02	1.15
换手率（%）	53.88	19.67	4.47	4.47
市盈率（倍）	47.23	35.27	21.44	20.69

资料来源：全国股转系统。

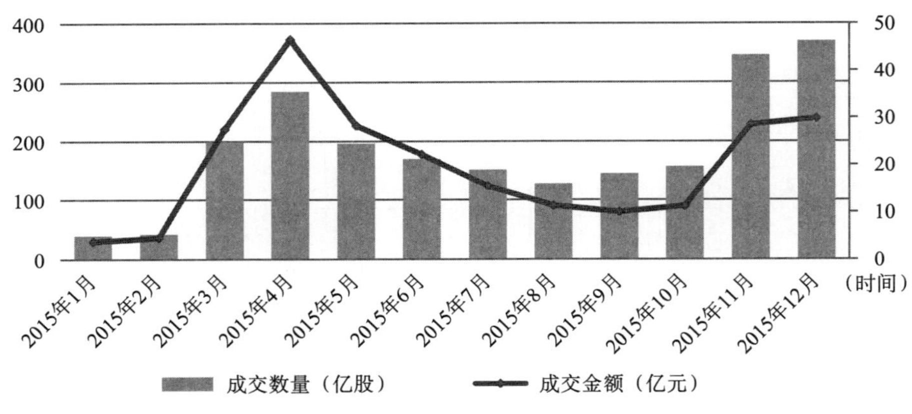

图 2－1　2015 年全国股转系统月度交易情况

资料来源：全国股转系统。

全国股转系统自 2014 年 8 月正式实施做市转让制度以来，2015 年是其完整运行的第一个年份。截至 2015 年 12 月 31 日，5 129 家挂牌企业中，做市企业 1 115 家，占比 21.7%，2015 年的做市转让交易成交金额达 1 106.7 亿元，占总成交额的 57%，成交笔数占比达到 85%。做市制度的引入对做市企业交易质量的改善起到了较为明显的作用（见表 2－8）。

表 2－8　　做市方式、协议方式市场交易情况

项目	做市方式	协议方式	合计
挂牌公司（家）	1 115	4 014	5 129
成交量（万股）	1 237 292. 12	1 551 780. 37	2 789 072. 49
成交额（万元）	11 067 526. 75	8 038 698. 24	19 106 224. 99
成交均价（元）	8. 94	5. 18	6. 85
成交数量（笔）	2 400 167	421 172	2 821 339

资料来源：全国股转系统。

第三章 全国股转系统发展展望

2015 年，全国股转系统挂牌企业股份转让全年换手率 53.88%，远低于创业板，并且有超过一半的挂牌公司全年无成交，而部分企业的周换手率即可超过 100%，可见全国股转系统不仅整体交易活跃度偏低，还存在流动性两极分化的问题。此外，目前在全国股转系统融资的主要方式为定向发行股票或者优先股，其中优先股的发行尚处于起步阶段，因而融资品种较为单一。全国股转系统要实现灵活、多元的投融资机制，投融资品种还有待进一步丰富。因此，改善面临的问题、明确为中小微型企业提供融资服务的市场定位将是今后一段时间内全国股转系统需要重点突破的主要方向。

一、制度设计将进一步完善

2016 年，全国股转系统分层制度有望实施。分层制度的实施不仅可以提升市场投资者对优质企业的关注度，也可以降低投资人信息搜集的成本，提高投资积极性及市场流动性。更为重要的是，分层制度作为市场基础，促进其他创新制度的推出。目前，全国股转系统的政策法规基本是面向所有挂牌企业的，而实际上挂牌企业在规模、盈利能力等方面存在巨大的差异。在分层制度实施后，全国股转系统有条件针对不同规模、不同质量的企业，实行分层管理、分类服务，在交易、信息披露、监管要求方面做出多样性安排。某些对企业资质要求较高的制度，可仅在创新层实施，而基础层企业可以维持原有转让方式。可以说，分层制度是后续制度创新的基础，也为提升市场流动性，强化市场监管留下空间。

二、流动性将进一步改善

分层制度的实施有助于解决整个市场信息流通成本高的问题，促进市场流动性，特别是创新层流动性的提高。《全国股转系统挂牌公司分层方案（征求意见稿）》明确，“大力发展机构投资者队伍，研究制定公募基金投资挂牌证券指引，支持证券公司、基金管理公司及其子公司、期货公司子公司、商业银行等机构开发投资于挂牌证券的私募证券投资基金产品”。机构投资者队伍的扩大，一方面带来投资资金的增量，另一方面作为资本市场上投资研究能力较强的机构，其参与度的提高也有助于提升市场流动性水平，有效建立价格发现机制。

三、产品线将进一步丰富

全国股转系统已经在研究制订资产证券化业务指引，将来有望分步开展挂牌股票质押式回购业务试点，完善优先股的规则体系和技术支持等，这将进一步丰富市场融资品种。新产品的出现，将进一步满足不同企业的融资需求和投资者的不同风险偏好。

全国股转系统的设立和发展是我国多层次资本市场发展的创新实践，它的迅猛发展既得益于国家政策的支持，也顺应了国家的改革方向和市场需要，更满足了广大中小微型企业的融资需求。经过近几年的发展，全国股转系统已积累了大量挂牌企业和相当数量的合格投资者，制度规则也日趋完善，在政策的推动及各方参与者的努力下，全国股转系统必将进一步走向成熟。

专题报告之三：
2015 年区域股权市场与柜台市场发展综述

第一章
2015 年中国区域性股权市场发展综述

第一节 区域性股权交易市场发展现状

一、区域性股权市场发展背景简述

国务院 2011 年 11 月发布《国务院关于清理整顿各类交易场所切实防范金融风险的决定》（国发［2011］38 号）。该规定旨在规范交易场所设立和交易活动中的违法违规问题，要求有关部门高度重视各类交易场所违法交易活动蕴藏的风险，建立分工明确、密切协作的工作机制，健全管理制度、严格管理程序，稳妥推进清理整顿工作。2012 年 7 月，《国务院办公厅关于清理整顿各类交易场所的实施意见》（国办发［2012］37 号）发布，对清理整顿的范围做了界定，并对违规行为做了列举式规定，同时要求有关部门落实清理整顿工作安排、严格执行交易场所审批政策、切实贯彻清理整顿工作要求。通过清理整顿，各地区的股权交易所得到了进一步发展。2012 年 8 月，中国证监会颁布《关于规范证券公司参与区域性股权交易市场的指导意见（试行）》（证监会公告［2012］20 号），间接明确区域性股权市场的定位。界定区域性股权交易市场是为市场所在地省级行政区域内的企业特别是为小微企业提供股权、债券的转让和融资服务的私募市场。

二、区域性股权市场发展概况

2008 年 9 月，天津股权交易所开业。在之后的 4 年里，区域性股权市场发展一直比较缓慢，只相继成立了重庆、上海、山东等几家股权交易市场（有些虽成立，但一直没有正式运行）。2013 年，国务院办公厅颁布《关于金融支持小微企业发展的实施意见》，明确提出“将区域性股权市场纳入多层次资本市场体系”，区域股权交易市场迎来了较快发展。2014 年，辽宁、福建、山西、江苏、安徽、新疆、青海等地的 12 家区域性股权市场相继成立并营业。2015 年，内蒙古、河南、川藏股权交易中心等相继成立，区域性股权市场覆盖全国的态势形成。

（一）在企业培育规范、融资和政策运用方面积极探索

1. 企业培育规范：初步形成服务体系

区域市场对企业培育规范的方式主要有培训、改制、挂牌、托管等。自 2012 年以来，区域市场共举办各类培训 1 345 次，培训企业 2.3 万家次、覆盖人员 6.2 万人次。通过改制、挂牌、托管、推荐升入全国市场等方式共培育规范 1 万余家企业。代表性措施主要有：

（1）加强培训。针对会员的培训包括：尽职调查方法、市场宣介及材料制作等。针对挂牌企业的培训包括：企业改制、规范运作、信息披露、财务管理、投融资技巧等。针对投资者的培训包括：投资理念、风险防范等。

（2）提供包括登记托管、挂牌展示、交易组织、清算交收在内的基础服务，致力于帮助企业实现融资。

（3）针对不同发展阶段企业需求，实行分层分级管理；持续督导，引导挂牌企业规范培育；推动“个转企”，将个体企业改为规范的股份制企业。

（4）联合各级政府，建立了阶梯式、较为完整的挂牌企业服务体系。

（5）定期为挂牌企业提供各类培训及讲座，建立企业信息披露系统，提升信息披露准确性和快捷性。

（6）积极推动挂牌企业上档升级，向全国市场转板。

2. 融资特点：增幅较大、方式较多、用时较短

截至 2015 年底，全国共有 37 家区域股权市场，共挂牌 3 375 家企业，展示企业 4.15 万家，累计实现各类融资 4 332 亿元，其中 2012 年、2013 年、2014 年和 2015 年分别融资 253 亿元、435 亿元、609 亿元和 3 034 亿元，年均增幅 128.89%。

融资方式有股权质押、股权、私募债和其他（包括银行贷款、资管计划、信托计划和资产收益权等）。截至 2014 年底，上述方式融资累计金额分别为 604.38 亿元、364.37 亿

元、262.67 亿元、286.58 亿元，其中股权质押融资占比最大，为 47%；增幅最快是私募债，由 2012 年的 1.5% 增长到 2014 年的 17%（历年各类型融资额见图 1－1）。2014 年共实现融资 2 750 次，平均每家区域市场每 3 个工作日就实现一次融资。此外还有 39 家企业通过区域市场实现了并购重组。

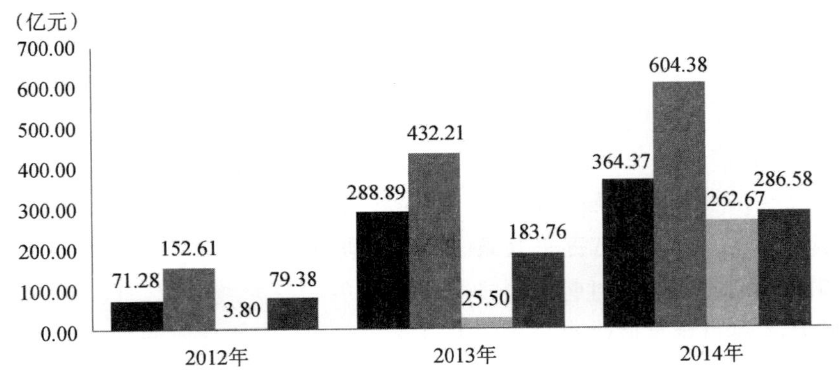

图 1－1　区域市场各方式融资累计情况

区域市场在促进融资方面采取的措施主要有：

（1）吸引优质企业资源，同时着力提高企业规范程度和质量，完善信息披露，促进投融双方成功对接。

（2）健全制度规则，提高风险防控能力，增加市场公信力。

（3）积极与各类金融机构或准金融机构合作，引入各类资金。

（4）借助政府力量，建立风险分担机制，促进产品设计研发。

（5）探索新型融资模式，基于供应链开展融资业务；对于资质优良、资金使用需求较长、所属行业带有大众消费属性的企业或项目，采取众筹方式等。

在建立融资产品服务体系和资金渠道方面，以广东金融高新区股权交易中心为例（由广发证券和招商证券各持股 32.5%），一方面构建包括股权、债权、知识产权、科技创新等新型融资产品的服务体系，形成了 4 大类、近 30 项融资产品，累计为 54 家企业成功实现融资 26.4 亿元。其中，“股权类”包括股权转让、定增、质押、股权管理、股权与融资租赁结合等产品，实现融资 4.1 亿元；“债权类”包括企业私募债、小额贷款公司私募债、定向私募债、可转债、类资产证券化等产品，已实现融资 22.3 亿元；“金融产品类”包括企业“余额宝——现金易”等企业现金管理工具，累计为企业管理资金 1.6 亿元。另一方面，区股权交易中心除与传统的银行机构合作外，还与多家全国性担保、证券、保险、信托、基金及互联网平台公司合作，想方设法为企业引入资金。在目前 38.91 亿元融资中，银行资金来源约占 30%，其他来自于各类金融机构、平台及民间资本。

3. 各种政策和资金综合运用：效果初步显现

一些地方政府较重视区域市场建设，出台了相应的扶持政策。为鼓励企业到区域市场挂牌，地方财政对挂牌企业进行补贴，补贴金额介于 20 万—200 万元。据问卷统计，累计 414

家企业通过区域市场获得补贴 1.11 亿元，推动实现融资 1 298 亿元，效果良好。另外，部分地方政府还采取税收、土地等优惠政策支持企业挂牌，山东等地除了将企业挂牌情况纳入政府工作年度考核外，还设立引导基金扶持区域市场发展。

区域市场则主要通过与各级地方政府及部门合作，争取扶持中小微企业的政策和资金能汇集到平台上实施。如有股权交易中心创设“科技板”，与市、区科技部门共同制订方案，结合科技、财政体制改革，通过设立科技引导基金、科技企业创新券、科技周转基金、科技扶持资金“以股代拨”等方式，支持科技型企业发展成长。与高新区合作共建“知识产权投融资服务平台”，提供各类知识产权转让、许可、质押融资等服务。与国资系统共同建设引导基金，投资于区域市场挂牌的股权、债权及金融产品项目，并为优质项目提供担保。

（二）证券公司积极参与区域市场建设

1. 证券公司积极入股区域市场

根据中国证监会《关于规范证券公司参与区域性股权市场的指导意见》，中国证券业协会多措并举支持证券公司参与并推动区域市场规范发展。目前共有 30 家证券公司入股 19 家区域市场，出资 10.89 亿元，其中控股 10 家，参股 9 家，成为区域市场发起设立的主要模式之一。

2. 证券公司发挥优势积极参与区域市场建设

证券公司参与区域市场建设的主要做法：一是向区域市场派出管理人才和业务骨干；二是向区域市场提供营业网点及业务拓展渠道；三是将区域市场纳入公司人才培养体系；四是将证券公司合规风控等管理理念和制度输入区域市场；五是将区域市场挂牌企业与证券公司客户资源对接，为企业提供资金、技术等多方位支持；六是直接投入资金等。

三、区域性股权交易市场发展特点

（一）模式创新，产品服务多样化

区域性股权市场在依法合规、风险可控的前提下开展业务，推出产品、运营模式，开展服务式创新，为企业提供多样化、个性化的服务。区域性股权市场具有灵活性的特点，市场内的产品具有多样化的特点，同时不断创新供投资者选择。私募债是区域性股权市场另一类常见的融资方式，不乏各类具有创新意义的私募产品。如江苏股权交易中心与江苏交易场所登记结算公司共同出资成立了江苏小微企业融资产品交易中心，并于 2014 年 5 月成功推出“江苏小微企业私募债”，在国内首创“小微企业发行私募债 + 江苏小贷公司担保 + 金创信用再担保股份有限公司提供再担保暨承销”模式。

（二）程序便捷助力小微企业融资

大部分区域性股权交易市场的网站都有对相关程序的咨询与培训公告，同时推出不同的优惠政策，方便小微企业进行融资。现有典型区域股权市场挂牌企业每次融资时间基本在两三个月左右。相对于场内交易市场，区域股权交易市场具有简单快捷、成本低、效率高的特点。由于区域性股权市场内产品不断创新，其中不乏融资周期短的产品，无须经历繁琐的程序和审批，使融资效率提高。

（三）有利于建设我国多层次资本市场

新三板市场和区域性股权市场的建立有利于完善我国场外市场，从而更好地建设我国多层次资本市场。区域性股权市场多为业绩波动大、投资风险高、报酬高的企业，可以为风险偏好投资者提供更好的投资平台。

第二节 区域性股权交易市场发展特点及与新三板市场的定位区分

一、区域性股权市场立足区域性

根据中国证监会《关于规范证券公司参与区域性股权交易市场的指导意见（试行）》规定，区域股权市场由地方（省级）政府批准设立并主要由地方政府负责监管，其功能限定于为一定行政区域内的企业提供股权、债权转让和融资服务，“原则上”不得跨区域开展业务，也不得接受跨区企业挂牌。

二、部分区域性股权市场打造综合性金融服务平台

部分区域性股权市场跳出单纯股权融资和交易的市场属性，打造综合性金融服务平台。诸如优先股融资（浙江）、理财和信托产品交易（齐鲁）、私募基金（重庆、上海）、并购重组和衍生品（上海、前海等）。一些区域性股权交易中心还在探索如何通过互联网信息化平台提升企业融资的可能性和便捷性。

三、区域性股权市场与新三板市场定位区分

区域性股权交易市场是我国多层次资本市场的重要组成部分，亦是中国多层次资本市场建设中必不可少的部分。对于促进企业特别是小微型企业股权交易和融资，鼓励科技创新和激活民间资本，加强对实体经济薄弱环节的支持，具有积极作用。其市场定位是为其运营机构所在地省级行政区划内小微型企业私募证券的发行、转让及相关活动提供设施与服务的场所，是私募证券市场的一种形式。

新三板市场是经国务院批准设立的全国性证券交易场所，主要服务于创新、创业、成长型小微企业，并适应挂牌公司差异较大的特性，实行多元化的交易机制。其市场运行以自律监管为主，探索实行更加市场化的管理机制。

区域性股权交易市场与新三板市场的定位不同。区域性股权交易市场主要针对非上市非公众的小微企业，为其投融资提供平台支持；新三板市场主要针对非上市公众的小微企业。不同层次的市场都有自己的发展空间，应找准定位，为企业提供差异化的服务。

第三节　区域性股权交易发展存在问题与展望

一、区域性股权市场发展中的问题及应对措施

（一）缺乏服务资源，市场功能发挥不够

在服务经济的广度和深度上，区域性股权市场的作用都还未得到充分的发挥。广度上，其为小微型企业提供融资的数量和规模有限。深度上，区域性股权市场提供服务仍局限在股权转让和股权融资，政策运用、并购重组、金融咨询等综合性金融服务的功能未能充分体现。

（二）缺乏盈利能力，市场服务实力不强

为了快速扩大规模、提高影响、吸引更多的企业参入市场，大多数区域性股权市场都采取免费服务或低收费服务模式，作为公共平台运营，而且市场创新空间有限，除挂牌融资费、会员费、登记托管费等收费项目外，没有其他的项目，因此整体盈利能力不强，大部分区域性股权市场处于亏损状态。

（三）法律地位不明确、缺乏政策支持

无论是现行的《公司法》还是《证券法》，都未对区域性股权交易市场进行明确的规范和界定，如何对其进行监管也没有明确的法律规定。目前关于区域性股权交易市场的法规主要是《国务院关于清理整顿各类交易场所切实防范金融风险的决定》、《国务院办公厅关于清理整顿各类交易场所的实施意见》和《区域性股权市场监督管理试行办法（征求意见稿）》。虽然 2015 年 6 月中国证监会发布了《区域性股权市场监督管理试行办法（征求意见稿）》，但是截至 2015 年底该办法仍未正式出台。

目前对区域性股权市场的政策支持基本为 2011 年发布的《国务院关于清理整顿各类交易场所切实防范金融风险的决定》，2012 年发布的《国务院办公厅关于清理整顿各类交易场所的实施意见》和《关于规范证券公司参与区域性股权交易市场的指导意见（试行）》。相

比于新三板市场的政策支持力度相距甚远，对市场的培育度不够，一定程度上影响了区域性股权市场服务经济的功能发挥。由于相应的政策支持较少，市场培育度不够，没有推动各类地方证券更好地利用区域性股权市场的平台。

目前多数股权交易中心的融资方式除最主要的股权融资方式外，还包括发行私募债券、向银行获取授信贷款、协助挂牌企业以股权质押方式获得银行贷款，但是由于没有建立良好的私募市场发行制度，区域性股权市场的各种融资方式等仍在探索中。区域性股权市场目前处在初创时期，还没有完全进入快速发展阶段。

此外，根据《非上市公众公司监督管理办法》的规定，现有的区域性股权交易的挂牌公司受股东总人数 200 人上限的限制。若股东人数逼近 200 人的上限，挂牌后自然没有交易量。区域性股权交易市场投融资的功能发挥有限，优质企业不会考虑到区域性股权交易市场挂牌交易，投资人在区域性股权交易市场上找不到好的投资机会，则会选择离开区域性股权交易市场，这意味着市场上的资金减少，企业获得融资的机会进一步降低，从而加速企业离开区域性股权交易市场，进而形成恶性循环，导致区域性股权交易市场活跃度下降。

为促进小微企业股权交易和融资，鼓励科技创新和激活民间资本，以下措施或为区域性股权市场建设当务之急。

一是加快修订相关法律。建议尽快重新修订《证券法》和《公司法》，在法律层面上赋予区域性股权交易市场合法地位，明确其为我国多层次资本市场体系的组成部分，与证券交易所市场相辅相成、互相补充，共同构成完整的资本市场体系，确立其法律地位和市场地位。

二是构建市场间联通机制。建议国家有关部门尽快出台政策，切实加强市场联通机制建设，制定技术系统建设标准，打破各地股权交易市场分割的格局，建立与证券交易所市场相辅相成、互相补充，共同构成完整的资本市场体系，确立其法律地位和市场地位。加大各地政府及各个区域性股权交易市场的责任和风险承担，增强全国区域性股权交易市场的发展活力。

三是建立转板及退市机制。通过建立转板机制及退市机制，将区域性股权交易市场与其他板块市场进行互联互通，提升整个资本市场的运行效率，真正实现金融资源的高效配置。

四是完善统一监管体系。建议建立全国统一的监管标准和制度框架，对各地区域性股权交易市场监管进行监督。同时，强化和落实交易场所本身的自律监管职能，建立各种有效管理制度，引导区域性股权交易市场健康有序发展。

二、区域性股权市场发展展望

全国中小企业股份转让系统开始试点运行后，对部分非上市公众公司的融资起到一定的缓解与促进作用，但是那些数量众多的非公众公司仍然面临着融资困境，建立一个高效率的区域性股权交易市场为小微企业提供直接融资平台具有十分重要的现实意义。区域性股权交易市场虽然尚不成熟，存在诸多问题，但无论是法律层面还是近期证券期货监督管理会议的召开仍带来了积极的信号。立法层面，中国证监会《区域性股权市场监督管理试行办法》有望出台。该办法对区域性股权市场的基本定位、功能作用、监管体制、监管底线、市场规则和支持措施等均做出明确规定，为区域性股权市场的发展提供了立法保障。目前，《证券法》修订草案提请全国人大常委会一审。该修订草案首次从法律层面明确了股票发行注册的申请条件和注册程序，确立股票发行注册的法律制度。此外，《证券法》的修改设专门一章加强投资者保护，使得投资者维护自身权益时有了更加明确的法律依据，有利于保护中小投资者的利益，进一步促进市场公平。随着监管的完善、法律的支持，以及国家相关政策的扶持，会有更多更好的小微企业借助区域性股权交易市场平台进行融资，投资者也会增加投资额，进而增加市场的活跃度，促进区域性股权交易市场的健康发展。

第二章
2015 年中国证券公司柜台市场发展综述

柜台市场是多层次资本市场的重要组成部分，柜台市场业务是境外主流投资银行的重要业务形式和收入来源。为完善我国多层次资本市场体系，拓展证券公司基础功能，提升证券公司服务实体经济能力，根据中国证监会统一部署，中国证券业协会于 2012 年开始组织开展柜台市场业务试点。

经中国证监会批准，中国证券业协会于 2012 年 10 月启动证券公司柜台市场业务试点专业评价工作，先后共有 15 家证券公司于 2014 年前获得该项业务试点资格。2014 年，根据《关于进一步推进证券期货经营机构创新发展意见》（证监发［2014］37 号），中国证券业协会加快推进业务试点组织工作。经中国证监会批准同意，目前共有 42 家证券公司开展该类业务试点。2012 年 12 月 21 日，中国证券业协会发布了《证券公司柜台交易业务范围》，标志着试点工作的正式启动。截至 2015 年末，共有 42 家试点证券公司获得柜台市场试点资格。证券公司柜台市场是指证券公司为与特定交易对手方在集中交易场所之外进行交易或为投资者在集中交易场所之外进行交易提供服务的场所或平台。柜台市场的交易方式主要包括协议交易、报价交易及做市商交易。

第一节　证券公司柜台市场的开展情况

长期来看，证券公司柜台市场交易的品种可以包括股权、债券、证券公司理财、基金等各类金融产品，种类繁多。我国柜台市场还处于发展的初级阶段，其发展需本着私募产品为主、客户需求为本、审慎控制风险、先易后难、循序渐进的原则。2015 年，我国证券公司柜台市场得到稳步发展，制度及系统建设进一步完善，产品种类逐渐丰富、市场规模进一步扩大。

一、开展柜台市场业务试点证券公司数量维持稳定

自 2012 年至 2014 年先后有 4 批共计 42 家证券公司获准开展柜台市场业务试点。2015

年度试点公司数量保持稳定，柜台市场业务稳步推进。已获柜台市场业务试点资格证券公司如表 2－1 所示。

表 2－1　已获柜台市场业务试点资格证券公司

	获柜台市场业务试点资格证券公司
第一批	国信证券、国泰君安、海通证券、申银万国、兴业证券、广发证券、中信建投
第二批	中信证券、长江证券、银河证券、中金公司、招商证券、齐鲁证券、中银国际、山西证券
第三批	华泰证券、平安证券、浙商证券、安信证券、西南证券、国元证券、中投证券、方正证券、南京证券、东方证券、渤海证券、华创证券、华融证券
第四批	东兴证券、国金证券、华龙证券、江海证券、东北证券、西部证券、恒泰证券、中原证券、华林证券、财通证券、财富证券、东吴证券、长城证券、第一创业

二、投资者账户和产品情况

据中证机构间报价系统股份有限公司数据显示，截至 2015 年 12 月底，证券公司柜台市场投资者账户数量 620.69 万户，其中机构投资者账户 0.76 万户，个人投资者账户 619.93 万户。截至 2015 年 12 月底，证券公司柜台市场累计发行7 807 只产品，累计发行金额约 7 836.29 亿元，其中主要为收益凭证类产品。代销产品累计 1 555 只，代销金额累计 3 693.24 亿元，其中主要为资管计划、银行理财产品及债券类产品。

三、试点公司制度与系统建设情况

（一）制度建设逐步完善

为规范证券公司柜台交易行为，保护投资者合法权益，防范证券公司风险，中国证券业协会于 2012 年 12 月 21 日发布了《证券公司柜台交易业务规范》。之后，为进一步促进证券公司柜台市场业务规范发展，经中国证监会同意，中国证券业协会于 2014 年 8 月 15 日发布了《证券公司柜台市场管理办法（试行）》（以下简称《管理办法》），明确了柜台市场私募产品的负面清单管理制度，同时建立了柜台市场发行、销售与转让，账户、登记、托管与结算、信息披露等制度。

目前，大部分试点证券公司均按照《管理办法》相关要求，建立了较为完备的业务制度及各项协议，具体包括《柜台市场业务管理办法》、《柜台市场产品管理制度》、《柜台市场业务交易制度》、《柜台市场业务信息披露制度》、《柜台市场业务登记托管结算制度》、《柜台市场业务风险管理办法》、《柜台市场业务合规管理制度》、《柜台市场业务投资者适当性管理指引》、“柜台市场业务风险揭示书”、“柜台交易业务客户协议”、“柜台交易产品上柜协议”、《柜台交易业务系统应急方案》、“柜台交易业务电子签名约定书”、《柜台交易业务资金管理规则》等，为柜台市场业务规范开展奠定了良好基础。

（二）投资者适当性管理逐渐规范

目前，大部分试点公司为规范柜台市场投资者适当性管理，均根据中国证券业协会《证券公司柜台交易业务规范》、《证券公司柜台市场管理办法》、《证券公司投资者适当性制度指引》等自律规则建立了柜台市场投资者管理相关制度，并在投资者准入、合格投资者管理、投资者风险揭示、投资者教育、投资者回访及定期评估等方面做出了相应安排。

在具体业务操作方面，大部分试点公司均建立了一系列较为严格的投资者适当性管理措施及业务流程。对于拟参与柜台交易的投资者，首先要求营业部人员对投资者的身份、财产与收入状况、信用状况、金融知识、投资经验、风险承受能力等情况进行风险承受能力评估。其次，根据风险承受能力将投资者分层为保守型、稳健性、平衡型、进取型等几种类型，将产品分为低、中低、中、中高、高风险等几个等级。最终，将柜台市场产品的风险等级与投资者的风险承受能力进行匹配，并定期进行重新评估，确保将合适的产品卖给合适的投资者。

（三）系统建设稳步推进

目前，部分试点证券公司研究开发了涵盖账户开立、销售交易、撮合成交、登记结算和风险控制等功能的柜台市场信息技术系统体系，包括产品销售系统、报价撮合系统、登记存管系统、产品中心管理系统等。柜台市场信息技术系统保障了柜台市场各项业务的顺利开展，促进了各类产品的发行与交易，实现了信息技术系统支持公司柜台市场初期业务发展的目标。此外，部分尚未建立柜台市场信息系统的证券公司也与报价系统完成了有效对接，以报价系统为公共柜台，实现对上柜产品的清算、登记、估值以及风险控制等功能，并能有效对各类产品的发行与转让进行全流程管理。

四、证券公司柜台市场业务风控管理及内控情况

（一）风控合规体系建设情况

目前，大部分试点公司均建立了以全面风险限额管理为核心的柜台交易业务风险管理体系，设立了事前、事中、事后三道防线，较为有效地防范了各类业务风险。事前风险控制措施包括风险限额管理、业务授权管理、产品风险审核等；事中风险控制措施包括风险监控、风险揭示、风险审核等；事后风险控制措施包括风险报告、风险检查、风险事件处理等。

在隔离墙机制方面，大部分试点公司通过各类基础隔离措施，建立健全柜台交易业务覆盖下不同业务部门或子公司之间的信息隔离，防范利益冲突，实现各业务在人员、系统、办公场所、资金、证券及账户方面的基础隔离。

在应急处理机制方面，大部分试点公司建立了柜台市场业务预警机制，定期进行风险评估，对存在的风险隐患制定整改、监测措施，防止风险事件的发生。另外，大部分公司也制定了较为完善的应急预案，设立了应急预案处理小组，并对网络和信息安全等故障做了相应的准备。

在后续监控检查及问责机制方面，大部分试点公司风控部门通过系统监控、现场检查、人员访谈、业务流程分析等手段，对柜台市场部和相关部门的业务管理和业务执行情况进行检查，定期评估风险控制措施的不足，并提出改进建议。大部分公司合规部门对柜台市场业务进行定期或不定期的合规检查，并依据相关合规与风险管理考核及问责办法，对在检查过程中发现的违法违规行为的相关责任人进行合规问责。

（二）主要风险类型及相应防范控制措施

大部分试点公司柜台市场业务开展过程中面临的主要风险类型及防范控制措施如下：

1. 产品设计风险

该风险指因产品设计周期较长、开发成本过高等使业务发展受到严重影响的风险。主要防范控制措施包括对产品可行性进行论证、建立产品准入标准、加强产品设计保密管理等。

2. 客户服务风险

该风险是指因产品无法满足客户需求、投资管理能力不强、客户服务质量不佳等导致客户流失的风险。主要防范控制措施包括对客户服务实行程序化管理、制定客户服务适当性原则、建立客户投诉受理与反馈机制等。

3. 信用风险

该风险是指因交易对手未能履行约定契约中的义务而造成经济损失的风险，或标的证券发行主体的风险。对于交易对手风险，主要防范控制措施包括建立交易对手池评级及授信制度、客户信用评估制度、保证金管理制度、强行平仓制度等。对于发行主体风险，主要防范控制措施包括建立产品上柜标准、进行定期信息披露及公告等。

4. 市场风险

该风险是指由于资产价格变化引起的未来损失的风险，包括利率风险、汇率风险、价格风险等。主要防范控制措施包括对投资规模及交易限额等控制措施进行定期调整、对业务实行分级授权及分级决策、实行证券池制度及止损制度、建立以净资本为核心的风险监控机制等。

5. 流动性风险

该风险是指因市场成交量不足或缺乏愿意交易的对手，导致公司未能及时以合理价格将资产变现，或无法筹集足够资金偿还到期债务而遭受损失的风险。主要防范控制措施包括建立流动性管理指标体系、建立资产流动性压力测试机制等。

第二节　证券公司柜台市场的主要特点

一、证券公司柜台市场的产品特点

证券公司柜台市场的产品以固定收益类产品为主，分为两类：一类是公司自有的私募产品，以收益凭证、资管产品等为代表；另一类是公司之外其他金融机构发行的或将要发行的产品，如市场现有的私募产品。

在不断的积极探索中，场外基础金融产品、场外金融衍生产品也具有了一定的规模。证券公司开发的适合柜台交易的衍生产品主要包括：基础权益类挂钩产品、可提前收回的挂钩产品、结构化产品、股票互换类产品及利率类衍生产品。

从发行产品情况来看，截至 2015 年底发行数量最多、金额最大的是收益凭证类产品，其数量占总发行数量的 83.5%，金额占总发行金额的 53%。从代销产品情况来看，产品主要集中在债券类产品、资管计划、银行理财产品及私募基金，代销数量占比分别为 28.4%、25%、19.8% 及 13.8%，代销金额占比分别为 23.5%、62.2%、3.26% 及 5.22%（见图 2－1 和图 2－2）。

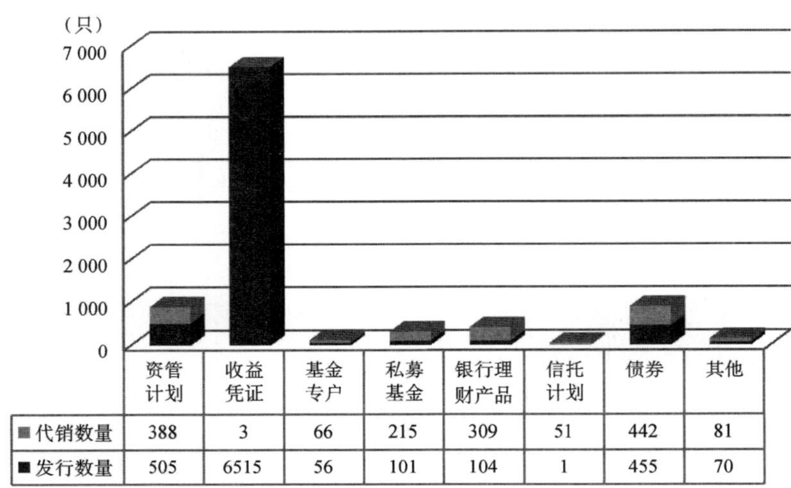

	资管计划	收益凭证	基金专户	私募基金	银行理财产品	信托计划	债券	其他
■代销数量	388	3	66	215	309	51	442	81
■发行数量	505	6515	56	101	104	1	455	70

图 2－1　截至 2015 年底累计发行/销售产品数量

资料来源：中证机构间报价系统股份有限公司。

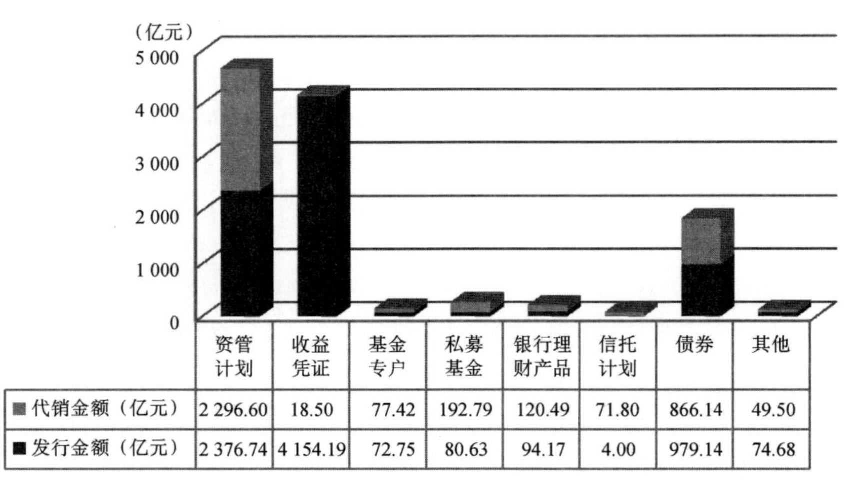

	资管计划	收益凭证	基金专户	私募基金	银行理财产品	信托计划	债券	其他
■代销金额（亿元）	2 296.60	18.50	77.42	192.79	120.49	71.80	866.14	49.50
■发行金额（亿元）	2 376.74	4 154.19	72.75	80.63	94.17	4.00	979.14	74.68

图 2－2　截至 2015 年底累计发行/销售产品金额

资料来源：中证机构间报价系统股份有限公司。

二、证券公司柜台市场客户群体的特点

从成熟资本市场来看，柜台市场的主要参与群体应是机构投资者，而我国情况恰恰相反。从截至 2015 年底柜台市场账户情况看，个人投资者账户数为 619.93 万户，占总账户数的 99.88%，而机构投资者账户数仅为 0.76 万户，占比 0.12%。个人投资者占绝对比重是我国证券公司柜台市场客户群体的一大特点。这是各证券公司产品结构极其相似，同时面临银行理财等产品争夺固收客户导致的。

三、证券公司柜台市场的交易特点

与其他市场相比，证券公司柜台市场主要采用协议交易、报价交易及做市商交易。协议交易主要是交易双方通过协议约定交易的品种、价格、数量的要素，一对一转让。报价交易主要是产品管理人以自有资金和持有的产品证券对产品进行报价委托，投资者按照产品管理人的报价进行交易申报，成交价格以申报价格为准，成交采用时间优先原则。做市商交易是指具备一定实力和信誉的证券经营法人作为特许交易商，按照做市协议持续不断地向投资者报出某些特定证券的买卖价格和数量，并在该价位上接收公众投资者的买卖要求。

第三节　证券公司柜台市场发展面临的主要问题

我国证券公司柜台市场发展尚处于初级阶段，虽然试点公司业务稳定开展，市场产品数量与投资者账户数量增长较快，但各证券公司的柜台市场业务发展不均衡，产品端与参与主体端需双向升级，交易方式有待完善，柜台市场相关体系仍需推进建设。

一、规则体系需要进一步完善

为推动柜台市场业务规范发展，中国证券业协会发布了《管理办法》。该办法对柜台市场的交易、做市、登记结算、资产托管等基础功能均做出了系统安排，为证券公司规范开展柜台市场业务提供了明确指引。《管理办法》虽然明确了证券公司柜台市场业务的负面清单，但在证券公司在开展柜台市场业务创新时对业务的合规性存在顾虑，需要中国证监会进行明确。同时，部分柜台市场创新业务的顺利开展需要中国证监会以部门规章的形式明确相关政策，如柜台做市制度、衍生品的风控指标、登记托管的具体安排等。证券公司柜台市场业务目前仍缺少法律法规层面的依据。

二、交易功能难以有效发挥

根据证券公司自有资金使用相关规定，证券公司无法以自有资金为代销金融产品和资管产品提供报价撮合服务，仅靠客户之间自发的协议转让，难以满足日益增长的客户投融资和财富管理需求。现有法规规定极大程度限制了证券公司做市业务的开展，使得柜台市场流动性匮乏，交易职能难以正常发挥。

三、证券公司内部难以实现有效协同

证券公司开展柜台市场业务，涉及自营、资管、财务、合规风控、经纪、营运、信息技术等各业务线。柜台市场业务流程包括产品创设交易、产品推广销售、业务支持服务和风险合规管理等各个环节。受场内市场业务政策影响，证券公司一般会按照现有的场内模式和监管规定开展业务，不同业务条线分割，客户信息碎片化，难以形成与柜台市场业务开展相匹配的组织架构。证券公司柜台市场业务具有场外业务特征，其非标化、个性化的特点对产品设计、系统支撑、风险控制、业务运作等方面提出了更高的要求，证券公司内部各业务线的协同还需要进一步提高。

四、柜台交易产品类型较为单一

目前，证券公司在柜台市场发行、销售和转让的产品仅为资产管理计划、收益凭证、私募基金、场外金融衍生品等既有产品，证券公司在柜台产品创设方面的能力稍有不足。另外，按照投资者适当性相关要求，私募产品的投资者参与门槛为100万元，使得相关产品的发行规模受到较大限制，各类产品发行规模相对较小。证券公司柜台市场旨在建立一个场外产品交易平台，为客户提供多样化、个性化的各类私募产品。但是，目前证券公司仅将柜台市场作为已有产品的展示和转让平台，相关产品的发行、代销等行为均属于证券公司已有业务范畴，柜台市场创新产品体系需要进一步丰富，证券公司产品设计和客户服务能力有待增强。

五、柜台市场参与主体结构不合理、同业合作有待加强

从成熟市场的发展来看，证券公司柜台市场主要定位于服务机构客户和符合条件的高净值客户，其中机构客户主要开展与利率、汇率、大宗商品相关的衍生品交易，个人客户主要参与收益凭证等结构化产品交易。目前我国证券柜台市场的参与主体结构不合理，参与柜台交易的客户中，0.13%是机构客户，99.87%是个人客户，机构客户主要是证券公司及其子公司，参与主体结构有待优化。基于分属监管部门不同等因素，银行、保险、信托、基金等机构投资者参与证券公司柜台市场交易受到不同程度的限制。同业合作受阻削弱了产品市场的有效性，不利于推动柜台市场发展。

专题报告之四：2015 年机构间私募产品报价与服务系统发展综述

在中国证监会的统一指导下，中国证券业协会借鉴国际经验，建立了机构间私募产品报价与服务系统（以下简称“报价系统”）。2014 年 6 月 4 日，中国证监会批复中证资本市场发展监测中心有限责任公司（以下简称“市场监测中心”）变更经营范围，专门负责建设和管理报价系统，并授权中国证券业协会按照市场化原则管理。为进一步优化市场机制，2015 年 2 月 10 日，经中国证监会同意，市场监测中心进行了公司改制，更名为“中证机构间报价系统股份有限公司”（以下简称“中证报价”）并启动了增资扩股工作。自 2014 年 8 月 18 日发行第一只产品以来，报价系统功能不断丰富、完善、优化，为证券公司、基金公司、期货公司、私募基金以及商业银行等金融机构规范发展场外业务提供了全方位服务，为各类企业直接融资提供了新的场所，已成为多层次资本市场的重要组成部分。

第一章 报价系统的定位

报价系统以“多元、竞争、开放、包容”为发展理念，旨在实现证券公司柜台市场等私募市场的互联互通，为证券公司等各类金融机构开展场外业务提供全方位、专业性、平台化服务，为企业融资、财富管理提供新的合法渠道，是多层次资本市场的有机组成部分，是重要的资本市场基础设施。

一、定位于机构间市场

报价系统实行参与人制度，中国证券业协会、中国期货业协会、中国证券投资基金业协会、中国上市公司协会会员以及中国证券业协会认可的其他机构均可以注册成为报价系统参与人，并通过报价系统开展业务。参与人制度的设计符合场外市场需求体现了报价系统业务主体的多元化与业务需求的多样性。报价系统为不同市场、不同行业的专业机构提供信息平台、业务平台，打破了金融行业的自我封闭，可以有效推进跨界业务的发展，有利于不同行业资源、优势的集聚与共享，构建互联互通的场外市场格局。报价系统参与人不是孤立的个体，其身后大多有大量的合格投资者和产业客户，参与人本身就是市场组织者。因此，报价系统是市场中的市场，通过报价系统互联互通可以形成一个联通的、跨行业、跨领域、强互动的机构间市场体系。

2014 年 8 月 18 日报价系统正式上线运行以来，报价系统作为机构间市场有效运转。截至 2014 年底，报价系统共有参与人 229 名，并以证券公司为主，占比近 41%；截至 2015 年 12 月 31 日，报价系统参与人共有 1 482 名，除证券公司外，已覆盖了银行、私募基金、信托公司、期货公司、独立基金销售机构以及证券公司直投子公司等各类从事私募业务的市场参与主体，证券公司在绝对数量增长的同时，相对占比已下降至 7.88%，多元化参与人结构基本形成。报价系统已建立了链接机构投资者及其合格投资者的巨大交易网络。截至 2015 年 12 月 31 日，共有 119 928 名投资者通过报价系统认购产品，其中机构投资者交易金额占产品发行总额的 85.88%、转让金额占产品转让总额的 98.18%，机构间市场特征明显（见图 1－1）。

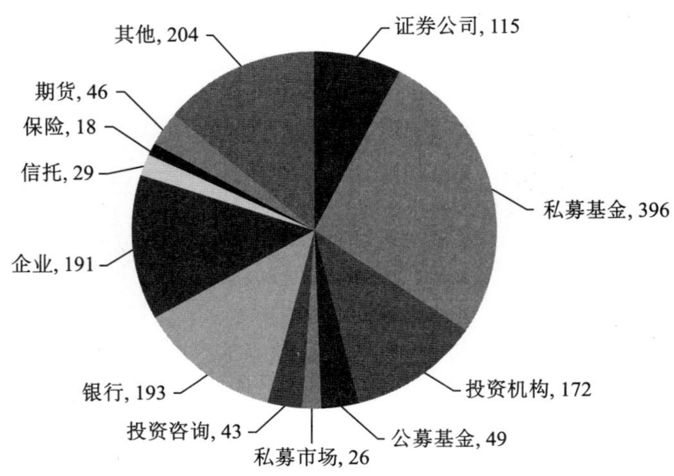

图 1－1　报价系统参与人结构（单位：名）

二、定位于互联互通市场

报价系统是各类私募市场的联通市场，通过打破各私募市场之间的信息隔离与交易壁垒，实现私募市场之间信息互联、交易互通、清算支付互联，促进共赢发展。报价系统不取代任何一个私募市场，而是通过搭建一个全面、高效的信息互联和报价、发行、转让平台，打通私募市场发行与转让业务的各环节，助力各类私募市场拓展业务空间，扩大产品推送范围，提高市场效率。报价系统作为证券行业基础设施还承担证券行业公共柜台职能，为未建柜台系统的中小证券公司、证券投资咨询公司和私募基金公司等提供中后台服务，节约社会成本与市场资源。

依托报价系统与各类私募市场互联互通，报价系统建立了规则统一的“一户通”账户体系，投资者能够使用一个产品账户完成所有联通市场的交易，同时支持投资者对其所有私募业务信息进行查询、管理，大大提升了场外私募业务的便捷性和高效性，实现了“一户在手、场外畅游”。通过互联互通，报价系统能够汇集全部联通市场的报价、成交等市场信息，有利于监管部门和自律组织通过报价系统持续了解私募市场运行情况，并为私募市场监测监控提供支持。截至2015年12月31日，报价系统共与442家机构进行了互联互通测试，其中已经有146家机构成功实现互联互通，包括85家证券公司、2家区域股权交易中心、1家公募基金管理公司以及1家证券投资咨询公司以柜台直联方式互联互通；57家机构使用报价系统为没有自建柜台系统的参与人提供的“云柜台”实现互联互通。通过柜台直联和“云柜台”，共有332.3万名投资者开立了私募“一户通”，市场互联互通作用日益显现。

为推动场外股权市场发展，提升直接融资服务能力，报价系统与区域市场在尊重彼此市场规则和管理制度的基础上，尝试推进互联互通和业务协作，实现私募业务数据信息的共享以及区域市场企业分层管理，扩展中小微企业的融资渠道，丰富证券经营机构参与区域市场的途径，提升区域市场专业化、规范化服务水平。截至2015年12月31日，共有辽宁股权交易中心、青海股权交易中心、广东金融高新区股权交易中心、广州股权交易中心、海峡股权交易中心、重庆股份转让中心、甘肃股权交易中心、湖南股权交易中心8家区域市场成为报价系统参与人。其中，广州股权交易中心和重庆股份转让中心已实现了互联互通。

三、定位于移动互联市场

报价系统依托互联网（含移动互联网）技术，致力于打造中国最大的场外金融交易市场联盟。报价系统是互联网的市场组织：一是全网运营，报价系统以证联网、深圳通、互联网等为链路，利用互联网技术，支持网上信息发布、网上发行、网上签约、网上报价、网上转让等业务，并实现全程电子化操作。二是提供开放式运用平台服务，报价系统为各类私募业务提供平台支持，同时各业务模块可拆分，由参与人根据业务需要自主设定，报价系统提供平台与规则支持、参与人自主开发运用。三是 7×24 小时不间断交易，报价系统支持每周 7 天、每天 24 小时交易，并提供互联网、移动设备等多介质、多途径的参与路径和工具，可实现市场业务活动的移动化、泛在化，摆脱时空限制，并实现数据网络留痕，统一保存，为风控和监管提供数据支持。目前，报价系统已构建了可支持产品发行、转让、信息展示、登记结算等功能的机构间市场，并开发了满足手机移动端投资需要、支持 IOS 系统和安卓系统的 APP。

四、定位于私募市场

报价系统作为我国多层次资本市场的有机组成部分，定位于私募市场，按照严格区分公募和私募的指导思想，在产品发行、转让中均坚守私募底线，遵循相关法律法规在宣传推介、投资者适当性和持有人数量等方面的规定，形成了对公募市场的有效补充，完善了多层次资本市场架构。报价系统通过为各类私募产品构建一个可平行扩展、全网运行的交易平台，将现有各类私募市场通过市场化、电子化的方式予以整合，有助于防范非法证券业务，推动私募市场健康、持续发展。

第二章
报价系统运营情况

自 2014 年 8 月 18 日首只产品上线以来，报价系统参与人数量和业务均呈现快速增长的态势。报价系统可支持各类私募产品发行与转让，并提供多样化的交易方式。

一、参与人数量快速增加、结构持续优化

从参与人结构看，报价系统参与人结构从证券公司占据“半壁江山”持续优化至各类型机构参与人“百花齐放”，形成了跨行业、跨领域的合作格局。报价系统自运行以来，受到市场各方面广泛关注，吸引了大量资本实力和资产管理能力较强的参与人（见图 2－1）。

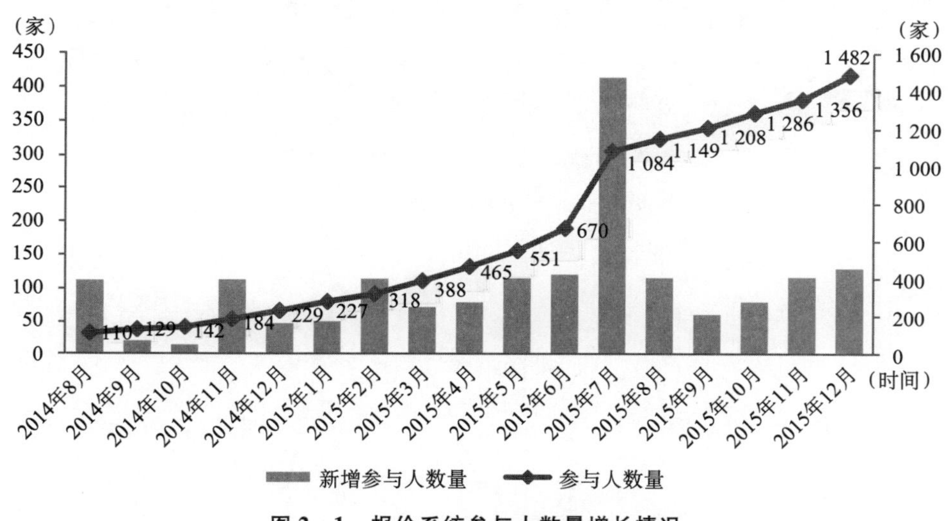

图 2－1　报价系统参与人数量增长情况

二、私募产品发行市场规模快速增长

自运营以来，报价系统产品发行数量和规模持续增长，日均发行规模、单日最大成交金额、月度累计发行金额屡创新高。截至 2015 年 12 月 31 日，报价系统累计发行产品 3 604

只，累计募集资金 3 356.65 亿元。从参与人认购方式看，参与人直接通过报价系统认购金额占比达 69.32%，报价系统销售能力已初步形成。

（一）发行规模迅速增长

报价系统私募产品发行规模迅速增长，百亿元规模发行量时间间隔不断缩短。2014 年 12 月 10 日发行量突破第一个 100 亿元；2015 年 4 月 21 日发行量突破 1 000 亿元。截至 2015 年 11 月 23 日，发行量已突破 3 000 亿元，报价系统发行规模稳步增长。此外，报价系统日均发行量不断攀升，截至 2014 年底，报价系统日均发行量为 2.02 亿元；到 2015 年 6 月，日均发行量已接近 40 亿元，单日最大发行量达到 77.80 亿元，明显高于同类市场（见图 2－2、图 2－3、图 2－4）。

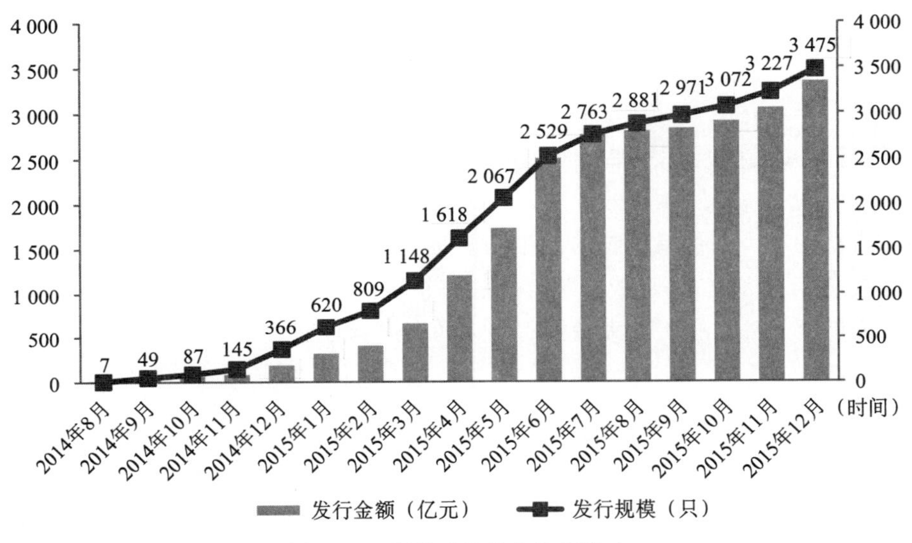

图 2－2　报价系统月度发行统计

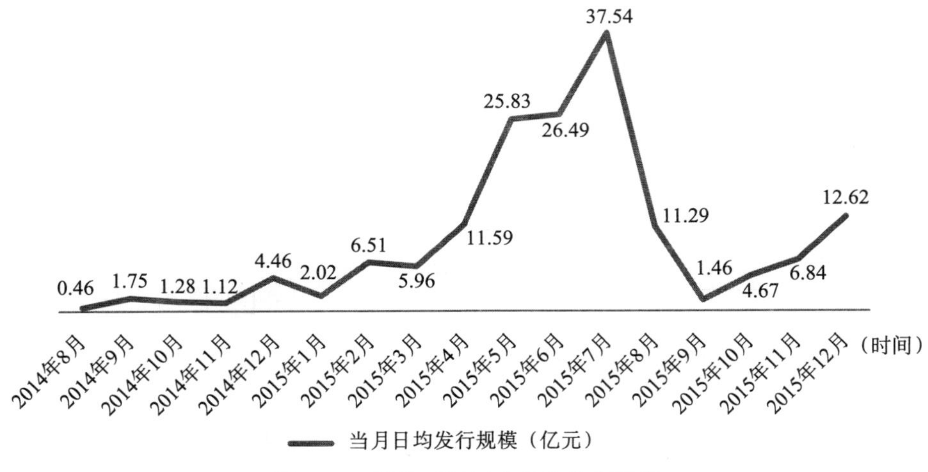

图 2－3　报价系统月度日均发行规模

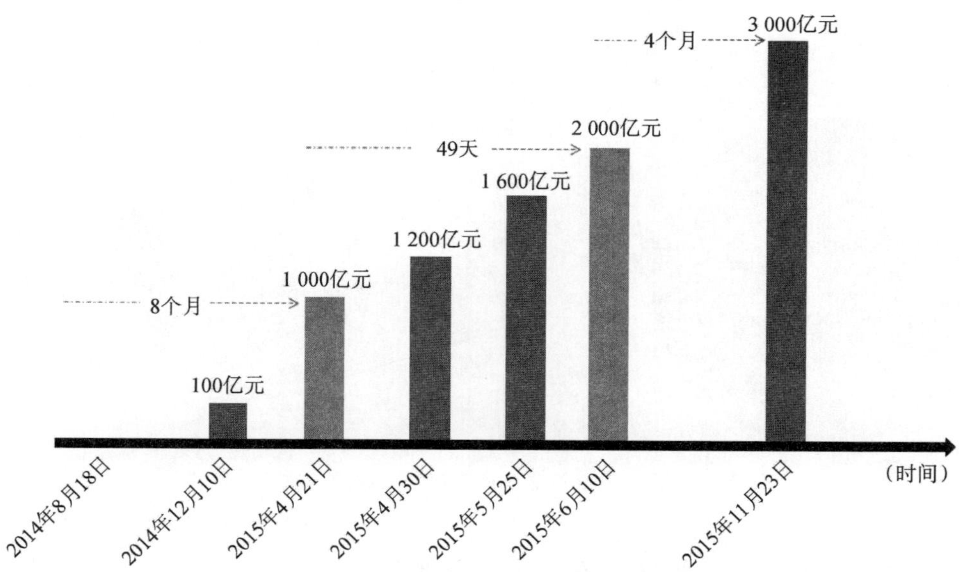

图 2－4　报价系统发行规模增长情况

报价系统作为行业基础设施，为中小微企业提供了私募债券、股权等工具直接融资，服务实体经济的能力不断提升。虽然起步较晚，但截至 2015 年 12 月 31 日，已有 19 只债券通过报价系统非公开发行，总计融资 116.42 亿元；68 家企业通过报价系统进行股权众筹融资，募资金额总计 1.57 亿元。

（二）产品种类逐渐丰富

报价系统正式上线至 2014 年底，发行的产品主要包括目前资产管理计划、收益凭证、次级债以及私募股权投资基金。经过一年多的建设，报价系统发行的产品类型不断丰富，已涵盖资产管理计划、收益凭证、证券公司短期债、可交换债、永续债、次级债、资产支持证券、私募股权投资基金、私募证券投资基金、信托产品等多元化品种。截至 2014 年底，报价系统累计发行产品 361 只、募集资金 185.89 亿元；截至 2015 年 12 月 31 日，共 143 家参与人在报价系统发行 3 604 只产品，其中，3 487 只发行成功，117 只发行失败（见图 2－5）。

其中，收益凭证作为产品发行“领头军”在报价系统发行市场大放异彩，成为机构融资的新路径，同时也丰富了投资者的选择。部分证券公司在报价系统形成了序列化、常态化的发行模式。总体来看，收益凭证在报价系统发行取得了良好开局，业务运行平稳，风险可控，广受投资者青睐，尤其是吸引了大量银行参与人在报价系统定向投资收益凭证，报价系统已成为银行等机构投资收益凭证的“指定场所”。

（三）产品申购与赎回

截至 2015 年 12 月 31 日，共计 22 只产品在报价系统进行申购与赎回。报价系统共收到申购申请 172 笔，申购金额共计 21.24 亿元；共收到赎回申请 224 笔，赎回金额共计 20.14

亿元。

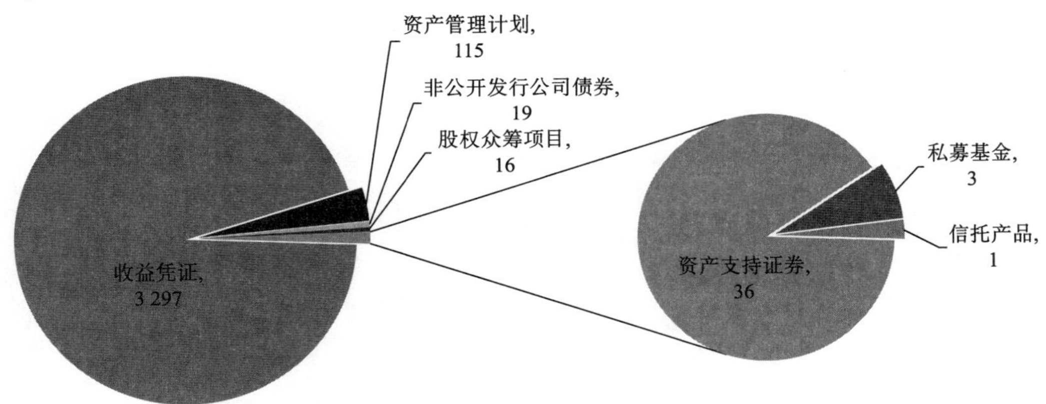

图 2-5 报价系统私募产品累计发行数量（单位：只）

三、交易机制灵活，为私募产品提供流动性

为满足私募产品转让需求，提高私募产品流动性，促进私募发行，报价系统积极构建一个基于互联网的开放式、全网运行的报价转让平台，为私募产品提供了丰富的转让方式和质押融资交易机制。

（一）转让市场平稳运行

报价系统支持证券公司资管计划、私募基金、非公开发行公司债券、收益凭证、私募股权等私募产品转让，提供协议转让、做市转让、拍卖竞价和标购竞价等多元化转让方式。2014 年度转让规模较小，交易金额共计 310.01 万元；2015 年报价系统转让交易规模快速增长，截至 2015 年 12 月 31 日，共 351 只私募产品（包括 313 只收益凭证、14 只资产管理计划、5 只私募股权、19 只非公开公司债）在报价系统挂牌转让，其中累计达成 166 笔交易，交易金额共计 49.26 亿元。

（二）完善做市商机制，提供流动性支持

为进一步提高报价系统私募产品流动性，满足投资者交易需求，中证报价积极推进报价系统做市商机制建设，通过引入试点做市商，着力培育私募产品做市商队伍。报价系统支持做市商采用双边报价做市、回应询价做市等做市方式，截至 2015 年底，共计 12 家参与人向中证报价提交了试点做市方案，其中 4 家证券公司已成为报价系统试点做市商并在报价系统对收益凭证、资产管理计划等产品提供双边报价；做市交易累计成交 10 笔，交易金额 1 638.74 万元。

（三）建设私募产品质押融资交易机制，满足参与人资金需求

为活跃报价系统产品交易，满足报价系统参与人融资需求，报价系统为参与人提供了私募产品质押融资交易机制，参与人及投资者可以将收益凭证、资产管理类产品、非公开发行公司债券、资产支持证券以及私募股权等产品作为质押标的在报价系统进行质押融资。此外，参与人可以采用协议成交与回购竞价等方式达成交易，并通过报价系统实现资金管理等全流程服务。通过在报价系统开展质押融资业务，有利于联通报价系统各类参与人满足不同投资者需求，盘活私募产品，提高资金利用率。截至 2015 年底，报价系统质押式回购交易累计成交 1 笔，该笔交易的质押品为收益凭证，回购期限为 7 天，质押品折算比例为 97%，融资金额 970 万元。

四、多层次股权市场建设稳步推进

根据中国证监会 2015 年重点工作安排，继续发展证券公司柜台市场与机构间私募产品报价与服务系统，出台股权众筹管理办法，开展公开、小额股权众筹融资试点，是加快多层次股权市场体系建设的重要举措。作为场外市场的基础设施，报价系统始终以推进多层次股权市场建设为己任，以服务小微、“三农”、创新创业和民族地区企业作为重要使命。

一是推进私募股权融资市场发展。中证报价通过建设报价系统众创平台，为中小微企业提供多样化的融资服务。截至 2015 年 12 月 31 日，共计 68 个项目在众创平台挂牌融资，16 个项目募集成功，实现融资 1.57 亿元，项目融资成功率为 23.53%，在同类业务中成功率较高。为配合中证众筹平台建设，便利合格投资者安全、高效投资，报价系统开发与完善中证“云柜台”系统以及手机移动终端，打造客户投资的专属利器。

二是打造报价系统私募股权报价板。报价系统以服务场外私募股权为宗旨，以实现股权报价功能为前提，以股权发行、登记、转让、做市、估值五大核心功能为基础，延伸提供多元化融资服务、平台信息服务以及场外股权市场指数服务，从而提高直接融资比重、健全企业资产定价机制、形成场外股权市场估值体系，进一步健全多层次股权市场体系。

三是建立并完善私募股权转让平台。报价系统不仅为企业挂牌、私募股权挂牌转让提供平台服务，截至 2015 年 12 月 31 日，还有 8 只项目股权在报价系统挂牌转让，挂牌金额 11 亿元。

四是稳步推进报价系统与区域市场互联互通。目前，报价系统已与广州股权交易中心、重庆股份转让中心实现了系统对接，共有 64 家企业实现了“双挂牌”；萍乡经济开发区也有 19 家企业在报价系统实现挂牌，为报价系统探索服务园区企业奠定了基础。

五、场外衍生品市场稳妥发展

为推动场外衍生品市场电子化、平台化发展，提升场外衍生品交易效率，加强场外衍生

品风险管理，报价系统搭建了场外衍生品交易平台与场外衍生品交易报告库和结算系统，旨在把报价系统建设成为我国重要的场外衍生品交易平台、报告平台和结算平台。

（一）搭建场外衍生品交易平台

报价系统场外衍生品交易平台是为场外衍生品交易提供询价与报价、在线签约、第三方估值等服务的电子化、全流程服务平台，可以显著提高场外衍生品交易效率，有效降低交易成本，降低衍生品交易参与方违约风险。2014 年 11 月 13 日，报价系统场外衍生品在线签约平台正式上线。

目前，报价系统场外衍生品交易平台主要支持收益互换和场外期权等衍生品交易，并在推进开发做市类场外期权合约。截至 2015 年 12 月 31 日，共计 421 家参与人签署《机构间私募产品报价与服务系统电子签名约定书（试行）》，65 家参与人通过报价系统签订了场外衍生品交易主协议 157 份；62 家参与人在报价系统签订补充协议 145 份；41 家参与人在报价系统签订交易确认书，共计 275 笔，涉及名义本金 59.81 亿元（见表 2－1）。

表 2－1　　截至 2015 年 11 月 6 日在报价系统达成的衍生品交易统计表

衍生品类型	累计数量（笔）	初始名义本金（亿元）	了结数量（笔）	了结名义本金（亿元）	存续数量（笔）	存续名义本金（亿元）
互换	162	60.27	39	11.84	123	48.43
期权	116	16.68	92	13.02	21	3.24
合计	278	79.96	131	24.86	144	51.67

（二）建设场外衍生品交易报告库

为落实中国证监会《关于进一步推进证券经营机构创新发展的意见》（以下简称“创新十五条”）中有关“研究衍生品交易的集中结算、交易信息报告等制度”的政策，防范场外衍生品市场风险，报价系统在借鉴境外场外衍生品交易报告管理机制的基础上，建立了场外衍生品交易报告库，为证券公司场外衍生品市场的风险监测与管理提供了有力支撑。截至 2015 年 8 月底，场外衍生品交易报告库涵盖了全部证券公司开展权益类衍生品业务的交易报告，并成为多层次资本市场的基础设施之一，可以为监管部门提供准确、全面、及时的场外衍生品数据信息。截至 2015 年 12 月底，共 42 家证券公司通过场外衍生品交易报告库进行场外衍生品交易报告，累计报告场外衍生品交易 48 160 笔，涉及初始名义本金 14 704.38 亿元（见图 2－6 和图 2－7）。

（三）开发场外衍生品清算系统

为支持报价系统衍生品业务开展，向交易双方提供衍生品交易一体化服务，报价系统开发了场外衍生品清算系统。该系统具有合约管理、账户管理、交易管理、清算管理以及风险

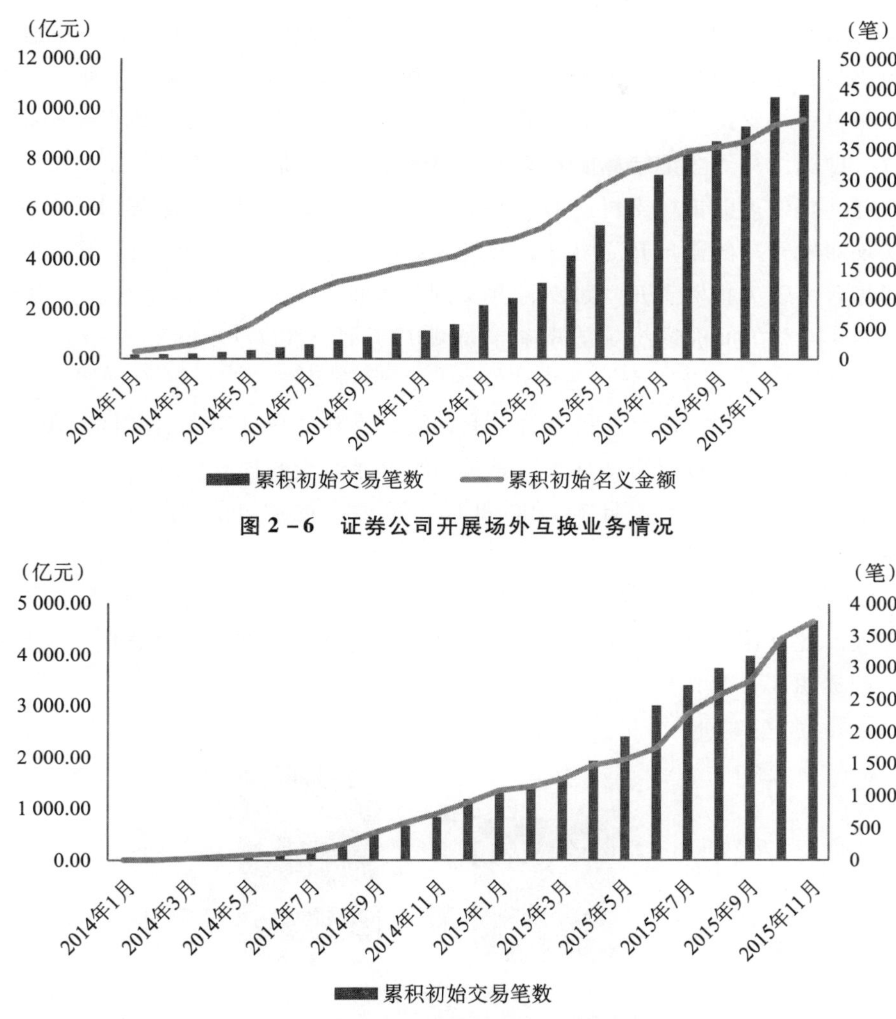

图 2－6　证券公司开展场外互换业务情况

图 2－7　证券公司开展场外期权业务情况

管理等功能，可为参与人提供双边、集中清算服务。在清算管理方面，衍生品清算系统具有要素检查、日终清算、生成结算通知等功能；在合约管理方面，具有存续期管理、收益率管理以及履约条件判断等功能；在账户管理方面，能够提供头寸持仓管理和交易查询；在风险控制方面，通过不同性质的账户隔离，合约跟踪、交收提醒等方式对双边清算进行风险防控，通过持仓限额、逐日盯市、保证金制度等方式对集中清算进行风险控制。

2015 年 9 月 18 日，报价系统场外衍生品双边清算平台上线，并于同日为 1.4 亿元名义本金的场外期权交易业务提供了清算交收支持。

六、场外市场登记结算体系日益完善

报价系统结合私募产品特性，充分借鉴国际市场先进做法，结合我国实际与行业诉求，建立了“多元选择、双轨开户、账户联通、混合持有、滚动结算”的私募市场登记结算体系。一是提供多元选择的登记结算方式与支付渠道，秉承参与人自愿选择、服务主体适度竞争的原则，报价系统支持证券公司等具备条件的参与人自办登记结算，或者委托报价系统登记结算系统、中国结算等登记结算服务机构等办理登记结算服务；在结算资金支付方面，报价系统为参与人提供商业银行支付、第三方支付以及中国结算的备付金支付等多样化支付渠道。二是实现双轨开户的账户开立机制，参与人可以通过报价系统直接开立账户，也可以通过证券公司柜台系统为投资者开立账户，并实现与报价系统的账户信息对接。截至 2015 年 12 月 31 日，参与人在报价系统为投资者开立账户共计 3 437 709 个，其中包括个人开户 3 434 835 个、机构开户 2 874 个。三是建立统一的报价系统参与人账户体系，实现与其他私募市场的账户互联互通。四是支持混合持有制度，在建立场外市场名义持有账户体系的基础上，支持名义持有与直接持有并存。五是开启滚动结算交收模式，支持单个交收日多批次交收，报价系统已实现每个交收日 12：00 和 18：00 两个批次交收，提高了报价系统场外市场清算效率。

截至 2015 年 12 月 31 日，报价系统共为 3 425 只产品提供登记结算服务，交收资金 4 921.07 亿元。此外，报价系统还与相关登记结算机构共同存储、共享登记结算信息，以提高私募市场的透明度，为私募市场监管提供支持（见图 2－8）。

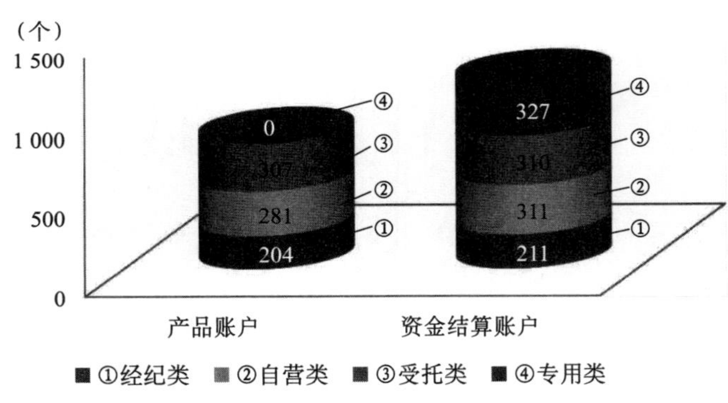

图 2－8　参与人在报价系统开立的账户统计

第三章
报价系统运行特色与实践意义

经过一年多的建设运营，报价系统功能已日趋完善。同时，报价系统充分调动各类机构的积极性，有效发挥资源配置功能、投融资功能、财富管理功能和风险管理功能，主动对接实体经济特别是中小微企业，支持创业创新，已经成为“最接地气”的市场之一，并呈现以下特色：

一、移动互联

报价系统基于证联网、深证通、互联网运营，可 7×24 小时发行与交易，支持日间多批次滚动结算。在交易模式上，报价系统为参与人提供全程网上服务。与此同时，报价系统不断利用互联网技术推陈出新，优化系统功能，随着报价系统手机终端 APP 等各类应用系统的推出，报价系统可以为广大个人投资者提供更为高速、便捷的服务。报价系统利用先发优势，融合传统金融与互联网精神，将互联网技术与证券期货行业创新紧密结合，为参与人提供包容、开放的平台。

二、参与人制度

与以证券公司为主的公开市场不同，报价系统出生于证券行业，但又不拘泥于证券行业，积极推行参与人制，并致力于实现参与人多样性。同时，报价系统以参与人需求为出发点，不事先设定业务种类，充分调动参与人的业务积极性，形成了参与机构投融互补、风险对冲、业务类型自然交织的业务生态：发行人可以及时、高效地完成产品创设与创新，投资者可以随时随地获得产品的全面信息，实现需求信息的快速传递并促成业务便利对接。参与人制度与参与人潜力得到有效挖掘与释放，激发了市场活力。

三、前、中、后台一体化

经中国证监会批准，报价系统可以从事场外证券业务的登记结算服务。报价系统已建立信息发布平台、发行转让交易平台、登记结算系统，可应参与人需要提供全流程、一体化服务。自报价系统运行以来，各参与人充分利用报价系统前、中、后台一体化的优势积极创设发行产品，在报价系统发行产品的同时使用报价系统登记结算服务，显著提高了参与人业务效率，将产品的注册发行周期最快压缩到一天，资金实现 T+0 交收。同时，通过私募账户“一户通”，投资者可以通过一个账户完成各联通市场的交易。参与人和投资者的业务效率都得到了有效提升。

四、行业公共平台

报价系统作为重要的市场基础设施，为各类证券期货经营机构场外业务提供可分可合的外包服务。报价系统的交易、登记结算以及支付功能等均可作为独立使用的服务功能，参与人根据自身需求可以在报价系统获得定制化的外包服务，不仅可以提高业务效率，还可以避免市场重复建设，节约社会成本。自报价系统运行以来，部分参与人根据自身系统建设与业务需求情况，选择报价系统相应功能开展业务，如通过报价系统开展开放式基金同柜转让业务，甚至部分柜台市场试点公司将其交易、登记结算等后台支持委托给报价系统，报价系统已经成为证券行业的公共平台。

五、市场中的市场

报价系统通过与证券公司柜台市场、区域性市场等各类场外市场互联互通，依托私募账户一户通，构建了市场中的市场。通过报价系统，每个参与人成为报价系统市场的有机组成部分，除自身原有客户外，还能覆盖与报价系统互联互通的其他参与人所代理的海量客户，实现产品信息的全市场覆盖。投资者可通过报价系统这个“金融产品超市”及时、全面获得各类产品的信息，并通过报价系统私募账户一户通高效、畅通地进行跨市场交易。报价系统互联互通的功能得到了参与人和投资者的肯定，通过报价系统发行产品或投资正在成为行业开展场外业务的一种选择。

六、分层分类风险管理

风险管理是报价系统建设、发展的重中之重。报价系统高度重视风险管理机制的建设，并已形成独具特点的风险管理体系。在机制建设方面，一是建立了多层风险防控机制，参与人负责业务风险管理，中证报价负责平台风险管理；二是进行全方位风险管理，中证报价前台、中台、后台业务相互隔离，并分层履行风险管理职能。在管理手段方面，报价系统以合规为前提、投资者适当性管理为基础、信息披露为手段，落实买者自负、卖者有责，做好具体业务风险管理；同时，按照分步走原则，在积累经验的基础上，对交易规模超过 50 亿元的每项业务均制定专项风险监控指标，以动态监测、管理业务整体性风险。在风险与效率平衡方面，报价系统创造性地对参与人、发行人、投资者进行授信管理，支持其在授信额度范围内便捷开展业务。在实现方式上，报价系统充分利用互联网、大数据技术，以报价系统账户体系为基础，实现信息留痕与记录，依托信息关联，将散点信息整理为具有逻辑关系的网状信息，以数据分析支持风险管理。此外，为降低报价系统相关业务风险，报价系统积极引入产品评级、担保、评价等外部风险管理措施，支持增信机构在报价系统发行增信产品。

第四章

报价系统发展展望

经过一年多的努力，报价系统作为重要的市场基础设施的作用已经显现，并已成为业务创新的“试验田”，在推动证券行业创新方面做出了有益尝试。一是推动建立了统一的场外市场业务标准。目前已制定了柜台交易系统接口规范行业标准，提高了柜台市场信息互联互通的时效性和便捷度；建立了统一的私募市场账户体系，并形成了“3＋9”的行业统一私募账户编码规则，为场外业务一户通奠定了基础；规范了私募产品编码，提高了私募市场的管理效率，促进了私募市场信息统一管理。二是实现了混合持有制度，创建了适应机构间市场需要的名义持有账户体系，促进了证券公司基础功能恢复，并提高了市场效率。三是支持定制化产品与类标准化产品在报价系统发行，丰富了场外市场产品结构，激发了市场主体活力，有力推动了行业创新发展。

回望报价系统的发展历程，在中国证监会及相关单位的大力支持下，报价系统顺应了行业创新发展的大势，联通了私募产品发行与转让各环节，在优化金融生态、推进实体经济发展方面的作用逐步显现，已成为多层次资本市场的重要组成部分。根据国务院关于“大力发展普惠金融，让所有市场主体都能分享金融服务的雨露甘霖”、“发展金融衍生品市场”的部署，2016 年，报价系统将进一步提升系统功能和对实体经济的服务能力，推动证券行业创新发展。

一、完善报价系统产品体系，服务实体经济发展，支持创业与创新

报价系统将在构建债券、股权、跨界市场与大众商品四大基础业务板块的基础上，不断完善报价系统产品体系，打造报价系统金融产品超市，满足各类机构及投资者的投融资需求。通过建立全面、多元、分层的产品体系，引导参与人参与报价系统积极创设产品，鼓励各类投资者参与报价系统业务，从而形成投融互补、良性互动的场外金融生态体系。同时，依托报价系统产品库，为合格投资者提供信息全面、渠道多样、投资便捷的金融服务，激发市场活力。

二、大力发展私募债券市场与私募股权市场，提高报价系统直接融资服务功能，促进培育发展新动能

报价系统积极响应国务院关于进一步显著提高直接融资比重措施的政策，将大力发展私募债券市场与私募股权市场，支持各类实体企业特别是中小微企业通过报价系统，利用非公开发行公司债券、资产证券化、私募股权融资、股权质押等多种金融工具进行多元融资，提升直接融资比例。同时，鼓励各类机构针对中小微企业的不同特点，通过报价系统探索股债结合、投贷结合等新型融资模式，为企业提供灵活的融资服务，促进培育发展新动能。

三、完善报价系统场外业务基础服务功能，发挥行业基础平台作用

报价系统作为行业基础设施与公共服务平台，将加快优化报价系统场外业务基础服务功能。一是深化与证券公司柜台市场、区域性市场等场外市场的互联互通，向全市场提供多元化、多样化联通服务，提高市场效率。二是以投资者为基点，形成符合私募产品特性的场外登记结算体系，在报价系统登记结算体系的基础上，拓展产品账户应用，加快账户对接。

同时，报价系统作为行业业务创新的“试验田”，在符合相关法律法规的基础上，支持证券公司通过报价系统进行产品与业务创新，推进行业创新发展。一是支持证券公司通过报价系统开展债券、资产证券化以及私募股权业务等；二是为各类产品提供丰富的转让功能以及质押融资交易功能，鼓励证券公司在报价系统开展做市业务；三是拓展收益凭证业务内涵，规范和引导证券公司创设多元化产品，等等。

四、加强报价系统私募产品风险监测与管理，防范场外证券业务风险

风险管理是报价系统建设与发展的重中之重。报价系统高度重视风险管理机制的建设，自报价系统正式上线运行以来，通过搭建分类、分层管理的私募产品风险监测体系，确保报价系统市场风险事件零发生率。下一步，中证报价将进一步完善报价系统私募产品风险监控体系，形成动态监测、多维度、全流程的风险监测体系，加强投资者适当性管理。同时，报价系统作为场外证券业务发展的基石，将建立场外证券业务支撑体系，引入保险、银行等机构为在报价系统开展的业务提供担保、授信等信用增进服务；发展增信凭证、信用互换、违约保险等产品化增信工具，丰富报价系统风险管理工具，降低业务风险。

五、拓展报价系统参与人深度与广度，打造跨业务、跨行业、跨市场的机构间市场

报价系统作为市场中的市场，依托参与人制度，结合报价系统市场架构与多元化的产品

体系，将进一步拓展参与人深度与广度，支持各类型参与人在报价系统开展综合性、跨界业务，从而充分发挥报价系统参与人优势，服务实体经济。一是发挥大宗商品业务与场外衍生品业务的跨界服务能力，持续探索“期货+保险”、“期货+保险+银行”等业务模式。二是探索与打通各类产品业务的各环节，从产品创设、投资、底层资产流转、产品增信等各环节为参与人提供特色化、专业化的优质服务，形成环环相扣、相得益彰的业务合作模式。

专题报告之五：2015 年中国证券投资咨询公司发展综述*

第一章 证券投资咨询机构经营现状

2015 年，中国证券市场波动剧烈，市场发展大起大落，各证券经营机构均受到不同程度的影响，证券投资咨询机构作为四大证券经营机构之一，立足传统业务，稳健经营。在“新国九条”政策纲领的指引下，证券投资咨询机构为居民财富管理及服务实体经济积极寻求转型发展机会，加快战略布局与业务创新。

一、整体经营稳健，各项指标大幅增长

2015 年全年，证券投资咨询机构在监管部门、中国证券业协会的积极推动和业内机构共同努力下，转型发展取得了一定的成效。根据中国证券业协会证券投资咨询专业委员会 2016 年初的行业问卷调查与统计分析，2015 年度证券投资咨询行业总体经营状况发展良好，业务收入有较大幅度提升，合规风控水平不断提高，各项业务均得到较快发展。其中，传统

* 本部分的所有数据均基于 2016 年初中国证券业协会专项调查统计，参与调研的证券投资咨询公司共计 82 家，数据截至 2015 年 12 月 31 日。

业务中的证券投资咨询业务、证券资讯（平台）服务稳中有进；转型创新业务中的财务顾问业务、新三板市场相关业务、区域股权市场相关业务、中证报价系统业务、并购重组财务顾问业务及私募基金管理业务等都取得了一定成果。

截至2015年12月31日，参与调研的82家证券投资咨询机构全年实现营业收入48.17亿元，较2014年全年增幅为124%；2015年行业净利润总计9.93亿元，同比大幅增加875%；2015年末行业注册（实缴）资本总计39.01亿元，同比大幅提升66个百分点（见表1－1）。

表1－1　　2014—2015年证券投资咨询机构经营情况

基本情况	2015年全年（亿元）	2014年全年（亿元）	同比增减情况（%）
营业收入合计	48.17	21.53亿元	124
净利润	9.93	1.02	875
注册资本	39.01	23.45	66

二、转型发展初见成效，各方面问题犹存

近年来，为更好地服务客户、服务资本市场和实体经济，提升盈利能力，证券投资咨询机构立足证券投资咨询业务，逐渐开始尝试进行多元化发展，部分证券投资咨询机构在新业务探索方面已取得初步成效，业务收入结构有所改善，并积累了一定的经验。然而，受相关法规限制，证券投资咨询机构法定业务类型仍较单一，新业务探索仍十分艰难，新业务收入占比依然较低，收入主要来源于传统的投资咨询业务。具体表现为：

（一）资本规模有所增大，但整体分化较大

近年来，证券投资咨询机构资本规模有所增加。截至2015年底，参与调研的82家证券投资咨询机构注册（实缴）资本总计39.01亿元，较2014年增加15.56亿元，资本实力得以增强。尽管如此，行业资本整体规模依然不大，且分化较为明显，资金及业务主要集中在少数咨询机构中。根据调查统计，注册资本超过（含）1亿元的公司有16家，16家公司注册资本24亿元，占比达65%；另外从总资产情况看，3家机构总资产超过3亿元，但11家机构总资产却低于50万元；从净资产情况看，4家机构净资产超过2亿元，12家机构净资产低于30万元，其中有2家机构净资产为04家机构净资产为负。

（二）行业收入集中度较高，对单项业务收入依赖性强

虽然证券投资咨询机构2015年收入和净利润较2014年有较大幅度增长，但行业整体收入结构呈现分化状态，行业收入始终集中在少数规模较大的证券投资咨询机构中，营业收入行业前5大咨询机构总收入和利润分别占行业总收入的47%和66%。能够实现净利润的机构很少，31家机构2015年净利润为负，4家机构2015年净利润为零，35家机构合计占比43%。

从收入结构来看，咨询机构业务收入对传统业务依赖较强，2014 年及 2015 年绝大多数咨询机构的业务收入主要来源于证券投资咨询业务收入，其中 2014 年该业务收入占该行业总营业收入的比例为 78%，2015 年该业务收入已经占总业务收入的 85%。究其原因，主要是业务范围过窄，一些新放开的业务尚未成为机构有效的收入来源（见表 1－2）。

表 1－2　　2014—2015 年证券投资咨询机构收入情况

基本情况	2015 年	2014 年	同比增减情况
证券投资咨询业务收入合计	41.08 亿元	16.77 亿元	145%
营业收入合计	48.17 亿元	21.53 亿元	124%
咨询业务占营业收入比例	85%	78%	7%

（三）专业服务能力有所增强，行业人才分布不均

证券行业作为知识密集型行业，高水平的专业人才队伍是形成核心竞争力、谋求持续发展的根本保障。因此证券投资咨询机构一方面培养储备人才，另一方面积极引进优秀人才，行业整体的研究能力和专业水平逐渐得到提高。例如，近一两年通过参与场外市场的财务顾问业务，部分证券投资咨询机构已经积累了一批该项业务的专业人才，为该业务发展提供了基本保障，但从具体专业人员分布来看，各证券咨询机构实力悬殊。

三、新政策支持，各项业务稳步开展

在“新国九条”政策背景下，面对证券投资咨询行业发展缓慢的格局，为拓宽咨询机构业务范围，推动咨询机构转型发展，2015 年 1 月，中国证券业协会发布了《关于拓宽证券投资咨询机构业务范围的通知》，证券投资咨询机构立足证券投资咨询业务，逐渐开始尝试进行多元化发展，开展私募基金管理业务、财务顾问业务、中证报价系统业务、互联网咨询业务等。部分证券投资咨询机构在新业务探索方面已取得初步成效，并积累了一定的经验。

（一）证券投资咨询业务

证券投资咨询业务一直是证券投资咨询机构的主营业务。大部分证券投资咨询机构的业务收入主要来源于证券投资咨询业务，此类业务主要包括证券投资顾问业务和发布证券研究报告业务等，其中投资顾问业务是主要收入来源。参与调研的 82 家证券投资咨询机构 2015 年投资咨询业务收入合计 41.08 亿元，相对于 2014 年的收入 16.77 亿元增幅达 245%，其中证券投资顾问业务收入占投资咨询业务收入的比例从 2014 年的 81% 增长到 2015 年的 82%，传统证券投资咨询业务得到稳步发展。

（二）私募基金管理业务

根据《关于拓宽证券投资咨询机构业务范围的通知》，投资咨询机构在向中国证券投资

基金业协会登记注册后可以开展私募基金管理业务，以及在向中证报价系统有限公司申请注册为报价系统参与人后可以开展有关私募证券业务。目前，参与调研的82家证券投资咨询机构中，已有50家在基金业协会登记注册为私募基金管理人，42家已经设立69个基金产品，其中56个已经成功发行，发行的基金总额达到91.52亿元。此外，31家证券投资咨询机构向69家企业累计已经投资35.08亿元。在投资方向上，股权投资大概是在二级市场投资的8倍，有力支持了中小微企业，更好地服务于实体经济。

（三）财务顾问业务

近两年证券咨询机构积极在并购重组和场外市场挂牌推荐业务方面不断探索。据问卷调查统计，2015年咨询机构财务顾问收入稳中有进，参与调研的82家证券投资咨询机构中20家担任财务顾问获得业务收入。证券投资咨询机构在财务顾问业务上，一方面在参与新三板及区域性股权市场的挂牌业务表现较好，另一方面在并购重组与企业融资顾问方面也硕果累累。

1. 新三板及区域股权市场

2015年，在参与调研的82家证券投资咨询机构中，12家涉足新三板市场相关业务，其中3家已经实现营收，2家已经与证券公司合作完成推荐挂牌了2家企业。未来将要推荐挂牌的已签约的企业项目数总共达到36家。此外，拟签约企业数也达到31家。

9家证券投资咨询机构开展了区域股权市场相关业务，已推荐挂牌总数达到430家，股改企业数82家，展示企业数630家，为45家企业进行了股权融资、为2家企业进行了股权质押回购服务，2015年区域股权交易市场业务收入占2015年营业收入合计约为10%。

2. 并购重组、企业融资顾问业务

2015年，在参与调研的82家证券投资咨询机构中，有10家证券投资咨询机构从事或涉足并购重组、企业融资财务顾问业务，其中4家企业已经具有了实质业务经验。2015年咨询机构开展的主板及创业板并购重组财务顾问项目已完成15家，正在进行的项目16家，拟签约项目数12家；2015年开展新三板并购重组财务顾问项目已完成7家，正在进行的项目20家，拟签约项目16家。

（四）报价系统相关业务

在参与调研的82家证券投资咨询机构中，18家开展了中证报价系统相关私募证券业务，共计在报价系统发行产品数量达到7个，发行规模1.3亿元，自营认购报价系统产品金额达2.18亿元，代理认购报价系统产品金额0.35亿元，所管基金、产品投资报价系统产品金额达到32.88亿元，其中有5家机构使用报价系统云柜台，3家进行了开户及交易工作。

（五）互联网证券投资咨询业务

随着互联网的日益普及，投资咨询业务与互联网的融合日益紧密，部分证券投资咨询机构通过互联网开展投资咨询及证券资讯业务、互联网代销金融产品。

第二章
证券投资咨询行业发展面临的问题

一、法定业务类型单一，难以支撑可持续发展

2014 年之前，证券投资咨询机构的法定业务仅有证券投资咨询业务一项，而传统证券咨询业务又面临来自证券公司的极大竞争压力。证券公司不仅在专业水平、行业声誉等方面显著优于证券投资咨询机构，而且证券公司往往将投资咨询业务作为附属业务，与佣金捆绑甚至免费提供，使得投资咨询机构的核心盈利模式面临极大挑战，法定业务难以支撑可持续发展。2014 年之后，随着“新国九条”政策环境的变化，证券投资咨询机构寻求转型机会，但由于相关政策并未得到落实，证券投资咨询机构的新业务依然受到制度性限制。

二、制度建设落后，多元化的新业务探索艰难

现行法律法规对证券投资咨询机构的业务范围、业务边界和商业模式等内容的限定相对落后于市场的整体发展，对创新发展的必要政策指导和支持不足。面对证券投资咨询业务发展停滞不前，收入和利润难以有本质性改善，证券投资咨询机构不停地进行多元化发展探索。据问卷调查统计，参与调研的 82 家证券投资咨询机构 2015 年全年实现的营业收入 48.21 亿元中，非投资咨询业务收入为 9.03 亿元，占 18%，其中财务顾问业务收入 1.1 亿元，占 2%，证券资讯（平台）服务收入 2.4 亿元，占 5%，其他收入 4.95 亿元，占 10%。虽然证券投资咨询机构通过业务转型发展的探索，行业业务收入结构有所改善，但新业务收入占比依然较低。

在现行制度框架下，证券投资咨询机构新业务探索仍十分艰难。主要表现在以下几个方面：第一，在新三板挂牌推荐业务上，证券投资咨询机构因制度限制不能独立开展新三板挂牌推荐业务。第二，证券投资咨询机构在开展上市公司并购顾问业务时，不能担任上市公司独立财务顾问角色，仅能在项目中担任收购方财务顾问，作用有限，收费较低。第三，融资中介业务时，由于相关资格限制，只能“借道”其他证券经营机构，大大提高了成本、降

低了效率，弱化了服务能力。尽管新“国九条”和“证券经营机构创新发展十五条”提出研究、支持证券公司、基金管理公司、期货公司、证券投资咨询公司交叉持牌，但目前对证券咨询机构交叉持牌的政策依然没有落地，相关业务的监管细则也没有出台，因此证券投资咨询机构转型发展基本处于停滞状态。

三、证券市场财富管理的需要与证券投资咨询机构发展不协调

当前证券投资咨询行业面临的突出问题是，服务能力与居民快速增长的财富管理需求不协调，证券投资咨询机构不能跟上金融、证券行业创新发展的步伐，成为行业发展“短板”。由于顶层设计不足，法定业务单一，缺乏清晰稳定的盈利模式，非法证券投资咨询活动猖獗导致健康的行业生态难以形成，日常经营受到限制较多，证券投资咨询机构普遍弱小，在服务实体经济和满足居民财富管理需求方面难以发挥有效作用，持续发展能力面临巨大挑战。

四、投资者保护与打击非法证券投资咨询

目前非法咨询机构数量繁多，通过互联网、交流软件（微信、QQ等）等方式从事非法证券投资咨询活动，方式隐蔽，活动猖獗，证券投资咨询机构的声誉、业务等受到严重损害，同时也侵害了投资者利益。

第三章
证券投资咨询行业发展展望

一、证券投资咨询机构差异化、专业特色化发展

在监管转型和行业持续创新大背景下，各类金融业务融合正在步入新的深化阶段，鼓励证券公司、基金公司、期货公司和投资咨询公司依法申请交叉持有业务牌照，积极推进私募基金管理人申请公募基金管理牌照，放宽证券经营机构设立门槛和入股限制条件，支持社保、养老金、企业年金等专业机构投资者设立专业证券经营机构。

随着监管层对证券投资咨询机构转型的政策支持，证券投资咨询机构有望获得多项业务牌照，他们可以向私募基金管理、新三板挂牌推荐、上市公司并购重组财务顾问、报价系统业务、互联网金融、资产管理等多项需要业务牌照的领域发展。转型后的证券投资咨询机构的市场定位必须和大型证券公司的市场定位实现差异化，才能通过错位竞争赢得发展空间。证券投资咨询机构只有选择具备比较优势的领域，努力寻求自身差异化的业务模式和竞争优势，走特色证券经营机构的经营路径，才能在未来激烈的竞争中取得一席之地。

二、证券投资咨询机构综合化经营和集团化发展

金融混业经营在提高金融服务效率、降低成本方面发挥着重要作用。证券业的传统经营领域已经受到银行、保险、信托的“蚕食”，证券经营机构进行综合化经营和集团化发展是大势所趋。证券投资咨询机构单独作为一个行业发展难以满足客户的需求，只有单一业务的证券经营机构亦难以满足日益复杂的金融需求。

一方面，从投资者服务方面来说，面对银行理财、保险产品、信托产品、证券公司资管计划、基金资管计划等众多理财产品，投资者需要既能够提供产品，又能够提供综合性的理财解决方案的金融机构。当投资者面对股票、债券、期货、金融衍生品时往往无所适从，需要一个能够针对证券行业提供综合性理财服务的机构。另一方面，实体经济方面的证券服务需求需要综合专业的、市场化的现代投资银行服务，有效支持服务实体经济健康发展。企业需要一个机构能为其提供多种融资工具和服务，并且能够提供综合性融资解决方案的金融服

务。证券投资咨询只是投资者投资理财的辅助需求，各金融机构投资咨询业务也是伴随其他业务一并开展的。如果只开展单一的投资咨询业务，反而限制了其他业务，这样的机构，无法满足市场主体需求，根本不具备核心竞争力。只有综合性金融服务才能满足各方面需求。因此，证券投资咨询机构未来必将进行综合化经营和集团化发展，如东方财富逐渐由金融资讯、互联网相关业务向收购小型证券公司的并购路径发展，走综合化经营和集团化发展之路。

三、证券投资咨询机构业务互联网化

随着互联网的普及，未来金融业的创新有两条路径：一是标准化、集约式的展业模式，为大众投资者提供标准化的金融服务；二是继续发挥金融机构的专业优势，为机构客户和高净值客户提供个性化的量身定制服务。从综合竞争力的角度来看，个性化和专业化才是证券经营机构战略制胜的法宝。

专题报告之六：2015 年证券公司互联网证券发展综述

第一章 2015 年互联网证券发展回顾

2015 年互联网证券进入深度融合阶段。一方面，从中央到地方纷纷出台支持政策，互联网证券面临良好的发展环境；另一方面，证券公司继续推进传统业务的互联网改造，多举措加快互联网证券尤其是移动证券发展步伐，互联网机构也在加紧布局证券业务链。与此同时，互联网证券的效果也逐步显现。

一、互联网证券的政策环境

2015 年在十二届全国人大三次会议上，李克强总理提出要制定“互联网 +”行动计划，推动移动互联网、云计算、大数据、物联网等与现代制造业结合，促进电子商务、工业互联网和互联网金融健康发展。

2015 年 7 月，国务院发布了《关于积极推进“互联网 +”行动的指导意见》，将“互联网 +”普惠金融作为重点行动，鼓励各金融机构利用云计算、移动互联网、大数据等技术手段，加快金融产品和服务创新，在更广泛地区提供便利的存贷款、支付结算、信用中介平台等金融服务，拓宽普惠金融服务范围，为实体经济发展提供有效支撑。

互联网金融作为金融行业落实“互联网+”国家战略的着力点，得到行业主管部门、地方政府、自律组织多方面政策支持和规范。

（一）行业层面

2015年1月，中国人民银行印发了《关于推动移动金融技术创新健康发展的指导意见》（以下简称《指导意见》），明确了移动金融技术创新健康发展的方向性原则，并指出移动金融是丰富金融服务渠道、创新金融产品和服务模式、发展普惠金融的有效途径和方法。

2015年3月，中国证券业协会互联网证券专业委员会在北京成立，这是证券业自律协会首次成立互联网证券专业委员会。

2015年4月，中国证券登记结算有限责任公司决定，自2015年4月13日起，取消自然人投资者开立A股账户的一人一户限制，允许自然人投资者根据实际需要最多可以开立20个沪、深A股账户及场内封闭式基金账户。此举彻底打破证券账户流动的制度藩篱，为互联网证券发展提供基础设施方面的保障，具有里程碑式的意义。

2015年6月，中国证券业协会拟定了《证券行业“互联网+”行动计划（征求意见稿）》，提出证券行业“互联网+”行动计划的“六个一”目标——建立一支真正具有互联网思维的新型业务团队，建立一套基于移动互联的组织架构，建立一套基于移动互联的基础技术架构，建立至少一种运用大数据和云计算等移动互联网的能力，建立至少一种基于移动互联的商业模式，建立一系列良好的用户体验模式，并拥有广泛的移动互联网端用户，明确了证券公司发展互联网证券的目标和方向。

2015年7月，央行等十部委联合发布《关于促进互联网金融健康发展的指导意见》，规划了未来互联网金融的规则、方向和顶层设计框架，从国家层面充分肯定和鼓励互联网金融创新，将互联网金融纳入法治化和依法监管的轨道，有利于整个行业的健康稳步发展。

（二）地方层面

相比国家层面，一些地方政府更早出台了支持互联网金融的政策措施（见表1-1）。这一方面是为争夺互联网金融的优质资源，以刺激当地金融发展和GDP增长；另一方面则是力争抓住先机，获取政策红利。

表1-1　2015年地方性互联网金融相关政策发布情况

发布地区	发布时间	发布文件名称
天津	2月	《天津开发区推进互联网金融产业三年行动方案》
深圳	3月	《深圳市人民政府关于支持互联网金融创新发展的指导意见》
广州	6月	《广州市支持互联网金融创新发展试行办法》
贵阳	7月	《支持互联网金融产业发展的若干政策措施（试行）的通知》
上海	8月	《关于促进本市互联网金融产业健康发展的若干意见》
江苏	11月	《省政府关于促进互联网金融健康发展的意见》

资料来源：根据公开信息统计。

二、证券公司继续推进传统业务的互联网改造

（一）网上业务占比情况

2015 年，证券公司网上业务占比继续提升，网上开户占比由 2014 年的 50% 提高到 2015 年的 92%；网上交易人数占比由 2014 年的 79.28% 提高到 2015 年的 84.43%（见表 1 -2 和表 1 -3）。

伴随证券账户自由流动制度的实施，证券开户、交易、服务等环节已实现网络化。

表 1 -2　网上（PC + 手机）开户占比情况　（单位：%）

年份	PC 端占网上开户比例		手机端占网上开户比例		网上开户占整体开户比例
	全体汇总	最大值	全体汇总	最大值*	
2014	40	100	60	80.70	50
2015	11	72	89	97.44	92

注：最大值*是指全部统计样本中该指标的最大值。

资料来源：2015 年中国证券业协会专项调查统计。

表 1 -3　网上（PC + 手机）交易人数占比情况　（单位：%）

年份	PC 端占网上交易比例		手机端占网上交易比例		网上交易人数占整体交易人数比例
	全体汇总	最大值	全体汇总	最大值*	
2014	66.78	99.76	36.93	99.60	79.28
2015	60.92	99.99	51.55	99.99	84.43

注：最大值*是指全部统计样本中该指标的最大值。

资料来源：2015 年中国证券业协会专项调查统计。

根据 2015 年中国证券业协会专项调查统计，在 95 家样本证券公司中：有 42 家证券公司开展网上投资顾问（以下简称“投顾”）业务，占 48.84%；有 32 家证券公司通过网上销售资讯产品，占 37.21%；网上（PC + 手机）资讯产品销售达到 1.59 亿元；移动端资讯产品销售规模达到 0.39 亿元。

（二）积极推进移动证券布局

互联网金融的移动化趋势使证券公司普遍加快了移动证券步伐，证券 APP 成为证券公司创建互联网品牌、拓展经纪市场的重要阵地。

1. 证券公司普遍推出证券 APP

根据 2015 年中国证券业协会专项调查，截至 2015 年底，纳入样本统计的 95 家证券公司中，已有 83 家证券公司拥有证券 APP（包括自建或合作），比 2014 年的 61 家增加了 22

家，占全部样本的87.36%。

与此相伴的是，手机端已成为互联网证券主流渠道。根据2015年中国证券业协会专项调查统计，2015年手机端开户占网上开户比例已达到89%，比2014年的60%提高了29个百分点；2015年手机端交易人数占网上交易人数的比例为51.55%，比2014年的36.93%提高了近15个百分点。互联网证券移动化趋势明显加快。

2. 加快证券APP升级

2015年，证券公司普遍加大了移动证券的投入力度。一些证券公司依托东方财富、同花顺等互联网公司搭建APP，一些证券公司自主构建功能全面的证券APP，如“佣金宝”、“涨乐财富通”等，实现了移动证券APP更新换代，提高了移动证券APP的用户体验效果，扩大了移动证券APP的应用范围，实现全面数据服务。

证券移动APP得到快速发展，以“涨乐财富通”为例，2015年底“涨乐财富通”用户已突破1 000万户，是证券公司中用户最多的移动APP。

（三）投顾创新力度大

1. 投顾产品销售

2015年共有32家证券公司开展网上投顾产品销售，主要是咨询和投资组合产品，其中组合产品占大多数（见表1－4）。组合产品主要是股票组合，包括持仓比例、结构、操作计划等，比如广发证券的“睿组合1号”。

表1－4　部分证券公司网上销售投顾产品一览表

证券公司	APP	投顾产品名称
国泰君安	易阳指	涨君宝、中线宝、乐享宝等
广发证券	易淘金	大唐一号、睿组合1号
第一创业证券	一创财富通	北京一号、南方一号、一创午参、一创早报、彩虹桥、趋势领航
财达证券	财达手机大智慧、财达手机同花顺	财金达系列资讯产品，财胜达系列资讯产品
安信证券	安翼金融终端	至尊服务套餐A/B、金月领先组合、安信睿羿策略精选
五矿证券	五矿手机证券	实战沙龙、复利交易计划
中航证券	金航线、翼启航	起点1号、春风波段手、春风涨停王、春风稳健宝、春风趋势牛、北京慧赢1号等等
银河证券	银河玖乐	景田达人、明道达人、趋势达人、达人飞阳等。
民族证券	民族证券APP专业版、大众版	民富中和—实战投顾产品包含金股追踪、点股成金、两点半决策、量化金股、每周金股
银泰证券	银泰掌如e	如意行、如意盈、如意盛、如意尊
兴业证券	“优理宝”	优典早知道、中证投资内参、掌中宝核心套餐、新股淘金
同信证券	掌上如意版	同信中国红金色九点半、同信中国红锋赢投资组合、同信中国红锐赢投资组合以及个股投资报告

续表

证券公司	APP	投顾产品名称
西部证券	信天游	财富金钥匙、财富聚宝盆、财富直通车、财富金锦囊等
万联证券	万联 e 万通、万联极速版、万联大智慧	万联点金—中证 A、B、C、D、E1、E2、E3、E4 八个产品。"点金智富"，包含"同智富"、"盈智富"和"金智富"三款套餐
申万宏源	宏源天游、申万赢家理财	各种投资组合
南京证券	金罗盘，南京证券大智慧、南京证券同花顺	投资晨报、精选个股、大势研判、宏观研究
民生证券	民生手机开户、民生证券钱龙、民生证券同花顺	财富助手、民生财富金组合、民生财富趋势交易组合、民生财富稳健组合、民生财富管家
国海证券	国海证券金贝壳（理财版）、国海证券金贝壳（智慧版）	能量趋势、事件驱动、成长精选、十大金股、金股择时、一路向北等，主要是权益类产品
大通证券	智信通	消息盒子
长江证券	长江 e 号、长江 e 理财	热点追击模拟组合、多元投资模拟组合、研报产品掘金池
金元证券	指定乾坤 +	智汇财富
江海证券	江海锦龙	聚宝盆精选股票池、金牌价值精选股票池、策略资讯·月度投资攻略、汇赢精选股票池

资料来源：2015 年中国证券业协会专项调查统计和证券公司网站。

咨询产品主要是各类研究报告、要闻点评、市场研判等，有些证券公司选择与主流媒体合作，有利于形成双方的优势互补。比如"万联点金—中证"系列资讯产品是万联证券与《中国证券报》合作开发的高端财经资讯产品。

2. 社交投顾

个别证券公司开始在投顾平台中引入社交功能。比如申万宏源与恒生电子合作，推出"精英汇"社交金融平台，为投资者提供简单、专业的投资服务，在互联网实盘交易信息平台上，通过"领投与跟投"模式来实现 C2C（客户到客户）的直接信息交互。

3. 大数据投顾

部分证券公司将大数据引入投顾服务。如申万宏源与天音控股子公司和股利多共同发布"股神 +"项目。该项目以股民宝手机软件、股神卡等一系列产品为基础，以人工智能系统、大数据分析系统、自然语义系统为核心，并结合申万宏源证券、股利多的专业力量，为用户提供更加及时、专业、智能的互联网金融解决方案。国金证券与百度达成排他性战略合作，在大数据应用等方面展开全面合作，这对客户分类、差异化服务提供及产品创新等有积极意义。

4. 互动投顾

少数证券公司在投顾平台中设置互动功能。如，广发证券年初推出一款“证券公司版滴滴打车”金钥匙移动服务系统。投资者可通过公司官网、易淘金 APP、微信公众号“有问必答”入口连线“金钥匙”，实现线上线下闭环互动。广发证券还与蚂蚁聚宝合作提供投顾互动、资讯有问必答等智能投顾服务。

（四）与直投业务并举推进

一些证券公司采取不同形式，积极开展直投业务，以下列举一些具有典型意义的证券公司开展直投业务模式：

海通证券 2015 年通过旗下海通创新、海通开元、海通创意分别注资麦子金服、积木盒子和爱有财平台。东吴证券全资子公司东吴创新资本与赢时胜、水德合伙设立东吴在线，致力于为投资者提供互联网经纪、互联网财富管理、互联网投行等服务，打造国内领先的互联网证券服务平台。广发证券全资子公司广发信德向 51 家庭管家注资，共同打造一款国内首个高端家庭管家服务平台。

三、证券公司多举措加快互联网证券步伐

证券公司通过账户体系创新、组织架构调整、切入生活场景、与互联网机构合作等多种方式，有力推动了互联网证券的发展。

账户体系在互联网证券中处于核心地位。“一人多户”放开后，证券公司普遍加快了账户创新步伐，出现了华泰“涨乐财富通”推出的客户“综合账户”体系、平安证券围绕“医、食、住、行、玩”需求搭建的智能财富管理平台等有代表性创新型账户体系。

为支持互联网证券业务发展，多家证券公司从自身的资源优势及战略布局出发，构建了自己的互联网证券组织机构，以推行其互联网证券发展规划。证券公司发展互联网金融的路径主要有两种：一是在证券公司内部成立互联网金融部门，对接证券公司内部各个业务条线的日常业务，其中包括在总部组织架构上开辟互联网金融板块的传统模式和中信证券成立互联网金融营业部这种“自下而上”的架构模式。二是成立互联网金融子公司，拓展相关业务。如，东吴证券与互联网公司、文化传媒公司联合打造了证券公司互联网金融子公司——东吴在线，为投资者提供互联网经纪、财富管理、众筹、创新业务等服务。再如，中信证券选择了“自下而上”的架构模式，成立互联网金融营业部（简称“互金营业部”）作为互联网金融战略的切入点。互金营业部模仿支付宝的普惠金融路径，旨在填补长尾客户服务空白。

证券公司采用多种方式弥补生活场景方面的短板，这包括与互联网 O2O 龙头跨界联合推广理财、开展跨业合作引流，借助简单的互联网证券微调查的形式，吸引用户参与活动，互动分享，二次传播，通过活动连环激励，植入用户回访、微信绑定、引导开户等业务

需求。

2015 年，多家证券公司与互联网机构合作，加快互联网证券发展进程。多家上市证券公司推出定增计划对开展互联网业务给予融资支持。一些证券公司尝试通过在中证机构间报价系统平台发行私募股权融资项目、设立 P2P 平台等方式进行融资、开展业务。

四、互联网机构加快构建证券业务链

针对证券专业短板，以中国互联网三巨头（BAT，即百度、阿里、腾讯）为代表的互联网机构以多种方式构建专业服务平台，一些中小互联网机构也深耕细分市场，开展证券业务。

（一）通过收购、入股等方式，间接获取证券牌照

东方财富通过收购宝华世纪证券 100% 股权、定增购买同信证券 100% 股权已间接拥有中国香港和内地证券牌照。腾讯通过入股香港富途证券间接拥有了香港证券牌照。

（二）与证券机构合作，进行平台对接，通过流量导入，实现销售和服务的创新，其中国金证券与百度的合作最具创新维度

2015 年 9 月，国金证券与百度签署战略合作协议，围绕大数据和人工智能技术建立长期的产品研发及合作机制，共同探讨金融业务合作的应用及落地，并尝试基于移动终端的证券业务领域进行合作。12 月 23 日，双方共同推出国内首只大数据量化基金——国金百度大数据基金。与传统量化投资相比，国金百度大数据基金的最大特色是在投资模型中充分纳入“人”的因素。在合作中，百度发挥自身海量数据资源、云计算基础架构以及人工智能技术的优势，国金证券主要负责系统策略开发和资金募集。

（三）搭建理财、股票移动平台，抢占用户入口

蚂蚁金服推出一站式理财平台，为用户提供证券资讯、行情与服务，蚂蚁金服集团旗下的互联网股权投融资平台蚂蚁达客，为小微企业和创新创业者提供股权融资服务，为投资人提供股权投资服务。

腾讯 2012 年即推出自选股 APP，采用 QQ 号登录，股票数据云同步，还可设置股价提醒，用户可以随时获知股票动态。

2015 年初，百度上线选股 APP——百度股市通，基于百度每日抓取的新闻资讯、数亿次的股票和政经相关搜索数据，通过技术建模、人工智能来帮用户获取投资热点，有效解决了股民“信息不对称”的问题，使普通股民可以跨越信息搜集难题，获得智能投资服务。

京东金融建立了供应链金融、消费金融、众筹、财富管理、支付、保险以及证券七大业务板块。2015 年 9 月，京东金融上线 APP3.0，新版本定位为“一站式金融生活移动平台”，

涵盖了目前理财加消费的金融产品。旗下的白条、众筹、理财等业务已经通过一个账户体系实现了一体化。

（四）中小互联网机构凭借特色涉足互联网证券，也有较快发展

这方面的典型代表是淘金路。2013 年 6 月，“淘金路” APP 正式上线，期初定位于股票社交平台，2015 年 10 月底增加了“淘金路理财”和“证券开户 + 交易”两个产品，平台正式切入交易。目前注册用户 140 万户，每日活跃用户 15 万户，人均每日停留时间为 16 分钟。在证券公司 APP 用户每日活跃度（简称“日活”）普遍不足的当下，“淘金路”的模式值得关注。

第二章
移动证券成为互联网证券布局重点

一、证券公司积极布局移动证券

在互联网金融移动化的大背景下，证券公司也在加速互联网证券的移动化模式再造。

（一）证券公司 APP 概况

根据 2015 年中国证券业协会专项调查统计，截至 2015 年底，列入统计的 95 家证券公司中共有 83 家证券公司拥有 APP（见表 2－1），移动证券已高度普及，但多数证券公司的 APP 并非自己开发，而是与同花顺、大智慧等专业服务机构合作开发，名称中带有“同花顺”、“大智慧”的都属这一类。这样的 APP 主要是交易软件性质，技术上缺乏独立性。

表 2－1　　部分证券公司 APP 一览表

证券公司	APP	证券公司	APP
华泰证券	涨乐财富通	湘财证券	金诺信、股掌乐
海通证券	e 海通财	西南证券	西南金点子
国泰君安	易阳指	同信证券	掌上如意版
国金证券	佣金宝	西部证券	信天游
广发证券	易淘金	万联证券	万联 e 万通、万联极速版、万联大智慧
第一创业证券	一创财富通	九州证券	投资大师、九州宝
财达证券	财达手机大智慧、财达手机同花顺	天风证券	极客金融家
安信证券	安翼金融终端	世纪证券	“小薇”、“小薇”交易版、世纪朝阳
五矿证券	五矿手机证券	申万宏源	宏源天游、申万赢家理财
众成证券	众成大智慧手机炒股，众成证券综合 APP	上海证券	玉如翼、速 E 融、闪电通

续表

证券公司	APP	证券公司	APP
方正证券	泉友通、小方	山西证券	山西证券 APP，汇通启富 APP，金典通 II
中邮证券	中邮手机证券	日信证券	日日鑫手机炒股平台
中银国际证券	中银财 E 通、中银移动理财	中泰证券	中泰融易开户
中山证券	中山证券 APP	南京证券	金罗盘，南京证券大智慧、南京证券同花顺
中航证券	金航线、翼启航	民生证券	民生手机开户、民生证券钱龙、民生证券同花顺
中投证券	掌中投、金中投高端版	联讯证券	联讯金融
银河证券	银河玖乐	华宝证券	华宝手机至富版、华宝手机证券
民族证券	民族证券 APP 专业版、大众版	华安证券	华安智赢、安赢家、华安招财宝
中金公司	中金金网	宏信证券	投资赢家、银行家 APP
浙商证券	汇金谷	恒泰证券	恒泰掌财，恒泰金玉管家。
国信证券	金太阳	华金证券	华金证券同花顺、华金证券（中焯）
银泰证券	银泰掌如 e	国元证券	盈通版、智慧版
兴业证券	“优理宝”	国盛证券	国盛证券大智慧、国盛证券金麒麟
信达证券	信达手机证券、信达同花顺、信托天下	国联证券	国联尊宝
新时代证券	通达信、富贵涨易 V	国海证券	国海证券金贝壳（理财版）、国海证券金贝壳（智慧版）
光大证券	金阳光移动证券、大智慧环球通	长江证券	长江 e 号、长江 e 理财
东莞证券	掌证宝天珑版、掌证宝天玑版	长城证券	长城易、随身股
东吴证券	东吴秀财	财通证券	财慧融通版
东海证券	龙点金，东海通	爱建证券	爱建证券掌中宝、爱建证券大智慧
东方证券	东方赢家炒股	金元证券	指定乾坤 +
东北证券	东北证券融 e 通	江海证券	江海锦龙
德邦证券	德邦证券高端版、中国好投资	华鑫证券	鑫智汇及灵犀指
大同证券	大同证券大众版	华龙证券	华龙点金

续表

证券公司	APP	证券公司	APP
大通证券	智信通	华林证券	华林证券 APP
平安证券	平安证券安 e 理财		

资料来源：2015 年中国证券业协会专项调查统计和证券公司网站。

日活不足，尤其是非交易日日活不足，是证券公司 APP 普遍面临的问题。根据 2015 年中国证券业协会专项调查统计，2015 年 12 月，83 家证券公司 APP 交易日日活总数为 1 448 万户，这一数字仅和同花顺一家相当。非交易日，日活只有 318 万户。如何提高日活尤其是非交易日日活成为证券公司亟待解决的问题。

（二）证券公司 APP 分类

证券公司 APP 目前主要分为两类：一类是以交易、资讯等基础功能为主的移动 APP，另一类是多项服务整合并融入特色产品的综合金融 APP。

第一类证券公司 APP 基本只包括经纪业务等基础服务，相当于是部分基础业务的简单移动化。这其中又分为两类：一是证券公司自主开发的；二是依托互联网证券专业服务机构开发的，典型代表是名字中直接带有“大智慧”、“同花顺”等名称，比如财达大智慧手机版、国盛证券大智慧、华金证券同花顺、南京证券大智慧等。

第二类是综合金融 APP，如涨乐财富通、佣金宝 2.0、平安一账通、银河玖乐、易阳指等。其中，涨乐财富通是华泰证券自行设计的、为广大投资者量身定制的专业理财软件。平安一账通则通过一账通，仅需要一个账户、一套密码、一次登录，就可管理所有平安账户和 50 多个其他机构的网上账户，实现保险、银行、投资等多种理财需求。

二、互联网机构优势明显

大型互联网机构蚂蚁金服、百度、腾讯、京东金融等纷纷推出移动证券类应用，积极布局理财、资讯、投顾等专业服务，在用户和体验方面优势明显。

同花顺、大智慧、万得资讯、东方财富等垂直化服务商的移动 APP 具备便捷的操作体验与详细的信息服务，较好满足了普通股民的基本需求，尽管没有经纪业务资格，却积累了海量用户，在 APP 的普及率、覆盖率上大大领先很多证券公司 APP。

然而，《证券公司外部接入信息系统评估认证规范》发布后，多家证券公司纷纷切断了与垂直化公司的交易接口，垂直化服务商的交易功能开始受到限制。未来的政策动向对于垂直化公司移动证券 APP 的发展至关重要。

第三章
互联网证券业务发展面临的挑战

一、难以复制互联网业务模式

证券公司面临的问题与挑战本质上归因于金融机构与互联网机构思维模式的差异，以及由此衍生出的用户服务体系的差异。

（一）思维模式差异

传统金融机构的思维模式是价值链条：基础设施→产品→平台→渠道→客户，互联网思维模式则是以用户为中心的“云＋端”网状生态场景（见图3－1），可以说二者的思维模式存在本质性的差别。

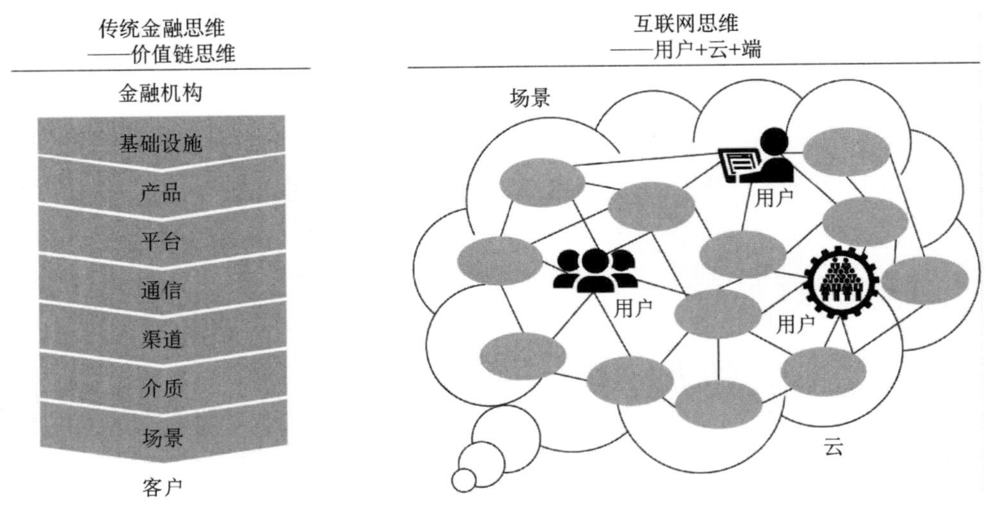

图3－1　金融机构与互联网机构的思维差异

资料来源：BCG，华宝证券研究创新部。

在互联网证券中，证券公司赖以生存的实体场景构建模式，如营业网点、面对面展业等，将被基于互联网的虚拟场景如金融云、移动应用等取代，这种取代不仅是基础设施、组织架构层面的，更有思维理念、人员结构层面的。证券公司面临两难困境：不转型面临价值趋同、用户流失的风险，转型则面临价值重构的不确定性风险。

此外，互联网强调服务效率第一，由于这种差距的存在，传统证券公司尤其是中小证券公司很难做到迅速跟进，对互联网带来的风险也缺少应对能力。

（二）盈利模式差异

互联网通过免费使用导入流量，通过获取用户使用习惯与时间获得平台溢价，在此基础上通过推送广告、绑定相关产品获取用户外利润来源，并在此基础上进一步巩固产品平台。当外部市场出现瓶颈后，转而利用原有产品中收集到的用户偏好、行为、消费甚至位置信息进行市场细分和用户群体细分，实施定价策略，获取不同价格敏感群体的消费者剩余。对于价格敏感度不高的用户，通过直接收费的模式获取收益；对于价格敏感度较高的用户则进行“隐性收费”。

这样的盈利模式在证券公司方面却难以复制。一方面，证券交易与投资与社交分享、娱乐游戏乃至日常消费相比，证券类产品的使用频率主要是由赚钱效应决定的；另一方面，证券理财、投顾、交易服务与用户日常生活的行为习惯关联度不大，由此所积累的用户行为、交易、偏好等数据资料难以转化为外部广告推送资源。同时，作为专业场景服务，外部广告介入会极大地降低用户体验和客户黏性。

二、证券投资咨询专业人员数量有所下降

根据 2015 年中国证券业协会专项调查统计，2015 年全行业证券经纪业务营销人员数量为 2 415 人，较年初的 2 937 人下降了 522 人；全行业证券投资咨询业务（分析师）人数为 2 194 人，较年初的 2 647 人下降了 453 人。

在 2015 年市场的大幅波动中，客户对销售和分析师的需求急剧增加，证券公司的专业服务人员却在减少。这虽然有传统业务线上转移、营销人员转岗等方面的原因，但证券公司研究理念转型滞后也是重要原因。

互联网证券时代，一些大的互联网机构也开始涉足证券研究，通过多种方式吸引证券业的研究人员，导致证券研究咨询人员的分流。同时，近几年卖方研究机制与市场并没有较好地实现接轨，越来越多的优秀研究员转行做投资、私募、买方，进一步弱化了研究力量。

三、技术自主性不强

受限于 IT 开发实力，国内很多证券公司在打造互联网平台时都或多或少依赖于外部的技术类企业。国内银行业提出的“去 IOE”对多数传统银行来说难度很大，目前也仅有微众

银行这样一家背靠腾讯的纯网络银行能够做到，这足以折射出当前传统金融机构在 IT 基础建设上缺少自主性的现实。一部分实力较弱的证券公司或互联网公司倾向于依托大型网络机构来发展金融服务。这些方式带来的直接影响就是受制于网络服务机构而缺乏自主性，进而影响到模式发展的持续性。

四、组织架构有待完善

一些证券公司对互联网的认识不够，存在互联网证券就是线下业务线上转移的认识误区，沿用传统模式成立新部门或子公司开展互联网金融业务。传统证券公司的组织架构是按照业务、产品牌照的种类划分的，无法对用户需求进行全面、完整的梳理和即时对接，难以匹配互联网“以用户为中心”的理念精神。

互联网金融需要进行大量的流程梳理、技术开发、平台运作等工作，但由于技术与业务在组织架构上的隔离以及激励机制不足，信息技术队伍规模有限，人员动力不足，权限弱小，难以主导各项业务流程再造和产品整合，这在很大程度上影响了传统证券公司互联网证券的发展。互联网证券部门的组织建设以及业务推进还在探索阶段，管理模式常常混同于传统部门，导致互联网金融业务发展缓慢。

此外，同质化严重、差异化不足也是目前互联网证券存在的一个突出问题。许多证券公司推出的互联网证券模式，在服务上区别不大，证券 APP 功能也比较相似。差异化的相对欠缺反映出证券公司创新能力的相对薄弱，进而影响到核心竞争力的打造和模式的可持续性。

五、场景维度方面不够丰富

证券公司在互联网场景维度方面不够丰富，这是证券公司 APP 日活尤其是非交易日日活不足的主要原因。

（一）生活场景方面

证券公司的互联网证券距离生活场景较远，一些理财类互联网因较好地植入了生活场景，获得了迅速发展。比如，余额宝接入了很多消费场景，当用户购买大额旅行产品或者买车要付定金，通过支付宝交易以及余额宝的接入，可以让这些定金继续为用户带来收益。

随手记、卡牛信用卡管家等在生活场景方面比较有代表性。“随手记”是一款个人理财手机应用，采用了完全按照生活场景设计的理念，使用户在购物、旅游时都能随时随地记账，目前用户已经突破 1.5 亿户。卡牛信用卡管家通过自动解析银行短信、一键导入邮件账单等功能让用户能最便捷地管理自己的银行卡，更有每日账单送达。目前，卡牛用户已经突破 4 000 万户。

这些互联网金融成功的关键是较好地实现了互联网、理财、生活场景的有机融合，很好地迎合了用户的消费心理。这恰恰是证券公司缺乏的。

（二）社交维度方面

Motif Investing、Stock Twits、Stocial 等一些国外互联网证券公司把社交元素引入互联网金融，集合“网络社区 + 网络证券公司 + 个人金融平台”的特点，创建了独有的盈利模式，取得了很大成功。国内一些互联网金融机构已在积极尝试引入社交场景，获得了较好成效。社交投资以雪球、新浪理财师等为代表，主要为用户提供投资交流、分享、咨询等服务。证券公司的互联网证券则依然停留在单向推送信息、产品的工具层面，难以产生好的用户体验。

六、互联网对风控的挑战

互联网在提高效率的同时，也使风险滋生和传播的速度加快，使风控面临更多挑战。

（一）技术方面

首先，互联网实现了财富的货币化和货币的数字化，财富所有权以数字认证方式存在。因此，技术风险或 IT 系统的风险将成为最重要的风险之一，比如恶意攻击导致服务瘫痪、数据损失，传输故障导致业务受损、用户流失，终端隐患导致内部失控等。其次，网络主体间高度依存与关联，使风险传递扩散变得十分便利，行业中一家平台出现问题，可能很快传染至整个行业，从而爆发整体性风险；再其次，金融欺诈者也可以利用平台制造虚假信息误导金融消费者，形成欺诈风险。第四，支付体系的风险问题也日益突出等。

（二）信息方面

一是网络投资的规模越来越大，技术改造越来越频繁，技术稳定与衔接方面的风险较大；二是信息的爆炸式增长，形成巨大的干扰，使世界日益混沌，风险识别、反洗钱等方面的难度加大；三是信息干扰越来越严重，信息安全越来越艰巨，对冲干扰和防范安全的成本越来越高等。

（三）市场方面

互联网不仅使多空信息的传播瞬间完成，容易被投机者利用，从而放大短期市场波动。2015 年股市的大幅异常波动，虽然有清理配资、融资等方面的影响，但也不排除有投机者借助互联网信息传播迅速的优势，恣意传播放大甚至伪造利空因素，制造非理性恐慌。此外，大数据分析套利和高频交易无疑也会加剧市场的短期波动。

专题报告之七：2015 年固定收益业务发展综述

第一章 2015 年中国债券市场的发展情况

第一节　2015 年中国债券市场存量及其构成情况

一、中国债券市场存量规模

债券托管量是指已经发行但尚未到期的债券总量，是衡量债券市场规模的重要指标之一。图 1 - 1 显示，自 2001 年起，中国债券市场进入稳定发展的新阶段，以债券托管量为代表的中国债券市场存量从 2001 年底的 3.04 万亿元增长到 2015 年 12 月底的 47.97 万亿元，15 年来增长 14.8 倍，年均增长 98.7%。从 2003 年不到 5 万亿元到 2007 年突破 10 万亿元，2010 年突破 20 万亿元，2014 年突破 30 万亿元，2015 年近 48 万亿元，中国债券市场显然是以加速度的节奏在不断发展壮大。

从托管总量来看（见表 1 - 1），截至 2015 年 12 月 31 日，全国债券市场总托管量达到 47.97 万亿元，比 2014 年末增加 12.37 万亿元，占 GDP 的比例达到 70.9%，而在 2014 年末的这一比例仅为 56%。债券托管量/ GDP 是反映金融深化程度的重要指标，从债券托管量/GDP 的指标来考量，近年来中国债券市场的发展步伐十分稳健。

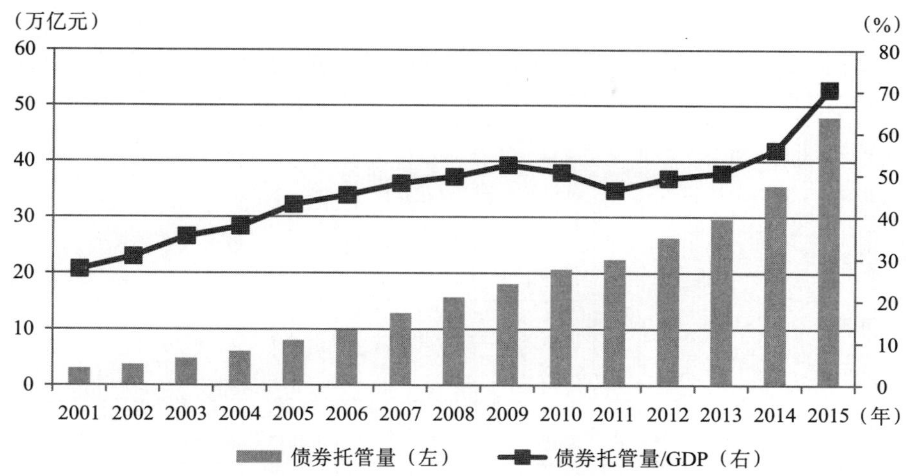

图 1－1　2001—2015 年中国债券市场存量及其占 GDP 的比例

资料来源：中国债券信息网、上清所网站、中国结算网和 Wind 资讯，第一创业证券计算整理。

表 1－1　　从债券托管量看中国债市场发展情况

	2013 年	2014 年	2015 年
债券托管量（万亿元）	29.68	35.60	47.97
GDP（万亿元）	56.88	63.61	67.67
债券托管量/GDP（%）	52.18	55.97	70.89

资料来源：中国债券信息网、上清所网站、中国结算网和中国统计局，第一创业证券计算整理。

根据国际清算银行（BIS）2015 年 12 月公布的数据，从截止到 2015 年 6 月末的未偿债券余额来看，债券市场规模名列前 5 位的国家依次为美国、日本、中国、英国和法国，其国内和国际的全部债券未偿余额分别为 36.28 万亿、11.99 万亿、6.78 万亿、6.26 万亿和 4.12 万亿美元，中国位居世界第 3 位。

从债券市场存量及其占 GDP 的比例看，2014 年底全球未偿债券余额为 97.2 万亿美元，占全球 GDP 的 125%。美国、日本、英国全部债券的未偿余额占 GDP 的比例分别为 207%、280%和 217%。因此，以中国位居世界第 2 位的经济体量和远超发达国家的发展速度看，中国债券市场仍然有着很大的发展空间。

二、中国债券市场的构成及其对比

目前，中国债券市场包括银行间债券市场、交易所债券市场、机构间私募产品报价与服务系统、商业银行和证券公司柜台债券市场。四类债券市场的主要区别见表 1－2。

表 1－2　　中国债券市场构成

	银行间债券市场	交易所债券市场	机构间私募市场	柜台债券市场
市场券种	国债、地方债、金融债、央票、企业债、短融、资产支持债券、定向工具	国债、地方债、政策性金融债、企业债、公司债、可转债、资产收益凭证	私募债券、资产支持债券、收益凭证	国债（银行）私募债券（证券公司）
投资者类型	各类机构投资者	所有投资者（未上市商业银行除外）	合格机构投资者（有不同权限）	个人和企业投资者
交易类型	现券交易、回购交易、远期交易、利率互换	现券交易、质押式回购	现券交易	现券交易
交易方式	一对一询价交易	一对一询价交易和自动撮合	协商成交、点击成交和拍卖竞价	银行、证券公司柜台报价
结算方式	逐笔全额结算（中债登）和日终净额结算（上清所）	日终净额结算	逐笔全额结算	逐笔全额结算
结算时间	T+0 或 T+1	T+0	T+1	T+0
债券托管机构	中债登和上清所	中证登	报价系统或中国证监会认可的其他机构	商业银行或部分证券公司
主管机构	中国人民银行	中国证监会	中国证券业协会	中国银监会或中国证监会

资料来源：第一创业证券根据有关资料整理。

从托管存量的市场构成看，由于商业银行的大量参与，银行间债券市场是中国债券市场的主体，其债券存量达到中国债券市场的95%左右。从表1－3中可以看出，截止到2015年末，中债登和上清所的债券托管量占比合计达到94.60%。其中，在中债登托管的债券总量为35.04万亿元，占全市场托管量的73.04%；上海清算所托管总量为10.34万亿元，占全市场托管量的21.56%。而中证登托管总量仅为2.59万亿元，约占全市场托管量的5.40%。

以债券托管量占比和托管只数来衡量发展速度，依次为上清所、中证登、中债登。从2014年末到2015年末，上清所债券托管量的占比市场占用率提高了5.91个百分点；中证登提高了1.75个百分点，而中债登下降了7.66个百分点。因此，总体而言，以债券托管量占比计算，银行间市场的占有率从2014年末的96.35%下降到2015年末的94.6%，下降1.75个百分点；而交易所市场则从2014年底的3.65%上升到2015年末的5.4%，上升了1.75个百分点。这显示，虽然从总体上看银行间市场在我国债券市场中仍占主导地位，但2015年交易所市场的发展速度要高于银行间市场（见表1－3）。

从以债券托管量为代表的债券存量上看，银行间债券市场是中国债券市场的主体。而从以债券交易情况来代表的债券流量上看（见表1－4），2015年1月1日至2015年12月31日，银行间市场的占比为80.6%，交易所市场占比为19.4%。交易所市场的占比看起来不少，但仔细研究后就发现，交易所市场上的交易量绝大部分是回购交易，现券交易量的占比只有1.9%，远低于银行间市场的98.1%。

表 1－3　　2014 年末和 2015 年末中国债券市场托管情况

年份	债券托管量（万亿元）		托管量占比（%）		托管数（只）	
	2014 年末	2015 年	2014 年末	2015 年	2014 年末	2015 年
全市场	35.60	47.97	100	100	13 338	18 187
中债登	28.73	35.04	80.70	73.04	4 857	6 159
上清所	5.57	10.34	15.65	21.56	5 364	7 181
中证登	1.30	2.59	3.65	5.40	3 117	4 847

资料来源：中国债券信息网、上清所网站和中国结算网，第一创业证券计算整理。

表 1－4　　中国债券市场现券和回购交易情况（2015 年 1 月 1 日—2015 年 12 月 31 日）

交易市场	现券交易		回购交易		合计	
	总金额（亿元）	比重（%）	总金额（亿元）	比重（%）	总金额（亿元）	比重（%）
银行间债券市场	839 910.1	98.1	4 410 863.7	77.9	5 250 773.8	80.6
上海证券交易所	13 409.5	1.6	1 166 702.4	20.6	1 180 111.8	18.1
深圳证券交易所	2 794.6	0.3	84 254.9	1.5	87 049.4	1.3
合计	856 114.2	100.0	5 661 821.0	100.0	6 517 935.0	100.0

资料来源：Wind 资讯，第一创业证券整理。

从表 1－4 看，我国债券市场回购交易量远高于现券交易量，显示了我国债券市场的货币市场功能发达，但对应的资本市场功能却很弱。如果市场上的债券购买者都是容易回购融资、平时流动性充足的银行或者保险等金融机构，通过二级市场买卖公司债券的积极性一定不会很高。这会导致两个结果：一是市场流动性降低；二是“以短养长”的杠杆交易会很流行，导致市场风险上升。与现券交易相比，回购业务在交易所市场的占比相对更高，这主要是因为与银行间市场相比，交易所市场的回购交易还有以下制度上的优势：一是交易所市场质押券制度更加灵活，交易所市场实行的标准券折算制度、质押可替换机制以及到期自动续作机制，使交易所信用债的质押效率更高、流动性更强，也更便捷，十分有利于信用债质押回购，公开发行的 AA 级以上的公司债均能质押；二是交易所市场采用中央对手机制，每日调整债券的标准券折算率，基本无交易对手风险，而银行间市场交易对手的风险更高；三是交易所市场作为股票交易保证金闲时的理财工具更为快速便捷，资金利用效率更高，也不耽误投资者炒股或申购新股。

经过 10 多年的发展，目前银行间债券市场已经发展成为中国债券市场的主体，其优势地位短期内难以撼动。从债券存量和债券流量看，银行间市场的规模分别约为交易所市场的 17.5 倍和 4.1 倍，两者在市场规模上的差距非常显著。尽管如此，交易所债券市场也有自己独特的竞争优势。第一，交易所债券市场具有平台优势，与银行间市场相比，交易所的交易系统具有明显的技术优势，其既具有撮合系统的匿名性和低成本，也有报价驱动系统的即时流动性。第二，交易所债券市场具有更为多样化的市场成员，目前银行间市场成员主要是由约 1 万个机构投资者组成，而截至 2015 年 12 月末，交易所市场已拥有 9 910 万名投资者，这些投资者是债券市场庞大的潜在客户基础，只要交易所市场能够提供有足够吸引力的债券产品，这些庞大的潜在客户完全可以变成现实的客户基础。而且与银行间市场成员相比，交易所市场成员风险偏好特性更为多样化，这对未来交易所市场发展衍生债券品种是非常有利的。近几年来，银行间市场先后推出了债券远期、利率远期等利率衍生产品，但实际成效却并不显著，主要原因就在于银行间市场缺乏投机者，因此，衍生产品的交易往往由于缺乏对手方而难以达成，而交易所市场则能弥补银行间市场的这一缺陷。此外，随着银行被允许进入交易所债券市场，交易所债券市场不但可以巩固其在零售市场上的优势，而且未来在批发市场上的劣势也将得到显著改善。第三，从结算方式上来看，目前银行间市场的中央结算公司仍采用逐笔全额结算方式，而交易所市场则采用净额结算方式，能够显著地降低投资者的交易成本。第四，虽然银行间市场回购交易在交易成本和T+0结算时间上占据优势，但交易所公司债的质押便利性更高，并显著提高了公司债的流动性。因此，相比较而言，信用债的质押回购在交易所市场更为盛行。因此，2015年转托管至交易所的债券占比有较大幅度上行，截止到2015年12月末，托管在中证登的国债较2014年末增加2 654亿元，较2014年328.68亿元的增量有很大的增长，这与宽松货币政策环境下，机构通过更加便利的交易所回购融资加杠杆有关。

三、中国债券市场的存量品种结构

在银行间市场（中债登）登记托管的债券品种（见表1－5）包括政府债券、央票、政策性银行债、政府支持机构债（包括汇金公司发行的债券、2013年以来铁路总公司发行的债券以及原铁道部发行的所有债券）、商业银行债、资本工具、非银行金融机构债、企业债、资产支持证券、中期票据、集合票据和外国债券12种。从2015年12月底各品种占比看，政府债券、政策性银行债和企业银行债居前3位，合计占比达到83.15%。与2014年底的托管量相比，增长较多的品种包括地方政府债（36 636.62亿元）、政策性银行债（10 383.7亿元）和记账式国债（9 360亿元）。托管量减少较多的品种是中期票据，减少4 809.42亿元。这与中期票据在2013年6月17日采用新老划断的方式被转移到上清所托管有很大的关系，中期票据在中债登存续的托管量只能是越来越少。

表1－5　　2015年12月底在中债登托管的债券品种及其变化

	2014年末	2015年末		
	总计（亿元）	总计（亿元）	本年净增（亿元）	本年占比（%）
合计	287 296.96	350 421.90	63 124.94	100.00
1. 政府债券	103 075.49	149 757.81	46 682.32	42.74
记账式国债	85 529.55	94 889.55	9 360.00	27.08
储蓄国债（电子式）	5 922.44	6 608.15	685.70	1.89

续表

	2014 年末	2015 年末		
	总计（亿元）	总计（亿元）	本年净增（亿元）	本年占比（%）
地方政府债	11 623.50	48 260.12	36 636.62	13.77
2. 央行票据	4 281.72	4 281.72	0.00	1.22
3. 政策性银行债	99 574.40	109 958.10	10 383.70	31.38
国家开发银行	62 660.00	66 014.00	3 354.00	18.84
中国进出口银行	15 834.90	18 516.10	2 681.20	5.28
中国农业发展银行	21 079.50	25 428.00	4 348.50	7.26
4. 政府支持机构债券	11 025.00	12 325.00	1 300.00	3.52
5. 商业银行债券	12 533.65	13 811.05	1 277.40	3.94
普通债	3 999.00	5 799.00	1 800.00	1.65
次级债	8 303.65	7 781.05	-522.60	2.22
混合资本债	231.00	231.00	0.00	0.07
6. 二级资本工具	3 583.50	6 282.14	2 698.64	1.79
7. 非银行金融机构债券	451.00	1 234.00	783.00	0.35
8. 企业债券	29 366.51	31 634.13	2 267.62	9.03
中央企业债券	6 219.90	5 883.20	-336.70	1.68
地方企业债券	23 062.94	25 576.11	2 513.16	7.30
集合企业债	83.67	90.83	7.16	0.03
项目收益债	0.00	84.00	84.00	0.02
9. 资产支持证券	2 688.93	5 298.17	2 609.24	1.51
10. 中期票据	20 634.80	15 825.38	-4 809.42	4.52
11. 集合票据	50.67	4.40	-46.27	0.00
12. 国际机构债券	31.30	10.00	-21.30	0.00

资料来源：中国债券信息网，第一创业证券整理。

在上清所托管的债券品种（见表 1-6）包括超短期融资券、非金融企业定向融资工具、短期融资券、区域集优中小企业集合票据、信贷资产支持证券、金融企业短期融资券、非金融企业资产支持票据、资产管理公司金融债、中期票据、同业存单、项目收益票据、政府支持机构债券共 12 种。从 2015 年 12 月底各品种占比看，同业存单、非公开定向债务融资工具（PPN）和中期票据居前 3 位，合计占比为 73.55%。与 2014 年底的托管量相比，增加较多的品种为同业存单（24 279.1 亿元）、中期票据（12 703.6 亿元）、超短期融资券（7 726.9 亿元），合计达到 4.5 万亿元。

表 1－6　　2015 年 12 月底在上清所托管的债券品种及其变化

	2014 年末	2015 年末		
	总计（亿元）	总计（亿元）	本年净增（亿元）	本年占比（%）
1. 超短期融资券	6 999.50	14 726.40	7 726.90	14.24
2. 非公开定向债务融资工具	17 706.24	21 393.99	3 687.75	20.69
3. 短期融资券	10 365.93	9 460.00	－905.93	9.15
4. 区域集优中小企业集合票据	88.32	56.28	－32.04	0.05
5. 信贷资产支持证券	62.21	82.44	20.23	0.08
6. 金融企业短期融资券	1 133.90	436.00	－697.90	0.42
7. 非金融企业资产支持票据	171.40	158.90	－12.50	0.15
8. 资产管理公司金融债	645.00	1 420.00	775.00	1.37
9. 中期票据	11 876.50	24 380.10	12 503.60	23.58
10. 同业存单	5 995.30	30 274.40	24 279.10	29.28
11. 项目收益票据	8.00	59.00	51.00	0.06
12. 政府支持机构债券	650.00	950.00	300.00	0.92
合计	55 702.30	103 397.51	47 695.21	100.00

资料来源：上清所网站，第一创业证券计算整理。

在中证登托管的债券品种（见表 1－7）包括国债、地方债、政策性金融债、企业债、公司债、可转债、分离式可转债、中小企业私募债和资产支持证券 9 种。从 2015 年 12 月底各品种占比看，公司债、企业债、中小企业私募债和国债居前 4 位，合计占比 96.6%。与 2014 年末相比，增加较多的托管品种包括公司债（8 456.45 亿元）、中小企业私募债（5 141.59 亿元）和国债（2 654 亿元），合计达到 1.63 万亿元，而减少较多的托管品种包括企业债和可转债，分别达到 1 585 亿元和 1 020 亿元。

从上海和深圳分市场看，上海证券交易所占主导地位，2015 年 12 月底托管的总面值占比达到 87.6%。这与上海证券交易所质押融资是 T＋0 而深圳证券交易所是 T＋1 有很大的关系。另外值得注意的是，企业债和国债的绝大部分，中证登是作为分托管人，在计算全市场托管量时，应当扣除。

表 1－7　　2015 年 12 月底在中证登托管的债券品种及其变化　　（单位：亿元）

	2014 年末	2015 年末			
	合计	上海分公司	深圳分公司	合计	本年增减
1. 国债	2 653.35	5 242.28	65.07	5 307.35	2 654.00
2. 地方债	17.10	362.96	4.00	366.96	349.86
3. 政策性金融债	300.00	95.00	0.00	95.00	－205.00
4. 企业债	10 669.59	8 935.64	149.14	9 084.78	－1 584.81
5. 公司债	9 996.06	15 939.87	2 512.64	18 452.51	8 456.45
6. 可转债	1 153.18	99.71	39.03	138.74	－1 014.44

续表

	2014 年末	2015 年末			
	合计	上海分公司	深圳分公司	合计	本年增减
7. 分离式可转债	98.00	68.00	0.00	68.00	-30.00
8. 中小企业私募债	1 086.20	4 671.07	1 556.72	6 227.79	5 141.59
9. 资产证券化产品	244.29	0.09	699.72	699.81	455.52
总计	26 217.77	35 414.62	5 026.32	40 440.94	14 223.17

资料来源：中国结算网，第一创业证券计算整理。

因此，在计算全市场的债券托管量时，我们将中债登、上清所和中证登三家机构的托管量相加，然后减去交易所市场在中债登的跨市场品种（包括记账式国债、地方政府债和企业债券）的托管量，按这样的计算方式得出 2015 年 12 月底全市场托管量为 47.97 万亿元。2014 年的托管量以及托管只数也按类似方法得出。在三大机构登记托管机构之外，机构间私募市场的债券托管量很小，几乎可以忽略不计。

从全市场角度看（见表 1 -8），2015 年 12 月底托管量超万亿元的债券种类有政府债券、政策性银行债、中期票据、企业债、同业存单、短期融资券（包括超短期融资券和金融企业短期融资券）、非公开债务融资工具（PPN）、公司债、商业银行债和政府支持债券 10 种。其中，占比上升幅度最大的是同业存单，上升 3.38 个百分点；再次是政府债券，上升 2.7 个百分点；再次是公司债，上升 1.04 个百分点。其他 7 种占比皆下降，政策性银行债的下降幅度最大，达到 5.11 个百分点；其次是企业债，下降 2.76 个百分比。

表 1 -8　　2015 年 12 月末全市场托管量超万亿元的债券种类

时间 / 种类	2014 年末		2015 年末	
	托管量（亿元）	占比（%）	托管量（亿元）	占比（%）
全市场	356 000.69	100	479 736.41	100
1. 政府债券	105 745.94	29.70	155 432.12	32.40
2. 政策性银行债	99 874.40	28.05	110 053.10	22.94
3. 中期票据	32 511.30	9.13	40 205.48	8.38
4. 企业债	40 036.10	11.25	40 718.91	8.49
5. 同业存单	5 995.30	1.68	24 279.10	5.06
6. 短期融资券*	18 499.33	5.20	24 622.40	5.13
7. PPN	17 706.24	4.97	21 393.99	4.46
8. 公司债	9 996.06	2.81	18 452.51	3.85
9. 商业银行债	12 533.65	3.52	13 811.05	2.88
10. 政府支持债券	11 675.00	3.28	13 275.00	2.77
11. 其他	1 427.37	0.41	17 492.75	3.63

注：* 这里的短期融资券包括超短期融资券和金融企业短期融资券。

资料来源：中国债券信息网、上清所网站和中国结算网，第一创业证券计算整理。

第二节　2015 年中国债券一级市场发展情况

一、债券市场发行规模及其品种分布

2015 年中国债券市场发行量达到创纪录的 23.08 万亿元，比 2014 年增长 89.5%，增速创出 2001 年以来的新高。中国债券市场发行量在 2006—2013 年始终徘徊在 5 万亿—10 万亿元之间，在 2014 年刚刚突破 10 万亿元，而 2015 年就再上 20 万亿元的新台阶，中国债券一级市场规模在 2015 年获得较大提升（见图 1－2）。

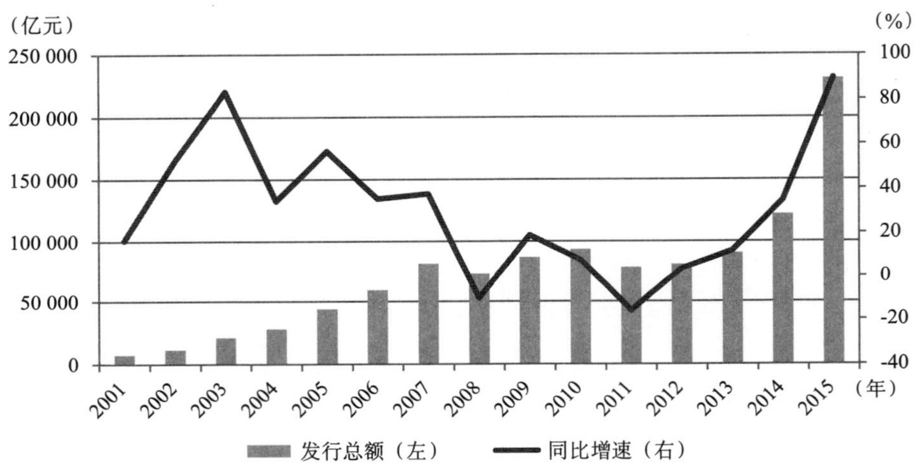

图 1－2　2001—2015 年中国债券市场发行量及其增长率

资料来源：Wind 资讯，第一创业证券计算整理。

从 2015 年发行债券的品种结构上看（见表 1－9），排名发行量前 5 位的品种分别是同业存单、金融债、地方政府债、短期融资券和国债，发行额分别为 5.31 万亿元、4.28 万亿元、3.84 万亿元、3.28 万亿元和 2.12 万亿元，占比分别为 22.99%、18.56%、16.61%、14.21% 和 9.19%。如果以发行额增速排名，增速最高的是地方政府债，同比增速高达 858.77%，占比较 2014 年提升 13.33 个百分点，这主要得益于为化解地方政府债务风险，财政部于 2015 年 3 月推出的 3 万亿元地方政府存量债务置换计划。

其次是公司债，发行额同比增长 584.78%，这主要得益于公司债发行效率的提升。2015 年 1 月，中国证监会正式发布《公司债券发行与交易管理办法》，实现了公司债发行主体、发行方式、发行期限和流通场所的全面放松和扩容。除将发行主体从上市公司扩大至所有公司制企业外，还简化了发行审批流程，公募的公司债审批时间在 3 个月之内，而小公募和私募发行的公司债发行流程平均控制在 1 个月以内，短的甚至缩至 2 周。这是因为小公募

表 1-9　　　　2015 年中国债券发行的品种分布及其变化

类别	2014 年		2015 年		
	发行额（亿元）	占比（%）	发行额（亿元）	占比（%）	同比增速（%）
国债	17 745.01	14.56	21 216.20	9.19	19.56
地方政府债	4 000.00	3.28	38 350.62	16.61	858.77
同业存单	8 985.60	7.37	53 064.90	22.99	490.55
金融债	35 707.78	29.29	42 837.88	18.56	19.97
①政策银行债	23 305.52	19.12	25 887.57	11.21	11.08
②商业银行债	834.00	0.68	2 029.00	0.88	143.29
③商业银行次级债券	3 448.50	2.83	2 698.64	1.17	-21.74
④保险公司债	357.03	0.29	646.50	0.28	81.08
⑤证券公司债	2 497.05	2.05	7 549.20	3.27	202.32
⑥证券公司短期融资券	4 114.90	3.38	2 753.60	1.19	-33.08
⑦其他金融机构债	1 150.78	0.94	1 273.37	0.55	10.65
企业债	6 971.98	5.72	3 421.02	1.49	-50.93
①一般企业债	6 908.50	5.67	3 405.80	1.48	-50.70
②集合企业债	63.48	0.05	15.22	0.01	-76.02
公司债	1 444.17	1.18	9 889.31	4.28	584.78
①一般公司债	759.00	0.62	5 250.99	2.27	591.83
②私募债	685.17	0.56	4 638.32	2.01	576.96
中期票据	9 780.70	8.02	12 759.46	5.53	30.46
①一般中期票据	9 776.40	8.02	12 755.20	5.53	30.47
②集合票据	4.30	0.00	4.26	0.00	-0.93
短期融资券	21 849.53	17.92	32 800.30	14.21	50.12
①一般短期融资券	10 853.53	8.90	9 725.00	4.21	-10.40
②超短期融资债券	10 996.00	9.02	23 075.30	10.00	109.85
定向工具	10 215.66	8.38	8 430.45	3.65	-17.48
政府支持机构债	1 500.00	1.23	1 800.00	0.78	20.00
资产支持证券	3 309.84	2.72	5 931.11	2.58	79.19
①交易商协会 ABN	89.20	0.07	35.00	0.02	-60.76
②中国证监会主管 ABS	400.83	0.33	1 839.78	0.80	358.99
③中国银监会主管 ABS	2 819.81	2.31	4 056.33	1.76	43.85
可转债	320.99	0.26	108.00	0.05	-66.35
可交换债	59.76	0.05	172.43	0.07	188.54
合计	121 891.02	100.00	227 360.66	100.00	86.52

资料来源：Wind 资讯，第一创业证券整理。

采取交易预审核，而私募公司债只要在发行完成后 5 个工作日内向中国证券业协会备案。

再次是同业存单，增速也达到 490.55%，这主要是因为在利率市场化的背景下，各家银行特别是中小银行为增加客户黏性、留住存款而拓展的新的存款方式。发行同业存单就是一种大额存款利率市场化的新方式和新探索，它可以与被动拉存款形成互补。

最后是可交换债，由于 2014 年基数较低，发行额同比增长 188.54%。

值得注意的是，有些大类品种的增速虽然不高，但其下属细类品种的发行额同比增速也在 100% 以上，资产支持证券中的由中国证监会主管的 ABS、金融债中的证券公司债和商业银行债，同比增速分别达到 358.99%、202.32% 和 143.29%。而发行额同比增速下降幅度较大的有可转债和企业债，分别下降了 66.35% 和 50.93%。

二、交易所市场的发行情况

由于公司债、资产支持证券中的中国证监会主管的 ABS、金融债中的证券公司债以及可交换债 2015 年的同比增速都超过 100%，而这些都是交易所市场独有的品种，使 2015 年交易所市场发行量达到创纪录的 7.15 万亿元，比 2014 年的 3.07 万亿元增长 132.90%，远超过全市场 89% 的增速。交易所市场在全市场发行量中的占比，2015 年也达到 30.96% 的历史新高，比 2014 年的 25.17% 增加 5.79 个百分点（见图 1－3）。

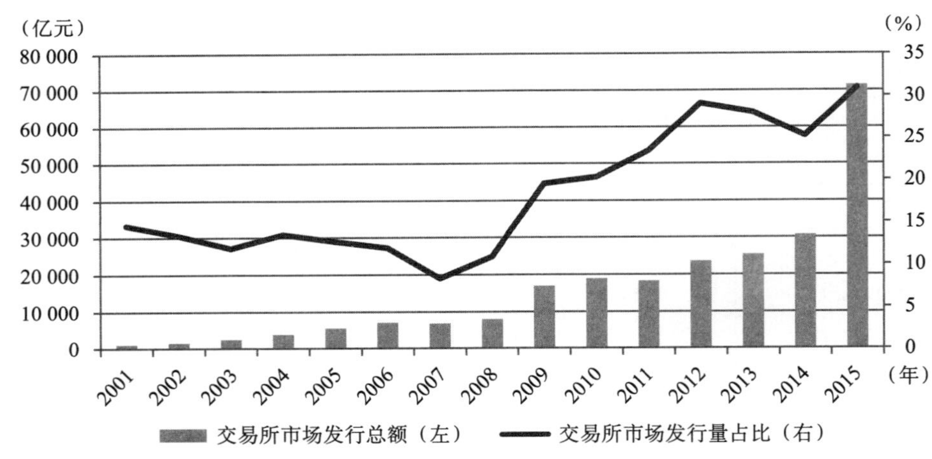

图 1－3　2001—2015 年交易所市场发行量及其增长率

资料来源：Wind 资讯，第一创业证券计算整理。

在交易所市场发行的债券品种（见表 1－10）包括国债、地方政府债、金融债、企业债、公司债、资产支持证券、可转债和可交换债。2015 年 1—12 月，发行额排名第 1 位的是地方政府债，达到 3.04 万亿元，占比达 42.58%；其次是国债，发行额达 1.80 万亿元，占比达 25.21%；再次是公司债，发行额达 0.98 万亿元，占比达 13.75%；最后是金融债，发行额达 0.79 万亿元，占比达 11.02%；其他品种发行量都较小。从发行只数占比看，超过 5% 的排名靠前的品种分别是资产支持证券（31.7%）、公司债（26.9%）、地方政府债（20.2%）、企业债（9.3%）和金融债（8.7%）。

表 1－10　　2015 年在交易所市场发行的债券品种结构

类别	发行只数（只）	发行只数比重（%）	发行总额（亿元）	占发行总额比重（%）
国债	81	2.64	18 016.20	25.21
地方政府债	619	20.17	30 428.84	42.58
金融债	268	8.73	7 876.07	11.02
保险公司债	4	0.13	45.50	0.06
证券公司债	237	7.72	7 549.20	10.56
其他金融机构债	27	0.88	281.37	0.39
企业债	286	9.32	3 265.80	4.57
一般企业债	285	9.29	3 253.80	4.55
集合企业债	1	0.03	12.00	0.02
公司债	826	26.91	9 825.55	13.75
私募债	506	16.49	4 574.56	6.40
一般公司债	320	10.43	5 250.99	7.35
资产支持证券	973	31.70	1 796.86	2.51
中国证监会主管 ABS	960	31.28	1 773.74	2.48
可转债	3	0.10	98.00	0.14
可交换债	13	0.42	152.03	0.21
合计	3 069	100.00	71 459.35	100.00

资料来源：Wind 资讯，第一创业证券整理。

三、债券发行利率、利率类别和发行期限

从利率债的发行利率看（见图 1－4），以实际发行额为权重的加权平均发行利率，国债从 2015 年 1 月的 3.05% 下降到 12 月的 2.73%，下跌了 32 个基点；地方政府债从 2015 年 5 月的 3.22% 下降到 12 月的 3.20%，下跌了 2 个基点；政策性银行债从 2015 年 1 月的 3.89% 下降到 12 月的 3.12%，下跌了 77 个基点。

从信用债看（见图 1－5），以实际发行额为权重的加权平均发行利率，企业债从 2015 年 1 月的 6.67% 下降到 12 月的 5.15%，下跌了 150 个基点；短期融资券从 2015 年 1 月的 4.99% 下降到 12 月的 3.39%，下跌了 160 个基点；中票从 2015 年 1 月的 5.47% 下降到 12 月的 4.50%，下跌了 97 个基点；公司债从 2015 年 1 月的 5.81% 下降到 12 月的 4.52%，下跌了 129 个基点。可见，在 2015 年 1—12 月，信用债发行利率的下跌幅度比利率债更大。

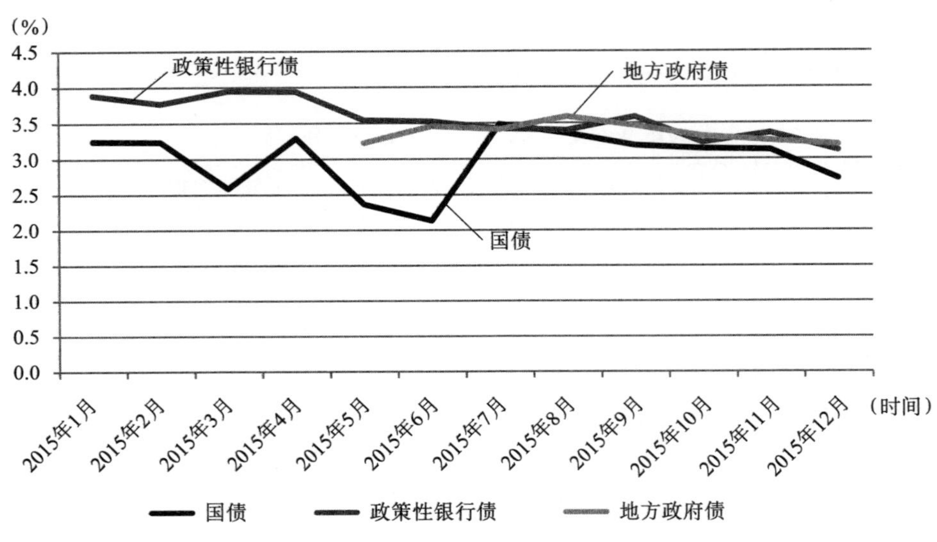

图 1－4　2015 年利率债加权平均发行利率

资料来源：Wind 资讯，第一创业证券计算整理。

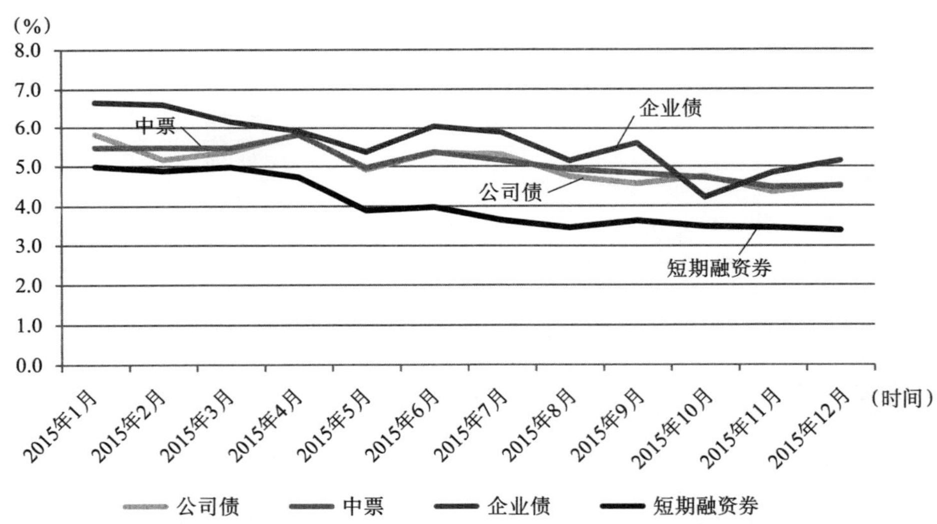

图 1－5　2015 年信用债加权平均发行利率

资料来源：Wind 资讯，第一创业证券计算整理。

2015 年中国债券一级市场的发行利率类别呈现多元化，既有贴现债券，也有附息债券，还有利随本清债券（见表 1－11）。2015 年 1—12 月，共发行了 6 083 只贴现债券，发行总规模为 5.56 万亿元，发行金额占债券发行总量的 24.08%。随息债券发行了 6 257 只，发行总金额达 12.83 万亿元，占债券发行总额的 55.57%。在附息债券中，又以固定利率债券为主，浮动利率和累进利率债券为辅。固定利率、浮动利率和累进利率债券发行只数分别为 5 148 只、270 只和 839 只；三者的发行金额则分别为 11.37 万亿元、0.33 万亿元和 1.13 万亿元。

表 1－11　　2015 年中国债券发行利率类别

类别	发行只数（只）	只数比重（%）	发行总额（亿元）	金额比重（%）
贴现债券	6 083	36.90	55 586.60	24.08
附息债券	6 257	37.96	128 269.89	55.57
固定利率债券	5 148	31.23	113 692.36	49.25
浮动利率债券	270	1.64	3 321.06	1.44
半年期定期存款利率	1	0.01	10.00	0.00
1 年期定期存款利率	101	0.61	974.45	0.42
LIBOR	3	0.02	33.60	0.01
SHIBOR	59	0.36	478.20	0.21
累进利率债券	839	5.09	11 256.47	4.88
利随本清债券	4 143	25.13	46 968.22	20.35
合计	16 483	100.00	230 824.72	100.00

资料来源：Wind 资讯，第一创业证券整理。

从浮动利率债券的基准利率选择来看，有以下几种基准利率：半年期定期存款基准利率、1 年期定期存款基准利率、LIBOR 和 SHIBOR。2015 年的浮动利率债券发行主要以 1 年期定期存款利率和 SHIBOR 为主，两者分别为 101 只和 59 只。另外值得注意的是，从理论上看，2015 年处于利率下行周期，发行浮动利率债券则更有利于发行人。但是，普通浮动利率债券只占到了全部债券发行额的 1.44%，更有 4.88% 的累进利率债券。这表明，我国债券发行人对利率风险的敏感性不足。

从债券发行期限结构看，1 年期以内的发行量最大，达到 10.25 万亿元，占比 44.39%。10 年期以上的发行量最小，只有 0.25 万亿元，占比 1.08%。其他 1—3 年、3—5 年和 5—10 年的发行量及其占比差不多，分别为 16.55%、17.9% 和 20.08%（见表 1－12）。

表 1－12　　2015 年中国债券发行期限

类别	发行只数（只）	只数比重（%）	发行总额（亿元）	金额比重（%）
1 年以内	10 077	61.19	102 459.38	44.39
1—3 年	3 102	18.84	38 198.50	16.55
3—5 年	1 898	11.52	41 305.76	17.90
5—10 年	1 343	8.15	46 340.40	20.08
10 年以上	49	0.30	2 487.53	1.08
合计	16 469	100.00	230 791.58	100.00

资料来源：Wind 资讯，第一创业证券整理。

第三节　2015 年中国债券二级市场发展情况

一、债券市场收益率曲线的变化

经历 2013 年下半年的资金面冲击之后，中国债券市场在 2014 年初进入了牛市行情，截止到 2015 年 12 月末，债券牛市行情尚未终结。以中债新综合净价指数计算（见图 1－6），从 2014 年 12 月 31 日的 99.48 上涨到 2015 年 12 月 31 日的 102.83，上涨幅度达 3.37%，涨幅虽不及 2014 年的 5.54%，但大大超出市场预期。

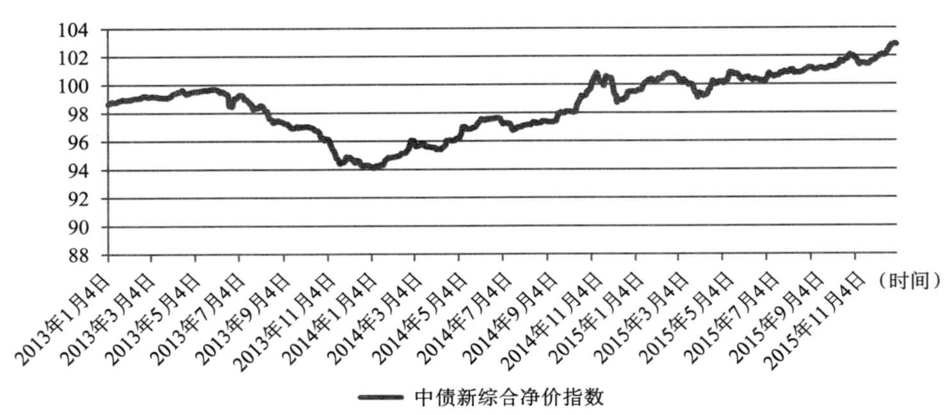

图 1－6　2013—2015 年中债新综合净价指数的走势

资料来源：Wind 资讯，第一创业证券计算整理。

从分类型债券收益率的总体表现看，截止到 2015 年 12 月 31 日，10 年期国债、10 年期国开债、5 年期 AAA 中票、5 年期 AA 城投债和 5 年期 AAA 公司债的收益率分别较上年末下降 80 个基点、96 个基点、152 个基点、518 个基点和 116 个基点。与上年的收益率下降幅度相比，5 年期 AA 城投债收益率增加了 222 个基点，5 年期 AAA 中票增加了 8 个基点；10 年期国债、10 年期国开债和 5 年期 AAA 公司债则减少了 13 个基点、77 个基点和 80 个基点（见图 1－7）。

从债券收益率的期限利差看，如果对比 10 年期和 1 年期国债到期收益率（见图 1－8），就可看出，2015 年的期限利差呈现上半年扩大、下半年缩小的态势。表现在收益率曲线上，就是上半年陡峭化下行，而下半年平坦化下行。这与 2014 年的情况相似，不过 2014 年陡峭化下行的时间更短，只发生在第 1 季度，而第 2—4 季度都是平坦化下行。从 10 年期国债收益率减去 1 年期国债收益率的期限利差看，从 2015 年 1 月为 0.36%，扩大到 6 月为 1.83%，再缩小到 12 月的 0.52%（见图 1－8）。

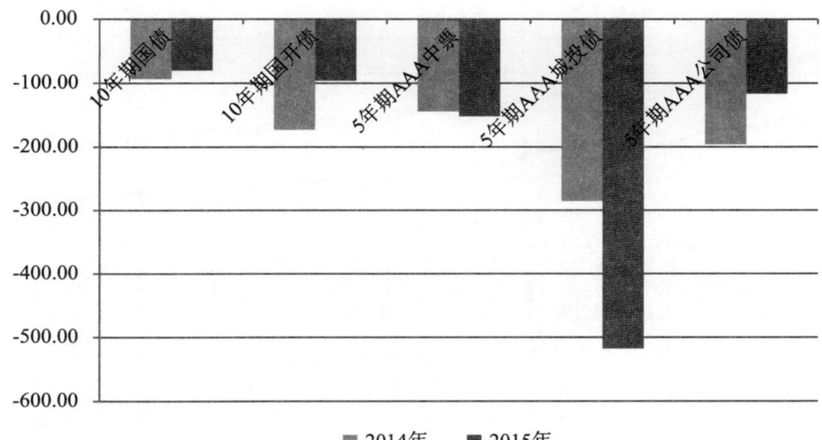

图 1-7　2014 年和 2015 年分类型债券到期收益率变化情况的对比

资料来源：Wind 资讯，第一创业证券计算整理。

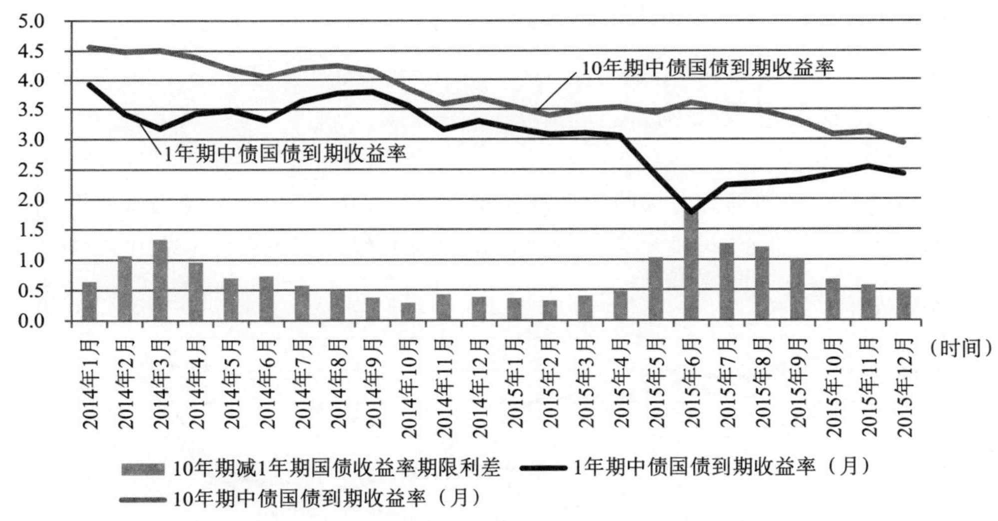

图 1-8　2014—2015 年 10 年期和 1 年期国债债券收益率的对比

资料来源：Wind 资讯，第一创业证券计算整理。

从 5 年期 AA 级企业债和 5 年期 AA 级中票与 5 年期国开债的信用利差来看（见图 1-9），2015 年随着收益率的下降，信用利率总体呈现缩小之势，2015 年 1 月 5 年期 AA 级企业债和 5 年期 AA 级中票的信用利差分别为 1.94% 和 1.73%，到 2015 年 12 月 5 年期 AA 级企业债和 5 年期 AA 级中票的信用利差分别下降至 1.44% 和 1.42%。而在 2014 年，信用利差并未出现明显下降，反而在年底有所上升，5 年期 AA 级企业债的信用利差从 1 月的 1.84% 上升到 12 月的 2.07%，5 年期 AA 级中票的信用利差从 1 月的 1.67% 上升到 1.89%。可见，2015 年信用债的表现要好于 2014 年，而 2014 年利率债的表现要好于 2015 年。

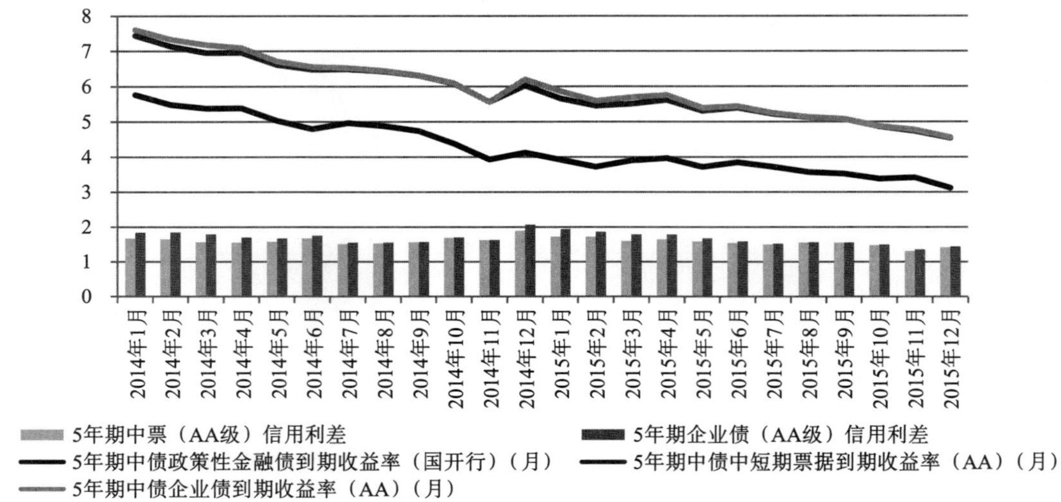

图 1-9　2014—2015 年 AA 级 5 年期中票和企业债信用利差的对比

资料来源：Wind 资讯，第一创业证券计算整理。

二、债券交易总量及结构

2001—2015 年，中国债券市场的交易额稳步上升。2001 年，全市场的现券与回购交易总量仅为 6.1 万亿元，但到 2015 年末，交易总量达到了 651.8 万亿元（见图 1-10）。

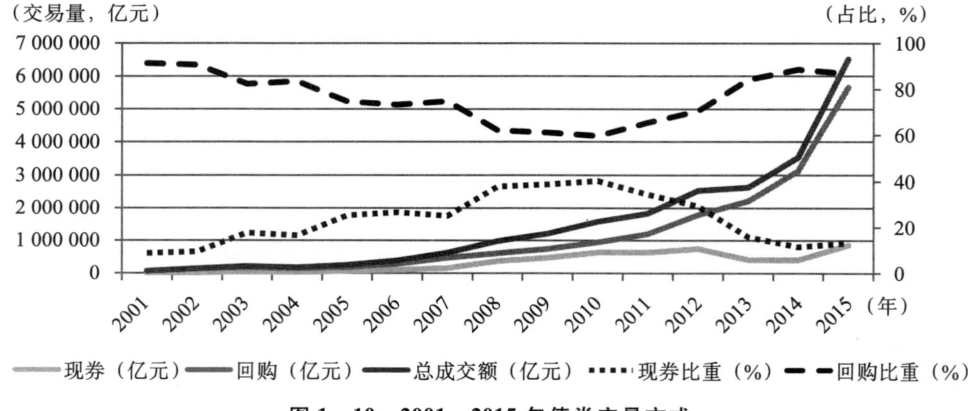

图 1-10　2001—2015 年债券交易方式

资料来源：Wind 资讯，第一创业证券计算整理。

在现券交易方面，2001 年银行间和交易所的现券交易总额仅为 0.5 万亿元，2005 年达到了 6.2 万亿元，2012 年就增加到了 74.4 万亿元。2013 年受“钱荒”冲击的影响，债券市场收益率大幅上升，债券价格下跌，使得债券投资者不得不持有债券，以避免债券的资本损失。这一策略的结果是，当年的现券交易额急剧下降，仅成交了 41.4 万亿元。2014 年虽然收益率开始下降，但仍没有下到“钱荒”之前的水平，2013 年的债券投资者出售债券仍可能遭受一定的损失。因此，2014 年的交易债券交易额基本与上年度持平。不过，转入 2015 年后，市场收益率继续下跌，并低于“钱荒”之前的水平，现券交易又开始活跃起来，成交额随之放大至 85.6 万亿元。

与现券交易随市场收益率变化而波动不同，回购交易额在过去 10 余年里呈现稳步上升的趋势。2005 年全市场的债券回购交易额为 18.4 万亿元，2011 年债券回购交易额首次突破 100 万亿元大关，达到 119.9 万亿元，2013—2015 年的 3 年时间里，回购交易额均突破新的百万亿元而创纪录。2015 年的回购交易额达到 566.2 万亿元。

另一个值得注意的现象是，2001—2010 年间，现券交易额占债券总成交的比重呈逐年上升的趋势，与之对应的是回购交易额占比则逐年下降。2001 年，现券交易额占比仅为 8.66%，到 2010 年，现券交易额占比上升到了 40.32%，9 年时间上升了近 32 个百分点，而回购交易额占比在 2001 年高达 91.34%，2010 年则下降至了 59.68%。2011—2015 年间，它们的占比又出现了反转，即现券交易占比下降，而回购交易占比上升。至 2015 年，现券交易额占比又下降到了 13.13%，而回购交易额占比则上升至 86.87%。

中国的债券交易在银行间市场与交易所市场之间的分布是不平衡的。无论是回购交易还是现券交易，都是如此。以现券交易为例，2001—2002 年交易所市场成交额远高于银行间市场，但银行间市场的成交额在 2003 年超过交易所市场，在总成交额中的占比达到 81.6%，成为中国债券市场的主体，之后一路上升，在 2010 年竟达到 99.4%。由于 2011 年以来，交易所市场的发展速度又有所加快，2015 年末，银行间市场成交额的占比又下降至 98.1%，但仍然占据着中国债券市场的绝大部分市场份额（见表 1－13）。

表 1－13　　2001—2015 年银行间和交易所市场的现券交易情况

年份	总成交额（亿元）	银行间净价成交额（亿元）	交易所成交额（亿元）	银行间占比（%）	交易所占比（%）
2001 年	5 277.9	416.7	4 861.2	7.9	92.1
2002 年	12 934.1	4 098.5	8 835.6	31.7	68.3
2003 年	36 621.8	29 866.3	6 755.5	81.6	18.4
2004 年	28 273.4	24 625.9	3 647.5	87.1	12.9
2005 年	62 224.6	58 864.5	3 360.1	94.6	5.4
2006 年	102 342.9	100 461.6	1 881.3	98.2	1.8
2007 年	156 175.0	154 355.8	1 819.2	98.8	1.2
2008 年	370 343.2	366 659.3	3 683.9	99.0	1.0
2009 年	468 898.2	465 483.8	3 414.4	99.3	0.7
2010 年	636 474.3	632 821.3	3 653.0	99.4	0.6
2011 年	632 557.8	627 858.8	4 699.0	99.3	0.7
2012 年	743 821.1	737 933.1	5 888.0	99.2	0.8

续表

年份	总成交额（亿元）	银行间净价成交额（亿元）	交易所成交额（亿元）	银行间占比（%）	交易所占比（%）
2013 年	414 347.7	404 256.1	10 091.6	97.6	2.4
2014 年	403 258.6	389 123.2	14 135.4	96.5	3.5
2015 年	856 113.2	839 910.1	16 203.1	98.1	1.9

资料来源：Wind 资讯，第一创业证券计算整理。

三、债券交易的品种分布

从全市场角度看，2015 年 1—12 月利率债成交量中，金融债的成交量最大，达 41.05 万亿元，占利率债成交量的 78.3%；其次是国债，成交量达 9.71 万亿元，占利率债成交量的 18.5%；再次是政府支持债券，成交量达 0.75 万亿元，占利率债成交量的 1.4%；最后是央票，成交量达 0.63 万亿元，占利率债成交量的 1.2%。地方政府债的成交量较小，只有 0.27 万亿元，占利率债成交量的 0.5%（见图 1－11）。

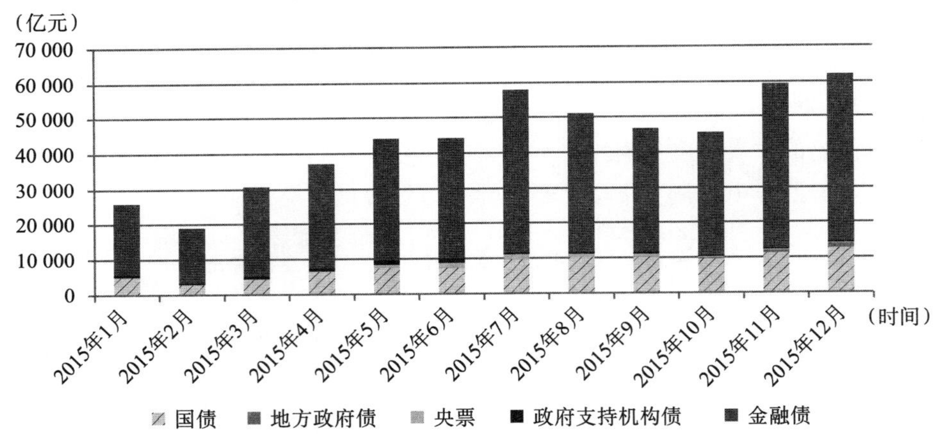

图 1－11 利率债月度成交量的变化

资料来源：Wind 资讯，第一创业证券计算整理。

从图 1－11 与图 1－12 的对比中可以看出，在 2015 年各月成交量呈现逐月上升的趋势，其中信用债的成交量 28.96 万亿元，大约是利率债成交量 52.41 万亿元的 55.3%。2015 年 1—12 月信用债成交量中，短期融资券的成交量最大，达 11.80 万亿元，占信用债成交量的 40.7%；其次是中期票据，成交量达 9.25 万亿元，占信用债成交量的 31.9%；再次是企业债券，成交量达 6.72 万亿元，占信用债成交量的 23.2%；最后是可转债和公司债，成交量分别达 0.81 万亿元和 0.37 万亿元，分别占信用债成交量的 2.8% 和 1.3%。资产支持债券和分离债的成交量较小，分别只有 195 亿元和 108 亿元，占比可忽略不计。

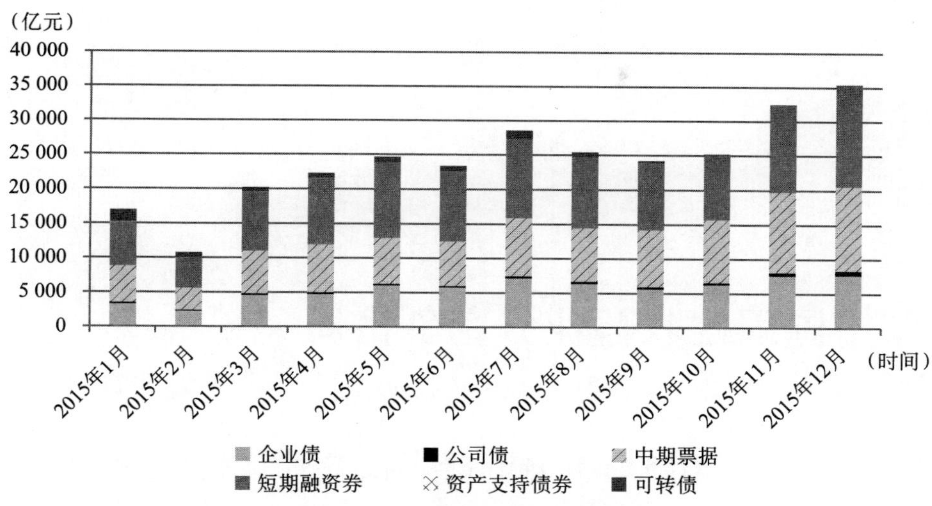

图 1－12　信用债月度成交量的变化

资料来源：Wind 资讯，第一创业证券计算整理。

第二章
2015年中国固定收益业务竞争格局

第一节 2015年中国债券市场投资者持仓结构

一、中国债券市场的投资者结构

近年来，随着中国债券市场的快速发展，市场规模不断扩大，债券发行主体范围不断拓宽，债券产品品种日益丰富，投资主体更加多元化。虽然银行在债券市场中仍然扮演着极其重要的角色，但用发展的眼光分析债券市场的投资者结构，在债券市场部分子市场（如信用债）中，商业银行占据绝对主导地位的情况已经悄然改变。

（一）债券市场投资者的数量分布

截至2015年12月底，在中债登直接或间接开立一级托管账户的投资者共10 021个，较2014年的6 681个大幅增加3 340个。参与银行间债券市场交易的投资者，按照现券交易规模来看，主要包括商业银行、证券公司、基金、信用社以及保险等机构。投资者结构中，开户份额占比位居前3的投资者分别为基金（75.96%）、商业银行（7.62%）、信用社（5.63%），而证券公司以1.3%的占比排名最后。

开户占比最大的基金，投资者个数由2014年末的7 610个增至2015年末4 667个，净增2 943个。2014年底暂停近一年半的“乙类户”重回债券市场，加之理财需求的不断扩大，基金类中商业银行理财产品投资者数量增幅最大，由2014年末的170个增至326个，12个月内净增156个账户。商业银行中，农村商业银行的乙类户也增加明显，从2014年末的235个增加至427个。

此外，2015年债券市场对境外投资者进一步放开，包括对获准进入银行间债券市场机构的投资额度由此前的审批制转为备案制，可投资范围扩大至大额可转让存单（CD）、回购交易、利率互换等衍生品交易，境外机构一级托管账户个数也从2014年末的182个大幅跃升至2015年末的305个（见表2－1）。

表 2-1　　在中债登开立一级托管账户的投资者结构　　（单位：个）

	合计		甲类		乙类		丙类	
	2015 年	2014 年	2015 年	2014 年	2015 年	2014 年	2015 年	2014 年
特殊结算成员	20	20	4	4	15	15	1	1
商业银行	766	591	53	51	672	486	38	54
其中：农村商业银行	439	258	5	4	427	235	7	19
信用社	564	522	0	0	463	398	101	124
非银行金融机构	199	175	5	5	178	152	16	18
证券公司	130	129	55	55	75	74	0	0
保险机构	152	145	0	0	128	119	24	26
基金类	7 610	4 667	0	0	7 510	4 516	100	151
其中：商业银行理财产品	326	170	0	0	326	170	0	0
非金融机构	275	250	0	0	0	0	275	250
境外机构	305	182	0	0	1	1	304	181
合计	10 021	6 681	117	115	9 042	5 761	859	805

注：(1)“甲类”指具有结算代理资格和柜台业务资格的机构；“乙类”指只能办理自营业务的机构；“丙类”指必须委托甲类成员代为办理债券结算业务的投资者，包含委托证券公司办理企业债业务的机构和个人。(2) 特殊结算成员含中国人民银行、财政部、政策性银行等机构。(3) 非银行金融机构含信托投资公司、财务公司、租赁公司、汽车金融公司等金融机构。(4) 基金含证券基金、年金、基金公司、社保基金、基金会、产业基金、保险产品、信托计划、基金特定组合、证券公司资产管理计划等。

资料来源：根据中国债券信息网 www. chinabond. com. cn 有关数据整理。

交易所在银行间市场上整体作为一个二级分托管账户存在，截止到 2015 年 12 月 31 日，共有 9 910. 53 万名投资者，其中自然人占绝大多数，非自然人仅有 28. 38 万名，共持有的债券（不包括资产证券化产品）市值为 39 537. 21 亿元。

同样，在银行间市场上，柜台市场整体作为一个二级分托管账户存在，而从柜台市场债券投资者数量看，2015 年底共有 1 829. 4 万户，较 2014 年底的 1 612. 2 万户增加了 217. 2 万户。从投资者结构看，个人投资者占绝大多数，2015 年底共有 1 829 万户，非金融机构投资者仅 3 961 户。

目前，我国债券市场的投资者除特殊结算会员外，可分为银行类、非银行金融机构类、非金融机构类、个人类和境外机构类。随着非银行债券投资者的增多，2015 年以来我国债券市场的投资者结构呈现进一步多样化的趋势。

（二）银行间市场投资者结构及持仓变化

中国最大的债券投资者群体是商业银行，包括全国性商业银行、外资银行、城市商业银行、农村商业银行和农村合作银行。截至 2015 年末，商业银行持有的债券规模高达 22. 1 万亿元，较 2014 年末的 18. 1 万亿元增长 22. 1%，持有规模占在中债登登记托管的全部债券的 63. 1%，与上年末基本持平。另外，2015 年末持有债券占比在 5% 之上的机构还包括基金、保险机构和特别结算会员，占比分别为 13. 7%、6. 4% 和 5. 7%。证券公司占比 0. 9%，排在第9位。

截至2015年末，中债登各类投资人债券持有量与2014年末相比有增有减，增减相抵，净增加6.3万亿元。持仓量净增加的机构多达10类，按由多到少的顺序排列，分别为全国性商业银行（28 031亿元）、基金（15 423亿元）、城市商业银行（8 854亿元）、农村商业银行（4 076亿元）、特殊结算成员（3 002亿元）、交易所（1 303亿元）、信用社（1 057亿元）、证券公司（942亿元）、个人投资者（745亿元）和境外机构（664亿元），而外资银行、保险机构、农村合作银行、非金融机构的持仓量有所减少（见表2－2）。

表2－2　2013—2015年中债登投资者的债券持仓结构变化

机构类型	2015年12月31日		2014年12月31日		2013年12月31日	
	托管量（亿元）	占比（%）	托管量（亿元）	占比（%）	托管量（亿元）	占比（%）
特殊结算成员	20 102	5.74	17 100	6.00	17 006	6.60
商业银行	221 194	63.12	181 008	63.00	166 818	64.40
①全国性商业银行	173 808	49.60	145 777	50.74	137 782	53.18
②外资银行	3 324	0.95	3 937	1.37	2 918	1.13
③城市商业银行	28 874	8.24	20 020	6.97	17 147	6.62
④农村商业银行	14 616	4.17	10 540	3.67	8 226	3.17
⑤农村合作银行	544	0.16	695	0.24	703	0.27
⑥村镇银行	25	0.01	39	0.01	42	0.02
⑦其他	3	0.00	0	0.00	0	0.00
信用社	7 291	2.08	6 234	2.20	5 942	2.30
非银行金融机构	880	0.25	736	0.30	752	0.30
证券公司	3 108	0.89	2 167	0.80	1 587	0.60
保险机构	22 527	6.43	22 816	7.90	23 229	9.00
基金类	48 066	13.72	32 643	11.40	26 758	10.30
其中：商业银行理财产品	4 759	1.36				
非金融机构	72	0.02	125	0.00	152	0.10
个人投资者	6 613	1.89	5 868	2.00	4 866	1.90
交易所	14 518	4.14	13 215	4.60	8 856	3.40
境外机构	6 026	1.72	5 362	1.90	0	0.00
其他	16	0.00	18	0.00	3 142	1.20
合计	350 413	100.00	287 292	100.00	259 108	100.00

注：由于统计口径的变动，境外机构债券托管量在2014年6月以前主要统计在“其他”项中。

资料来源：根据中国债券信息网 www.chinabond.com.cn 有关数据整理。

从2011年至今的变化趋势上看（见图2－1），中债登债券持仓占比呈现稳步下降趋势的机构投资者主要包括：商业银行的持仓占比从2011年的67.5%下降到2015年的63.1%，保险公司的持仓占比由 2011 年的 9.7% 下降到 2015 年的 6.4%，特殊结算会员持仓占比由 2011 年的 8.0% 下降到 2015 年的 5.7%，信用社持仓占比由 2011 年的 2.5% 下降到 2015 年的 2.1%。持仓占比呈现稳步上升趋势的机构投资者主要包括：基金类持仓占比由 2011 年的 7.9% 上升到 2015 年的 13.7%，个人投资者持仓占比由 2011 年的 0.2% 上升到 2015 年的 1.9%（见图 2－1）。

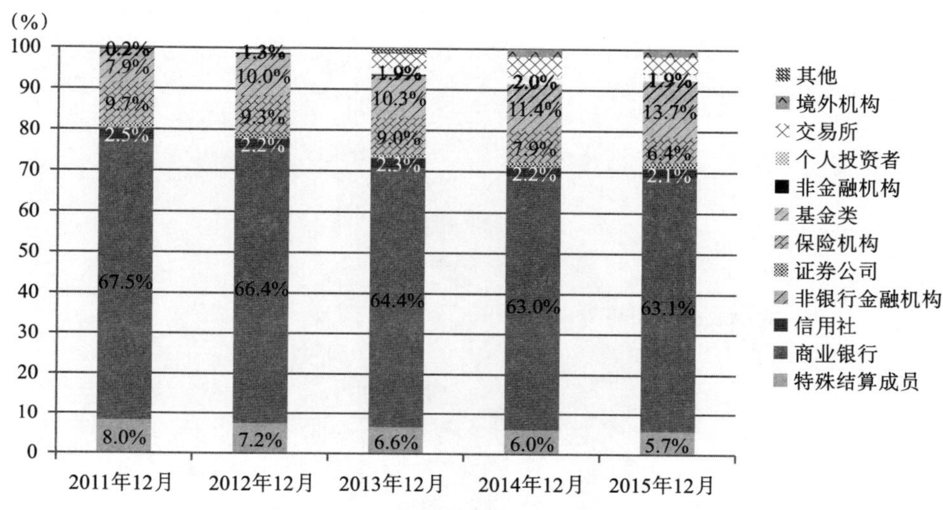

图 2－1　2011—2015 年中债登投资者持仓占比变化

资料来源：根据中国债券信息网 www.chinabond.com.cn 有关数据整理。

从证券公司的持仓量看，从 2002 年的 6.2 亿元上升到 2015 年的 3 108.5 亿元，总体上呈现上升趋势；从证券公司的占比看，从 2002 年的 0.02% 上升到 2015 年的 0.89%（见图 2－2）。

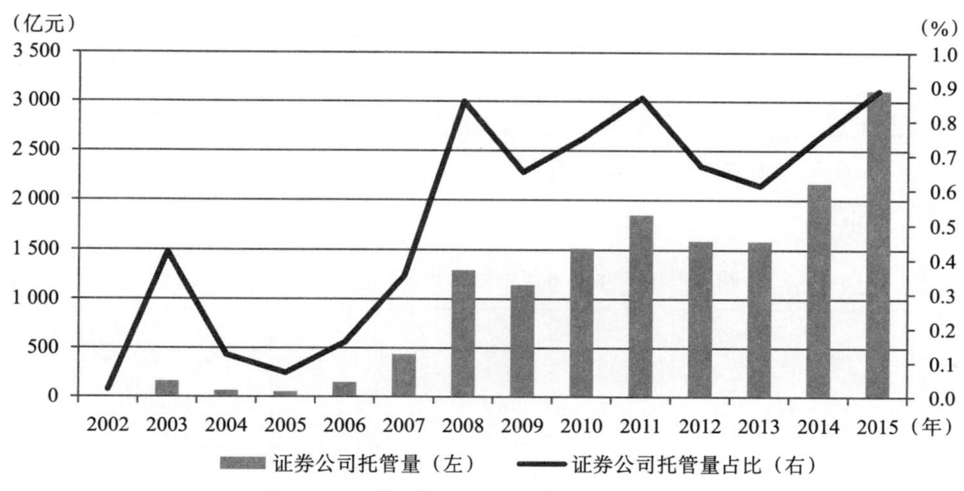

图 2－2　2002—2015 年证券公司在中债登的持仓量及其占比

资料来源：根据据中国债券信息网 www.chinabond.com.cn 和 WIND 有关数据整理。

值得注意的是，由于债券跨市场发行，交易所投资者占比由2013年的3.3%上升至2015年的4.1%；由于债券市场对外开放，境外机构占比2014和2015年分别为1.9%和1.7%。

从上清所主要固定收益（公募）产品的投资者结构看，2015年12月31日，商业银行的持仓达到3.2万亿元，持仓规模占上清所托管债券的47.2%；非法人机构持仓达到3.7万亿元，持仓占比为54.1%；包括证券公司、保险公司和信用社等在内的非银行金融机构持仓达0.8万亿元，持仓占比为11.8%；而政策性银行和境外机构持仓规模较小，分别为3 657亿元和459亿元（见图2-3）。

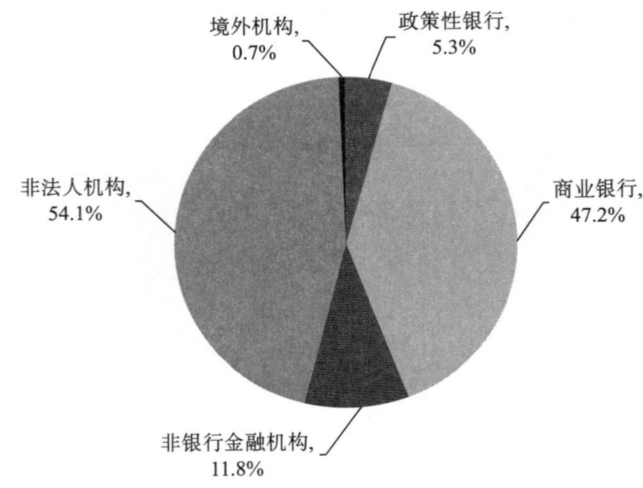

图2-3　2015年9月末上清所的投资者结构

资料来源：根据上清所有关数据整理。

截止到2015年12月末，上清所各类投资者主要债券品种持有量与2014年末相比增加4.39万亿元，其中增加较多的品种有非法人机构和商业银行，分别增加2.50万亿元和1.14万亿元；其次是非银行金融机构和政策性银行，分别增加4 605亿元和2 717亿元；最后是境外机构和非金融机构法人，分别增加106亿元和12亿元。在非银行金融机构中，证券公司增加了1 064亿元，仅次于信用社排在第2位，占比由2014年末的2.1%增加到2015年末的2.3%（见表2-3）。

表2-3　　2014—2015年上清所主要品种的投资者结构变化

	2015年12月		2014年12月	
	本月末（亿元）	占比（%）	本月末（亿元）	占比（%）
政策性银行（国家开发银行）	3 657.0	4.5	940.1	2.5
商业银行	32 384.9	39.7	20 957.0	55.4
非银行金融机构	8 058.9	9.9	3 454.4	9.1
①证券公司	1 849.3	2.3	785.1	2.1
②保险机构	2 223.1	2.7	1 245.8	3.3

续表

	2015 年 12 月		2014 年 12 月	
	本月末（亿元）	占比（%）	本月末（亿元）	占比（%）
③信用社	3 416.6	4.2	1 222.5	3.2
④其他	569.9	0.7	201.0	0.5
非金融机构法人	24.0	0.0	11.7	0.0
非法人机构（基金类）	37 092.9	45.4	12 101.1	32.0
中国人民银行批准的境外机构	458.5	0.6	352.6	0.9
合计	81 676.2	100.0	37 816.9	100.0

资料来源：根据上清所有关数据整理，未包括 PPN、非金融企业资产支持票据和项目收益票据私募产品。

二、银行间市场投资者的持仓结构分析

（一）利率债市场投资者结构及持仓变化

从利率债主要品种投资者的持仓变化看，截止到 2015 年末，国债持仓量与上年末相比净增加 9 360.3 亿元，其中持仓量增加排名前 5 位的机构分别是：商业银行（4 234.3 亿元）、交易所市场（2 659.8 亿元）、基金类（843.1 亿元）、特殊结算会员（546.5 亿元）和保险机构（485.5 亿元）。证券公司以 140 亿元的增仓量位居第 8 位。从政策性银行债看，持仓量与上年末相比净增加 10 383.7 亿元，其中持仓量增加排名前 5 位的机构分别是：基金类（7 379.3 亿元）、商业银行（2 008.7 亿元）、信用社（759.7 亿元）、证券公司（195.6 亿元）和非银行金融机构（103.6 亿元）。从商业银行债看，持仓量与上年末相比净增加 1 277.35 亿元，其中持仓量增加较多的机构分别是：商业银行（1 313.6 亿元）和商业银行理财产品（285.2 亿元），持仓量减少较多的机构是保险机构（485 亿元），证券公司持仓量微幅增加 20.7 亿元（见表 2－4）。

表 2－4　　2015 年末和 2014 年末利率债投资者持仓结构对比　　（单位：亿元）

	国债		政策性银行债		商业银行债	
	2015 年	2014 年	2015 年	2014 年	2015 年	2014 年
合计	94 887.7	85 527.4	109 958.1	99 574.4	13 811.1	12 533.7
特殊结算成员	16 332.4	15 785.9	215.6	169.1	28.6	12.7
商业银行	63 777.6	59 543.3	79 975.5	77 966.8	5 385.2	4 071.6
①全国性商业银行	48 946.4	46 989.1	61 777.0	64 567.0	3 703.4	2 816.1
②外资银行	1 769.2	2 126.7	1 229.3	1 405.6	26.7	27.0
③城市商业银行	8 880.3	7 086.1	10 701.2	7 529.0	1 033.3	778.3
④农村商业银行	4 082.1	3 150.3	6 018.5	4 152.1	573.7	408.0
⑤农村合作银行	98.2	191.2	247.5	313.1	48.2	42.2
⑥村镇银行	0.4	0.0	0.0	0.0	0.0	0.0

续表

	国债		政策性银行债		商业银行债	
	2015 年	2014 年	2015 年	2014 年	2015 年	2014 年
信用社	930. 8	751. 8	3 602. 3	2 842. 6	157. 9	124. 8
非银行金融机构	258. 5	260. 0	178. 3	74. 7	28. 3	32. 9
证券公司	431. 2	290. 8	413. 2	217. 6	38. 1	17. 4
保险机构	3 536. 4	3 050. 9	6 009. 3	6 141. 7	5 265. 9	5 750. 8
基金类	1 790. 8	947. 7	17 081. 4	9 702. 1	2 879. 8	2 491. 7
其中：商业银行理财	1. 2	0. 0	2 717. 3	389. 8	285. 7	0. 5
非金融机构	20. 9	18. 4	9. 5	39. 7	7. 6	23. 2
①银行间	16. 7	5. 1	2. 4	3. 4	7. 6	23. 2
②柜台	4. 2	13. 3	7. 1	36. 3	0. 0	0. 0
个人投资者	2. 9	2. 3	8. 4	34. 9	0. 0	0. 0
交易所	5 313. 1	2 653. 4	0. 0	0. 0	0. 0	0. 0
境外机构	2 484. 5	2 214. 5	2 464. 3	2 385. 2	19. 7	8. 5
其他	8. 4	8. 4	0. 3	0. 0	0. 0	0. 0

资料来源：根据中国债券信息网 www. chinabond. com. cn 有关数据整理。

从利率债的投资者结构看，2015 年 12 月末银行间市场国债持仓量占比前 5 位的投资者类型分别是：商业银行持有 65. 3% 的国债，特殊结算成员持有 16. 8% 的国债，交易所投资者持有 5. 4% 的国债，保险公司持有 3. 5% 的国债，信用社持有 2. 5% 的国债。证券公司持有 0. 5% 的国债，排名第 8 位（见图 2 –4）。

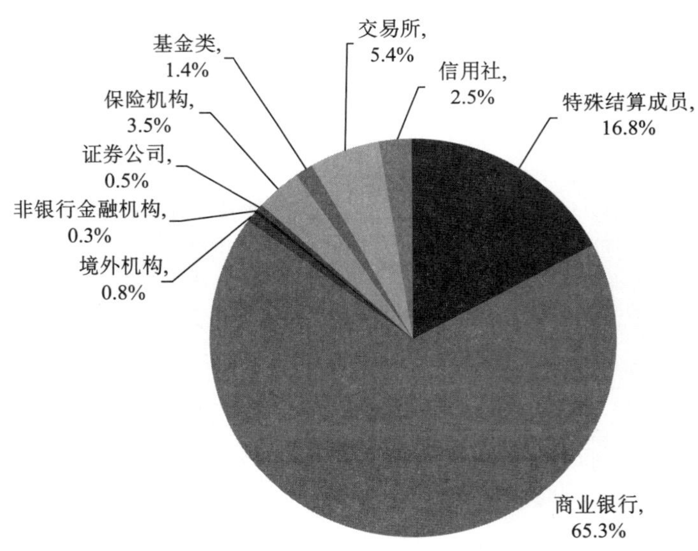

图 2 –4　2015 年 12 月末国债的投资者结构

资料来源：根据中国债券信息网 www. chinabond. com. cn 有关数据整理。

从政策性银行债看，2015 年 12 月末，银行间市场持有政策性银行债的前 5 位投资者类型分别是：商业银行（72.7%）、基金类（15.5%）、保险机构（5.5%）、信用社（3.3%）和境外机构（2.2%）。证券公司以 0.4% 的持仓占比排名第 6 位（见图 2－5）。

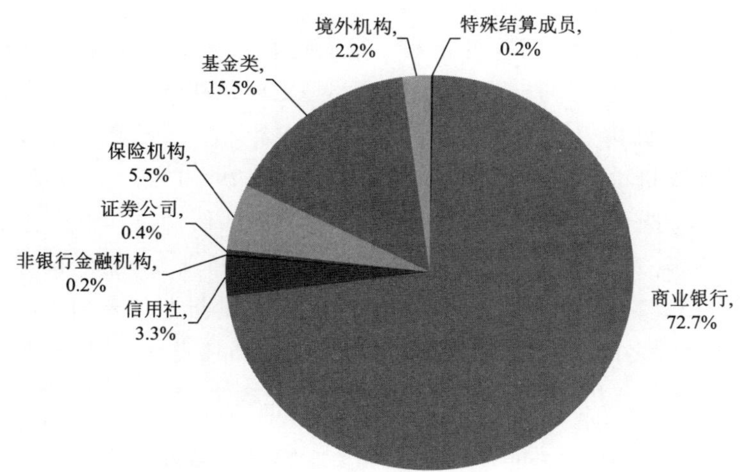

图 2－5　2015 年 12 月末政策性银行债的投资者结构

资料来源：根据中国债券信息网 www. chinabond. com. cn 有关数据整理。

从商业银行债看，2015 年 12 月末，持有商业银行债的前 5 位投资者分别是：商业银行（39.0%）、保险公司（38.1%）、基金类（20.9%）、信用社（1.1%）和证券公司（0.3%），其他机构的持仓量很小，在 0.1%—0.2% 之间（见图 2－6）。

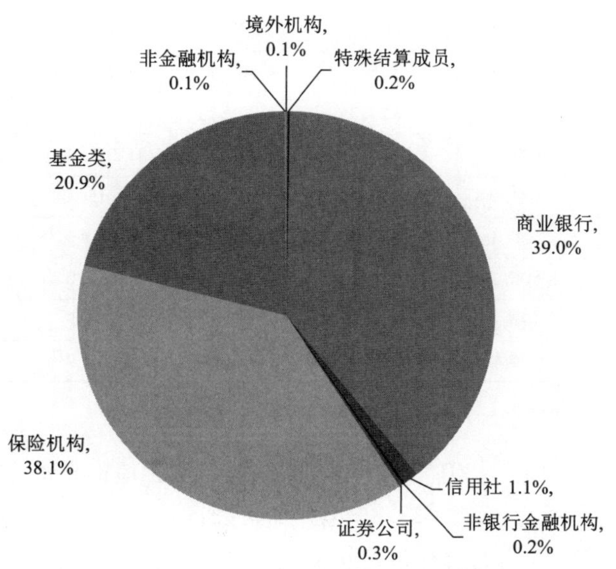

图 2－6　2015 年 9 月末商业银行债的投资者结构

资料来源：根据中国债券信息网 www. chinabond. com. cn 有关数据整理。

从利率债的投资者结构看，除特殊结算会员外，基本上是商业银行的持仓量占 50% 以上，保险公司次之，再次是基金类，最后是信用社等其他投资者。

（二）信用债市场投资者结构及持仓变化

从信用债主要品种投资者的持仓变化看，截止到 2015 年末，企业债持仓量与上年末相比净增加 2 267.8 亿元，其中持仓量增加投资者类型主要是基金类（4 316 亿元）、证券公司（507.2 亿元）和境外机构（103.2 亿元）；持仓量减少投资者类型主要是交易所市场（1 714.4 亿元）、保险机构（361.7 亿元）、商业银行（299.1 亿元）和信用社（267.2 亿元）。从中期票据看，持仓量与上年末相比净增加 7 596.2 亿元，其中持仓量增加较多的投资者类型分别是：基金类（6 264.8 亿元）、商业银行（855.1 亿元）、证券公司（232.5 亿元）和保险机构（152.2 亿元）。从短期融资券看，持仓量与上年末相比净减少 1 071.7 亿元，其中持仓量减少较多的机构分别是商业银行（1 266.1 亿元）和境外机构（123.3 亿元），持仓量增加较多的机构是基金（331.3 亿元）（见表 2－5）。

表 2－5　2015 年末和 2014 年末信用债投资者持仓结构对比　（单位：亿元）

	企业债		中期票据		短期融资券	
	2015 年	2014 年	2015 年	2014 年	2015 年	2014 年
合计	31 631.8	29 364.0	40 107.5	32 511.4	15 825.38	10 365.9
特殊结算成员	61.6	62.1	447.1	392.9	263.38	122.2
商业银行	6 360.8	6 659.9	16 141.1	15 286.0	6 190.15	3 616.8
证券公司	1 533.1	1 025.9	1 074.0	841.5	733.43	256.1
保险机构	2 737.4	3 099.1	2 373.5	2 221.3	95.90	259.0
信用社	878.7	1 145.9	1 383.1	1 423.7	454.42	228.1
非银行金融机构	120.3	129.3	295.7	204.7	1 208.26	37.2
基金类	10 935.4	6 619.4	17 838.1	11 573.3	6 494.60	5 723.2
非金融机构	24.9	31.6	21.1	15.2	8.00	0.0
个人投资者	0.1	0.1	0.0	0.0	0.00	0.0
交易所	8 806.2	10 520.6	0.0	0.0	0.00	0.0
境外机构	173.1	69.9	533.8	552.8	377.24	123.3
其他	0.2	0.2	0.0	0.0	0.00	0.0

资料来源：根据中国债券信息网和上清所网站有关数据整理。

从企业债的投资者结构看，2015 年 12 月末，持有企业债的前 5 位投资者类型分别是：基金类（34.6%）、交易所投资者（27.8%）、商业银行（20.1%）、保险公司（8.7%）和证券公司（4.8%），其他机构的持仓量较小（见图 2－7）。

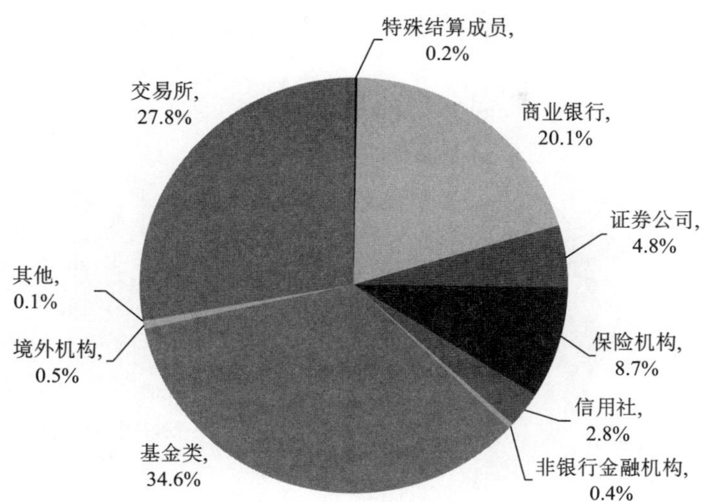

图 2－7　2015 年 12 月末企业债的投资者结构

资料来源：根据中国债券信息网 www. chinabond. com. cn 有关数据整理。

2015 年 12 月末，持有中期票据前 5 位投资者分别是：基金类（44. 5%）、商业银行（40. 2%）、保险公司（5. 9%）、信用社（3. 4%）和证券公司（2. 7%）（见图 2－8）。

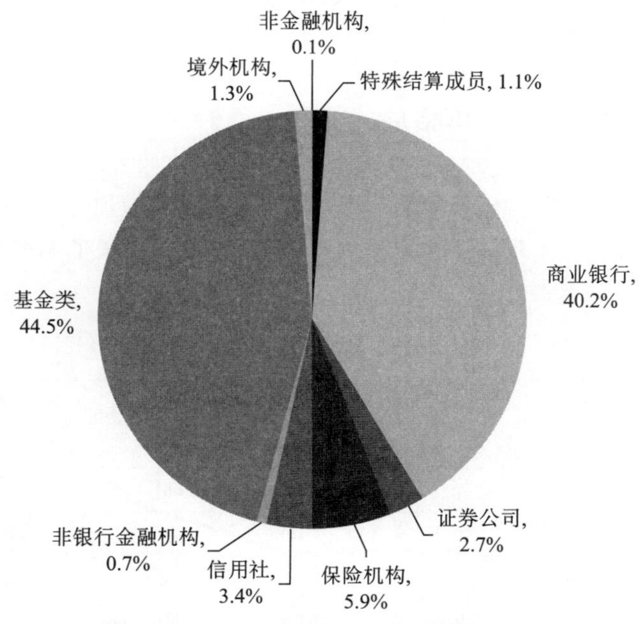

图 2－8　2015 年 9 月末中期票据的投资者结构

资料来源：根据中国债券信息网和上清所网站有关数据整理。

2015 年 12 月末，持有短期融资券前 5 位投资者分别是：基金类（68. 9%）、商业银行（19. 9 %）、保险公司（4. 7%）、证券公司（3. 0%）和信用社（1. 8%）。可见，从信用债的投资者结构看，基金、交易所投资者和证券公司已经成为信用债最重要的投资主体，占据主导地位；而相对于利率债而言，商业银行和保险公司已经退居次要地位（见图 2 -9）。

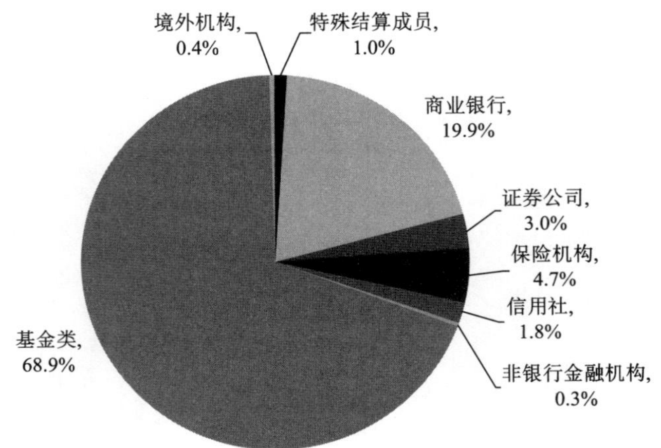

图 2 -9　2015 年 9 月末短期融资券的投资者结构

资料来源：根据上清所网站有关数据整理。

第二节　2015 年证券公司债券承销业务情况

一、债券承销业务竞争总体格局

近年来，随着债券发行量的不断增加，债券承销量也不断增加。从 2011 年到 2015 年，全市场的债券总承销金额从 2.8 万亿元增加到 11.6 万亿元，5 年增长了 314.3%（见图 2 -10）。

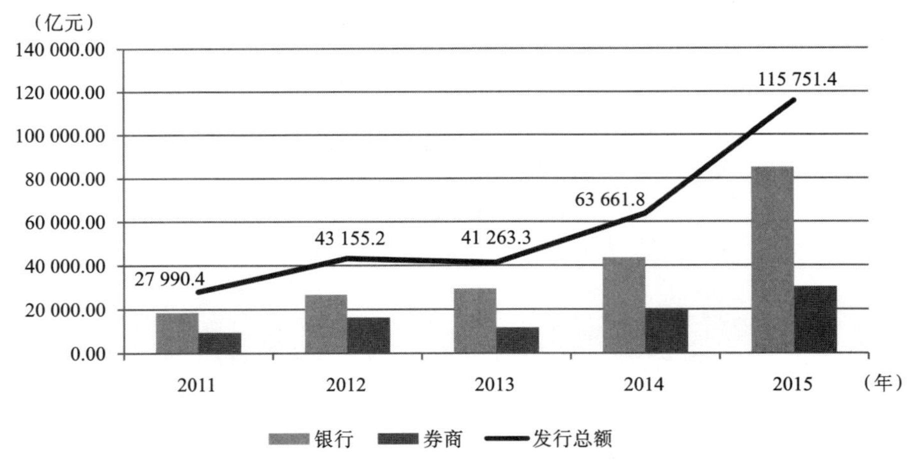

图 2 -10　2011—2015 年全市场债券总承销金额的变化

资料来源：Wind 资讯，第一创业证券整理。

从债券承销的主要竞争者看，债券承销业务呈现以银行和证券公司为主的格局，其他信托、资产管理等机构的市场份额几乎可以忽略不计。从 2011—2015 年，银行的市场占有率在 62%—73. 5%之间波动，证券公司的市场占有率在 26. 3%—38%之间波动。总体上看，2011 年银行在债券承销业务上仍占据 2/3 左右的市场份额，证券公司占据 1/3 左右的市场份额，约为银行的一半；但 2015 年银行的市场占用率上升到 3/4 左右，而证券公司下降到 1/4 左右（见图 2 - 11）。

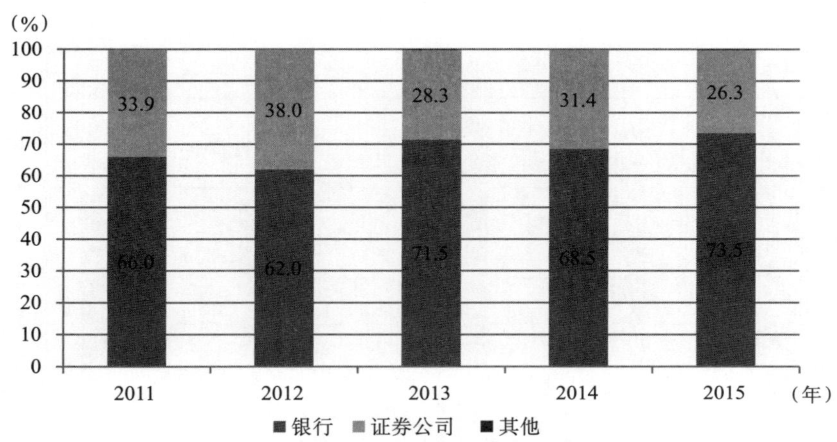

图 2 - 11　2011—2015 年银行和证券公司债券承销业务的市场份额

资料来源：Wind 资讯，第一创业证券整理。

二、证券公司债券承销业务集中度

市场集中度（Market Concentration Rate）是对整个行业的市场结构集中程度的测量指标，CR_n 是指该行业的相关市场内前 n 家最大的企业所占市场份额的总和。根据美国经济学家贝恩和日本通产省对产业集中度的划分标准，将产业市场结构粗分为寡占型（$CR_8 \geq 40\%$）和竞争型（$CR_8 < 40\%$）两类。其中，寡占型又细分为极高寡占型（$CR_8 \geq 70\%$）和低集中寡占型（$40\% \leq CR_8 < 70\%$）；竞争型又细分为低集中竞争型（$20\% \leq CR_8 < 40\%$）和分散竞争型（$CR_8 < 20\%$）（见表 2 - 6）。

表 2 - 6　美国经济学家贝恩对市场结构进行的分类

集中度 / 市场结构	CR_4 值（%）	CR_8 值（%）
寡占Ⅰ型	$CR_4 \geq 85$	—
寡占Ⅱ型	$75 \leq CR_4 < 85$	$CR_8 \geq 85$
寡占Ⅲ型	$50 \leq CR_4 < 75$	$75 \leq CR_8 < 85$
寡占Ⅳ型	$35 \leq CR_4 < 50$	$45 \leq CR_8 < 75$
寡占Ⅴ型	$30 \leq CR_4 < 35$	$40 \leq CR_8 < 45$
竞争型	$CR_4 < 30$	$CR_8 < 40$

我们用 CR_4 和 CR_8 来表示在有债券承销业务的证券公司中，排名前 4 位和前 8 位的企业占有的债券承销业务的市场份额。图 2－12 显示，2015 年排名前 4 位的证券公司的业务集中度为 35.6%，排名前 8 位的证券公司的业务集中度为 52.8%，集中度与 2014 年和 2012 年差不多，但高于 2013 年、低于 2011 年。根据上述分类，证券公司债券承销业务属于低集中寡占Ⅳ型市场结构（见图 2－12）。

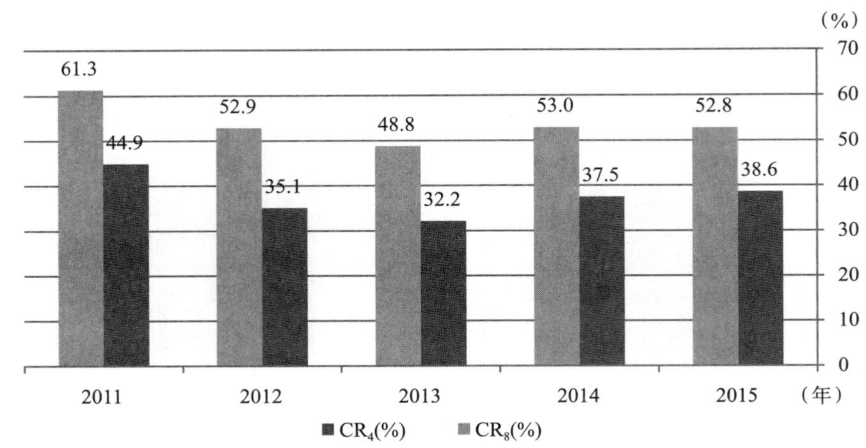

图 2－12　2011—2015 年证券公司债券承销业务的市场集中度

资料来源：Wind 资讯，第一创业证券整理。

第三节　2015 年证券公司债券交易业务情况

一、债券交易业务竞争总体格局

由于缺乏交易所市场的数据，银行间市场占据着债券交易业务的绝大部分市场份额，因而在此以中债登的债券交割量来衡量与分析债券交易业务的竞争格局。2015 年，银行间市场的债券交割量达到 465.5 万亿元，其中现券交割量 60.5 万亿元。

从图 2－13 可以看出，2015 年债券交割量占比中，包括国有银行（19.5%）、股份制商业银行（14.5%）、城市商业银行（29.2%）、外资银行（2.8%）、农村合作银行（0.7%）和农村商业银行（12.1%）在内的银行类占比最高，达到 78.9%；其次是基金公司，占比为 6.7%；证券公司排名第 3 位，占比达到 6.2%；信用社排第 4 位，占比为 5.6%；保险公司排名第 5 位，占比达到 2.0%，非银行金融机构排名垫底，占比只有 0.6%。由此可见，银行类金融机构在债券交易业务中占据主导地位。

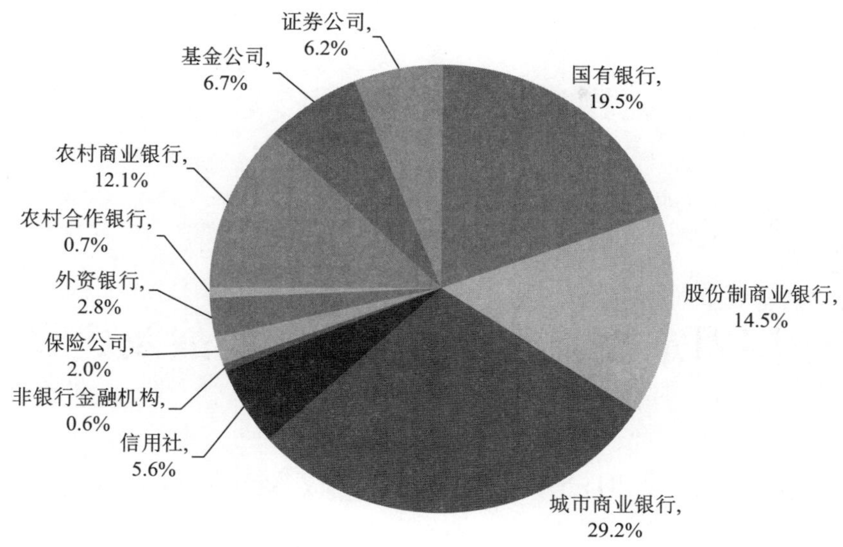

图 2－13　2015 年证券公司债券交易业务市场占有率

资料来源：Wind 资讯，第一创业证券整理。

二、证券公司债券交易业务集中度

我们用 CR_4 和 CR_8 来表示在有债券承销业务的证券公司中，排名前 4 位和前 8 位的企业占有的债券承销业务的市场份额。图 2－14 显示，2015 年排名前 4 位的证券公司的业务集中度为 25. 2%，排名前 8 位的证券公司的业务集中度为 40. 1%，集中度与 2011—2014 年相比，呈现逐步下降的走势。根据上文分类，证券公司债券交易业务正由寡占型市场结构向竞争型市场结构转变。

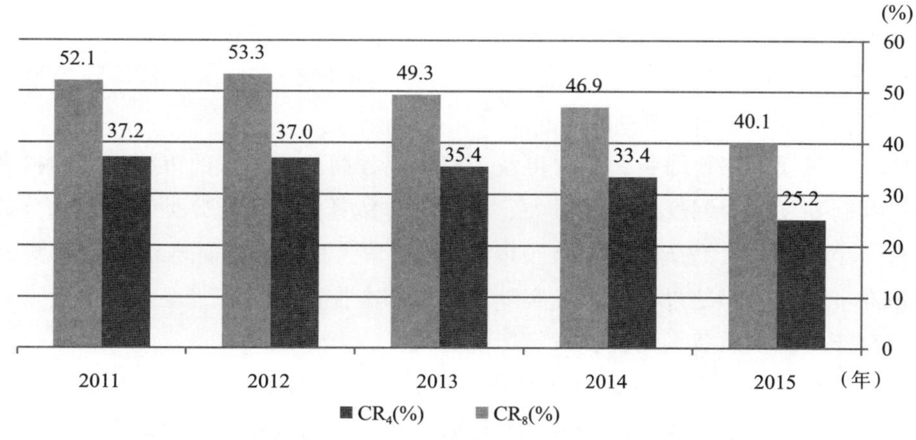

图 2－14　2011—2015 年证券公司债券交易业务的市场集中度

资料来源：Wind 资讯，第一创业证券整理。

第三章
2015 年中国固定收益业务的变化、挑战及建议

第一节　2015 年中国固定收益业务的变化

一、交易所公司债市场的快速增长

2015 年中国债券市场最重要的变化是新公司债市场的快速增长。2015 年 1 月，中国证监会修订发布《公司债发行与交易管理办法》。5 月 21 日，交易所第一只小公募公司债 15 舟港债簿记建档，揭开了“新版公司债管理办法”下公司债发行的序幕。这时恰逢央行持续放松货币政策，资金面相对宽松，市场对债券投资需求旺盛。6 月 A 股大幅波动、调整之后，资产配置快速转移至债券类资产，交易所债市又凭借其开户效率高、回购制度效率高、市场资金沉淀多的优势吸引了大量投资资金进入交易所债市。6 月以来，公司债发行量快速增加，从之前每月不足 200 亿元的低迷状态，增加到 276.7 亿元，7 月更是跳升至单月发行 985.6 亿元，之后的 8—10 月延续这一快速增长势头，单月发行量均在千亿元以上，11 月更是达到 1 650.8 亿元，12 月回落至 798 亿元（见图 3 - 1）。在发行只数上，1 月和 2 月是 34 只和 32 只，到了 9 月增加至 194 只，之后发行只数有所减少，但由于整体规模增长，说明每只公司债的发行规模也有所扩大。

公司债发行规模的快速增长，主要得益于审核流程简化所带来的审核效率的提高，公开发行取消保荐制和发审委制度，并针对大、小公募和私募债券实行分类管理。大公募由中国证监会审核，小公募由交易所进行上市预审核。《中华人民共和国证券法》明确规定，公开发行公司债券审核期限不超过 3 个月，实际审核中基本控制在一个月至一个半月。私募债实行市场化的自律组织事后备案制度，发行速度更快。

原来发行公司债的只有境内证券交易所上市公司、发行境外上市外资股的境内股份公司、证券公司、拟上市公司 4 类企业可以发行公司债券，而按照修订后的管理办法，所有符合条件的公司制法人均可以发行公司债券。原本被挡在交易所债市之外的非上市公司也可以在交易所发行公司债融资。一方面，大量融资都是用来替换高成本的银行贷款和非标融

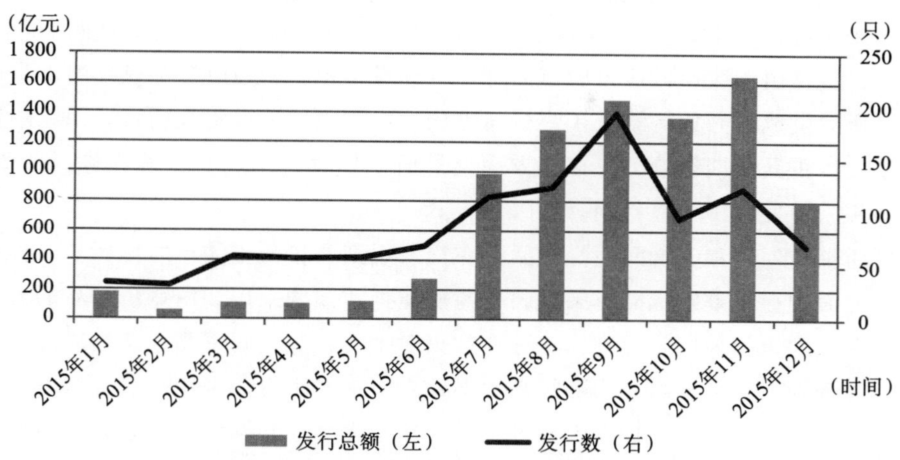

图 3－1　2015 年 1—12 月公司债发行量和发行只数

资料来源：Wind 资讯，第一创业证券整理。

资，降低了整体融资成本；另一方面，大量资金涌入交易所债市自然拉低了债券发行利率。

从图 3－2 可以看出，在 2014 年的大部分时间内，AA＋级公司债和中短期票据的收益率相差不大，但进入 2015 年、特别是 6 月份后交易所资金面得益于 IPO 暂停和股票大幅振荡后的避险需求，上交所隔天回购利率低于银行间 50 个基点左右，为公司债提供了更大的套息交易空间，使 3 年期 AA＋级公司债比同期限同等级的中票收益率至少要低 50—60 个基点。

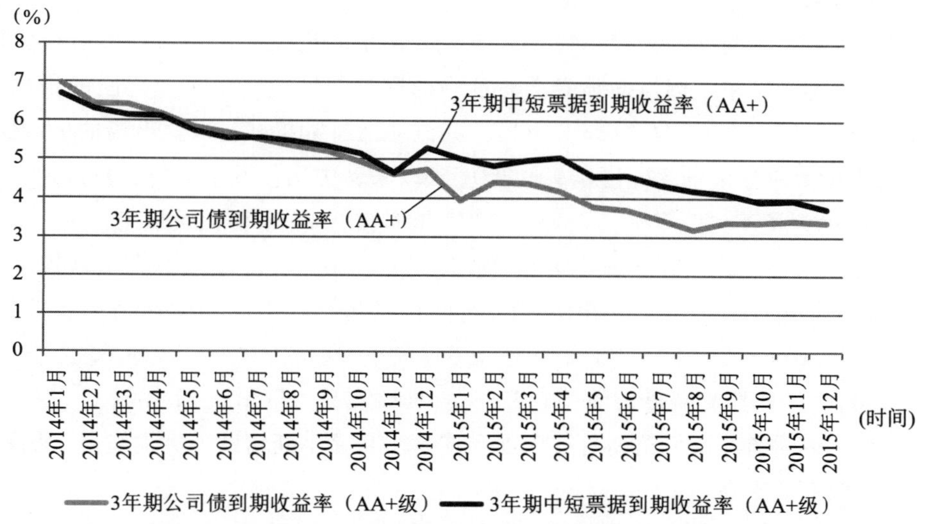

图 3－2　2015 年以来 3 年期 AA＋级公司债利率低于同期限同等级的中票收益率

资料来源：Wind 资讯，第一创业证券计算整理。

实际上，交易所市场的融资成本并不一定比银行间低。2013 年以来，大部分时间交易所融资成本高于银行间市场，且利率波动幅度更大，包括现券和回购的总成交量仅仅是银行间市场的1/4左右，但是2015年6月股市下跌以来，银行间回购成交量有所下降，而交易所持续放量，这是由于股市低迷，股市大量资金选择空仓，交易所资金供给增加带来的，进而出现交易所融资成本开始持续低于银行间市场。但对于债券投资人而言，回购融资效率对其选择市场而言更具长期影响力，在这方面交易所市场具有一定的竞争优势，在2015年公司债的规模扩张中发挥了积极作用。

交易所质押式回购和银行间质押式回购在交易规则、参与主体、质押标的、杠杆倍数和风险特点等方面均存在差别。简单来说，交易所质押式回购采用场内竞价交易的方式，质押券采用标准券制度，品种期限标准化，存在中央对手方，成交效率高，违约风险较小；而银行间质押式回购则采用场外两方回购机制，不存在中央对手方，采用一对一询价的方式，询价成本高，成交效率低，但品种期限较为灵活。由于无标准券制度，出于银行资本占用的考量，利率债质押回购天然受到偏好，信用债受到一定歧视。

二、债券市场规模迅速扩大使流动性有所提升

债券市场的流动性指在尽可能不改变价格的情况下迅速买卖债券的能力。流动性是影响金融市场效率的一个重要因素。理论上，流动性越高，金融市场在资源配置、价格发现方面的功能越强。流动性取决于市场的规模、产品结构、信用状况、市场状况等诸多因素。但是，在实践中如何测量流动性，到目前为止，也并无统一标准和方法。在此，我们从交易规模和换手率来简单地考察中国债券市场的流动性。

一方面，债券存量与交易规模迅速扩大。债券存量的规模对市场流动性有极大的影响，通常而言，存量越大，单个因素对债券交易价格的影响强度越弱，买卖之间的报价差越低，市场流动性越强。即一个有深度的债券市场，其流动性通常越好。以全市场的未清偿债券余额与GDP之比作为债券市场的深度指标。2001年以来，中国债券市场的存量规模不断上升，到2015年末已达到了47.97万亿元，而在2001年时仅为3.04万亿元；相应的，债券余额与GDP之比也从2001年的27.6%上升到2015年的70.5%。由于债券存量规模不断扩张，债券市场的成交额也在大幅上升。2015年银行间市场包括现券和回购在内的债券总成交金额再创纪录，由2014年的352.44万亿元增至651.79万亿元，增加了299.35万亿元，增长了84.94%。其中，现券交易金额增长112.3%，回购交易金额增长81.44%，保持较高的增长速度。因此，中国债券市场正朝着有深度和广度、交易不断活跃的方向发展，因而中国债券市场的流动性不断提高。

另一方面，换手率可作为流动性的另一种衡量指标。如图3－3所示，2001年以来，中国债券的换手率不断上升。2001年换手率为201%，2015年换手率则达到了1 359%。可见，随着债券市场规模的扩大，债券市场的流动性随着换手率的上升而提高。

进一步地，可以分别考察一下银行间市场和交易所市场现券的换手率。现券交易换手率的另一种计算方法：现券交易换手率＝全年成交量/平均托管余额，其中，平均托管余额＝

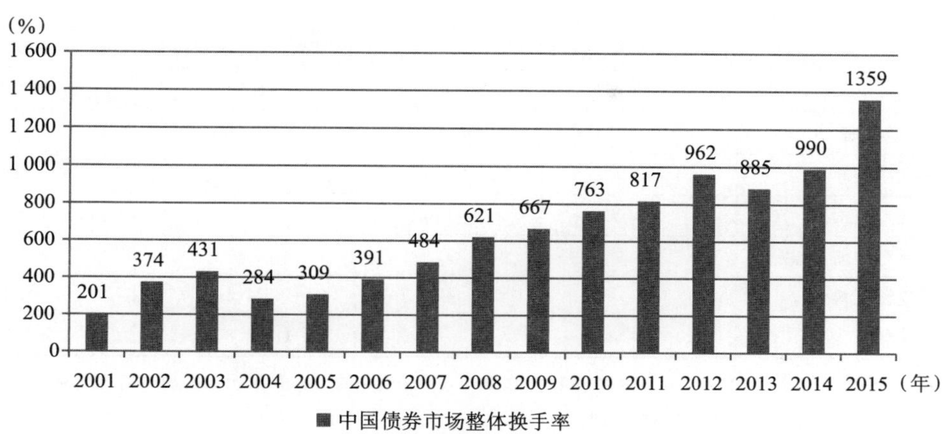

图 3-3　2001—2015 年中国债券市场整体换手率

注：本图计算的换手率为银行间市场和交易所市场的现券与回购交易与年末债券存量之比。由于年末债券存量大于年平均存量，因此，此图显示的年换手率实际上低于年平均换手率。

资料来源：Wind 资讯，第一创业证券计算整理。

（年初托管余额 + 年末托管余额）/2。据此计算的银行间和交易所市场现券交易的换手率如表 3-1 所示。从表 3-1 中可以看出，银行间市场的换手率高于交易所市场的换手率，表明银行间市场的债券交易更加活跃。与 2014 年相比，2015 年银行间市场整体换手率有所提高，由 2014 年的 126.6% 增至 210.8%。上升幅度较大的品种包括央票、政策性银行债、短期融资券和国际机构债；而国债、中期票据、企业债和政府支持票据也有所上升。具体到 2015 年不同债券品种的现券换手率而言，2015 年银行间市场现券交易的换手率排名中，短期融资券的换手率最高，为 1 102.7%；政策性银行债次之，为 380.1%；排名第 3—6 位的为中期票据、企业债券、央票、国债和政府支持债券，其换手率分别为 254.3%、215.4%、146.9%、99.1% 和 60.2%。由于地方政府债存量规模在 2015 年急剧放大，换手率指标借鉴意义有限。

表 3-1　　债券现券交易换手率比较　　（单位：%）

	银行间市场		交易所市场	
	2015 年	2014 年	2015 年	2014 年
全部债券	210.8	126.6	48.4	61.2
国债	99.1	65.3	36.1	16.8
地方政府债	9.0	10.5	12.1	—
央票	146.9	25.7	—	—
政策性银行债	380.1	173.8	236.9	116.1
企业债	215.4	169.0	14.8	25.5
公司债	—	—	26.1	33.2

续表

	银行间市场		交易所市场	
	2015 年	2014 年	2015 年	2014 年
中期票据	254.3	169.3	—	—
短期融资券	1 102.7	520.3	—	—
政府支持机构债	60.2	41.6	—	—
国际机构债	34.2	3.1	—	—
资产支持机构债	—	—	24.8	55.0
可转债	—	—	1 252.8	567.2

注：2015 年平均托管量为 2014 年年末和 2015 年托管量均值；表格中的“—”表示该券种当期无交易。

资料来源：Wind 资讯，第一创业证券计算整理。

在交易所市场，2015 年现券交易的换手率与 2014 年相比有所下行，全部债券的换手率由 61.2% 降至 48.4%。其中，企业债由 25.5% 降到 14.8%，企业债的换手率下降或与中债质押新规影响；而公司债由 33.2% 降至 26.1%，公司债换手率下降则与近期发行规模急速扩张有关。换手率上升的品种有国债和可转债，国债由 16.8% 升至 36.1%，可转债由 567.2% 大幅升至 1 252.8%。可转债换手率的大幅度上升，是因为受上半年股市快速上涨推升转债交易，大量转债已到转股期或发行人行使赎回权，导致可转债存量规模大幅缩减的影响。

三、债券市场的国际化步伐开始加快

2015 年上半年，中国债券市场对外开放步伐显著加快。6 月 3 日，中国人民银行宣布允许境外人民币业务清算行和境外参加行开展债券回购交易，且回购资金可调出境外使用，为离岸市场开拓了新的跨境人民币输出渠道，方便海外投资者从在岸市场融资。2015 年 7 月 14 日，《中国人民银行关于境外央行、国际金融组织、主权财富基金运用人民币投资银行间市场有关事宜的通知》发布，大幅放开境外央行、国际金融组织、主权财富基金等机构在银行间市场的投资额度限制和投资范围，将审核制改为备案制。

目前，参与银行间债券市场的境外机构主要有以下三类：一是境外央行或货币当局、境外人民币清算行、跨境贸易人民币结算境外参加行、参加跨境服务贸易试点的其他境外金融机构（以下简称“三类机构”）；二是人民币合格境外机构投资者（RQFII）；三是合格境外机构投资者（QFII）。2015 年以来，境外机构获批入市的速度有所加快。仅 2015 年上半年，就有 39 家境外机构获得进入银行间债市的资格，而 2014 年全年只有 34 家境外机构通过审核。从机构类型来看，2015 年通过审核的 39 家境外机构中有 14 家三类机构、14 家 RQFII、11 家 QFII 机构。2001 年末，银行间市场境外机构托管量只有 0.42 亿元，而到 2015 年末已经达到 6 025.9 亿元，在银行间市场中的占比也由 0 上升到 1.7%。从境外机构的投资偏好看，境外机构在中国银行间市场投资偏好于利率债（占比 80% 以上），2015 年 12 月末主要投资品种（占比）包括国债（41.1%）、政策性银行债（40.7%）、中期票据（8.8%）、短期融资券（6.2%）和企业债（2.8%）（见图 3－4）。

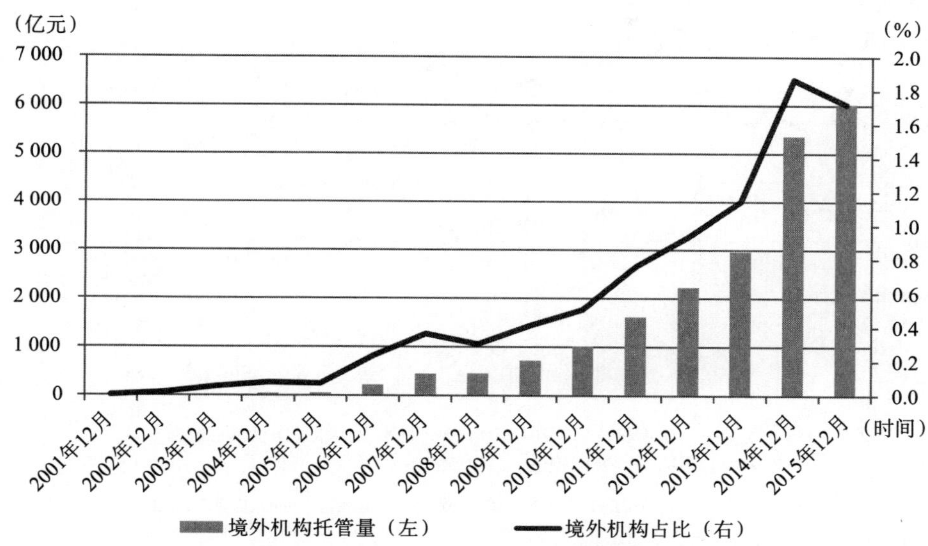

图 3－4　2001—2015 年银行间市场境外机构托管量和占比不断上升

资料来源：中国债券信息网，第一创业证券整理。

目前，人民币占全球外汇储备的比例为 1%，按瑞银的估计，5 年后该比例将提高到 5%—7%，可增加 5 万亿元人民币存量需求，外国机构对人民币计价的债券的投资需求将大幅度上升。由于目前人民币离岸市场的规模还很小，作为最大的人民币离岸市场——中国香港，2015 年底的存量规模只有 3 996 亿元，难以容纳这样大规模的人民币债券的投资需求。有序推动境内资本市场，特别是债券市场的对外开放就成为人民币国际化的必然结果。2015 年末，境外机构在中国银行间市场的托管量占比只有 1.7%。而 2014 年末，外国投资者持有政府债券的比例为：美国 8%、印尼 38%、马来西亚 31%、泰国 18%、韩国 11%、日本 9%。由此可见，中国债券市场国际化还有很长的路要走。

在这方面，中国债市息差大、深度高，对国际投资者仍最具投资吸引力。从中国与美国、欧盟、日本的 10 年期国债收益率的水平（见图 3－5）看，在 2007 年 9—12 月世界金融危机爆发时，中、美、欧 10 年期国债收益率的水平均在 4%—4.5%，日本在 1.5%—1.7% 之间；而在这之后三者的差距日趋明显，2015 年 12 月中国 10 年期国债收益率的均值在 2.94%，美国在 2.24%，欧元区在 0.71%，日本只有 0.30%。

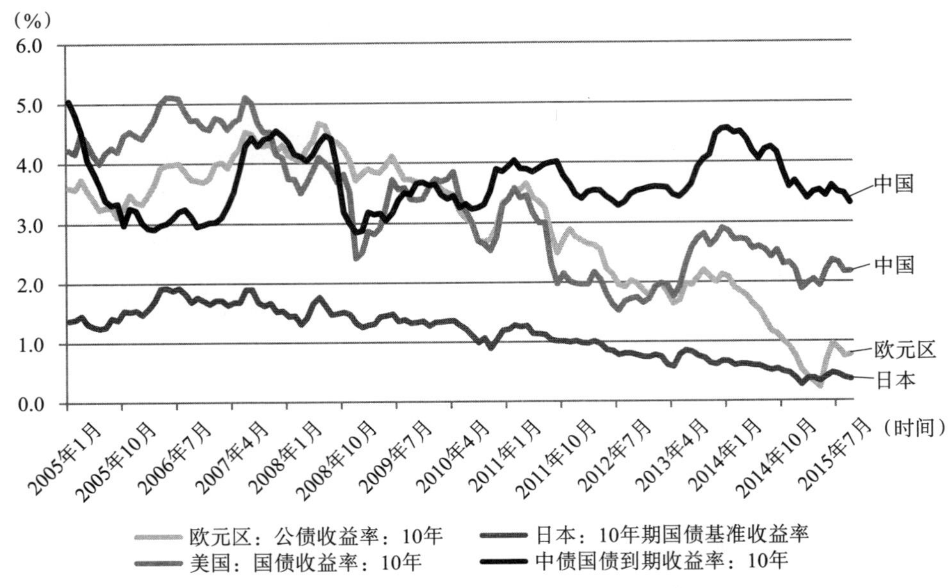

图 3－5　2005—2015 年中、美、欧日 10 年期国债收益率的对比

资料来源：中国债券信息网，第一创业证券整理。

第二节　2015 年固定收益业务发展过程中面临的挑战

一、分割的市场使交易品种复杂、交易成本提高

银行间债券市场和交易所债券市场参与者主体、交易方式、债券托管方式、债券结算方式、交易品种各不相同，有不同的网络接入、信息系统、应用终端及交易规则。两大市场的托管清算系统不仅尚未在技术与制度上联接，而且存在着很大的差异。两类系统在监管机构、规则制度和服务前台等方面明显不同，特别是由于银行间与交易所市场存在实质性的竞争关系，因而使两大后台系统也处于竞争之中，难以形成有效的协调机制。正因为如此，我国在银行间和交易所的债券品种有些性质相仿，但名称却不同。交易所的中小企业私募债和银行间的非金融企业定向融资工具（PPN），银行间的项目收益票据（PRN）、资产支持票据（ABN）和交易所的资产证券化产品（ABS）。在银行间市场和以证券公司为主体的中证机构间报价系统，其债券衍生品的标准，也都是不同的，这使得相同的产品不能同时在这两个市场进行注册和交易（见表 3－2）。

从债券产品发行角度来看，企业债、公司债和非金融企业债务融资工具的发行主体在资质上并没有太大的区别，部分企业既可以发行企业债，也可以发行非金融企业债务融资工具，现在公司债的发行主体已经扩展至非上市股份制公司。因此，对企业债、公司债和非金

表 3－2　　各市场托管的名称不同实质相似品种

	中债登	上清所	中证登
金融债券	政策性银行债、非银行金融机构债券	资产管理公司金融债、金融企业短期融资券	政策性金融债
非金融企业债	企业债、中期票据	短期融资券	公司债
结构化债券	资产支持证券	信贷资产支持证券、非金融企业资产支持票据	资产证券化产品
私募债券		非定向债务融资工具、项目收益票据、集合票据	中小企业私募债

资料来源：中国债券信息网、上清所网站、中国结算网，第一创业证券整理。

融企业债务融资工具，建立统一互联的托管清算系统是完全可行的。而现在交易所市场和银行间市场尚未实现统一互联，这两类托管结算系统存在着表现形式不一的竞争关系，相互间没有形成很好的协调机制，导致债券市场交易成本上升、交易效率下降。虽然国债、企业债、公司债等品种也实现了跨市场发行流通，且近期的跨市场托管量还有所增长（见图 3－6），但由于登记托管体系的分割导致转托管的成本偏高、效率偏低，跨市场套利交易难以实现。

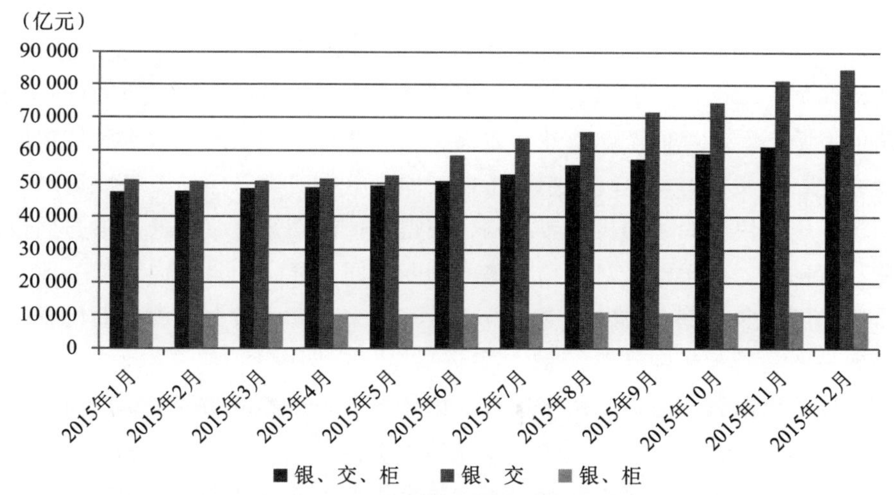

图 3－6　2015 年中债登跨市场品种托管量月度变化

资料来源：Wind 资讯，第一创业证券整理。

二、市场价格发现功能、流动性和风险管理功能有待进一步提高

我国银行间债券市场于 2001 年开始推行做市商制度。经过十余年不断努力，银行间市场的做市商业务基本能够覆盖关键期限的国债、金融债券以及部分高等级信用产品，为市场提供了较为准确的定价参考。但许多非关键期限国债、金融债，尤其是中低评级信用产品依然缺乏有效的定价参考。银行间市场一对一的非公开询价的交易方式使得大部分有效市场成

交并未得到汇总并充分披露，以至于投资者需要耗费较大的人力物力，通过询价的方式获得较为模糊的定价参考。交易所市场虽然有较多连续成交市场数据，由于其存量有限，短期融资券、中票只能在银行间市场流通，难以实现全品种覆盖。交易所债券品种仍存在交易量小、流动性差、交易不连续、波动剧烈的特点，同时上海证券交易所在固定收益平台上推广的国债做市商制度目前的影响力尚不够大，使得整个债券市场的定价效率较低，难以像国际成熟市场般构建完整可信的收益率曲线，降低了债券市场的流动性，提高了实体经济的融资成本。

债券市场的流动性是指在尽可能不改变价格的情况下迅速买卖债券的能力。由于我国债券市场的分割导致换手率低、交易不活跃，市场价格不能充分反映市场供求。定价是市场交易的核心，流动性是债券市场是否成熟的标志，因为债券市场的流动性决定着债券市场的价格发现功能。债券市场流动性的好坏直接关系着发债主体的融资能力和筹资成本，也关系着投资者的切身利益。由于银行间市场和交易所市场在交易品种、市场参与主体和交易机制等许多方面都存在着一定的差距，债券投资者不能用同一托管账户自由地参与任一市场的交易，相同的债券品种在两个市场的交易价格也存在着差异。由于不能保障更高的债券流动性，交易成本提高，在一定程度上降低了市场效率。

从表3－1中我们可以看出，2015年银行间市场换手率较高的债券品种是短期融资券、政策性银行债、中期票据、企业债券和央票，它们的换手率都在100%以上；而地方政府债、资产支持票据、二级资本工具和商业银行债券的换手率较低，它们的换手率都在30%以下。从国债换手率看，远低于政策性金融债、企业债和中期票据，考虑到信用债主体相对于国债的多样化、异质性与单笔规模小等特征，国际上一般都是国债流动性远远大于公司信用类债券，但我国以银行为主的投资者结构，使得国债流动性大幅降低。参与到银行间市场的投资主体高度同质，使得机构对市场走势的判断大同小异，交易方向大体一致，而交易活跃的机构，比如固定收益基金或对冲基金，会没有动力或者不被允许参加到市场中。所有这些都不利于债券的交易和流动性。

在债券业务的风险管理方面，由于银行间市场是中国债券市场的主体，而银行又是最主要的参与者，因而我国债券市场的风险过多地集中于银行这个主要购买者身上。我国银行又是贷款的主要发放者，因而我国银行承担了债券市场的大部分利率和信用风险。加上我国债券市场上避险工具缺乏，做空机制不完善，使得银行无法分散风险，只能通过选择大型国有企业贷款和购买高等级的债券来规避风险，这样导致在货币政策已经十分宽松的情况下，中小企业贷款难、融资成本高的问题始终难以得到根本解决。

三、分割的债券市场使证券公司在竞争中处于不利地位

证券公司作为投资银行，有五大基础功能：支付、托管、交易、投资与融资。由于历史原因，我国证券公司支付功能受限、托管功能缺失和交易功能薄弱，严重影响到我国证券公

司的自主创新能力，成为制约我国证券公司进一步发展的瓶颈。托管功能的缺失，对支付和交易功能的影响尤其突出，成为再造我国证券公司三大基础性功能的关键。托管功能之所以重要，并不在于低廉的托管费用，而是对客户资产的托管能够使得证券公司拥有对客户证券资产的直接处置能力，进而能够针对客户的需求进行场外金融产品、特别是债券类产品的创新。

与股票市场不同，在需要强大资金支撑的债券市场上，商业银行在承销发行、销售交易、资金供给等方面具有明显优势，在客户网络、产品开发等方面也处于主导地位，在以国债、地方政府债和政策性金融债为主的现有利率产品市场上，商业银行凭借其强大的资金实力、长久而广泛的客户关系以及政策的支持已经占据了市场主导地位。国内债券市场主体是银行间市场，但证券公司在银行间市场市场占有率较低，业务话语权也较低；而证券公司能够起到主导作用的交易所债券市场则发展略为滞后，投资者结构不丰富，交易效率可进一步加强。

从海外投行的债券业务发展经验看，目前主要形成了交易驱动的资本中介业务模式，投行扮演的角色是市场的组织者、流动性提供者、产品与服务的设计和销售者、交易对手方、风险管理者等多重角色，而收入来源主要有四个方面：一是场内或场外交易业务所获得的手续费收入；二是提供产品交易的流动性，做市交易的价差收入；三是根据客户风险控制、投资等需求设计相关的金融产品，从中得到的设计金融产品的销售收入；四是为客户进行风险管理的收入，识别客户资产的价格波动风险，以及所面临的利率和汇率风险，提供对冲策略和套期保值方案。其中，做市带来的收益占一半以上。受益于 2012 年以来市场和行业创新活动井喷的局面，我国证券公司债券类资本中介业务逐渐起步并得到快速发展。但由于我国证券公司的销售交易能力与国外同行相比差距甚远，特别是债券产品所依赖的做市交易能力的缺乏，导致盈利能力不足。

另外，虽然我国大部分证券公司都成立了固定收益部，但债券业务分散在投行、销售交易、资产管理等各业务部门，从事债券的各部门间缺乏统一协调发展，债券各业务线仍然处于分散状态，还没有形成面向机构投资者的业务范围全面的全产业的固定收益业务链条。由于按业务而不是按客户划分部门，使得我国证券公司未形成面向机构投资者强有力的客户关系管理，这也是我国证券公司债券业务未能得到充分发展的重要原因。而且，我国证券公司负债渠道狭窄，整体杠杆率偏低，严重影响着我国证券公司债券业务的竞争力和交易能力。2014 年证券行业的平均杠杆值（扣除客户保证金后）仅 2—3 倍，而国际投行目前在 10 倍以上，2008 年金融危机前曾高达 20—30 倍。杠杆过低，使国内证券公司交易能力不足，不利于证券公司在银行间市场债券类业务经营规模的迅速上升，以及在交易所市场债券的交易和产品创新中真正发挥出主导作用。

四、多头监管影响信息披露质量和发行效率

由于在不同市场交易的债券品种有一定差异，我国债券市场存在着较为复杂的多头监管情况。从交易场所上看，银行间市场和交易所市场分别由中国人民银行和中国证监会监管。

而从不同类型债券的监管上看，情况更加复杂。

我国债券市场的信息披露分别由交易商协会、国家发改委和沪、深证券交易所针对自身所管辖的债券品种各自进行制定。各监管部门和交易场所对信息披露的形式、内容、场所以及时效性的要求各异，导致同一发行人针对自身发行的不同品种债券需要进行差异化的信息披露。而对于跨市场的债券，存在着不同市场参与者对同一个债券信息披露的内容和时间却不相同的情况。

第三节　2015 年中国固定收益业务发展建议

一、建立高效透明电子交易平台，实现债券交易要素的自由流动

由于债券交易笔数少、单笔交易金额大、个性化需求强和流动性低等特点，传统观点均认为债券交易只适合机构投资者参与的场外市场，不太适合个人投资者广泛参与的场内市场。国内外对债券市场应当采用以面向机构投资者的场外市场为主体的模式已经达成了共识。但长期以来，国内外场外交易市场都存在透明度较低、交易成本较高的问题，而我们需要一个高透明性、竞争性的场外市场，这一点是毋庸置疑的。电子平台的出现和广泛应用正好满足了这一市场需求，对传统的场外市场造成了空前的冲击。Espeed、MTS、Bloomberg BondTrader、MarkerAxcess 等已逐步成为世界著名的电子债券交易平台。国债、投资级公司债、利率期货等品种纷纷通过电子平台完成交易，交易商和投资者也纷纷入驻电子平台。随着债券交易电子化和透明化程度的提高，电子交易系统逐步取代传统的电话交易成为主要的债券交易渠道。债券电子交易平台的出现和交易所内外日趋激烈的竞争使得国际场内外债券市场融合趋势日趋明显，国际上的场内场外市场界限趋于模糊。以美国为例，证券交易历来遵循竞争模式，呈现多交易中心格局，普遍采用电子交易系统，包括 NASDAQ 在内的美国最典型的现代场外交易市场也采取所谓的混合交易制度（见表 3－3）。

表 3－3　　传统交易制度和混合交易制度对比

交易制度		交易驱动方式	优点	缺点
传统交易制度	连续（或集合）竞价交易（双向拍卖）制度	订单（指令或委托）驱动	按“价格优先、时间优先”原则进行交易，确保交易公开、公平、公正，交易成本低	对市场流动性要求高，不利于大宗交易
	竞争性做市商制度	报价驱动	对市场流动性要求低，可抑制价格操纵行为，矫正买卖指令不均衡现象，成交及时，价格稳定，有利于大宗交易	交易成本高（大宗交易除外），交易缺乏透明度，做市商可能滥用特权，增加了监管难度

续表

<table>
<tr><th colspan="2">交易制度</th><th>交易驱动方式</th><th>优点</th><th>缺点</th></tr>
<tr><td rowspan="2">混合交易制度</td><td>附流动性提供者（LPs）的竞争交易制度</td><td>在竞价交易中引入做市商：订单驱动为主、报价驱动为辅</td><td rowspan="2">综合前两者的优点，对竞价交易制度而言提供了额外的流动性，对做市商制度而言降低了交易成本</td><td rowspan="2">做市商权利与义务不对等，难以获利而需要补偿机制，包括法定责任豁免、费用减免、来自发行人或市场的补偿等</td></tr>
<tr><td>准做市商制度（如 NASDAQ）</td><td>在做市商中引入竞价成分：报价驱动为主、订单驱动为辅</td></tr>
</table>

我国的债券市场组织体系建设上，经历过柜台市场为主，到交易所市场为主，再到银行间市场为主的三个阶段。要提高全市场的交易定价效率和透明度，一方面需要继续促成分割市场的跨市场流通；另一方面，在目前市场条件下，急需一个统一的电子交易平台对各个债券的成交情况进行信息整合，改变银行间市场中债估值偏离较大、交易所市场中债券估值使用率低的情况。《国务院批转发展改革委关于 2009 年深化经济体制改革工作意见的通知》（国发［2009］26 号）中提出“逐步建立集中统一的债券市场监管规则和标准”，并明确要求由中国证监会、发改委、财政部、中国人民银行负责。2012 年 4 月，中国人民银行、发改委和中国证监会成立了公司信用类债券部际协调机制，彼此提供各自监管的债券交易数据。债券交易市场的统一并非是指两个市场应该有相同的交易、托管和结算制度，统一的实质是债券市场的交易要素：信息、资金、交易主体、交易券种能够在市场间自由流动。目前，银行间市场和交易所市场信息和资金的流通顺畅，投资者管理和登记托管的统一已经取得进展，但仍存在品种复杂、交易成本高、流动性差和效率低下等问题。因此，需要深化债券市场的互联互通。

中国债券市场改革发展的一个可选择的思路是放松前台，统一后台。所谓放松前台，是指打破行政力量对电子化交易系统的垄断，在现有市场格局基础上，适度引入竞争机制，允许银行间、沪深证券交易所、新三板市场、机构间私募产品报价与服务系统、银行柜台、证券公司柜台等多个交易平台和交易中心以市场需求为导向提供交易服务，在满足统一的投资者规则要求的前提下，允许发行人和投资者自主选择交易场所，促进市场良性竞争和互联互通。而统一后台，是指托管清算机构能够统一。银行间市场与交易所市场的发展趋势是，两个市场后台将渐趋统一，前台各有侧重。由于交易所债券市场发展相对不足，应采取针对性措施，在交易所市场重点发展高收益债券。经过最近几年的债券市场特别是信用债市场的大发展，信用评级为 AAA 级 、AA + 级的企业债券融资需求基本已经满足，但整个债券市场，无论是银行间市场还是交易所市场，对于解决 AA + 级以下评级企业的债券融资需求却贡献不多。因此，交易所的产品定位应该集中在 AA + 级以及以下产品。从盘活交易所债券存量、提高二级市场流动性来看，应大力发展交易所证券支持凭证产品，该产品是基于交易所债券基础上的产品创新，将大幅增加对交易所债券产品的需求，从而有利于进一步提高交易所债券的流动性，活跃二级市场。研究发展绿色债券、可续期债券和项目收益债券，增加债券品种，发展可转换债、可交换债等股债结合品种。发展企业资产证券化，推进基础设施资产证券化试点，研究推出房地产投资信托基金（REITs）。

二、大力发展做市商业务，为债券产品提供流动性

对于以场外交易为主的银行间债券市场，做市商发挥着为市场提供流动性作用，其做市的效果直接影响债券市场流动性的高低。从发达国家债券市场实践看，债券二级市场的绝大多数交易都由做市商完成，占交易总量的比例超过95%。虽然我国银行间债券市场自2001年开始实施做市商制度，但是做市商制度并不完善，大多都是通过“自发叫卖式”方式来进行交易。没有一个统一平台发布债券需求信息，大多数是通过在交易员QQ群自行协商议价，效率不高。2014年6月银行间同业拆借中心发布《银行间债券市场尝试做市业务规程》后，尝试实施做市制度，即尝试做市机构通过交易中心的交易系统连续报出做市债券买卖双边报价，以及根据其他银行间债券市场参与者的报价请求合理报价，并按其报价与其他市场参与者达成交易。目前如果报价券种更多，报价期限品种更全，报价提升连续性，效果可能会更好。

中国银行间市场采用B2C和B2C相混合的多边交易制度，机构投资者直接进入市场。与中国银行间市场扁平化的结构不同，美国债券场外交易市场一般分为做市商间的市场（主要由做市商经纪商为做市商之间提供交易服务）、做市商（做市商面向客户报价并保证成交）与客户间市场（需要买卖债券的投资者及其经纪商所形成的市场）。做市商间市场不对客户开放，而做市商和客户间市场则是除交易商之外所有客户参与场外交易的平台，每位投资者的交易都通过做市商来完成，不在投资者之间进行。对做市商相对更严的监管和较高的准入门槛及做市商间的竞争，使得做市商的交易价格相对更为合理，并且由于做市商的介入，客户之间很难进行利益输送，从制度层面保证市场更加透明、价格驱动的运行机制更加有效。在培育我国多层次的做市商队伍上，可以重新拟定做市商的选择标准，对不同类型的做市商提出不同的资质要求，使更多类型的金融机构可以有机会成为做市商，并可鼓励不同的做市商根据债券发行期限、发行主体、发行评级和自身情况，选择细分市场的不同做市品种，促进差异化的竞争和更完善的价格发现。

国外成熟经验表明，发展场外债券市场业务，必须把证券公司资本中介业务做起来。资本中介业务就是证券公司以债券产品为核心，满足客户避免基础资产价格波动、提高产品流动性的需求，规避市场风险和信用风险，在柜台上为其提供相应的产品与服务。这种产品与服务非标准化，它是证券公司核心附加值之所在，是其他金融机构无法提供的，通过资本中介业务，证券公司的基本功能得以解冻、复活和强化。随着资本中介业务的成熟，证券公司将会成为柜台市场上的积极做市商，需要在风险可控的情况下提高杠杆率。柜台市场可通过开展基于公司信用的票据和收益凭证业务，丰富证券公司对客户的服务内容，又能以业务之长增强证券公司资本实力。

三、丰富债券产品的多样性，积极稳妥地进行债券产品创新

统一的债券交易要素市场的建立，将大大推动交易所债券市场产品创新的进程。而增加债券交易品种，实现债券品种的市场化发行，还可以满足投资者不同的投资需求和风险偏好。我国现有的债券品种的监管割裂，导致产品创新动力不足，应该允许商业银行发行次级金融债、政策性金融债、住房贷款抵押证券等，扩大发行企业债和公司债的发债主体，优化债券期限结构，使债券市场交易品种齐全和期限结构合理。与此同时，积极进行债券产品创新，进行利率和信用债券衍生品创新产品的有益尝试。

在债券产品的创新环境上，我国还面临着一些不利因素，主要表现在：一是制度不健全，这是创新的最主要的约束。例如，缺乏做市商制度将会影响债券衍生产品的创新。二是金融产品不发达难以满足投资者的投资需求。我国债券市场中，除了利率互换、国债期货等少数投资工具外，还没有多种可以有效回避或降低投资风险的金融衍生交易品种，难以满足国际和国内资本多样化的收益和避险需求。三是产品创新人才缺乏，在一定程度上制约了创新活动的开展。在复杂的债券衍生品方面，目前国内缺乏相应的人才，导致证券公司在开发套利和风险控制方面遇到困难，必须购入国外机构的软件平台和借助国外专家才能完成开发。四是由于证券公司缺乏证券托管功能，只是负责账户信息管理，在进行场外市场金融创新时，可能会受到登记结算机构对客户的理解、技术系统的支持能力及相互配合效率的影响。而中央级的登记公司只能托管具有社会共性的金融产品，对于满足部分客户个性化的、场外的金融产品，则难以提供托管服务，也无法真正按照投资者的需求进行债券类产品的金融创新。

目前，在国内市场已有利率互换等利率衍生产品进行交易，其中相对成功的品种就是利率互换，自 2006 年 2 月中国人民银行发布《中国人民银行关于开展人民币互换交易试点有关事宜的通知》以来，利率互换交易规模由最初的月均数十亿元，到如今月均上千亿元的交易量，市场参与主体不断多元化，产品活跃度也不断提高。随着国内债券市场的发展，国内投资者逐渐趋于成熟，对于各类产品的理解逐渐深入，而自身的内部风险控制机制也逐渐健全，包括商业银行、保险机构、基金、证券公司等在内的多元化的投资者群体已经成为相对理性的机构类投资者，其交易策略、风险管理水平和业务系统也逐步与国际接轨。

随着 2013 年 9 月国债期货产品的重新上市并顺利运行，一方面说明国内已有发展此类产品的有利环境，另一方面也为利率期权产品的设计、定价以及运行等提供宝贵的经验。在利率市场化背景下，利率衍生品的创新显得十分必要和紧迫。

但总体上看，我国证券公司债券衍生品业务的发展仍处于初级阶段，无论是产品的数量还是交易的规模都十分有限。这是因为场外市场的活跃性来源于交易的协商约定，不受固有格式约束，欧美柜台市场的资产支持证券、结构化票据业务可谓遍地开花。而目前我们柜台业务大多是通过复杂的业务流程和结构安排，将客户端的个性化需求转化为基金专项、收益凭证等标准化的产品，个性化产品创设的空间十分有限。

专题报告之八：
2015 年中国证券公司合规与风险管理发展综述

第一章 2015 年中国证券公司合规管理概况

第一节 2015 年证券公司合规管理基本情况

2015 年，行业内证券公司普遍建立了完善的合规管理组织架构和制度体系，各项合规管理职能得到有效落实。证券公司各业务条线根据外部法律、法规和准则的规定，不断建立健全相应的管理制度和操作流程，并根据这些规则的变化，及时修订完善。全年整个行业合规管理工作进一步深化，有力地保证了证券公司的有序发展。

中国证监会以证券公司风险管理能力为基础，结合证券公司市场竞争力和合规管理水平，对证券公司实施分类监管。2015 年参加中国证监会证券公司评价的公司共 119 家，其中 24 家公司与其母公司合并评价，共计 95 家单位参与评价。评价结果为 A 类的公司占比 67.37%，比 2014 年上升 68.42%，其中 AA 级公司 27 家，A 级公司 37 家；B 类公司数量占受评公司总数的 31.58%，比 2014 年降低 42.31%，其中 BBB 级、BB 级和 B 级公司分别为 22 家、7 家和 1 家；C 类公司共 1 家（CCC 级），占比 1.05%，比 2014 年下降 83.33%。2015 年证券公司评价结果无 D 类和 E 类公司（见图 1－1）。

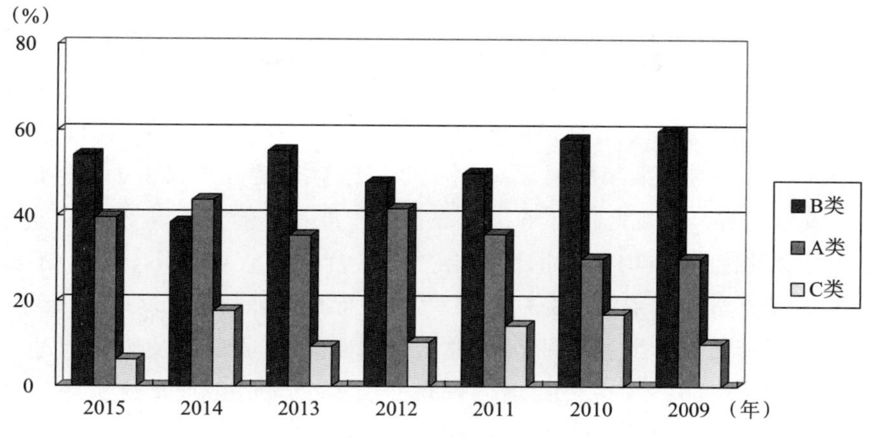

图 1-1　证券公司分类评价结果对比图

根据 2015 年底中国证券业协会组织的专项调查，大约 63.46% 的证券公司设立了专职的合规部门，36.54% 的公司将合规部门与风险管理部门合并设立，两者比例大致相当。同时，大多数（75.96%）证券公司已将法律部门与合规部门合并。

从证券公司合规管理人员情况来看，截至 2015 年底，公司专职合规管理人员数量在全体员工中平均占比 1.35%，专职与兼职合规管理人员总数平均占比 4.29%。其中，行业内证券公司均配备了专职合规管理人员（平均为 20 人），有利于确保合规工作的独立性；87.5% 的证券公司采取在分支机构及业务条线上配备兼职合规管理人员（平均为 59 人）的分散化管理方式，有利于合规工作与公司业务紧密结合。从合规管理人员的知识背景看，绝大多数（96.15%）证券公司配备了具有法律背景的合规管理人员，占全体合规管理人员的比例平均为 39%。行业内新产品、新业务的不断涌现对合规管理人员的业务知识水平提出了更高的要求，因此已有较多的合规管理人员具备金融或经济管理（公司全体合规管理人员的比例平均为 29.84%）、财会或审计（占公司全体合规管理人员的比例平均为 16.59%）知识背景。同时，随着合规管理对信息技术支持要求的日益提高，已有 68.27% 的证券公司配备了具有信息技术知识背景的合规管理人员，平均占比 7.93%。

从证券公司合规部门人员变动情况来看，2015 年度约 59.62% 的证券公司合规部门人数增加，与 2014 年度同期相比平均增长 30%；约 15.38% 的公司合规部门人数减少，降幅平均为 21%。在合规部门人员流向上，大约 18.27% 的证券公司合规部门主要人员流动到业务部门。

第二节　行业监管规则与自律规则体系的发展情况

2015 年是资本市场在曲折波动中发展的一年。2015 年 6 月 15 日至 7 月 8 日，我国股市发生异常波动，上证综指下跌32%。在党中央、国务院的坚强领导下，各有关部委果断出手，迅速行动，综合施策，稳定市场，稳定人心，防范了可能发生的系统性风险①。在此过程中，中国证监会大力清理整顿场外配资，加强证券账户实名制管理。中国证监会先后发布《关于清理整顿违法从事证券业务活动的意见》、《关于进一步落实〈关于清理整顿违法从事证券业务活动的意见〉有关事项的通知》、《关于继续做好清理整顿违法从事证券业务活动的通知》等，要求证券公司规范信息系统外部接入，严格审查客户身份的真实性、交易账户及交易操作的合规性②。同时，中国证监会分别对落实监管要求不认真、不深入的个别证券公司、为配资公司提供系统服务的网络公司以及配资公司和个人均进行了立案调查，有力打击了场外配资活动。此外，中国证监会针对影响市场秩序的突出问题，重点打击惩处内幕交易、操纵市场、编造传播虚假信息、上市公司信息披露违法等案件，震慑效应明显③。与此同时，为应对股市异常波动，中国证券业协会发布了《证券公司外部接入信息系统评估认证规范》，加强证券公司信息系统外部接入的风险管理④；向全体证券公司发出倡议，要求正确认识我国经济和资本市场发展形势，根据各公司情况作出相关行动⑤。中国证券登记结算有限公司下发《关于贯彻落实〈关于清理整顿违法从事证券业务活动的意见〉有关事项的通知》，要求各开户代理机构严禁为涉嫌违反账户实名制的投资者开立证券账户或提供其他便利。中国证券金融公司大幅增资扩股，用于维护市场稳定⑥。沪、深证券交易所对38个严重异常交易行为的证券账户限制交易⑦；修改《融资融券交易实施细则》，将融券由原先的T+0改为T+1，防止部分投资者变相进行日内回转交易⑧。21家证券公司发布联合公告，坚决维护股票市场稳定发展⑨。通过各方的共同努力，维护了股市的平衡运行。

2015年，中国证监会监管规则的发展主要体现在以下四个方面：一是稳步提升投融资功能，有力支持了实体经济发展。2015年中国证监会改进新股发行制度⑩，优化再融资审核

① “深化改革健全制度加强监管防范风险促进资本市场长期稳定健康发展——肖钢同志在2016年全国证券期货监管工作会议上的讲话”，2016年1月16日。

② 中国证监会公告［2015］19号，2015年7月12日。中国证监会：《关于继续做好清理整顿违法从事证券业务活动的通知》，2015年9月17日。

③ 中国证监会：“2015年度中国证监会稽查执法情况通报”，http://www.csrc.gov.cn/pub/newsite/zjhxwfb/xwdd/201601/t20160115_289929.html，2016年1月15日。

④ 《证券公司外部接入信息系统评估认证规范》（中证协发［2015］124号）。

⑤ 中国证券业协会：《中国证券业协会倡议书》，2015年7月4日。

⑥ 中国证券报：《中国结算发布贯彻落实〈关于清理整顿违法从事证券业务活动的意见〉有关事项的通知》，2015年7月14日。

⑦ 澎湃新闻：“上证所再出手：暂停4个严重异常交易账户，口头警示5个账户”，2015年8月3日。

⑧ 中国证监会：2015年8月7日新闻发布会，2015年8月7日。

⑨ 中国证券业协会：《21家证券公司联合公告》，2015年7月4日。

⑩ 中国证监会：“证监会发布完善新股发行制度相关规则”，http://www.csrc.gov.cn/pub/newsite/zjhxwfb/xwdd/201512/t20151231_289348.html，2015年12月31日。

机制，提高审核效率[①]，完善并购重组配套融资政策[②]，推进优先股试点[③]，加快公司债券市场化改革[④]，积极稳妥地推进股票发行注册制改革[⑤]。二是平稳有序发展金融衍生产品。中国证监会发布了《股票期权交易试点管理办法》及配套规则[⑥]，启动了上证 50ETF 期权交易试点[⑦]，丰富了交易品种。三是积极稳妥推动资本市场双向开放。2015 年中国证监会推进境外上市审批制度改革，进一步精简审核内容并公开审核要点和审核进度[⑧]；成立离岸人民币证券产品交易平台[⑨]；推动内地与香港基金产品实现互认[⑩]；扩大人民币合格境外机构投资者（RQFII）试点范围至 16 个国家和地区。四是推进监管转型，加强事中、事后监管。2015 年中国证监会优化信息披露监管制度，实施上市公司分行业监管试点[⑪]，稳妥有序实施新退市制度[⑫]；加强非上市公众公司监管[⑬]；完善债券市场风险防控机制。同时，中国证监会强化稽查执法，以问题和风险为导向对证券基金期货经营机构及其从业人员开展专项检查，对 92 家次证券基金期货经营机构和 48 人次从业人员采取行政监管措施，严厉打击违法违规行为[⑭]。

与此同时，自律组织也持续加强对证券公司业务的规范和指导。2015 年 3 月，中国证

① 中国证监会：“证监会优化股票发行行政许可程序”，http：//www. csrc. gov. cn/pub/newsite/zjhxwfb/xwdd/201505/t20150522_ 277630. html，2015 年 5 月 22 日。中国证监会：“进一步优化审核流程提高审核效率推动并购重组市场快速发展”，http：//www. csrc. gov. cn/pub/newsite/zjhxwfb/xwdd/201511/t20151106_ 286088. html，2015 年 11 月 6 日。

② 中国证监会：“证监会发布修订后的《〈上市公司重大资产重组管理办法〉第十四条、第四十四条的适用意见——证券期货法律适用意见第 12 号》”，http：//www. csrc. gov. cn/pub/newsite/zjhxwfb/xwdd/201504/t20150424_ 275555. html，2015 年 4 月 24 日。

③ 全国中小企业股份转让系统：《关于发布〈全国中小企业股份转让系统优先股业务指引（试行）〉的公告》，http：//www. neeq. com. cn/detail? id = 14A20514E49Z1DD29F&type = 1E19DECB49Z1DD29F0，2015 年 9 月 22 日。

④ 中国证监会：“证监会发布《公司债券发行与交易管理办法》”，http：//www. csrc. gov. cn/pub/newsite/zjhxwfb/xwdd/201501/t20150116_ 266695. html，2015 年 1 月 16 日。

⑤ 中国证监会：“全国人大常委会审议通过股票发行注册制改革授权决定”，http：//www. csrc. gov. cn/pub/newsite/zjhxwfb/xwdd/201512/t20151227_ 288668. html，2015 年 12 月 27 日。

⑥ 《股票期权交易试点管理办法》（证监会令【第 112 号】），《证券期货经营机构参与股票期权交易试点指引》（证监会公告［2015］1 号）。

⑦ 中国证监会：“中国证监会批准上海证券交易所开展股票期权交易试点”，http：//www. csrc. gov. cn/pub/newsite/zjhxwfb/xwdd/201501/t20150109_ 266372. html，2015 年 1 月 9 日。

⑧ 中国证监会：“中国证监会大力改革境外发行上市制度并公开审核要点和审核进度”，http：//www. csrc. gov. cn/pub/newsite/zjhxwfb/xwdd/201505/t20150522_ 277657. html，2015 年 5 月 22 日。

⑨ 中国证监会：2015 年 5 月 29 日新闻发布会，http：//www. csrc. gov. cn/pub/newsite/zjhxwfb/xwfbh/201505/t20150529_ 278126. html，2015 年 5 月 29 日。

⑩ 中国证监会：“中国证监会与香港证监会决定开展内地与香港基金互认工作”，http：//www. csrc. gov. cn/pub/newsite/zjhxwfb/xwdd/201505/t20150522_ 277633. html，2015 年 5 月 22 日。中国证监会：“中国证监会与香港证监会正式注册互认基金”，http：//www. csrc. gov. cn/pub/newsite/zjhxwfb/xwdd/201512/t20151218_ 288314. html，2015 年 12 月 8 日。

⑪ 中国证监会：“稳步推进分行业监管提升上市公司监管效能”，http：//www. csrc. gov. cn/pub/newsite/zjhxwfb/xwdd/201511/t20151127_ 287222. html，2015 年 11 月 27 日。

⑫ 《关于改革完善并严格实施上市公司退市制度的若干意见》（证监会令【第 107 号】）。

⑬ 中国证监会：“证监会发布《关于加强非上市公众公司监管工作的指导意见》”，http：//www. csrc. gov. cn/pub/newsite/zjhxwfb/xwdd/201505/t20150515_ 277112. html，2015 年 5 月 15 日。

⑭ “深化改革健全制度加强监管防范风险促进资本市场长期稳定健康发展——肖钢同志在 2016 年全国证券期货监管工作会议上的讲话”，2016 年 1 月 16 日。

券业协会为促进证券公司网上开展证券业务的健康有序发展，修订《证券公司网上证券信息系统技术指引》，并发布《证券公司参与支付业务信息系统技术指引》。当月，中国证券业协会发布《证券公司股票质押式回购交易业务风险管理指引（试行）》，引导证券公司在风险可测、可控、可承受的前提下开展股票质押式回购交易业务[①]。2015 年 4 月，为促进融券业务发展，中国证券业协会与中国证券投资基金业协会、上海证券交易所、深圳证券交易所联合发布《关于促进融券业务发展有关事项的通知》，简化程序、提高效率，进一步提高融券交易便利[②]。2015 年 4—10 月，为确保中国证监会《公司债券发行与交易管理办法》顺利实施，中国证券业协会先后发布了多项有关公司债券备案管理、承销业务、受托管理人执业行为的自律规则[③]，进一步推动交易所债券市场规范发展。2015 年 7 月，《证券公司开展场外股权质押式回购交易业务试点办法》发布，明确了证券公司以自有资金参与场外股权质押式回购交易的业务规范、质押登记、内部控制及违约处置等内容[④]。

① 《证券公司股票质押式回购交易业务风险管理指引（试行）》（中证协发［2015］54 号）。

② 《关于促进融券业务发展有关事项的通知》（中证协发［2015］80 号）。

③ 《非公开发行公司债券备案管理办法》、《非公开发行公司债券项目承接负面清单指引》（中证协发［2015］86 号）；《公司债券受托管理人执业行为准则》（中证协发［2015］121 号）、《公司债券承销业务规范》、《公司债券承销业务尽职调查指引》（中证协发［2015］199 号）。

④ 《证券公司开展场外股权质押式回购交易业务试点办法》（中证协发［2015］158 号）。

第二章
2015 年中国证券公司合规管理职能的履行情况

根据《证券公司合规管理试行规定》，合规管理是指证券公司制定和执行合规管理制度，建立合规管理机制，培育合规文化，防范合规风险的行为。证券公司合规管理主要通过以下职能的履行得到实现。

一、合规咨询与合规审查

合规咨询是合规总监与合规部门为了防范合规风险，向证券公司各部门、各分支机构提供方便适用的法律法规、自律规则、相关政策和公司内部制度的解释和咨询服务。各证券公司的合规咨询工作基本涉及各项业务开展及内部管理中遇到的规则适用与理解问题，目标是保证法律、法规和准则得以准确理解和应用。各公司合规总监也根据实践中遇到的问题，向监管部门进行不定期的咨询活动。2015 年各证券公司通过多种渠道就监管规定与自律规则的理解与证券监管机构和行业自律组织进行了良好互动，咨询结果及时有效地指导了证券公司合规管理工作。

合规审查是合规总监与合规部门对公司内部管理制度、重大决策、新产品和新业务方案等进行合规审查，并出具书面的合规审查意见。2015 年，证券公司普遍根据监管规定，就公司内部管理制度、重大决策、新产品和新业务方案、监管机构要求公司报送的材料报经合规总监审查及其他合规审查，并出具书面合规审查意见。各证券公司注重从新业务、新产品设计环节起就参与新业务、新产品方案的论证，出具专项合规意见。合规审查涵盖资产证券化、股票期权、场外股权质押式回购交易、互联网金融、上海自贸试验区业务等多项创新事项。

二、合规监测

合规监测是对证券公司及其工作人员的经营管理和执业行为的合规性进行监督的重要手段，其中对员工执业行为的合规性进行监测是合规监测的重要内容之一，主要目的在于防止员工违规进行股票交易、代客理财以及泄露或不当使用敏感信息。中国证券业协会对合规监测工作非常重视，2015 年就《证券公司从业人员执业行为合规管理指引（征求意见稿）》向行业征求意见，并列入 2016 年度自律规则制定（修订）工作计划。2015 年度，证券公司普遍开展了员工执业行为合规监测工作，包括从业人员股票交易行为合规监测、办公网络及办公设备电子通讯信息合规监测，以及相关的调查处理、教育培训、合规提示和责任追究等一系列措施。

在从业人员股票交易行为合规监测方面，证券公司为防范员工利用本人账户违规进行股票交易，一般要求从业人员报备证券账户，指定交易或托管到公司营业部，公司对从业人员账户进行监控；或者定期提供交易记录，公司对交易记录进行审查。同时，证券公司为防范员工借用他人账户交易、代客理财，一般还对公司配发办公设备上发生的股票交易行为进行合规监测，主要通过监测办公电脑 MAC 地址、办公电话在本公司集中交易系统中的交易记录来实现。

在办公网络及办公设备电子通讯信息合规监测方面，证券公司主要开展重点敏感岗位办公电话的录音留痕和监测；办公邮件收发归档留痕和监测；办公网络即时通讯信息的系统留痕和监测等工作。

基于境外证券公司有条件地允许员工从事股票交易的管控经验①，以及新《基金法》允许公募基金从业人员证券投资的实践，变堵为疏、允许证券从业人员买卖股票并进行适当监控将是今后的发展趋势。这将对证券公司合规监测工作提出更高的要求，在这种情况下，证券公司需要建立严格的证券从业人员股票交易审批和监控机制，充分防范利益冲突。

三、法律、法规和准则跟踪

法律、法规和准则跟踪是指证券公司合规总监与合规部门密切关注并持续跟踪法律、法规、规章及其他规范性文件、行业规范和自律规则以及行业公认并普遍遵守的行为准则等的最新发展变化，及时准确地将相关信息分解和传递到业务部门和业务条线，指导其对内部相关规定或业务流程进行改进，确保修订后的政策和程序符合法律、法规和准则的规定。

---

① 以美国和中国香港为例，要求证券从业人员应向所任职的证券公司报备账户并一般在所任职公司或其关联公司进行交易；员工下单前应经所任职公司审批同意；如员工在其他公司开户并交易，该开户机构应对员工交易是否会对其任职公司产生不利的影响进行判断，并将交易情况提供给其所在公司。对于易涉及重大敏感信息的投资银行项目，美国要求证券公司员工不得利用任何有经济利益的账户买卖该股票。同时，为了防范证券分析与客户之间的利益冲突，美国和香港对证券分析师的股票买卖行为规定了更为严格的禁止性要求。见《美国证券交易商协会规则 3040：关联人私人交易规则》（NASD Rule 3040：Private Securities Transactions of an Associated Person，amended by SR－NASD－99－60）；《美国证券交易商协会规则 3050：关联人交易规则》（NASD Rule 3050：Transactions for or by Associated Persons，amended by SR－NASD－2005－087）；《美国金融业监管局规则 5130：首次公开发行证券买卖限制规则》（FINRA Rule 5130：Restrictions on the Purchase and Sale of Initial Equity Public Offerings，amended by SR－FINRA－2009－046）；《美国证券交易商协会 2711 规则：研究分析师及研究报告规则》（NASD Rule 2711：Research Analysts and Research Reports，amended by SR－FINRA－2007－011）；《美国证券交易商协会规则 2711》（NASD Rule 2711）；中国香港《证券及期货事务监察委员会持牌人或注册人操守准则（2012 年 6 月）》；中国香港《证券及期货事务监察委员会持牌人或注册人操守准则（2012 年 6 月）》。

2015 年度，在行业监管规则与自律规则不断发布和更新的情况下，各证券公司合规部门动态跟踪法律法规准则的制定和修订情况，及时进行解读，并在合规管理报告、合规信息专栏等书面或网络媒介上发布，供公司领导或相关部门参考。同时，合规管理人员也积极与业务部门和职能部门开展互动交流，组织专项培训，督促相关部门对照最新监管规则，修订完善内部管理制度和业务流程。

四、信息隔离

证券监管部门和自律组织高度重视证券公司信息隔离工作。2015 年度，为优化证券公司信息隔离墙制度体系，中国证券业协会修订和发布了《证券公司信息隔离墙制度指引（2015 年修订）》（以下简称《指引》）①。2015 年度，行业内证券公司按照《指引》，先后修订了内部信息隔离墙制度，普遍采取了物理、人员、资金、账户、系统等基础隔离措施，以及观察名单管理、限制名单管理、跨墙管理等信息隔离措施，管控投资银行、证券自营、证券投资咨询、客户资产管理、直接投资、证券经纪、融资融券等可能存在利益冲突的业务间敏感信息的不当流动和使用，防范内幕交易，管理利益冲突。证券公司信息隔离墙管理系统建设逐步成熟，电子化管理程度加深。在使用信息隔离墙管理系统的公司中，部分证券公司已实现系统与公司投资银行、自营、客户资产管理、投资咨询等业务系统的对接，提高了信息隔离墙工作的效率和准确性。同时，证券公司按照《指引》要求，在进行业务创新或协同开展业务合作时，一般事先评估是否可能存在敏感信息不当流动和使用的风险，建立或完善信息隔离墙管理措施。

此外，2015 年，中国证券业协会高度重视证券公司利益冲突管理工作。为指导证券公司做好利益冲突管理，中国证券业协会将利益冲突管理有关内容从原来的《指引》中剥离出来，专门发布《关于证券公司做好利益冲突管理工作的通知》②；并将制定《证券公司利益冲突管理指引》列入中国证券业协会 2016 年度自律规则制定的工作计划中。同时，中国证券业协会起草《证券期货经营机构防范利益输送指引（征求意见稿）》，并向行业征求意见。

五、反洗钱

2015 年，随着我国经济金融快速发展和进一步对外开放，金融交易尤其是跨境交易和网络交易大量增加，洗钱和恐怖融资风险日趋上升，对金融机构反洗钱和反恐怖融资工作提出了更高的要求。同时，随着各国不断加大反洗钱监管力度，我国经营国际业务的金融机构面临着新的挑战，金融机构做好反洗钱工作，既是维护国家利益的需要，也是确保自身平稳

① 《证券公司信息隔离墙制度指引（2015 年修订）》（中证协发［2015］51 号）。

② 《关于证券公司做好利益冲突管理工作的通知》（中证协发［2015］52 号）。

健康发展的需要[①]。2014 年底，中国人民银行发布了《金融机构反洗钱监督管理办法（试行）》，规范反洗钱监管手段和措施，明确风险为本和法人监管原则。2015 年初，中国人民银行发布《中国人民银行办公厅关于落实〈金融机构反洗钱监督管理办法（试行）〉有关事项的通知》，集中组织金融机构落实洗钱风险自评估、反洗钱年度报告等工作。2015 年度，证券行业按照中国人民银行要求，制定或修改了本机构洗钱风险自评估制度，并予以落实；按照《金融机构洗钱和恐怖融资风险评估及客户分类管理指引》要求，于 2015 年 12 月 31 日前完成对存量客户风险等级的重新确认工作；依据《金融机构大额交易与可疑交易报告管理办法》积极识别和报告大额和可疑交易，应结合大额和可疑交易报告综合试点工作经验，主动设计大额和可疑交易标准和模型；为配合上海自贸试验区业务的开展，海通证券、国泰君安证券率先进行自贸试验区业务洗钱风险评估，并制定专门性的反洗钱工作管理办法，通过了中国人民银行上海总部的验收。此外，本年度中国人民银行反洗钱局、中国金融培训中心联合中国人民银行各地分支机构举办了多期反洗钱高级管理培训班；中国反洗钱监测中心共举办了四次反洗钱数据报送培训班；中国人民银行各地分支机构也多次进行反洗钱培训，提高了证券公司管理人员、反洗钱业务人员和分支机构员工的反洗钱意识和反洗钱工作能力。同时，证券公司还自主开展反洗钱培训宣传，进一步提高员工的反洗钱意识。

六、合规投诉举报和合规事件的处置

合规投诉举报和合规事件的处置应对历来是证券公司合规管理工作的一项重点，是提高证券公司服务品质和客户服务水平的重要途径。业内证券公司普遍设立了合规举报电话和合规总监邮箱，受理员工和客户的合规投诉举报，并就举报进行分析报告，对相关事项进行调查和处理。2015 年证券公司合规投诉举报事项主要涉及从业人员私下代客理财、代销金融产品销售适当性管理不到位等问题。2015 年，中国证监会通过加大稽查执法力量和科技投入，重点关注并持续严厉打击内幕交易、未公开信息交易、操纵市场、违规信息披露等违法违规行为[②]。针对前述投诉举报和监管措施反映出证券公司合规管理方面存在的薄弱环节，证券公司通过优化管理制度，规范业务流程，健全内控机制，提高对员工的培训宣导力度，加强合规监测及合规检查等措施，切实防范相关违规行为。

2015 年，证券公司还根据行业创新情况，重点开展了有关股票期权、沪港通、融资融券、新股发行改革、全国中小企业股份转让系统业务、防范非法证券活动等方面的投资者教育工作，向投资者进行风险提示和教育，培养投资者合规交易意识和自我保护能力。证券公司还积极配合交易所做好客户异常交易管理工作，对投资者异常交易行为进行及时提醒、动

---

① 中国人民银行：《中国人民银行召开 2015 年反洗钱形势通报会》，http：//www. gov. cn/xinwen/2015 －04/15/content_ 2847298. htm，2015 年 4 月 15 日。

② 中国证监会：《2015 年度中国证监会稽查执法情况通报》，http：//www. csrc. gov. cn/pub/newsite/zjhxwfb/xwdd/201601/t20160115_ 289929. html，2016 年 1 月 15 日。

态监控，加强理性投资教育，防止客户从事违规股票炒作等不正当交易行为。证券公司还密切跟踪媒体报道，积极关注重大突发事项，主动采取措施应对合规事件。

七、合规文化建设与合规培训

2015 年，随着证券业的创新转型，证券公司的各项业务创新呈现出个性化、差异化的特征，在业务品种、组织模式、流程、服务手段和方式等方面都可能不同，其中蕴含的风险点也千差万别。在这种背景下，证券公司普遍认识到必须做到合规价值观念先行，并通过多种手段开展合规文化建设。一些证券公司在公司内网上建设维护“合规管理平台”，将合规动态、法律法规、规章制度、合规培训等功能整合，成为员工合规学习、交流和培训的综合平台。一些公司定期编制员工合规手册、法律制度汇编等合规学习文件，及时向员工传递业务合规要求，督促员工遵守执业行为规范。一些公司汇总合规管理方面的媒体报道、监管信息，整理合规管理工作动态、工作经验，供广大员工学习、交流使用。一些公司整理分析典型合规案例，并据此对相关部门和人员进行合规风险提示，督促员工引以为戒、主动合规。

各证券公司普遍举办了覆盖面广、有针对性的合规培训，提高员工合规意识和合规工作水平。证券公司合规培训一般包括新员工入职培训，公司内部培训，监管部门、自律组织或证券公司的外部培训，网上学习，多媒体课程等多种方式。

2015 年，中国证券业协会先后举办了“证券创新业务风险管理高级培训班”、“证券公司融资融券业务风险管理培训班”、“证券公司合规风控高级管理人员培训班”、《证券公司全面风险管理的理念与实施》讲座、“证券公司合规管理人员培训班”，组织行业内证券公司合规总监、首席风险官、合规及风险控制部门负责人及骨干等参加培训。学习和培训对我国证券公司合规管理与风险管理工作实践具有积极的借鉴意义，有利于提高我国证券公司合规和风险管理水平。

八、合规检查

根据监管要求、创新业务发展情况和合规管理工作计划，2015 年各证券公司持续开展各类定期和不定期合规检查，包括根据中国证监会各地派出机构要求，组织实施经纪业务、投资银行业务、全国中小企业股份转让系统主办券商业务、融资类业务、客户资产管理业务、信息技术等的合规检查；积极配合中国证监会及其派出机构检查工作；主动开展传统业务和创新业务活动合规管理等方面的自查工作；针对违规事件或突发事件，开展专项检查工作。在以上各类各项检查之后，各证券公司合规部门及时出具合规建议或向合规总监报告，对发现的问题进行后续督导，落实整改，促进被检查单位合规管理水平提高。

九、合规考核与合规问责

合规考核是证券公司动态衡量合规管理工作任务完成情况、合规管理工作职责履行程度的重要措施。2015 年，各证券公司普遍重视合规考核在推动合规管理工作中的作用。大多数证券公司将合规考核纳入员工绩效考核体系，强调合规考核与日常管理工作的结合。合规考核体系重点关注业务活动中的合规风险，根据风险影响程度确定不同的考评等级。一些公司将重大合规风险作为一票否决事项，列入员工考核指标体系；一些公司根据创新发展情况，研究修订合规考核指标，将新产品、新业务的合规风险管理情况纳入合规考核体系中。

合规问责是证券公司对员工违反法律法规、监管要求和公司规章制度，从而带来合规风险，造成或可能造成公司声誉、财产等方面损失的行为进行责任追究的一种机制。2015 年，证券公司大多通过完善制度和流程，明确了问责启动的情形、程序和具体措施；对违规事件的责任人进行责任追究，提高了合规管理的制度执行力。合规问责的方法包括形成问责决议、通报以及附带经济及行政处罚等多样化措施。

十、合规管理有效性评估

2015 年，证券公司普遍开展合规管理有效性评估工作。证券公司合规管理有效性评估是证券公司对合规管理进行全面检查及反省的过程，起到了发现合规漏洞、不断修正完善、提高合规管理水平的作用。证券公司开展合规管理有效性全面评估，涵盖合规管理环境、合规管理职责履行情况、经营管理制度与机制的建设及运行状况等方面，重点关注合规咨询、合规审查、合规检查、合规监测、合规培训、合规报告、监管沟通与配合、信息隔离墙管理、反洗钱等合规管理职能是否有效履行。

通过评估，各证券公司检视公司高层是否重视合规管理、合规文化建设是否到位、合规管理制度是否健全、合规管理的履职保障是否充分等；对公司各项经营管理制度和操作流程是否健全，是否与外部法律、法规和准则相一致，是否能够根据外部法律、法规和准则的变化及时修订、完善进行了普查；纠正经营管理制度和操作流程中有章不循、违规操作等问题。

第三章 2015 年证券公司合规管理工作面临的问题及 2016 年工作展望

第一节　证券公司合规管理工作面临的问题

一、证券公司合规管理理念受到一定程度的冲击

首先，在旧法未破、新规未立的情况下，一些合规管理人员在认识上出现了困惑和动摇，全行业一致倡导的“合规从高层做起、人人主动合规、合规创造价值”的合规理念受到一定冲击。

其次，竞争的压力导致合规意识淡化。随着创新步伐的加快，行业竞争加剧，证券公司生存的压力愈来愈大。在这种形势下，部分证券公司业务部门动辄以行业内其他公司已开展此业务等为理由，倒逼合规管理部门放松合规管理标准，而忽视业务运作的合规性。

最后，利益的驱动使合规约束软化。在规模、利润等考核指标的驱动下，部分证券公司过度注重经营业绩，一些业务或产品仓促上马，对可能涉及的利益冲突、影响公平原则和投资者利益的保护等问题认识不清，业务运作的合规管理往往被忽视或流于形式。

二、证券公司合规风险随业务创新呈现多样化

创新带来了发展，也促进了行业竞争，证券公司在竞争的压力下，往往容易过度注重业务扩张和经营业绩，对新业务、新产品可能涉及的合规问题认识不清，对业务运作的规范化管理有时流于形式，部分业务人员合规意识淡化[①]。这些导致潜在合规风险点随业务创新而呈现多样化。从 2015 年中国证监会和各地证监局公布的行政监管措施可以看出，证券公司除了在经纪、投资咨询等传统业务上发生违法违规行为以外，在融资融券、代销金融产品、

① 杨新平：“创新形势下证券公司合规部门的角色和职责”，《中国证券》2015 年第 6 期。

信息系统外部接入、全国中小企业股份转让系统主办券商业务等新业务中也多次出现违法违规行为。

三、监管转型对证券公司合规管理工作提出了更高要求

监管部门逐步推进监管转型，加强事中事后监管，这对证券公司合规管理工作提出了更高的要求。

首先，事前审批的减少意味着证券公司自身要严把审核关。证券公司需要花更多的精力对业务经营或产品的合规性和风险进行前置审核，需要将合规审核嵌入业务流程。

其次，监管转型磨合意味着证券公司不仅要严格执行法律法规的具体规则，还要贯彻监管规则背后的精神和原则。如何根据公平、诚信、保护投资者利益等法律法规的基本原则分析判断问题，如何把握好合规底线，是证券公司新形势下开展合规管理工作需要解决的一个重大课题。

再次，事中监管意味着证券公司要加强业务过程中的持续合规管理，落实业务部门自身的合规管理责任。证券公司过程合规的重要性更加突出，合规管理难度明显加大。

最后，事后稽查执法力度的加强意味着证券公司要建立自我约束和自查自纠机制，加强人员管理和职业道德教育。证券公司需要切实建立起以合规管理为核心的自我约束机制，通过自查自纠及时消除合规风险隐患，从而减轻或者免除处罚。

四、证券公司合规管理能力不适应创新发展的需要

首先，证券公司现有合规管理队伍中部分人员由于知识结构单一，缺乏业务运作经验而无法适应业务创新发展的需求，合规管理职责履行的有效性和效率受到影响。

其次，合规管理人员不足、履职保障有待加强。证券公司合规管理团队普遍存在编制少、人员不足，有的还存在待遇偏低、履职保障不落实等问题。证券公司普遍缺乏吸引和留住合规管理人才的有效机制，人才流失问题比较突出。

最后，合规管理部门与业务管理、风险管理、内部审计等部门之间的合作有待进一步加强。在创新转型加速的情况下，面对新的风险特征和监管政策的变化，合规部门需要完善与其他部门的合作机制，借助业务、风险管理等部门的优势和专业技能，提升合规管理的有效性。

上述问题说明证券公司合规管理还需进一步深化，全行业还需持续不懈努力培养良性合规文化，将合规意识融入日常执业活动，真正实现从“要我合规”向“我要合规”的转变。

第二节　2016 年证券公司合规管理工作展望

依法经营、合规诚信是证券期货行业的生命线①。在监管部门推进监管转型，加强事中事后监管的背景下，证券公司应当顺应监管转型趋势，努力克服自身面临的问题，积极提升合规管理能力。具体来说，证券公司在履行合规管理职能的过程中，需要在以下几个方面有所努力：一是要加强员工合规教育，让每一位从业人员牢记守法合规、勤勉尽责的经营理念。二是要将合规管理工作嵌入创新流程，坚守法律法规底线，做好合规风险评估认证，关注创新发展过程中合规风险变化的新特点，确保创新发展在法律法规的框架内进行。三是要充分调动业务部门合规管理的自觉性和主动性，发挥业务部门对合规风险的一线管理责任，全面落实“了解你的客户”原则。四是综合运用合规监测、检查、问责等手段，强化业务合规制度的执行力。五是完善与法律、业务管理、风险管理、稽核审计等部门的沟通、协调及合作机制，提高合规管理的有效性。六是加强合规队伍建设，充分发挥合规管理部门在公司内部管理中的制约作用，为合规专业人员履行职责创造必要的条件。七是重视监管沟通，积极寻求重大、疑难合规问题的指导意见，主动反映行业存在的共性问题，推动法制环境进一步适应行业发展需要。

同时，监管部门对行业共同面对的合规问题应给予更多关注和指导；继续严格执法，对恶意破坏市场秩序、违规经营的证券公司给予及时且严厉的处罚，促使证券行业在创新中持续合规经营。

---

① 《深化改革健全制度加强监管防范风险促进资本市场长期稳定健康发展——肖钢同志在 2016 年全国证券期货监管工作会议上的讲话》，2016 年 1 月 16 日。

第四章
2015年中国证券公司风险管理概况

第一节 2015年中国证券公司风险管理基本情况

2015年，行业风险管理转型不断深入，证券公司风险管理理念逐步加深，风险管理意识进一步强化。在监管转型和创新发展的双重驱动下，行业内证券公司通过不断完善全面风险管理体制机制以及深化落实全面风险管理各项工作，对证券公司经营中的市场风险、信用风险、操作风险以及流动性风险进行准确识别、审慎评估、动态监控、及时应对和全程管理，对证券公司各项业务在产品业务多样化、复杂化、杠杆率提升及市场波动加剧背景下的平稳开展形成了有力的支撑与保障。

一、完善体制机制，落实全面风险管理规范

2015年是中国证券行业实施《证券公司全面风险管理规范》与《证券公司流动性风险管理规范》的第二年，行业各证券公司全面风险体系建设取得了初步成效，基本建立起与自身发展相适应的全面风险管理体系。

风险管理制度体系方面，各证券公司通过规划搭建较为系统全面的风险管理制度体系与授权管理制度，满足公司风险管理运作需要，逐步将风险管理效果与绩效考核及责任追究机制挂钩。风险指标体系方面，各证券公司已建立起风险容忍度、风险限额等风险指标体系，并在指标分解和检讨机制方面进行了初步探索。风险量化能力方面，各证券公司市场风险的量化评估能力不断提高，已着手研究信用风险和操作风险的计量方法。风险管理信息系统方面，系统的覆盖范围与自动化、系统化程度方面均有所提高，并致力于实现同一业务、同一客户风险信息的集中管理。风险应对机制方面，关键风险指标监控和风险信息沟通机制建设整体状况较好，并不断完善新业务风险管理的审批路径，优化风险信息沟通机制。通过上述具体工作的开展，证券公司不断建立健全全面风险管理体系，风险管理的能力与水平得到进一步提升。但各公司在开展风险管理工作方面多处于完成监管所要求的“规定动作”阶段，

高级管理层对风险管理的理解也多处于完成监管任务的阶段，对风险管理作用的定位还未提升到保障公司平稳经营的层次，更多地体现为满足于业务开展所需监管要求的层面，在针对各自业务特点所应建立的针对性风险管理机制方面还缺乏主动发展的动力以及能力。

二、细化人员结构，提升专业化风险管理能力

2015 年，各证券公司持续在风险管理的体制机制、人员配备方面加大投入，不断完善证券公司风险管理框架结构，满足证券公司内生发展的需要以及监管机构全面风险管理的要求。首席风险官配备方面，根据中国证券业协会 2015 年专项调研的数据统计，截至 2015 年末，96% 的证券公司任命了首席风险官，比 2014 年末提升了 2%，并通过公司内部制度，要求公司确保首席风险官拥有独立的报告渠道和充分的知情权，以保障其正常履职。风险管理人员配备方面，截至 2015 年末，证券公司风险管理部门总人数约为 1 100 余人，约有 63% 的证券公司在 2015 年增加了风险管理人员配备，各证券公司通过引进和培养既掌握风险管理专业知识又熟悉证券业务的复合型人员，夯实实现全面风险管理能力的人才基础。

从风险管理部门的内部团队架构设置来看，2015 年已有 60% 的证券公司按照风险类型划分风险管理职能，比 2014 年末提升了 7%。进一步按风险类型划分，市场风险人数占 30%，信用风险人数占 28%，流动性风险人数占 15%，操作风险人数占 27%，按风险类型细化的内部分工提升了风险管理的专业化水平，使得风险管理精细化水平更上一个台阶。风险管理部门与其他部门衔接方面，2015 年末有 18% 的证券公司直接向业务条线派驻风险管理人员，其他证券公司通过指定专人具体负责部门范围内的风险管理工作，对风险管理政策和制度的执行情况进行监督、检查和报告，履行一线风险管理职责。

但是随着证券公司业务的快速发展，尤其是创新业务的发展，对风险管理人员素质、数量的要求都成倍提升，现有人才已处于紧缺状态，且工作要求与待遇水平的缺口，使得风险管理人员流向业务部门的趋势更加明显，证券公司在风险管理人才招募方面将面临更大的压力。

第二节　2015 年证券公司风险管理的新特点

2015 年，波动的证券市场给证券公司风险管理带来了严峻的考验。各证券公司及时调整策略，采取有效的应对措施，维护市场整体稳定。总体来说，证券公司风险管理体系在这次系统性风险冲击影响下经受住了考验，为证券公司各项经营能够继续保持健康稳定的发展提供了保障，这些经验将给未来行业加强风险管理、防范大规模风险提供宝贵的经验。

一、加强监控与评估，积极调整风险应对措施

2015 年股市异常波动期间，各证券公司密切关注公司各项业务风险情况，积极配合监管部门，做好风险情况的汇报工作，并每日将公司证券投资方面的股票持仓、买卖、收益互换、“两融”余额、证券金融业务变动规模、警戒客户规模、强制平仓规模等重要事项日报表上报监管部门。同时，为防止股市异常波动的市场风险向其他业务条线及风险类型传导，各证券公司积极关注各项业务及公司流动性情况，进行及时反馈与提醒，并与相关业务部门讨论风险应对策略，预防市场风险、信用风险、流动性风险及操作风险的发生。

具体而言，各证券公司根据监管要求及公司决策，重点加强投资类业务及融资类业务的风险监控与评估工作。投资类业务方面，重点加强对具有较大风险敞口的业务模式的监控力度，关注现货投资规模、期货规模的变化及损益情况，关注权益类收益互换触及预警或止损指标的客户账户情况与后续风险处置操作，确保在股票指数急速下行期间，各项投资比例限额、VaR 限额与止损限额得到充分执行，保持自营投资风险可控。融资类业务方面，将事中实时监控放在第一位，主要监控高风险客户情况，关注低于补仓线、平仓线客户数量、金额，并对持仓集中度较高、负债金额较大客户进行分析、评估；实时监控应强制平仓客户情况，关注客户是否及时补仓、减仓及业务部门采取的措施，并评估业务部门采取措施的合理性。

二、坚守法律法规底线，加强创新业务风险防范

2015 年，证券行业创新持续深入，更加丰富了证券公司业务结构与收入来源，但部分创新业务也出现了一些问题，过分追求短期投机、过于倚重资金融入融出以钱炒钱，加剧了市场波动，也偏离了服务实体经济的宗旨。2015 年下半年，监管机构加大对程序化交易的监管力度，中国证监会相关派出机构，沪、深证券交易所对部分具有程序化交易特征的机构和个人进行核查，对多个涉及异常交易的账户采取限制交易措施，要求证券经营机构规范交易系统接入管理，维护市场公平交易环境。2015 年 11 月，监管机构通过窗口指导叫停融资类收益互换，禁止证券经营机构变相为场外配资提供资金和便利，控制杠杆资金风险链条的传递与扩散。

上述多项针对创新业务中出现的突出问题而出台的监管措施进一步明确了对创新业务进行风险管理的目的与宗旨，即坚守法律法规底线，服务于实体经济。落实到具体措施，各证券公司在事前对创新业务进行充分的风险评估与论证，从研究分析产品政策法规、评估各项风险入手，完善公司内部相关的风控机制、授权安排与系统准备；在事中做好持续性的风险监测与管理，按照相关规定开展敏感性分析和压力测试，持续对内外部风险进行识别和评估，随着创新业务的开展不断研究完善风险监测、应对、报告等各项机制。通过上述措施，

将风险管理渗透到创新业务的各个环节，严防创新业务的各项风险。

三、加强压力测试与逆周期管理，向前瞻性风险管理转变

2015 年股市异常波动，为证券公司风险管理提供了较为实际的压力测试情景，同时也说明以往行业对压力情景设置过于保守且重视不够。为此，各证券公司在优化压力测试机制方面加大了力度。各证券公司充分考虑极端情景，加大压力测试频率，提前测试市场异常波动给公司带来的影响，并积极采取应对措施及制订应急预案；继续优化压力测试工作的日常机制，将压力测试全面涵盖各类风险管理过程，更加科学合理地设置情景因子。2015 年 12 月，部分证券公司已经参与了监管部门组织的行业统一情景压力测试，在行业范围内，达到了及时掌握基本数据、摸清风险底数、评估风险程度、查找风险隐患的目的。

此外，当市场趋于平稳后，各证券公司及时对相关业务风险管理机制进行了回顾和梳理，调整和完善相应投资及信贷风险管理政策与规则；根据市场发展及时启用逆周期调节机制，促进业务恢复与发展。以“两融”业务为例，在市场已大幅上涨的情形下，应调高融资保证金水平、调低担保物折算率水平，提前防范业务风险；反之，在市场已大幅下跌的情形下，可调低融资保证金水平、调高担保物折算率水平等，支持业务发展。通过实施逆周期管理，在股市上升周期中，实施更严格的风控要求，以适当控制证券公司风险业务规模；在股市下降周期中，实施宽松要求，起到温和的调节作用，有效保障业务稳定发展。

第五章
2015 年证券公司面临的关键风险和管理方法

第一节　市场风险

2015 年中国股票市场经历了先涨后跌、大幅震荡的过程。以沪深 300 指数为例，2015 年 1 月至 6 月上旬指数持续上扬，由 2014 年末的 3533. 71 点开始逐步攀升，最高上探至 5353. 75 点，累计涨幅达到 51. 51%。6 月中旬以后股票市场急剧下跌，至 8 月 26 日为止，沪深 300 指数收盘于 3025. 69 点，区间跌幅为 43. 48%。股票市场的大幅震荡对证券公司投资业务形成了巨大的影响，也构成了证券行业市场风险的最主要来源。除此之外，随着证券公司 FICC 业务的不断发展和国际化进程的推进，利率、汇率以及大宗商品价格的波动也构成了市场风险的影响因素。

目前，证券行业主要采用定性及定量相结合的方法对业务运作过程中的市场风险进行评估和分析。定性方法主要包括对资产的内在属性、投资价值、行业前景及风险来源进行评估和分析；定量方法主要包括采用风险价值（VaR）、集中度、敏感性、压力测试等量化指标，对资产价格波动可能带来的损益情况进行分析。

在风险识别评估的基础上，证券公司建立科学规范的投资决策流程，采用多元化的资产配置和投资策略，合理配置各种不同资产种类的投资比重，通过分散化实现市场风险的缓释。同时，证券公司借助期货、期权、远期、互换等衍生金融工具对已有的持仓组合进行套期保值，实现风险的转移和规避。

在业务运作过程中，证券公司对承担市场风险的投资业务或场外衍生品业务进行市场风险的日常监控，对公司整体的风险敞口、VaR 等风险指标进行计算和汇总。目前，行业内的证券公司普遍采用风险限额管理方式对业务运作过程中的市场风险进行管控。主要风险限额包括规模限额、集中度限额、VaR 限额、止损限额等。此外，证券公司还建立了市场风险报告体系，通过日报、月报、年报等不同频率的风险报告向公司管理层及时报告市场风险的整体情况。

此外，加强金融工具估值模型校验是 2015 年证券公司市场风险管理的一项重要内容。

2015 年是我国场外金融衍生品业务快速发展的一年，根据中国证券业协会的统计数据，截至 2015 年 11 月末，全市场场外期权存量名义本金规模为 1 800.46 亿元，较 2014 年末增幅 190.87%。场外金融衍生品业务的快速发展给证券公司市场风险管理提出了新的挑战，突出体现在场外金融衍生品的估值定价、风险计量和风险对冲等方面。根据《证券公司全面风险管理规范》的有关要求并结合业务发展的实际情况，证券公司规范并完善了金融工具估值及模型校验的流程与方法，由风险管理部门定期对复杂金融衍生品的估值进行确认工作，确保风险计量基础的科学性。此外，对于市场风险识别和评估过程中所使用的风险计量模型，证券公司定期组织开展模型校验和回测工作。根据中国证券业协会的统计数据，目前全行业已有 36.9% 的证券公司在风险管理部门内部设置模型校验和风险量化岗位，13.6% 的证券公司风险管理部门设置独立的模型风险团队。

第二节　信用风险

随着融资类业务规模的迅速扩大，以及收益互换、利率互换等创新业务的开展，信用风险已成为证券公司面临的最重要风险之一。同时，2015 年以来在经济结构深度调整、去杠杆化、去产能化、债券信托等风险产品集中到期等多重因素交织影响下，金融领域信用风险事件持续爆发，因而对证券公司的信用风险管理能力提出了更高要求。目前，证券公司信用风险主要管理措施如下：

一、建立信用风险管理体系

主动建立与公司战略相匹配的信用风险管理体系，厘清各层级的信用风险管理职责，明确业务程序、制衡机制及与风险管理效果挂钩的绩效考核和责任追究机制。

将信用风险纳入全面风险管理体系，选择信用敞口、敏感性分析、压力测试等量化方法或模型来计量和充分评估信用风险，并采用有效定性分析方法进行补充。

运用量化手段综合定量和定性分析，建立内部评级体系。综合内部评级结果和外部评级结果对融入方的信用资质进行量化评定。对特定类别或行业融入方，定期进行评级更新，圈定负面清单，完善信用风险管理体系。

二、建立健全风控指标体系

规模控制方面，总量指标控制业务总规模，单一规模指标合理确定单一融入方、单一标的券累计最大融资余额。

证券公司应确保业务规模与自身的资本实力、资金筹措能力、业务管理能力和风险承受能力等方面相匹配，同时从不同角度进行集中度风险的管控。

根据证券种类、是否为相关指数成分股、板块等因素确定标的券质押率上限，跟踪标的券的质押率并定期进行调整。

三、融入方准入管理

明确融入方准入条件，包括融入方资产负债状况、信用记录、诉讼情况等。建立完善的尽职调查流程、制度。对融入方进行信用评估，评定融入方的信用等级，并在交易存续期内定期或不定期评估，持续关注融入方信用变化。

四、标的券管理

建立标的证券管理制度，明确标的券筛选标准或准入条件、质押率上限、具体项目标的券质押率确定机制、标的券集中度管理机制等，并明确调整机制，定期或不定期对其适用性进行评估和更新。

五、业务持续管理

建立实时监控系统，设定预警履约保障比例和最低履约保障比例。当履约保障比例无法达到规定标准时，要求融入方采取履约保障措施。

建立完善重大风险事件报告机制，高度重视重大信用风险的主动应对管理，主动开展全面排查，及时报告有关情况，提前制订应对处置方案，做到“早发现，早报告，早处置”。

针对证券公司融出资产建立分类管理制度，监控资产质量并根据资产质量计提损失风险准备。

六、违约处置管理

建立健全违约处置管理制度，指定专人负责违约处置事宜，并与融入方约定违约情形、处置方式等。

七、融资类资产分类管理

根据融资主体履约的可能性和资产的安全性将资产分为不同类别，揭示融资类业务资产风险程度，动态反映融资类业务资产质量，为坏账准备金的提取提供依据。

八、与中国人民银行征信系统对接

通过建立数据接口实现与中国人民银行征信系统的对接。一是推动业务系统改造、完善违约认定流程，做好交易过程中的数据沉淀，提升证券公司信用风险历史数据质量；二是获得查阅客户信用情况的有效渠道，相关信息用于项目准入和存续期管理；三是获得不良信用记录上报渠道，对客户的违约行为形成约束，有助于催收欠款。

第三节　流动性风险

一、流动性覆盖率、净稳定资金率满足监管要求

中国证券业协会2014 年2 月发布《证券公司流动性风险管理指引》，要求证券公司流动性覆盖率、净稳定资金率须在6 月30 日前达到100%。

2015 年上半年，一方面由于融资类业务规模持续增长，另一方面由于流动性覆盖率、净稳定资金率监管达标要求从80% 上升到100%，证券公司流动性覆盖率、净稳定资金率面临较大的达标压力。随着2015 年6 月股市调整，融资类业务规模下降，证券公司资金情况逐渐改善，流动性覆盖率、净稳定资金率持续提升。

截至2015 年9 月末，证券公司平均流动性覆盖率（LCR）为353.53%，平均净稳定资金率（NSFR）为179.52%，连续3 月提升并稳定在较高水平。124 家公司均已达到100% 的监管要求（见表5 -1）。

表5 -1　证券公司流动性风险控制指标

项目	优质流动性资产（亿元）	未来30 日内现金净流出（亿元）	LCR 比例（%）	可用稳定资金（亿元）	所需稳定资金（亿元）	NSFR 比例（%）
2015 年8 月	14 169.35	4 109.76	344.77	25 354.01	15 358.46	165.08
2015 年9 月	13 062.02	3 694.73	353.53	24 839.42	13 836.47	179.52

二、积极扩展融资渠道

2015 年上半年，由于证券公司资本中介类业务持续发展，证券公司资金需求持续旺盛，但是在《证券公司流动性风险管理指引》要求下，证券公司一方面需要保有足够的优质流动性资产、长期稳定资产，一方面又需要满足业务发展对资金的需求，给证券公司流动性风

险管理带来了较大的挑战。

在此背景下，2015 年证券公司积极扩展融资渠道，扩大融资来源，优化融资结构，以满足业务发展与流动性风险管理要求。

一是积极通过权益融资（例如 IPO、股票再融资等）、次级债、公司债等方式，补充公司净资本，扩大公司中长期资金负债规模，提升证券公司可用稳定资金规模，以降低流动性错配风险，提高长期资金稳定性。

二是积极发行收益凭证、同业拆借、转融通、短期公司债等，筹集短期资金，补充公司短期流动性资金来源与规模，防范短期流动性风险。

三是积极寻求新的创新融资方式，探索通过黄金租赁、境外融资、发行永续债等创新手段，进一步扩充证券公司融资渠道，丰富融资工具，增加资金来源多样性，防范融资集中度风险，提高融资稳定性。

但总的来说，当前证券公司融资渠道较为有限，融资能力受到限制。“两融”受益权、同业拆借等融资对象主要为银行，较为依赖银行等其他金融机构。

三、深化流动性风险管理，完善流动性风控指标

2015 年，证券公司围绕《证券公司流动性风险管理指引》，根据其自身风险管理需要，持续深化、完善流动性风险管理体系。一是绝大部分证券公司在 2014 年确立流动性风险管理框架下，进一步完善流动性风险管理的政策制度，包括流动性风险管理政策、流动性风险应急管理政策及细则等，构建正常环境下流动性风险管理、压力环境下的流动性风险应急管理体系。二是进一步完善流动性风险监控指标体系。除了流动性覆盖率、净稳定资金率两个监管指标，证券公司还根据内部管理需要建立了内部流动性风险监控指标。内部监控指标包括融资集中度指标、流动性缺口类指标、压力测试类指标、优质流动性资产规模类指标等，从多个维度监控公司流动性风险。

四、系统建设

2015 年证券公司加强了对流动性风险管理系统的开发建设。多数证券公司已经在 2015 年启动了流动性风险管理系统的业务需求设计、系统选型工作，并进入开发、实施阶段。

由于流动性风险涉及业务较多，功能需求复杂，证券公司通常分期建设流动性风险管理系统。系统功能通常涵盖额度管理、资金预约、资金调拨、融资管理、头寸管理、流动性管理等，以及对公司未来现金流、部分储备资产和备用金的监测，公司累计流动性缺口、最短生存期、所有优质流动性资产、流动性覆盖率、净稳定资金率等流动性风险相关指标的测算，切实提高公司自有资金管理和融资管理的科学性、准确性，及时预防和应对流动性风险的发生。

第四节　操作风险

《证券公司全面风险管理规范》要求证券公司对操作风险等各类风险进行准确识别、审慎评估、动态监控、及时应对及全程管理，并建立与之相适应的全面风险管理体系。据此，证券公司开展了一系列操作风险管理体系建设活动，包括但不限于制订可操作的管理制度、健全操作风险管理组织架构、引入或开发可靠的操作风险管理信息技术系统、培育操作风险管理专业的人才队伍、形成有效的操作管理风险应对机制以及宣导良好的操作风险管理文化等。根据中国证券业协会 2015 年底专项调查统计，近 61.2% 的证券公司设有操作风险管理人员，操作风险管理人员占到风险管理人员总数的 27%。

根据新巴塞尔协议 2004 年对操作风险的定义，操作风险是指由不完善或有问题的内部程序、人员以及系统或外部事件所造成损失的风险。操作风险可以按损失事件原因类型分为组织机构操作风险、政策流程操作风险、技术风险、人员风险和外部风险等；按发生频率和严重性分为高频低损、低频高损、高频高损、低频低损四类。操作风险的损失可能来自内部人为操作失误、内部流程不完善、信息系统故障或不完善、交易故障等，也可能来自公司外部的欺诈行为等。

证券公司进行操作风险管理的依据主要为财政部、中国证监会、审计署、中国银监会、中国保监会于 2008 年印发的《企业内部控制基本规范》（财会［2008］7 号）和中国证券业协会于 2014 年发布的《证券公司全面风险管理规范》。根据《企业内部控制基本规范》，证券公司应当建立内部控制体系，不断强化各业务条线和管理职能领域的内部控制机制，坚持事前、事中、事后管理。具体而言，在事前，证券公司应建立合理的制度流程体系，规范业务操作流程，加强业务操作系统化和标准化，控制操作风险；在事中，证券公司应通过构建信息隔离墙制度体系，规范从业人员执业行为，防止内幕交易的发生，同时建立技术防范体系，完善实时监控系统，对业务风险进行实时监控和风险预警；在事后，证券公司应加强业务检查稽核力度，保证各项制度、流程和风险管理措施有效执行，同时加大对员工的合规培训，宣传推动合规文化，提高员工合规意识和风险管理能力。

根据《证券公司全面风险管理规范》，证券公司应当建立健全与公司自身发展战略相适应的操作风险管理体系。操作风险管理体系包括可操作的管理制度、健全的操作风险组织架构、可靠的操作信息技术系统、量化的操作风险指标体系、专业的操作风险人才队伍、有效的操作风险应对机制以及良好的操作风险管理文化。通过操作风险管理体系的建立，进而实现对操作风险的准确识别、审慎评估、动态监控、及时应对和全程管理。

2015 年，证券市场波动剧烈，对证券公司风险管理能力提出了更高、更全面的要求。经调查，行业内已有证券公司成立了专业的操作风险管理团队，并采用风险与控制自我评估（RCSA）、损失数据收集（LDC）、关键风险指标（KRI）等工具对操作风险进行管理，取得了一定成效。

第六章
2016 年中国证券公司风险管理展望

第一节　加强风险量化能力，完善风险量化指标体系

金融风险的量化是实施风险管理的基础。证券公司通过对各类风险进行科学合理的量化，作为公司决策依据，依据量化结果，调整资产组合，提高资本使用效率，推进管理流程再造。风险量化能力已经逐步成为决定证券公司整体风险管理水平的核心要素，中国证券公司金融风险量化水平正在不断上升的过程中。

然而，由于市场行业的环境日趋复杂，证券公司面临的风险也是复杂多变的，已知和未知风险并存，制约了证券公司风险量化体系的发展。目前，证券公司风险量化方面存在以下制约因素：第一，大多数证券公司在风险容忍度、风险限额等风险指标体系建设方面仍处于起步阶段，指标制定、指标分解、指标检讨机制的完善需要一定的时间去检验；第二，在金融工具估值体系方面，部分公司尚未明确金融工具估值的具体流程规范，模型的构建、校验、复核机制有待完善；第三，市场风险量化评估方面，多数证券公司在计量的系统化程度以及量化方法的评估、校验及补充方面存在不足；第四，信用风险量化能力方面，证券公司普遍存在覆盖面不够、准确性不高、历史数据缺乏等问题；第五，压力测试机制建设方面，在压力测试应用以及情景因子的设定方面仍需要进一步完善。

未来证券公司需要进一步通过提升量化管理能力，以适应行业复杂多变的风险量化需求，完成“干了再算”到“算了再干”的主动风险管理转变。

第一，进一步完善指标分配机制，引入风险资本配置理念，打造以风险为导向的风险资本配置制度。根据公司发展的战略目标和外部环境、风险承受能力以及股东价值回报等要求，来确定公司对待风险和收益的基本态度，以及愿意承受风险的总量，确定公司的风险偏好。根据公司的经营目标和风险的偏好情况以及财务状况、资金状况，以及各项业务的风险收益比等因素，建立既符合监管要求，又符合公司特色的可以量化的风险容忍度，以及层次分明的、全面覆盖的风险限额体系。在以上两项工作基础上，通过完善风险管理制度建设，实现财务预算、风险预算、资金配置与风险资本配置的有机结合。

第二，解决风险量化中估值模型评估检验、量化评估准确性、覆盖面方面的问题。进一步完善风险计量模型，借鉴海内外行业对风险计量的技术和实践，根据公司的实际情况，对一些计量模型的现状假设、参数、数据来源进行深入的验证、调整，来优化完善风险计量模型；同时结合实际情况，不断加强现代风险管理方法和技术研究，增强传统业务、传统风险之外的创新业务、复杂风险的量化能力，实现各类敞口的风险汇总，提升风险量化的覆盖面、细致程度和准确性。

第三，完善压力测试的建设机制，对压力测试工具进行统一管理。压力测试应当全面覆盖公司各个业务领域的各类风险，通过压力测试结果分析梳理公司潜在的风险点，为公司董事会决策、风险偏好、容忍度提供支持，也为公司经理层在资源配置、预算方面提供参考。同时，应当建立一个分层的压力测试机制，风控部门牵头对公司整体的风险情况开展综合压力测试，并协助各个部门定期对所有业务进行业务压力测试，在市场出现较大波动和业务出现较大风险的时候，及时对压力测试的情景因子及测试参数进行调整，并开展非定期专项测试。

第二节　建立覆盖全、自动化、具有预警能力的风险管理信息系统

全面风险管理的提速最终必须借助完善的信息系统，从风险的识别、计量、预警、评估到最终形成风险报告，都需要强大的系统和数据作支撑。完善的风险管理信息系统，应当覆盖各业务部门、分支机构乃至集团子公司的所有风险信息，并确保相关细信息传递与反馈的及时、准确、完整，从而建立起经营部门、风险管理部门、经理层与董事会之间畅通的风险信息沟通机制。

放眼全球证券行业，经历长时间的发展和总结，国外投行已经基本具备了相对整合和发达的信息管理系统。国内证券公司也开始逐步完善自身的管理信息系统，但与国外整合程度较高的风险信息管理系统相比，国内系统在以下方面较为落后：（1）逻辑结构较为简单，无法处理证券公司繁多的业务系统，无法进行全面的数据汇总，也不便于跨部门的系统访问以及信息和数据的共享；（2）数据处理能力较弱，证券公司较为依赖外部开发，内部技术支持力度不够，所获取的数据完整性、准确性缺乏检验机制，数据质量不高；（3）风险报告与风险预警系统化不强，无法实现风险报告与风险预警的系统化处理。

为此，提升风险管理信息系统的覆盖范围、自动化程度与风险预警和报告能力，将是未来系统建设的重点方向。

第一，扩大风险管理信息系统覆盖范围，实现同一业务同一客户风险信息的集中管理。为满足机构业务、资本中介业务以及国际化业务快速发展的要求，证券公司需要在提升风险

管理信息系统的全面性、适用性方面加大力度，充分考虑全面风险管理对客户数据集中和风险汇总的要求，逐步解决不同业务数据的整合、各 IT 系统的对接、业务系统与风险管理系统的衔接、后期校验等问题。通过风险管理信息系统将整个集团全部连成一体，进行客户信息的集中管控，真正通过系统化方式实现同一业务同一客户相关风险信息的集中管理。

第二，加强风险数据资源的管理，提高风险管理的精细化水平。证券公司需要建立一个全面、系统、准确完善的数据仓库，使数据的质量得到保障；同时，需要形成一套行之有效的数据管理模式，理顺数据产生部门、数据管理部门、数据使用部门之间一套合理的管理和服务机制，如谁对数据质量负责、在数据出现质量问题时如何解决、数据管理部门如何提供数据服务等问题。面对激烈的市场竞争，证券公司迫切需要将数据充分应用到经营管理决策各个层面，使决策过程实现由“依赖经验”逐步过渡至“有数可依、有据可查”。

第三，实现报告展现的系统化，以及风险预警的高度信息化和智能化。一方面，通过整合风险报表的数据，借鉴国际先进技术手段经验，实现风险报表的全覆盖与全面整合；另一方面，风险管理部门需要牵头建立门类齐全、层次分明的风险报告和预警体系，设立有公司特色的风险报告制度，建立多层次的风险报告和预警体系。在稳步推进风险管理信息系统和规划搭建的基础上，实现风险数据的统一计算以及运用报告展现的系统初步方案，实现风险预警的高度系统化和智能化。

第三节　明确风险责任，持续培育风险管理文化

风险管理文化是风险管理的核心内容，公司每一位员工对风险的理解和风险管理意识直接决定着公司的存亡，在当前行业竞争加剧的大环境下，证券公司需要通过主动承担风险并有效管理风险的方式加强竞争力。而承担风险、管理风险并不是风险管理部门能够独立完成的，业务及公司风险也并不能完全依赖风险管理职能部门来识别、计量，业务部门是风险的实际承担者，履行一线风险管理职责，因此，业务一线人员的风险管理意识至关重要。

在证券公司风险管理文化方面，始终存在两大顽疾：一是，风险管理人人有责的理念在实际面临业务指标压力时往往被抛诸脑后，业务部门第一道防线的风险管理能力较为薄弱；二是，与风险管理效果挂钩的绩效考核与责任机制短期内难以得到公司内部特别是业务部门的认可，风险管理责任在实践中经常存在难以清晰界定的情形，使得风险管理责任的认定存在困难。

为了改变目前风险管理意识薄弱及追责困难的局面，未来证券公司需要通过以下途径，持续在风险管理文化建设方面加大力度：

第一，明确风险管理的三道防线的各自职责。各业务部门为第一道防线，是风险所有者和直接责任人，负责对本业务单元的风险进行动态监控、评估、报告，并在需要时采取缓释

措施；风险管理职能部门为第二道防线，负责对公司整体风险进行汇总计量、评估和报告；内审部门作为第三道防线，负责对风险管理体系运行有效性进行独立评价。

第二，完善风险管理效果挂钩的绩效考核与责任机制。一是明确职责，各个部门职责以及岗位职责都需要逐个明确，并在其中增加可操作、可考核的风险管理职责。二是建立更加切实可行的风险管理考核指标，与各部门、各层级岗位的考核激励直接挂钩，做到职责说明有比对、有考核、有抓手，使得与风险管理效果挂钩的考核机制与责任机制得以有效推行。

第三，持续性的培养和传导。金融危机的爆发充分说明风险管理是一项长期的系统工程，风险管理文化的建立也是一个长期沉淀的过程，在经济危机来临时，先进企业之所以可以迅速摆脱经济危机的影响，就是因为先进企业的风险管理文化比落后企业更适应竞争的要求，更具有生命力。实践已经证明，通过逐步积累完善、贯彻风险管理文化理念，以经济资本约束业务发展，保持风险、资本与收益的平衡，能够提高经营决策质量，为企业创造更大的价值。

专题报告之九：
2015 年中国证券业信息技术与服务发展综述

第一章
证券业信息技术与服务发展概况*

第一节 2015 年中国证券业信息技术与服务发展概况

2015 年，中国证券市场行情出现较大波动，单日交易量突破 2.4 万亿元，创下历史新高。面对市场成交量的增加，证券业信息技术承受了巨大运行压力，行业信息安全保障工作面临极大挑战，各家证券公司积极采取技术手段和管理手段，全力保障信息系统正常运行。为了更好地服务客户，证券业信息技术在基础架构、互联网应用等方面进行了不断尝试和探索。同时，中国证监会和各行业协会为促进市场稳定，相继推出一系列平稳措施，从完善规章制度、加强安全检查等角度规范信息系统管理，对三方接入系统准入采取了更加严格的控制措施，努力保证行业信息技术建设与服务在规范与合规中健康发展。

* 本部分资料来源：中国证券业协会专项调查统计数据。

一、交易系统安全运行情况

2015 年，证券市场行情异常波动，上半年日交易量持续放大，行业交易系统不断经历市场考验，各家证券公司为适应委托量和成交量的爆发式增长，在信息技术方面采取了一系列运维保障措施，较好地保证了系统总体稳定运行。据中国证券业协会调查，部署有经纪业务客户交易系统的证券公司在 2015 年均采取了加强运维监控管理、优化系统部署等措施应对行情变化，不同程度地加大了软硬件资源投入，扩容核心交易系统，增加中间件应用服务器和核心系统处理容量。对网上交易、手机交易、呼叫中心等外围系统则增加交易节点，扩大网络线路带宽，升级网络设备扩大吞吐容量。部分证券公司通过虚拟化技术和使用交易所及第三方机构提供的行情云、公有云等互联网服务，实现了对系统灵活快速的扩展。各证券公司还通过加强巡检监控、积极组织压力测试、应急演练等措施，提升了对系统突发情况的应对能力。然而，在交易突增的情况下，2015 年证券公司交易系统发生信息系统安全事件的次数较往年增加，尤其在股市行情火爆、交易量快速上升时，部分证券公司交易系统曾出现登录缓慢、甚至系统瘫痪的情形，影响了投资者正常交易委托，给投资者带来了不同程度的损失，反映出证券公司交易系统设计水平和压力承载能力有所缺失，不能很好地适应市场行情快速发展。

二、加强行业信息技术与服务监管

为维护证券市场稳定发展，2015 年证券业监管机构和自律组织以规范外部接入系统为重点加强行业信息技术监管，并相应采取了行政处罚措施，大大增强和提高了行业风险合规意识。

（一）行业服务商监管

2015 年 9 月，中国证监会发布公告，拟对三家证券行业主要信息技术服务商非法经营证券业务案作出行政处罚。三家公司开发了具有多种证券业务属性功能的系统，通过此系统，投资者不履行实名开户程序即可进行证券交易。三家公司在明知客户经营方式的情况下，仍向不具有经营证券业务资质的客户销售系统、提供相关服务，并获取非法收益，严重扰乱了证券市场秩序。

（二）行业机构监管

2015 年 8 月中旬，中国证监会组织部分派出机构对 25 家证券、基金、期货经营机构（含相关子公司）的信息技术系统管理及运行安全等事项进行了专项现场检查。从检查结果看，证券期货经营机构信息技术系统总体安全，运行稳定，但检查也发现，各机构信息系统软件开发及数据管理存在一些风险隐患，并不同程度地存在一些一般性合规问题。针对检查中发现的部分机构在落实《关于加强证券公司信息系统外部接入管理的通知》（证监办发〔2015〕35号）、《关于清理整顿违法从事证券业务活动的意见》（证监会公告〔2015〕19号）方面存在的问题，中国证监会于2015年11月对3家证券公司采取暂停新开证券账户1个月的行政监管措施，对1家基金公司、3家基金子公司也采取了相应行政监管措施。

2015年9月，中国证监会除了拟对三家行业服务商进行处罚之外，还拟对4家证券公司和1家期货公司作出行政处罚。其中，4家证券公司对外部接入的第三方交易终端软件未进行软件认证许可，未对外部系统接入实施有效管理，对相关客户身份情况缺乏了解，未采集客户交易终端信息，未能确保客户交易终端信息的真实性、准确性、完整性、一致性、可读性，未采取可靠措施采集、记录与客户身份识别有关的信息，未实施有效了解客户身份的回访、检查等程序。根据当事人违法行为的事实、性质、情节与社会危害程度，中国证监会拟对多名信息技术负责人和业务负责人进行处罚。

监管检查和处罚体现并强化了证券行业信息技术的合规风险责任，证券公司和信息技术服务商应确保信息技术系统、网络通信等符合安全性、合规性要求。信息系统在实现业务需求的同时还应全面梳理和建立对于业务环节的信息技术风险控制，建立必要的信息技术风险识别、监测、防范机制，增强行业信息技术风险控制、合规管理的意识和能力。

三、推进行业信息技术规范

面对证券市场的错综复杂，行业监管机构和自律组织在加强监管的同时，引导行业在防范风险的基础上促进金融创新，坚持推进证券市场法治化建设，推动行业信息系统建设、管理、运行的规范化和标准化。

在总结行业信息系统建设实践经验的基础上，中国证券业协会于2015年3月13日发布了《证券公司参与支付业务信息系统技术指引》，同日发布了修订后的《证券公司网上证券信息系统技术指引》。2015年6月12日，在对证券公司信息系统外部接入的技术要点、技术要求、认证评估要求等进行梳理和细化的基础上，中国证券业协会发布了《证券公司外部接入信息系统评估认证规范》。随后，为进一步防范信息系统互联互通间的风险，中国证监会于7月发布《关于加强证券公司信息系统外部接入管理的通知》（证监办发〔2015〕35号），并于2015年8月组织了信息技术专项检查。行业各证券公司按照规范要求对外部系统接入情况进行了清查，通过业务准入评估、业务流量管理、严格审批审核流程、加大接入系统的测试深度与广度等措施加强外接系统风险管理，为稳定市场发挥了一定作用。

四、程序化交易是技术进步与市场创新的体现，同时也是一把“双刃剑”

2015年，证券市场波动部分原因来自程序化交易的影响，程序化交易将加大市场波动、影响市场公平性、增加技术系统压力。考虑到我国资本市场的自身特点，现阶段需按照“严格管理、限制发展、趋利避害、不断规范”的指导思想，加强对程序化交易的监管，中国证监会于 2015 年 10 月 9 日发布了《证券期货市场程序化交易管理办法（征求意见稿）》（以下简称《办法》）。同日，沪深证券交易所、中金所以及上海、大连、郑州三家期货交易所同时发布《程序化交易管理实施细则（征求意见稿）》（以下简称《细则》）。目前，证券行业也同步在开展程序化交易研究和配套指引的相关制定工作，预计将进一步发布相关程序化交易规范。

（一）信息技术与服务创新

2015 年，证券市场的波动带来成交量突增、开户人数突增，行业信息系统承受巨大压力和挑战的同时，也面临巨大的发展机遇，行业信息技术秉承一贯的“创新、规范、发展”思路，围绕安全运行的核心，开展了各项技术应用探索与深化，为业务发展提供了有力支撑。

（二）系统架构创新

2015 年，部分证券公司通过采用 SOA 分布式组件架构，在异构环境下整合打造证券业务中后台应用服务组件，支持异构系统的融合与各类新业务快速接入。前、中、后台各系统通过服务总线进行对接。服务总线除提供多种协议支持、业务路由、后台功能调用外，还提供了任务调度功能。服务总线在各项业务流程的技术开发中起着至关重要的作用，已逐渐成为连接各种系统前端和后台的统一桥梁，并且通过形成一系列的开发规范，系统松耦合得以实现。同时，应用开发与部署的规范性、高效性、易于管理、出错率低等优势也逐步得到体现。

（三）“互联网 +”拓展行业信息技术服务方式

随着互联网金融的蓬勃发展，互联网与手机已成为重要的客户接触渠道与营销服务阵地。在此背景下，为了抢占证券行业的互联网阵地，多家证券公司启动了一系列互联网证券项目，开展互联金融战略布局，深化网上交易、网站、网厅及移动证券等应用。为适应开户人数激增，方便客户远程开户需要，2015 年非现场开户系统在各证券公司得到大力推广，网上开户、刷脸开户等新的服务方式不断涌现。为支持一户通理财、交易和服务，多家证券公司不断完善一站式互联网综合金融服务技术平台，全面打通证券、信用、场外、理财等账户，实现客户一个账户管理名下各类资产，同时支持互联网理财产品销售。微信应用、社交应用在证券行业开始推广，社交应用的一个典型例子是用户通过晒单，主动分享个人证券投资及收益详细情况，进行“吸粉”。投资理财爱好者可以通过关注某人，实时获取其真实的投资理财操作动态流水，用户之间可以通过关注、评论、交流，发表个人意见，表达自己看涨或者看跌的情绪。用户还可以通过社区平台获得行情资讯信息，获取最新营销活动信息，并能通过社区平台参加投资大赛等营销活动，从而实现用户情绪数据、理财数据、行为数据、社交数据等多维多元数据快速灵活集成，为证券交易流水实时真实的社交传播打下了基础，相比同类产品以模拟数据为主的投资方式更具有真实可靠性，创新了客户服务模式。

（四）大数据技术应用与自动化运维监控

大数据挖掘与分析应用在证券行业已开展多年。2015 年，大数据应用继续在传统的客户信息、公司经营分析、营销服务、资产管理、运营管理等方面深入应用，并在信息技术运维监控中得到应用。随着证券公司 IT 架构越来越复杂、传统模式下被动的运维管理和安全监控已难以满足系统平稳运行和业务不断发展的需要。因此，多家证券公司开始关注和采用自动化运维监控技术系统，其中某证券公司通过 Hadoop、HDFS、HIVE、Spark、Impala 等多种大数据技术，搭建了满足本公司运维数据、业务数据、交易数据等多种类型的数据采集、处理和分析要求的大数据处理平台，建立了一套适用于本公司业务系统日志、运行状态等信息的采集、清洗、分析的数据模型。依托于该大数据处理平台，利用大数据分析技术，构建了面向业务的应用健康度监控，进行实时业务运行指标收集并及时分析用户体验监控，在对特定监控指标 KPI 历史数据进行大数据建模分析基础上进行趋势预测分析，实现快速定位故障，推动了运维管理由技术系统监控到业务监控的转变，促进了公司运维管理水平的提高。

（五）云服务和虚拟化技术

由于传统的物理设备运行模式存在着扩展不易、升级周期长等缺陷，不能灵活变更以应对各种特殊情况，2015 年多家证券公司开始采用云服务和虚拟化技术，达到应用系统快速部署、灵活规划的目标。

为提升运维效率，提高机房空间资源和基础设施资源的利用率，保障系统稳定运行和数据的安全，降低采购成本，部分证券公司已逐步引入虚拟技术，在开发测试等环境试用后逐渐推广至生产环境乃至交易系统，取得了良好的效果。

在云服务方面，公有云技术拥有部署周期短、使用时间自由、互联网带宽资源充足的特点。该特点非常适合部署行情和资讯系统。越来越多的证券公司在公有云上新增行情站点，最大力度地利用公有云资源，云端资源根据行情情况可以灵活增加或者减少。由于部分系统上云后释放了本地的系统容量，从而也相应提高了本地数据中心信息系统的运行能力和扩展能力。

私有云及混合云的建设也正在部分证券公司实施。基于 IT 基础设施建设私有云平台，将服务器、存储和云平台管理软件有机整合并配以相应的管理机制，实现基础设施的平行扩展和资源的动态调整，实现应用的快速部署和平行迁移，实现应用的高可用性部署，在提高系统管理水平和管理效率的同时也取得了经济收益。在 IT 基础设施私有云平台的基础上，逐步开发云应用，从 IAAS 走向 PAAS 和 SAAS，在平台和应用层面上逐渐实现云化，可进一步提高信息技术资源管理水平。

（六）行业信息化公共基础设施建设

2015 年 1 月，中国证监会宣布由各交易所等 10 家市场核心机构共同承担开展的证券期货业数据通信专网——证联网顺利开通运行并实现全行业机构全部接入。证联网是证券期货行业新建的独立于现有通信交易网络，覆盖全行业的通信专网，作为行业的信息化公共基础设施，可以承载为场外市场提供数据传输服务；提供监管数据、监察数据、统计数据和信息披露数据的传输；满足行业机构数据备份传输需求；与其他金融行业机构互联，传输业务数据；联接境外市场，向行业机构提供“一点式接入”服务；提供交易仿真测试，提高创新业务的联网测试效率；提供全行业视频会议和应急指挥系统；提供开户、投资者身份验证等业务支持服务。证联网的建成运行是强化资本市场基础设施建设的一项关键举措，实现了监管部门、资本市场各参与主体、银行等相关业务机构统一接入，提供了各主体间全面的网络覆盖、高效的网络互联，具有“一点接入、多方通信”的特点，证联网将成为促进中国证监会监管转型的关键基础设施，是行业业务创新的重要基础平台，能够提高市场效率、降低行业成本、提升行业信息安全保障水平。

为加强行业网上信息系统安全，行业提供了公益性信息安全服务。中证信息公司接受行业机构的自愿委托，对委托机构的网上信息系统进行周期性的远程扫描，发现网上系统存在的安全漏洞，及时告知行业机构并提供修复漏洞必要的技术支持，根据需要对漏洞修复情况进行复测验证，提高了行业安全防护水平且为委托机构节省了费用。

第二节　2015 年证券业 IT 人员与投入情况

2015 年底，中国证券业协会对证券公司 2015 年 IT 人员及投入情况进行了问卷调查，收到调查反馈共 101 份，调查结果显示在 2015 年证券公司 IT 总投入较 2014 年增加 51%，IT 人员数量增加约 22%。

一、IT 人员

依据统计数据分析，近三年来证券公司总部 IT 员工人数逐年增长，其中，2015 年总部 IT 员工数量增幅最大，较 2014 年增加近 50%；营业部专职 IT 员工人数在 2013 年为最高，经历 2014 年下降后在 2015 年保持基本平稳，反映出行业信息技术力量不断增强且持续向总部集中的趋势，因新型营业部需要的专职技术人员较少，在前两年营业部转型调整到位后，营业部 IT 员工人数可能将相应维持稳定。

随着互联网金融的发展，证券公司借助外部厂商研发力量快速拓展自身研发能力的愿望不断增强，在证券公司常驻的外包开发人员增幅较大。2015 年，常驻外包研发人员的数量首次突破千人，比 2014 年增长约 22%；运维外包人员 2015 年较 2014 年保持小幅增长的态势，增加 11%。

表 1－1 为近三年证券行业信息技术人员情况。

表 1－1　近三年证券行业信息技术人员情况（单位：人）

类别	2013 年	2014 年	2015 年
IT 员工总数（不含外包人员）	8 859	8 419	10 306
总部 IT 员工人数	3 741	3 801	5 668
网点专职 IT 员工人数	5 118	4 618	4 638
常驻外包开发员工数量	544	984	1 199
常驻外包运维员工数量	130	254	283

图 1－1 为 2015 年 IT 人员分布情况。

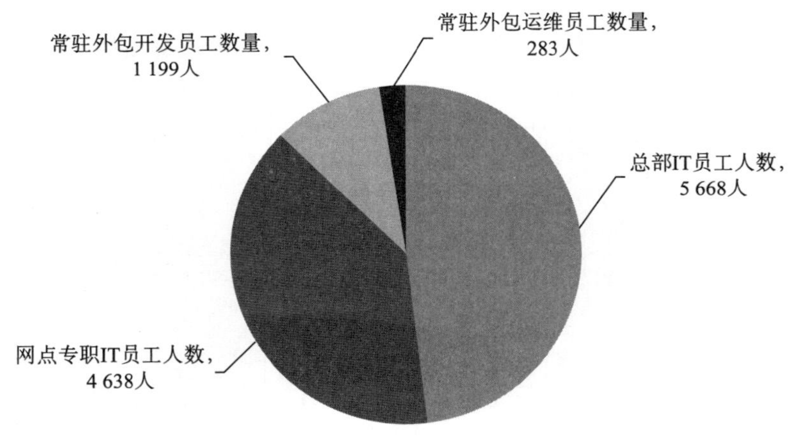

图 1－1　2015 年 IT 人员分布情况

二、IT 投入

为适应市场成交量的大幅增长，证券公司在 2015 年对交易与账户系统、外围渠道等系统采取了扩容措施，纷纷加大了 IT 投入，导致行业 IT 总投入较 2014 年大幅增加 51%，其中硬件投入增加一倍，达 108%，软件投入增加 59%，通信费用增长约 7%，人员外包费用增幅为 27%，其他运维费用增幅为 38%（见表 1－2）。

表 1－2　　近年证券 IT 投入情况　　（单位：万元）

类别	2013 年	2014 年	2015 年
IT 总投入	513 674.44	587 827.99	892 254.02
硬件投入	124 621.89	146 710.39	305 368.68
软件投入	135 866.95	140 666.68	223 461.42
通讯费用	170 878.31	162 533.41	173 836.55
人员外包费用	8 029.99	12 016.24	15 336.22
其他费用	74 277.30	125 901.27	174 251.10

101 家参与问卷调查的证券公司在 2015 年平均 IT 投入约为 8 834 万元，32 家证券公司投入超过平均额，反映出各家证券公司因业务规模和业务种类不同，IT 投入差距也较大，其中有 5 家证券公司 IT 投入超过 3 亿元，而同时也有 25 家证券公司 IT 投入低于 3 000 万元。

第二章
信息技术应用与服务案例

第一节　核心交易系统架构优化研究

面对市场急剧扩张的性能需求，为了解决大集中交易系统的性能瓶颈，行业多家证券公司一直在探索核心交易系统架构优化，尤其是客户规模较大的大型证券公司对此类核心交易系统的架构进行了深入研究。

一、基于高性能分布式架构的集中交易系统创新设计与实现

某大型证券公司创新性地提出在公司集中交易系统架构中，处于接入层的周边接入网关是其他系统访问交易系统的功能入口。网上交易/移动交易等系统通过周边接入网关提供的丰富功能集，完成与核心应用服务器的交互，从而实现客户的操作意图或业务展示。考虑从核心应用服务器的角度对功能集进行划分，即周边接入网关不再固定地把其收到的功能请求发送到核心应用服务器，而是根据需要，将不同的功能集发送到不同类型的核心应用服务器。理论上，这种以不同功能或功能集为划分粒度来分别配置不同服务类型应用服务器的思想提供了与功能数相匹配的功能执行路径，而不再由周边接入网关决定其唯一的执行路径。因此可以按功能执行路径的粒度，为每一个路径上通过的功能配置一个核心应用服务器。按此方法所划定的功能执行路径来界定核心应用服务器所执行功能的范围，通过多套核心应用服务器同时运行不同的功能或功能集来扩展核心应用服务器的性能，从而实现核心应用服务器分布式计算架构。

这种架构最大的特点在于突破了之前大集中交易系统或其他集中交易系统不得不面对的客户群体或业务集划分粒度问题，而将系统的性能在理论上扩展为与功能个数或者说功能执行路径数相匹配的分布式架构集中交易系统，同时又规避了因系统架构调整带来的业务运营模式的变更。

从技术实现层面看，2010 年开始对大集中交易系统进行架构调整，按照“三步走”的

规划，遵循从外向内、先查询后处理的演进路径进行创新设计。

第一步，建设以增加系统整体吞吐量、减轻核心应用服务器的性能开销为目的的网关 CACHE 服务器。借鉴网络路由转发的思想，网关 CACHE 服务器拟把通过网关发送给核心应用服务器的一部分查询功能借鉴网络路由转发的思路转发到专用的 CACHE 服务器，通过分担部分常用查询类功能的处理，达到既分担核心应用服务器部分处理性能压力的目标，又能极大地扩展系统的整体吞吐量。

第二步，借鉴分布式计算的思想，对查询类功能做了针对性优化。优化都集中在“只读”属性的数据或功能上，主要的查询类功能由专门的核心应用服务器来执行。查询类核心应用服务器的建设是利用 HADR 备机提供的数据查询功能，在备机上启用核心应用软件，对外提供查询类功能的执行服务，以分担核心应用服务器的处理能力和数据吞吐量压力。

第三步，作为“三步走”规划的最后一步，需要对具备“写入”特性的功能进行分布式调整，选择单体功能调用频率高、资源消耗大，同时具备“写入”特性的登录类功能作为“三步走”规划的最后一步。登录类核心应用服务器的建设是在 CDC 备用服务器上启用核心应用软件，并对外提供登录功能执行服务，通过功能转发，把登录类功能转发给 CDC 备用服务器执行，以分担核心服务器的处理能力。

相关技术在公司集中交易生产环境实际部署后，收到了超出预期的良好效果。系统请求的响应时间明显缩短，其中，查询类请求的平均响应时间仅为升级前的 1/3，平均单笔委托耗时缩减了 70%；系统整体的吞吐率得到极大改善，为核心应用服务器节约了 85% 的查询请求和数据流量，分流了 60% 需要到后台查询的请求以及占总体请求数量 10% 的登录请求。由此带来的性能提升使集中交易系统经受住了客户数量从 300 万户急剧增加到 500 万户、交易笔数从月均 2 000 万笔迅速增长到月均上亿笔的过热行情的考验。

二、双总线架构实践

近年来，证券业务创新对信息技术高度依赖，信息系统建设推进迅猛，某证券公司基于 SOA 的双总线架构结合国内外软件架构领域的应用成果进行了有益实践。

双总线即企业服务总线和企业数据总线。企业服务总线侧重于企业内各信息系统的分布式集成的标准化、规范化，负责业务服务封装、流程编排、消息和路由，满足公司业务快速发展对信息系统建设在快速开发部署、业务编排、服务重用、共享、虚拟化、配置化等急速变化的需求。企业数据总线侧重于数据层元数据的标准化和管理、为企业内的各信息系统提供统一的共享数据视图，在不改变原有系统架构和部署程序的基础上实现应用集成、数据集成，通过数据采集和转换实现新业务集成、实时处理等需求。

目前，双总线已经连接了公司各类业务系统 40 多个，包括集中交易（多节点）、统一账户、融资融券、个股期权、创新业务平台、OTC、网上交易、移动证券、Web 交易、网上商城、CRM、数据中心、OA、微信平台、短信平台等，提供 220 多个业务服务和 920 多个数据服务，在服务层面实现了公司各业务系统的互联互通和跨系统业务协同，在数据层面实现了公司日间业务数据与盘后业务数据的统一处理，为业务发展提供了有力支持，成为公司业务发展不可或缺的技术支柱。

基于SOA的双总线架构，以企业服务总线作为信息传输枢纽，以企业数据总线作为企业数据共享平台，分别面向各个系统的服务和数据集成，发挥两类总线的技术优势，通过双总线协同作用，简化IT架构，实现了数据在企业内的自由流动，消除了数据管理瓶颈；建立了企业级的数据统一视图，提升了服务的重用率和灵活性；减小了系统耦合度，降低了各业务系统的复杂性，提升业务灵活性和业务响应速度；为公司创新业务的开展争取了宝贵时间。

第二节　互联网证券应用

随着互联网的迅猛发展，各行业陆续步入互联网时代。证券行业一直以来都是技术创新的推动者和先进技术的使用者，证券业务互联网化也一直都在紧随市场发展趋势不断探索。

一、基于人脸识别技术应用的证券开户系统

2013年，证券行业提出在安全、风险可控的基础上，证券公司可以通过先进的技术手段开展网上开户业务，至此，证券行业业务拓展翻开新的篇章。各证券公司积极推动，在行业非现场开户业务指引下设计落地网上开户方案。开户过程中的核心过程是实名制身份识别验证过程，在行业内，证券公司基本采用双向视频见证技术，通过人工视频见证的方式进行身份验证，但是在实际业务开展过程中，双向视频带来诸多问题，特别是在已经成为主流的移动端开户过程中困难较多，主要体现在可操作性差。由于当前移动网络基础环境下，流量资费高、网速慢，造成视频接入困难，容易中断。另外，开户过程人工交互效率低下，在开户高峰阶段，证券公司需要投入大量人力进行视频见证，投入大且效率低，而且需要大量技术投入解决视频接入扩容问题。为此，经对行业内外同类应用的大量考察，提出采用人脸识别技术解决网上开户真实身份验证问题，既能够实现实名身份验证的安全需要，又能够在操作易用性和较低投入成本方面得到优化。

基于人脸识别技术应用的证券开户系统已经由部分证券公司在移动手机端app实现，客户使用前只要下载开户终端，即可在3分钟内流畅地完成后续开户过程。系统通过进行身份证照片、公安验证返回照片、现场采集头像照片、随机采集活体影像照片的多照比对，并配合做出随机动作的活体检测，模拟人工验证身份的过程，实现自动身份验证过程。当自动验证无法确认客户真实身份时，转入人工进行进一步身份验证。

人脸识别开户支持 7×24 小时服务，客户不需要排队等待验证，系统通过自动化比对实现验证，极大地提高了开户效率，有效降低了双向视频对网络质量的依赖，大幅度降低了证券公司人力投入成本，这是人脸活体识别技术在证券行业应用的重大突破。

二、响应式全天候移动服务平台

为提供高质量在线投资理财顾问服务，某证券公司利用互联网手段（主要依赖手机应用的移动性和实时性）构建了端对端的实时、高效、快捷、7×24 小时在线的社交平台，为投资顾问提供了强大的财富管理、销售管理工具，并为客户和投资顾问间建立多种沟通渠道，从而使客户获得最贴心的投资咨询服务，投资顾问则获得了强大的工具支持，并且通过平台获得了客户。

（一）移动服务平台的组成

该移动服务平台主要由两大应用组成：必答应用和金钥匙应用。

1. 必答 Web App

必答应用采用类似“嘀嘀打车”的派单模式，第一时间将客户的提问发送到所有在线投资理财顾问的手上。服务过程由系统详细记录，为利用大数据平台分析客户行为特征、了解客户需求、开发个性化产品、实现精准营销打下重要基础。必答是一款轻量级的 HTML5 应用，可以嵌入到任何网站和微信中，做到在任意的终端，跨平台中见缝插针，无处不在。

2. 金钥匙 Hybrid App

如果说必答是金融界“嘀嘀打车”的乘客版，那么金钥匙就是“嘀嘀打车”的司机版，把员工的工作平台从电脑搬到手机上。员工通过手机 app，打破了工作时间和地域限制，即使在业余时间、旅途中也可以为客户服务，实现了对客户 7×24 小时的服务响应机制。

采用抢单方式，打破了原有服务模式的局限，可以快速实现客户与服务资源的匹配，提升客户服务体验，同时有利于提升员工响应客户需求的积极性。

该平台为客户和投资理财顾问建立了完善的个人资料数据库和积分系统，还为投资理财顾问提供了强大的知识库支持。通过金钥匙 APP，投资理财顾问除了抢单和回答用户的咨询外，还可以应用知识库，极大地提升了互联网客户的服务体验，增强了客户黏性。

应用架构如图 2－1 所示。

（二）移动服务平台技术

平台运用开源技术，实现实时性、可靠性、可扩展性、健壮性和高可伸缩性。

1. 基础开发技术

通过对开发语言的易用性、框架的社区成熟度、设计模式的运用等因素的考虑，勾勒出从前端到接入层，再到中后台的完整技术栈。

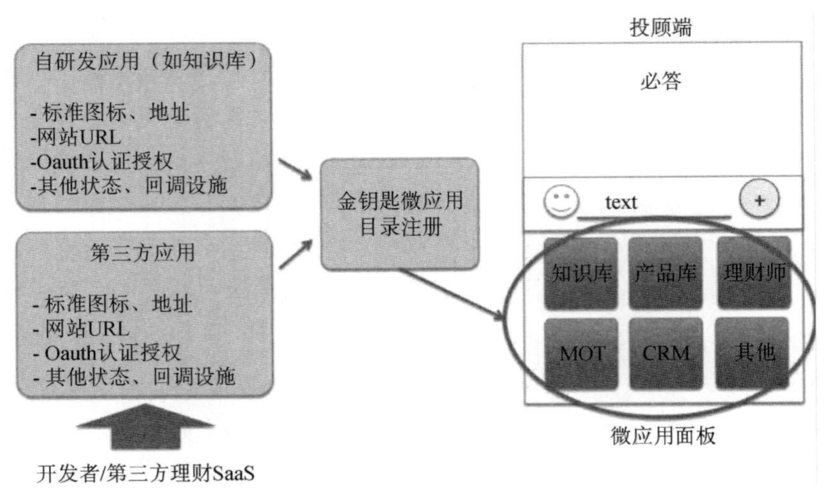

图 2-1 微应用标准框架

2. DevOps 技术

容器化技术、持续集成和持续部署，为应用快速迭代快速部署提供解决方案。

3. 应用服务

以 javascript 技术栈为核心快速构建了各种创新应用，如有问必答（门户）、理财网店、全民晒股、社区服务，构成社会化理财平台最核心的产品线。

第三节 综合金融服务平台

运用新技术创新金融信息服务，是催生金融新业态、新服务的重要手段。随着互联网尤其是移动互联网的快速发展，金融信息呈现爆炸性增长。运用互联网、大数据、云服务等新技术，创新发展新的金融服务平台是很多证券公司致力研究的重要课题。

一、综合金融服务创新平台

某证券公司构建的金融服务创新平台一期内容包括由综合账户系统、综合存管系统、综合支付系统、综合授权系统、统一认证系统构成的综合理财服务核心组件框架，由产品中心、综合征信系统、理财规划、百事通构成的支持子平台，综合理财接入总线，和以传统经纪业务、资管业务、期货业务为主的一户通金融终端。在经过一年时间的拓展与用户体验优化后，全面升级至综合金融服务高度，包括以互联网技术应用创新为主的用户中心、大数据分析子平台、IT 运营支持子平台，以证券市场创新业务为主的场外市场交易系统、多金融销售系统、个股期权交易系统，和以移动互联网、综合金融服务为主的金融终端。在 2015

年初完成了自贸区分账核算单元系统建设，并结合公司 FICC 体系建设要求先后推出了自贸区海外交易、黄金交易、外汇交易等子系统、子平台。上述新业务系统均对接到综合金融服务创新平台，为用户提供更加丰富的综合金融服务。

从项目立项之初，项目组根据软件工程学的方法论，结合信息技术多年来在交易系统方面成功的管理、开发、推广和维护经验，制定了严谨、科学、可行的项目方案和实施计划，并对项目过程中的各环节加强管理，严格按计划稳步推进。在历时 2 年多的生产运行过程中，平台不断实现与各类创新业务系统的对接，不断丰富综合金融服务内涵，平台容量、性能等运行指标健康，系统负载均匀稳定，很好地实现了预期的技术构架设计要求，对各营业部的前端业务反馈响应迅捷，用户反映良好，较好地支持了公司综合金融服务战略的发展。

二、基于大数据分析和复杂事件处理的金融信息服务平台

（一）技术

为进一步提升对金融信息的应用水平，某证券公司联合高校，在缜密计划、深入调研的基础上，建设了基于大数据分析和复杂事件处理的金融信息服务平台。该平台采用了三大技术：（1）基于大数据技术，实现多源异构金融数据的获取、清洗、分析及应用；（2）基于复杂事件处理技术，构建实时个性化推荐引擎；（3）基于 SOA 理念，构建金融信息服务发布平台（见图 2－2）。

（二）特点

该平台特点体现在以下几个方面：

1. 打造基于全网采集与感知的金融大数据处理技术平台，数据获取全面

在整合自有客户数据的基础上，研发了一套针对互联网门户、股吧、微博、微信等自媒体资讯的分布式统一采集平台。针对网络数据的泛在分布、动态化、多样化等特点，研发“基于多通道的主动采集技术”、“基于浅层语义处理的网页统一抽取技术”等多项关键技术。

2. 基于自然语言处理与情感分析技术，实现金融文本的准确量化

互联网作为信息发布与获取的重要渠道，发布的政策、公告、事件、投资心得等多以自然语言的形式存在，包含噪声、口头语、指代、更正、重复、强调、倒序等大量的语言现象。为了在这些海量异构数据中分析和提炼准确有效的量化信息，项目过程中研发了面向金融领域的文本分析技术、融合用户观点和用户行为的金融应用技术等关键技术，并在准确率、召回率、Accuracy 等评价指标方面取得显著的提升。

3. 建设金融信息服务的实时处理模式，有效缩短服务响应周期

研发了针对自媒体特征的分布式采集方案、对权威发布渠道的实时监测与数据抓取、构建实时个性化服务引擎实时分析事件流并即时发布到企业服务总线上，供订阅者实时接收处

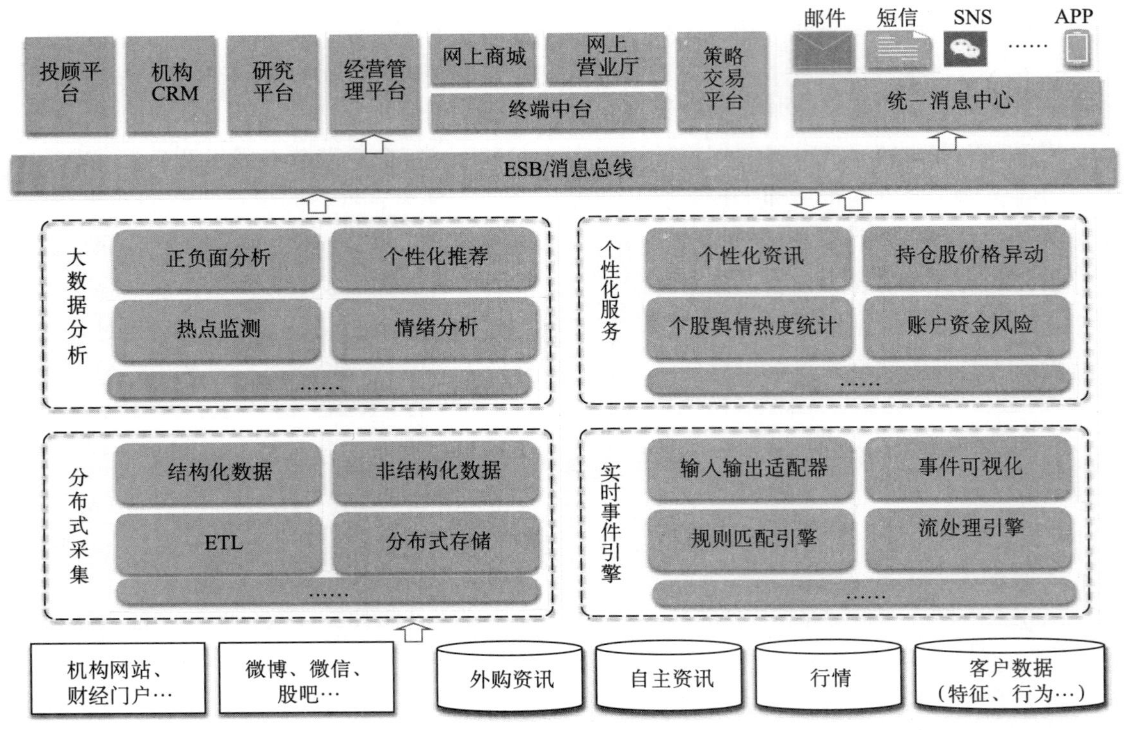

图2-2 金融信息服务平台

理，从而缩短服务响应周期。

4. 构建金融大数据预测分析模型，辅助投资决策，有效提升大数据应用价值

研发了热点话题检测、个性化推荐、热点个股探测等技术挖掘热点及个性化信息；实现基于社交媒介情感分析的非线性股市预测模型；创立基于格兰杰因果分析筛选变量的投资者情绪指数模型。实证结果表明，该模型预测股市趋势变化时具有优良表现。

5. 建设差异化金融信息服务新模式，有效提升证券公司服务能力

差异化的金融信息服务是证券公司提升金融服务水平的核心能力之一。如何实现在合适的时机，通过合适的渠道将合适的内容推送给合适的用户是实现金融信息服务差异化的关键。项目结合运用大数据技术与复杂事件处理技术构造金融信息服务的差异化解决方案。

6. 广泛利用开源技术，项目自主可控

在大数据技术方面，项目广泛使用了互联网上流行的开源工具。数据采集与预处理主要采用了 selenium、htmlunit、Jsoup、RapidXML 等；数据处理与分析主要采用了 Apache 下的 Lucene 与 Spark 等；自然语言处理主要采用了 Ansj、IKAnalyzer 等。同时，结合了自身的项目特点研发了符合证券领域特征的若干关键技术，做到了技术可控，项目可控。

三、金融服务云平台

某证券公司金融服务云平台，借助现有成熟的互联网技术与业务理念，用平台的思维，

对现有业务系统进行抽象，实现核心功能的聚集，形成逻辑上相互独立的用户子系统、账户子系统、认证子系统、支付子系统、清算调度子系统。各子系统采用统一的技术实现规范和业务接口规范，形成一个完整的基础业务系统。新的业务系统只要基于这个基础平台，关注其自身业务相关的逻辑实现，共享统一的基础信息和服务，就可以达到快速响应业务需求的目标。

金融服务云平台由基础技术平台、基础业务组件平台（子系统）、服务接入平台组成（见图 2－3）。

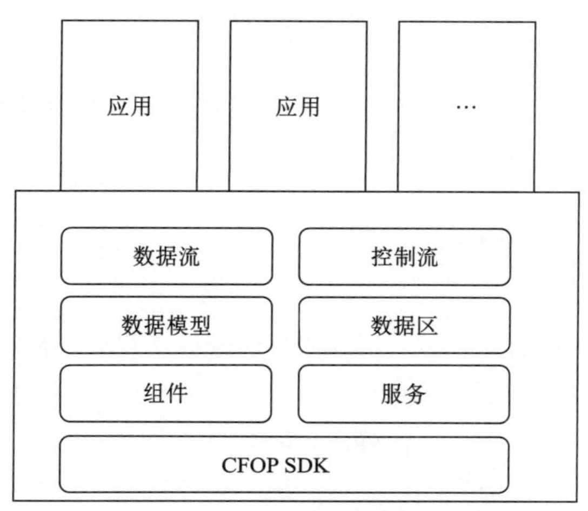

图 2－3　基础技术平台

（一）基础技术平台

基础技术平台的主要目标是定义和实现完整的应用系统框架及开发规范，定义内部的数据流和控制流，实现系统在部署、安全、性能、高可用等方面的基础功能，同时为应用业务开发提供可靠的技术开发框架。

（二）基础业务组件

基础业务组件主要是通过对现有证券业务进行分析和整理后，根据业务性质，抽象出核心功能，这些功能在实际的业务过程中有着可聚集的特性。目前，我们抽象出来的业务组件有用户组件、账户组件、认证组件、支付组件和产品组件。这些组件在技术层面可以为证券其他业务提供原子化的服务，在业务层面可以做到对客户的统一管理，提高业务之间的融通性，从而达到提高客户体验的目的。

（三）服务接入平台

服务接入平台目标是对基础服务组件提供的原子功能进行面向业务流程的封装，提供包括用户注册、账户开户、账户销户、资金调拨等业务服务功能。同时，针对业务应用系统的技术体系的不同，可以分别提供 JAVA、C ++ 、web Service 接口，所有接口都是基于 RestFull 风格，实现无会话状态调用。

第四节　合规风险管理控制

证券公司为加强内部合规管理，增强自我约束能力，实现持续规范发展，贯彻落实《证券公司合规管理试行规定》、《证券公司反洗钱工作指引》、《证券公司信息隔离墙制度指引》等相关制度的要求，实现公司持续规范发展，利用信息化的手段，建立合规管理信息系统，借助 IT 技术来提高合规管理水平。

一、证券合规风险全景管理平台

合规管理系统以信息系统为载体，实现数据的分类、共享以及与其他生产业务系统的集成，监测证券业务当中的合规事件，并及时对违规事项作出反应及处理。具体是通过对证券公司内外部法规的管理，经由合规工作模块、隔离墙工作模块对合规要求进行固化与维护、建立规则、设置监控指标等，结合投资管理系统、风控系统、数据中心、客户管理系统、经济业务系统等与合规管理系统的集成，实现数据的采集、分类、共享与智能分析，进而实现对证券业务中合规事件的监控与处理。

（一）“合规管理”模块

1. 合规矩阵

合规矩阵是合规管理业务的核心，系统提供全公司共用的一套合规矩阵。矩阵由三层结构组成，分别是业务类型、业务项、合规点。

2. 合规风险库

系统中合规风险库由四层组成，包括一级风险、二级风险、三级风险、风险事件。

3. 合规风险损失事件库

合规风险损失事件库是记录已经发生的合规风险损失事件及相应的经验与教训启示，用于统计各地区发生合规风险损失事件的数量，并且可以对企业内可能产生的各种合规风险损失起到一个参考、分析的作用。

（二）信息管理模块

1. 信息隔离墙

以“中央控制室模块”为核心，将过中央控制室作为隔离墙数据中心，以业务为基准，实现限制规则管理、投行业务管理、直投业务管理、自营业务管理、资管业务管理、研究咨询业务管理、融资融券业务管理、关联方名单管理、跨墙管理。

2. 限制规则管理

隔离墙集成模块中设计限制规则管理功能，合规部隔离墙管理员可以人工维护相应的限制规则，以及相关阀值。

3. 限制清单推送

将相关限制清单推送到各个业务系统包括 OA 系统、投研平台、自营、资管的投资交易系统、融资融券相关系统、投资顾问相关系统以及约定购回、股票报价质押式回购、基金托管等创新型业务相关的系统中，主动限制相应的业务活动。

4. 跨墙管理

实现跨墙申请、审批、工作报备等工作的电子化，并使跨墙过程留痕，合规部跨墙管理员参与监管，从而有效降低合规风险。

（三）合规监测

1. 自营业务监测

对证券公司各个业务涉及的股票同向、反向交易、共同持仓、违规发布报告等行为进行监测，有效规避风险。

2. 资管交易监测

资管交易监测包括对资产管理业务两两账户之间反向交易、资产管理违规交易筛查、资管涉及投行观察清单的交易等的监测。

3. 研究所业务监测

研究所业务监测包括对自营涉及研究报告标的证券仓位变动、资管涉及研究报告标的证券仓位变动、研究报告违规发布监测、研究所涉及投行观察清单的交易等的监测。

（四）员工行为管理

员工行为管理用于监控员工交易投资行为和从业资格情况，达到规范员工执业行为的目标。

二、流动性风险管理系统

证券行业全面践行从传统中介业务向资本中介、资产负债业务转型，直接投资、融资融券、股票质押回购和各类金融产品做市业务为证券行业提升财务杠杆创造了条件。以各类信用交易融资为代表的资本中介业务的发展，在为实体经济提供有效融资的同时，也给证券行业资产负债管理，特别是流动性管理带来了极大的挑战。

证券流动性管理系统包括两大领域：一是资金调配与流动性管理；二是流动性风险日常

评估与监测（见图2-4）。

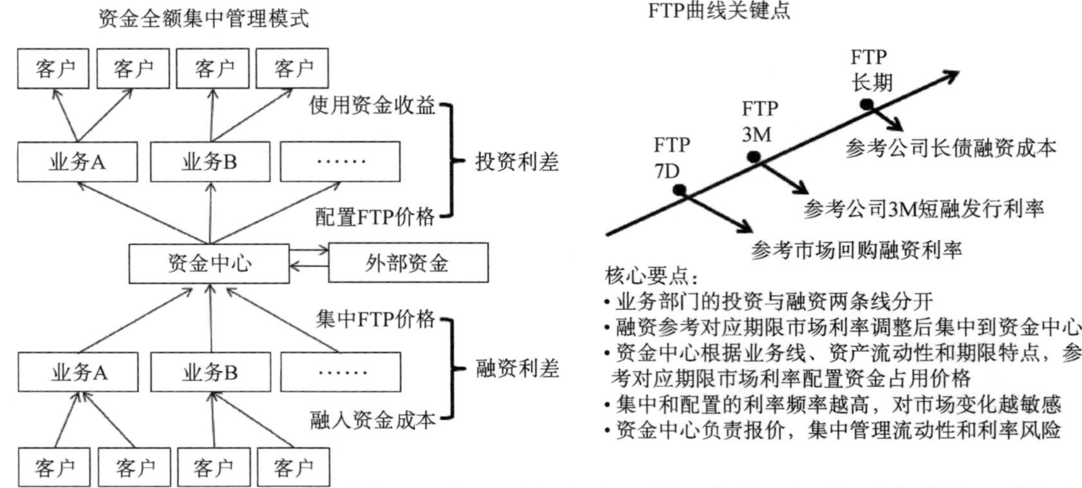

图2-4 资金集中配置主要模式及其核心构成

（一）资金调配与流动性管理

1. 全额集中

将各部门业务线全部资金来源逐级集中至公司，各部门业务线全部资金运用由公司统一配置。为公司集中管理流动性风险、利率风险和汇率风险奠定基础。

2. 逐笔计价

通过逐笔计价，增强内部资金转移价格的杠杆传导作用，全面真实核算全公司所有业务，强化全公司各业务单元的成本意识，提高产品定价议价能力。

3. 流量监控

一是实时监测，指各部门能够通过系统对资金项目的资金收付情况进行实时监测；二是队列管理，是指各部门能够通过系统对跨部门资金进行硬控制，以便在全公司出现支付风险时，通过调整支付指令的顺序，实现数量优先或大客户优先；三是建立健全大额资金预测预报机制，实现资金预测预报“纵到底、横到边”的层层分解和公司统筹管理相结合的流动性风险管理模式。

（二）流动性风险日常评估与监测

从系统实现的层面上分析，主要包含以下几个步骤：

1. 业务数据采集

通过ODS数据总线完成数据采集，包括前、中台系统的业务数据、持仓以及市场资讯数据。采用按源系统分类数据并定时轮询实时采集的方式避免在数据高峰期一次性采集大量数据，提高数据采集的效率。

2. 业务数据补录和验证

为确保数据完整性，可由业务人员在数据补录界面上补录，系统进一步提供数据复核功能，减少人工补录可能出现的失误。

3. 数据准确性、完整性

制定了一系列数据准确性、完整性校验方法，并随着业务的开展不断改进，最大限度地保障了流动性风险日常评估与监测工作的数据基础。

4. 未来现金流、券流拆解

内置了一个自主研发的金融工具引擎，通过此金融工具引擎，结合合约条款，可以准确生成各类业务所产生的未来现金收付流水、券的远期交割流水、质押及解质押流水、资产及负债的平仓流水等一系列未来现金流、券流。

5. 流动性储备池及未来资金需求的计算分析

根据用户权限的配置，系统可分别展示公司级、部门级、账户级或是自定义级别下的流动性资产和资金需求。

6. 流动性风险指标计算及报表处理

研发了一套“基于数据映射匹配的指标参数定制”的技术实现方案，由系统实现对数据的抽取整合，风险管理人员或后台运维人员可根据业务需求，在系统提供的可视化界面上制定相应的映射规则，并形成不同的管理指标。系统根据制定好的映射规则自动生成流动性风险分析任务，由流动性管理系统内置的任务管理引擎执行分析任务，并生成相应的流动性风险监控指标或报表。

7. 监控预警

流动性管理系统内置了通知和预警的机制，在关键的系统处理环节结束后产生通知消息，在指标的限额监控过程中产生预警消息，极大地方便风险管理人员以及系统运维人员开展管理和运维工作。

三、证券公司市场风险量化模型系统

鉴于 VaR 模型具有专业性高，计算量大，相关软件价格昂贵等特点，某证券公司自主研发了市场风险量化系统，该系统采用历史模拟和蒙特卡洛等数量化模型计算自营权益类、衍生品、固定收益类等证券在多种置信水平下的风险敞口，并可对债券投资组合进行敏感性和流动性久期分析，使得市场风险通过不同的报表得以清晰、有效地体现。经过 2014 年的测试使用，该系统在市场风险量化方面取得了良好的效果，已广泛应用于公司日常风险管理工作，提高了公司市场风险精细化管理的水平。

（一）系统架构（见图2-5）

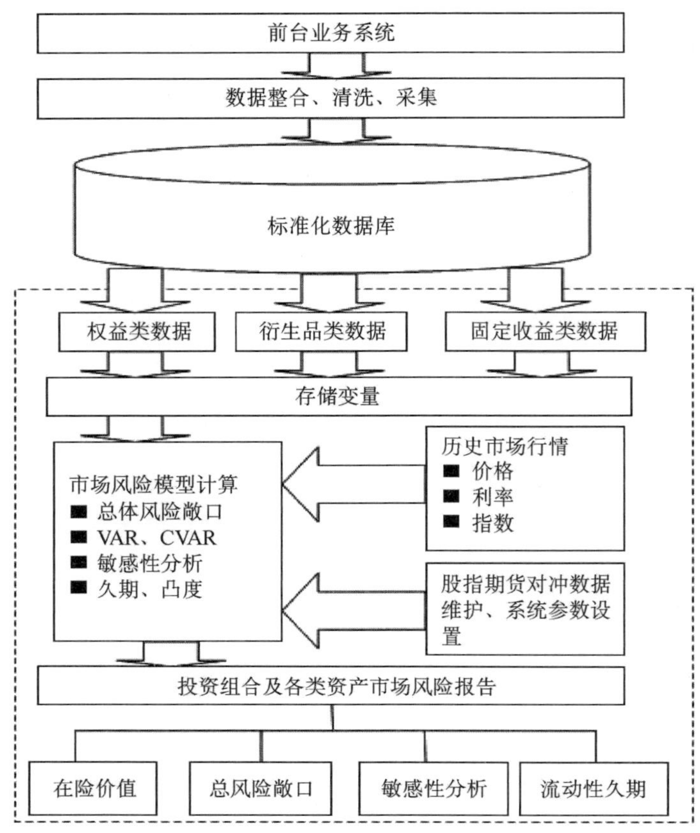

图2-5 系统架构

（二）系统主要特点

1. 全面认识组合风险

市场风险量化系统提供了多种内部模型和计量方法，可以将这种分析技术运用到业务前、中、后台所需的风险分析中，捕捉组合中的相关性影响，计算出不同业务的风险贡献，使风险的承担、计量和监控成为一个透明、可操作的过程。

2. 良好的系统扩展性，适应业务不断发展需求

市场风险量化系统基于开放式的编程平台，可以处理涵盖多种证券类型的投资组合头寸，还可以应对个股期权、股指期货、利率互换等非常复杂的衍生产品。同时，系统采用各模块函数封装的内部框架，可以方便灵活地增加和修改量化模型，支持多线程运算，使得系统有能力应对数据量的成倍增长。

3. 多样化的计量模型

市场风险量化系统可以使用蒙特卡洛方法，通过大量的随机模拟（一般是十万次以上，

甚至百万次)，涵盖了市场上所有可能的极端情况。

4. 完整的报告体系

可以自定义设计报表功能，为各个层次的风险管理者（董事会、高级管理层、风险管理部门分析人员）提供所需要的报表，既可以进行汇总，又可以从多个角度分析，直至每个具体头寸。

第五节　运维管理平台

系统运维工作是证券公司 IT 部门里最基础、最重要的工作之一。证券公司的系统运维操作复杂度高、强度大，难以避免误操作、漏操作和延迟操作等操作风险的发生，相较其他金融行业，证券公司系统运行维护对业务持续性和时效性的要求更高。同时，证券公司创新步伐不断加快，交易、清算等系统越发复杂和繁多，运行维护工作的难度进一步加大，各证券公司都在持续优化改进各自的运维管理工作。

一、证券公司精细化运维工具集

针对证券公司运维工作的特点，某证券公司开发了证券精细化运维工具集。该运维工具集是在证券公司运维小工具的基础上提炼、整合到统一的平台下，实现运维工具自动化、一键式操作。精细化运维工具集在统一系统框架下，基本使用同一标准进行设计、开发、测试、实施及使用，具有开发效率高、设计实现快的特点。在提升运维响应速度的同时，创新运维管理理念，最大程度上解放运维生产力，完善运维模式。

业务特点决定系统架构，证券公司系统运维风险点多，涉及业务系统较多的特点，意味着工具集也必须与之能对应，不可能有一套或者单个系统能一揽子解决，必须有针对性的定制化开发。

按照面向流程、面向服务的架构设计思路，证券公司精细化运维工具集按照运维流程总线来区分，可将其分为三层：常用工具支撑层、运维辅助层、监控辅助层（见图 2－6)。

(一) 以用例来驱动和实现架构

用例表示最终的运维人员需要怎么用这个工具及具体的应用场景和实例。用例记录几乎所有的功能性和非功能性需求，同时将用例模型化，每一个模型都有其特定的、清晰的设计边界，功能单纯而准确。

每一个工具的架构设计都包括用例模型建立、用例模型分析、用例模型设计、用例模型实施、用例模型实现以及用力模型测试。其中，模型的建立也不是一成不变的，模型可以在

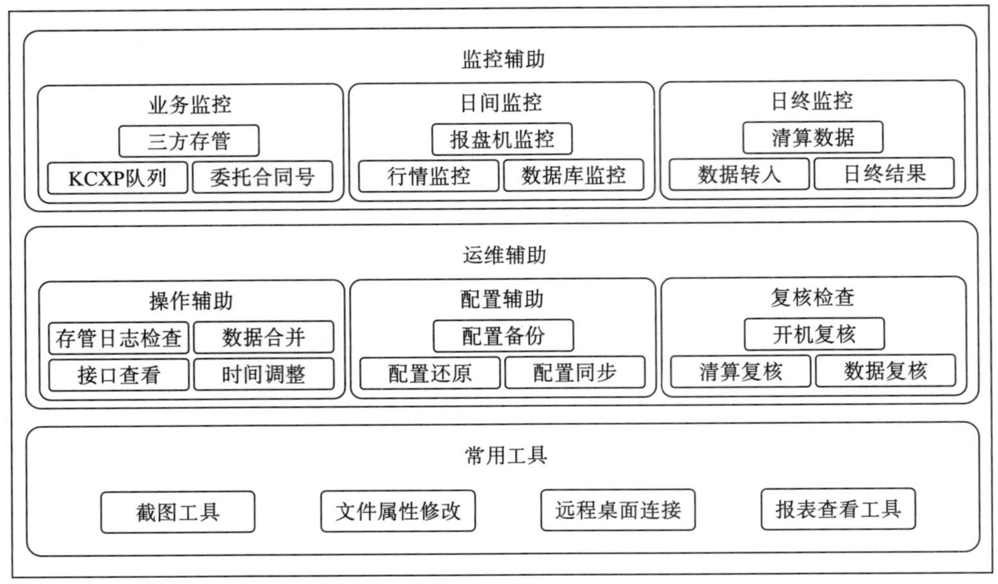

图 2－6　证券公司精细化运维工具层次

设计和实施阶段进行扩展和反推，力求在架构设计上做到简洁且紧贴用户需求。

（二）用例模型——视图实现——用户反馈的设计模式

用例模型：根据用户用例建立模型，模型在一个特定的抽象层次上给出了某一类运维工具的整体概念和描述，然后根据模型进行具体的实现，即视图。

视图实现：根据前期的用例建模，使得模型有了一个具体的实现，是模型的一个具体的投影。将某一类运维工具从一个抽象的、模型化的描述或概念变成一个实际的工具或 DEMO。

用户反馈：用户是最后的运维工具使用者，也是前期用例模型的主要提供者。一个模型从建立到形成具体的工具，最终的归宿是使用者，即用户。用户反馈通过搜集具体的用户使用信息，来扩展用例从而优化用例模型，再到改变视图实现，从而达到优化运维工具的目的。

二、大数据日志分析及运维应用平台

随着证券行业业务创新不断涌现、证券公司 IT 架构越来越复杂、传统模式下被动的运维管理和安全监控已难以满足系统平稳运行和业务不断发展的需要、用户体验要求越来越高、运维压力越来越大，某证券公司开发了基于大数据的日志分析及运维应用平台，建立囊括服务器、网络、系统、程序、变更等各个方面的实时及历史状态数据的数据资产库，帮助运维团队快速定位故障根源、预测系统健康趋势。

该平台集成了 Hadoop、HDFS、HIVE、Spark、Impala 等多种大数据技术，搭建了满足证券公司运维数据、业务数据、交易数据等多种类型的数据采集、处理和分析要求的大数据处理平台，建立了一套适用于证券业务系统日志、运行状态等信息的采集、清洗、分析数据模型。依托于该大数据处理平台，以证券公司运维大数据为基础，利用大数据分析技术，构建了面向业务的应用健康度监控、基于探针进行实时业务运行指标收集并及时分析的用户体验监控，以及在对特定监控指标 KPI 历史数据进行大数据建模分析基础上的趋势预测分析。

同时，平台集成安全事件管理系统中的告警信息，利用基于基础监控应用和大数据应用来展示故障相关信息，如故障节点的内网 IP 地址、机房机柜位置、相关系统责任人及联系方式、机器型号和典型应用等相应数据，并根据关联信息，显示故障节点可能的故障原因，利用大数据分析的技术业务指标监控和趋势监控等业务建模，快速定位故障。

平台的核心包括运维数据的实时存储、实时查询、运维模型、实时分析。为此，构建了基于 Hadoop 的生态系统，利用 Hbase、Spark、Spark Streaming 为核心技术的实时数据分析与存储平台，通过与监控系统和故障处理系统的整合，实现运维数据资产与智能运维系统，快速定位系统根源故障，减轻运维人员压力。

图 2－7 是对证券公司大数据运维平台的整体说明，包含 Hadoop 平台、基础数据采集、准实时平台和平台接口。

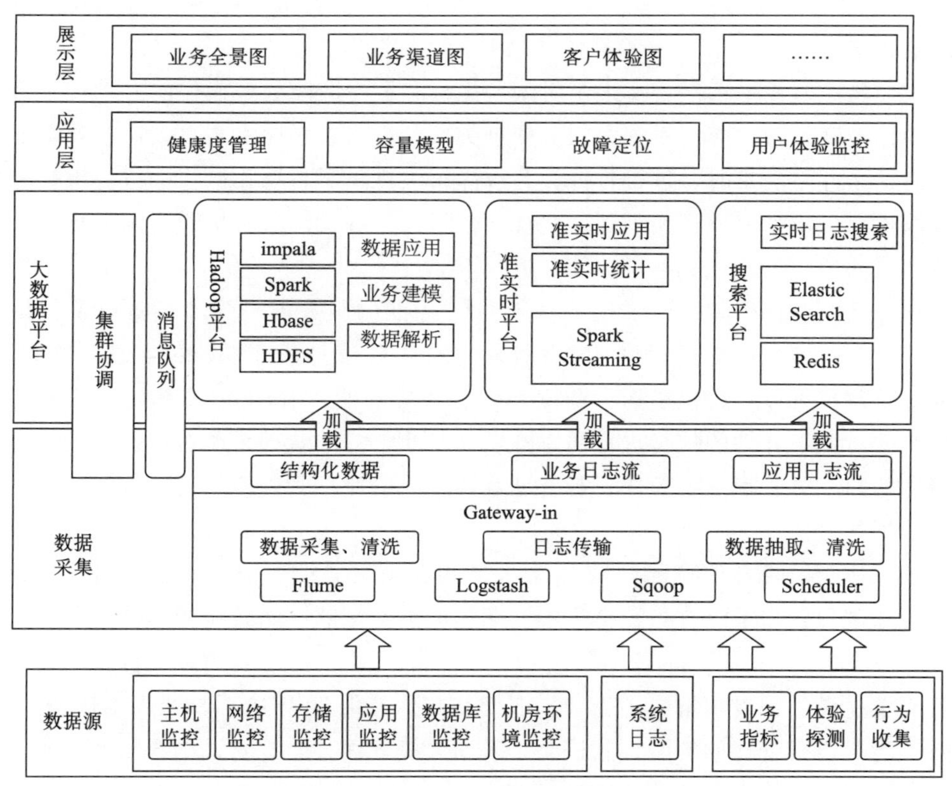

图 2－7　证券公司大数据运维平台

其中，数据源表示所有数据来源的集合，包括各种指标数据及日志数据，可能是文本数据，也可能是数据库数据。

数据采集表示数据抽取、清洗、抽取和传输的层次。

大数据平台包括 Hadoop 平台和准实时平台及搜索平台，其中 Hadoop 平台主要包括 Hbase，Hive 等结构化数据存储数据。

应用层主要包括业务系统健康度分析、容量分析预测以及故障定位等。

展示层主要包括业务全景图、业务分类墙、业务渠道图、客户体验图等多个场景。

三、证券公司统一运维监控管理平台

为减少人为差错所引起的系统故障，提高系统的可用性，提高系统的平均修复时间，将 IT 运维人员从日常重复性劳动中解放出来，降低企业的 IT 运营成本，某证券公司建设了统一运维监控管理平台，实现了 IT 集中监控与服务自动化。

证券统一运维监控管理平台实现了面向业务应用的监控和分析。利用动态基线技术，实现 IT 运维基础数据的事前、事中、事后分析，为改进运维质量、IT 投资提供决策依据；提供统一流程控制台，统一展现告警事件，并集中自动化处理这些告警事件；提供业务影响视图，将 IT 基础设施的运行状况与支撑的业务关联起来，让 IT 运维人员直接感受到组织业务系统的健康状况。

证券统一运维监控管理平台实现了对例行工作和突发故障处理操作的自动化，将手工作业进行自动化实现；根据应用系统之间的依赖关系，严格按顺序实现自动启动整个证券应用系统，当启动条件不满足时，进行告警；为故障解决提供了自动化操作手段，根据故障解决策略，可以重启应用系统或切换到备份系统、也可以允许管理员直接通过图形化界面登录到故障系统解决问题。

证券统一运维监控管理平台实现了基于 ITIL 标准的服务流程管理；实现了包括服务台与事件管理、问题管理、变更管理、配置管理的完整 IT 服务管理功能；实现了组织 IT 环境的统一配置管理数据库；提供了运行调度和任务管理功能，对 IT 运维部门的任务自动生成调度计划，并对调度计划的执行进行回顾；实现与第三方的管理系统对接，可通过运维门户访问已部署的第三方管理系统模块，与管理系统提供的流程管理模块进行数据整合，并实现流程管理数据的分析。

证券统一运维监控管理平台为 IT 运维人员和管理层提供了统一的运维门户，通过将各类监控系统和流程管理系统进行整合，不同角色的人员能够一站式访问运维的所有资源，提升 IT 运维的效率。

项目开发建设中，着重解决了复杂、多变、非标准化 IT 环境下，低成本快速实现 IT 灵活、高效、稳定运营管理的问题，其核心是采用人机界面整合技术，结合闭环控制方法，运用流程可视化和门户技术，让复杂多变环境下的 IT 运维组件能够分批逐步实施。证券统一运维监控管理系统自上线运行以来，系统取得了较好的实践效果。系统整体架构如图 2－8 所示。

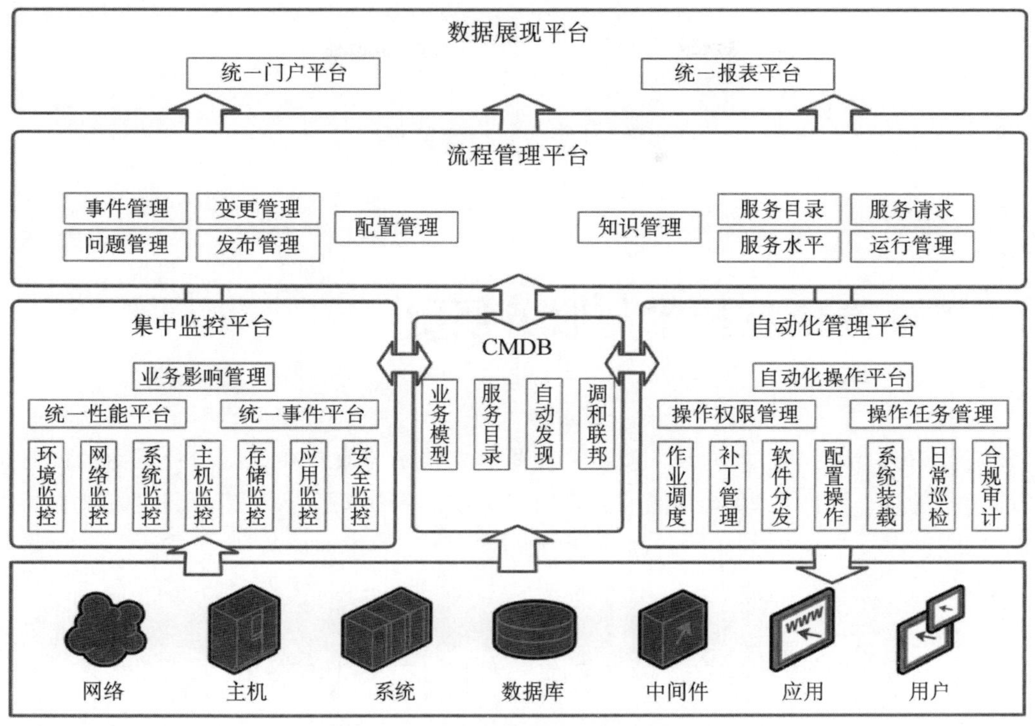

图 2－8　统一运维监控管理平台

第三章
2016 年证券信息技术与服务展望

伴随着 2015 年证券市场的异常波动，行业信息技术与服务在承载运行压力的同时也在不断前行与进步，期许在 2016 年能够更好地保障信息系统安全平稳运行，更好地支持业务发展。

第一节 信息技术风控合规管理

2015 年，证券业监管机构和自律组织加强了信息技术监管和行政处罚力度，对行业信息技术风险合规意识起到了很强的提升作用。信息技术在原有的保障信息安全基础上，增加了更多的合规管理责任，与以往相比，信息技术管理将更加复杂，且难度更大。如何理解和做好行业信息技术风险合规工作，需要监管机构和全行业共同持续探讨，进一步明确合规风控与信息技术的管理边界和责任分工等问题。

2015 年发布的《证券公司外部接入信息系统评估认证规范》对加强行业信息系统外部接入的风险管理起到了很好的引导作用，有利于维护证券公司信息系统安全稳定运行，有利于维护证券市场健康发展。目前，证券公司未经行业评估认证不得开展信息系统外部接入，需要行业监管机构和自律组织尽快研究出台相关规范性细则，尽早启动信息系统外部接入的评估认证工作。从长远来看，要通过制度进一步充实和完善外部信息系统接入的业务范围、主体范围、系统范围、认证评估流程、持续运行管理等方面的规范，确保行业信息系统安全。

程序化交易是汇集了信息技术、统计科学与金融工程等众多学科的新兴业态，是把“双刃剑”，对资本市场有利有弊。目前，加强对程序化交易的监管已成为行业共识，辩证地看，我们需要对其不利于市场稳定的方面加以监管督导，对其有利于活跃市场的方面加以引导扶持。程序化交易涉及系统接入管理、指令审核、应急处置与控制、黑名单制度、自律管理制度等一系列问题，需要行业监管部门和自律组织、交易所及行业机构客观研究和分析管理方式，建立与之特征相适应的监管体系，尽快出台相关法律法规及自律管理文件。

第二节　机构业务服务系统

我国 2013 年 6 月开始实施新《基金法》，从法律层面确立了私募基金合法地位；2015 年 8 月出台《私募投资基金监督管理暂行办法》为私募基金行业扫除了制度障碍、打开了发展空间。公司发展私募基金业务处于最佳时机。截至 2015 年 12 月 31 日，中国证券投资基金业协会备案私募基金管理人有 5 087 家，已备案私募基金产品有 1 699 只。为了能够更好地为这些机构客户（包括高净值客户）提供个性化增值服务，以稳固机构客户资源和营业收入，多家证券公司在 2015 年清理第三方接入信息系统的同时着手建立机构业务服务系统（PB 系统），为机构客户提供多样化的交易通道和交易工具、投资管理、集中结算托管、IT 技术支持、后台运作、风控、清算、估值等全方位服务，预计今后机构业务服务系统将会得到长足发展。

第三节　系统架构与基础设施

行业普遍采用的传统集中交易技术架构已经变成一个庞大的综合业务处理系统，存在信息系统模块之间耦合度高、可扩展性差、灵活性不足、不易实现横向扩展、难以适应业务快速发展等问题。这些问题限制了证券公司对业务需求的快速响应，制约了证券信息技术的发展，抑制了证券信息技术创新，更加难以适应交投活跃的证券市场的发展需要，2016 年仍面临技术架构需要持续创新的问题。同时，随着市场全球化的发展（沪港通、深港通、沪伦通等），对证券公司核心交易架构提出更高的要求，日间交易业务与日终结算业务进一步分离，支持客户资产 7×24 小时使用，支持不同市场、不同品种分片清算结算，从技术架构上支持接入全球化交易也是证券公司亟须考虑的方面。

为应对 2015 年市场行情，各证券公司纷纷扩容信息系统处理能力，软硬件投入及通讯成本都大幅增加，行情平息及成交量下降后这些基础设施与资源将处于闲置浪费状态，如何平滑升级扩容又合理控制成本需要进一步分析研究。

由于证券行业对交易的实时性和可用性有着高度的要求，传统主备数据机房模式存在备用数据机房闲置、RTO 和 RPO 不理想等问题，为更有效地保证业务连续性，少数证券公司已开始探讨双中心运维方案，利用不断成熟的网络双活技术、数据库系统和存储系统双活技术及虚拟化技术搭建分布式双活数据中心，最终达到切换响应速度快且节约成本的建设目标。

第四节　互联网证券

金融互联网化的不断发展，给证券行业带来新的经营理念和运营模式，网上证券和移动证券已成为行业发展与创新的助推器。互联网证券以互联网为载体，通过各种先进的技术手段将证券业务工具送到客户手中，释放客户的各类投资需求，使得投资者足不出户即可方便地办理各项业务。7×24 小时业务办理平台为客户带来更加惬意的、随时随地的使用体验，尤其是移动终端 APP 因其易于使用的用户界面及便捷的移动特性，使得移动信息化平台及产品服务成为互联网证券的必争之地。近年来，各家证券公司都在抓紧移动开户、移动营业厅以及手机证券业务系统的建设与完善，同时多家证券公司重视自身研发技术能力的提升，加大互联网技术人才的培养和引进。在互联网证券业务开展过程中，需要贯彻互联网思维，注重追求用户体验，如交易和理财等业务采用场景式设计，操作应简单快捷，技术实现上应支持业务功能敏捷开发快速上线。虽然互联网证券业务得到了快速发展，但也面临着各种风险。信息系统是证券行业重要的基础设施，是业务运行的基础。信息技术在证券业务发展过程中起着至关重要的作用，面对基于互联网的营销服务越来越多。APP 的安全、网站的安全、接入的安全等方面对证券公司而言，无论在技术上还是在管理上，都提出了更高的要求和挑战。预计 2016 年证券公司在互联网安全方面需要进一步深化相应的安全体系和措施。

第五节　大数据和云服务

近年来，随着大数据和云服务等 IT 新技术与证券业务的日益结合，证券公司相继建设各自的数据中心，在支持公司业务发展、客户服务和管理决策方面提供了积极的支持，对于统一监管和业务数据报送标准和接口发挥了重要作用。未来，业务创新持续推进，大数据和云服务也将不断创新，行业监管面临新的挑战，全行业需要在数据中心的协同上下功夫，统一数据标准和数据接口，以便于形成行业集中的基础数据及运营监管数据，为今后创新业务的推出以及实时高效的监管措施的出台提供数据支撑。

另一方面，随着行业证券公司、互联网公司推出各种“互联网金融平台”、“金融云平台”，并借助各自用户群、技术等优势进行推广，不断暴露出行业对云端数据保护、客户数据保护的相对滞后，如何防范敏感信息泄露，如何加强信息技术安全手段需引起行业重视。

第六节　证联网应用

证联网的建成运行是强化资本市场基础设施建设的一项关键举措，对促进我国资本市场健康发展具有重要意义。在中国证监会统一部署下，证联网建设已按计划逐步推进了与银行等行业外其他相关机构的高效互联，实现存管银行接入，开展深证通 FDEP、中金所银期一线通、中国结算 PROP 等数据交换平台与证联网对接和迁移工作，逐步将监管监察系统迁移至证联网运行，配合中国证监会新一代监管系统在证联网上线运行，将中国期货保证金监控中心、中国证券投资者保护基金公司、中证资本市场发展监测中心、中证资本市场运行统计监测中心的监察数据、统计数据、备案数据迁移至证联网传输。后续将深化证联网应用，建议重点关注如何依托证联网提高市场效率、降低行业成本、提升行业信息安全保障水平的功效得以充分发挥。首先，积极推进基于证联网的行业信息化公共基础设施开展业务，推广行业公民身份证验证业务系统的应用，建设行业安全认证中心、行业信息技术测试中心云测试平台、行业数据集中备份系统等。其次，助力市场业务创新发展，配合机构间私募产品报价和服务系统、行业公共支付平台系统等在证联网上线运行。最后，进一步实现与国际主要市场网络的联通，推进我国资本市场国际化业务发展。

专题报告之十：
2015 年证券公司投资者保护发展综述

2016 年第一季度，中国证券业协会开展了 2015 年证券公司投资者保护专项调查工作，具有证券经纪业务资格的 99 家①证券公司参与了本次专项调查。调查显示，2015 年，证券公司积极围绕中国证监会“公平在身边”投资者保护专项活动开展工作，面对证券市场行情大幅波动，新入市投资者大量增加，融资融券等新业务快速发展的形势，在健全投资者保护机制、落实适当性制度、完善客户服务、引导投资者理性投资等方面做了有益的探索和尝试，投资者保护工作取得了新进展，但同时也应看到，证券公司投资者保护工作还存在形式化、临时化等问题，未来还应在有效性方面做出更多努力。

第一章
证券公司投资者教育服务工作开展情况

2015 年，证券公司进一步加大投资者教育经费投入，不断完善投资者教育服务工作组织与制度建设，通过移动互联网扩大投资者教育服务工作覆盖面，结合投资者非现场交易习

① 金通证券有限责任公司 2015 年度未对外展业，故未参与调查。

惯创新投资者教育产品制作及活动形式。

一、投资者教育经费投入继续增加

2015 年，99 家证券公司投资者教育经费总计约 7.8 亿元，比 2014 年增加近 8 000 万元；平均每家公司投入约为 789.66 万元，较 2014 年提高了 11.68%。2015 年投资者教育经费占同期代理买卖证券业务净收入的 0.29%，同 2014 年的 0.72% 相比降幅较大，主要原因是 2015 年证券行业代理买卖证券净收入同比增长达 156.41%。近 7 年中，行业年均投资者教育经费投入约为 5.71 亿元（其中，2011 年统计口径略有差异，将各证券公司相关投资者信息系统建设费用计入）（见图 1－1）。

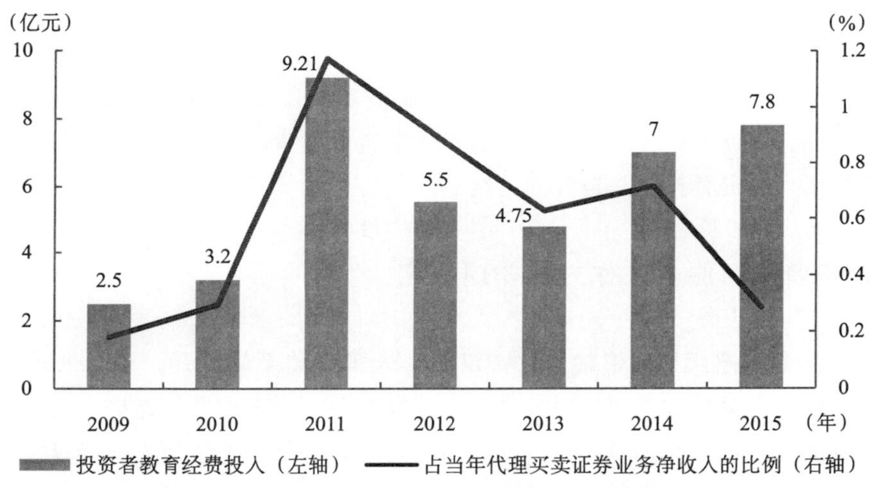

图 1－1　2009—2015 年证券行业投资者教育经费变化情况

2015 年，证券公司投资者教育经费投入呈现两极分化趋势。经费投入在 1 000 万元及以上的有 22 家公司，比 2014 年增加 8 家，22 家公司共投入经费 5.5 亿元，占全部公司投入经费的 70%。经费投入在 500 万元（含）至 1 000 万元的有 19 家，200 万元（含）至 500 万元的有 24 家，200 万元以下的有 34 家（见图 1－2）。

二、投资者教育服务工作组织与制度进一步健全

2015 年，专项调查进一步细化对投资者教育服务工作小组的统计口径。调查显示，79% 的证券公司建立了由经纪业务部、财富管理部、融资融券部、场外市场部、网络金融部、运营管理部、法律合规部等前中后台多部门组成的投资者教育服务工作小组，其中 25% 的公司由董事长、总裁等担任投资者教育服务小组组长，其余公司也均由分管领导或牵头部门领导担任小组组长。2015 年，证券公司共有投资者教育服务岗位人员 8 240 名，其中总部 215 名，营业部 8 025 名，平均每个营业部有一名以上投资者教育服务岗位人员。

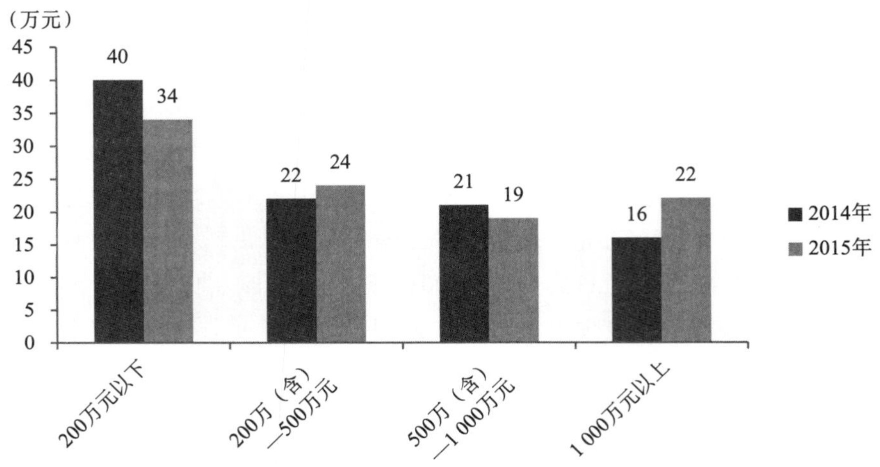

图 1－2　2014 年、2015 年不同投资者教育经费投入规模的公司数量比较情况

2015 年，证券公司在不断完善投资者教育服务基础制度的同时，制订针对股票期权、港股通、新三板、融资类业务等创新业务的投资者教育服务制度，以及互联网投资者教育服务工作管理制度、投资者教育基地管理制度等。

三、投资者教育服务工作方式非现场化

2015 年，随着客户交易习惯的变化，以及一人多户政策的放开，证券公司互联网客户大幅增加，现场客户数量减少，使得证券公司的客户服务呈现离散化趋势。为覆盖更多投资者，各公司总部及营业部开始转向通过互联网、呼叫中心等非现场形式开展投资者教育服务工作，官方微信、移动交易终端等移动互联网形式成为投资者教育服务的新阵地。

（一）通过多种互联网渠道开展投资者教育工作

各公司在通过官方网站、网上交易终端开展投教服务工作的同时，进一步利用微信等社交媒体，以及移动交易终端等移动互联网形式开展投资者教育工作。

2015 年，99 家公司均在官方网站中设置了投资者教育专栏，发布相关文章 16 万余篇。93 家公司通过网上交易终端发布投资者教育相关信息 44 万余条。

2015 年，证券公司利用微信等社交媒体开展投资者教育工作覆盖投资者数量大幅增加。开通了官方微信、微博的公司数量为 92 家，较 2014 年提升了 35.29%；关注人数达 1 200 万人，较 2014 年提升了 256%。许多公司在总部开通微信服务号、订阅号的同时，分支机构也针对目标客户相继开通特色微信公众号。其中，80 家公司在官方微信、微博中设置了投资者教育专栏，全年发布投资者教育、保护相关文章达 4 万多篇。

2015 年，移动交易终端成为投资者教育服务的重要平台。69 家公司通过移动交易终端发布投资者教育相关信息 354 万条。例如，广发证券将投资者服务和移动互联网创新趋势相

结合，开发了“有问必答”7×24 小时在线答疑系统，投资者可随时随地通过平台发出咨询请求，分布于全国各地的近 7 000 名专业投资顾问和客服人员会及时应答投资者需求，2015 年答疑数超过 380 万条（见图 1－3）。

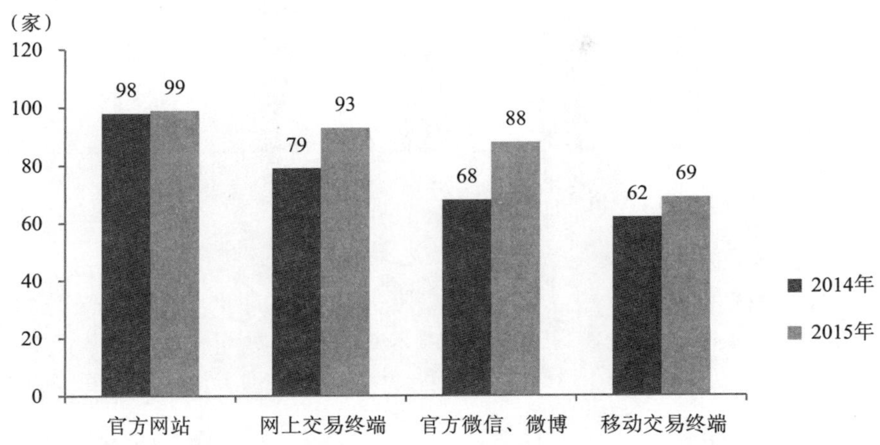

图 1－3　2014 年、2015 年通过不同渠道开展投资者教育工作的公司数量比较情况

（二）进一步完善客户通讯服务

2015 年，证券公司进一步完善客户通讯服务。截至 2015 年底，98 家证券公司设立了以呼叫中心为主要形式的对外语音服务统一业务管理系统或机构，为客户提供咨询、投诉、回访、调查、产品查询等信息服务，建立对外语音服务系统的公司数量比 2014 年提高了 3.15%。98 家证券公司中，33% 的公司提供了 7 天 24 小时全天候对外语音服务，较 2014 年增加了 6%；其余公司也为客户提供了交易日交易时段的电话服务。

2015 年，由于客户咨询量波动剧烈，证券公司客户呼入接通率略有下降，各公司平均电话接通率约为 78.19%，比 2014 年减少了 4%。其中，10 家证券公司客户呼入电话接通率达到了 100%，32 家公司接通率为 90%—100%（不含）。2015 年 4 月—8 月，市场经历投资者人数大幅增长以及股市异常波动，各公司客户呼入电话量激增，证券公司针对此情况迅速采取应对措施，如中泰证券等公司对呼叫中心进行优化调整，加大呼叫服务力度，客户呼入接通率重新回升，全年接通率维持在正常范围（见图 1－4）。

2015 年，证券公司客户回访覆盖率同 2014 年基本持平，证券公司全年客户回访电话平均接通率（接出）为 64.7%。其中，7 家证券公司客户回访电话接通率为 90%—100%，16 家公司为 80%—90%（不含）（见图 1－5）。

2015 年，证券公司联络覆盖率略有提高。通过电话、短信、面对面等方式至少联络 1 次的平均客户联络覆盖率为 62.77%，比 2014 年提高近 5%。其中，16 家证券公司客户联络覆盖率达到 100%，12 家公司为 90%—100%（不含）（见图 1－6）。

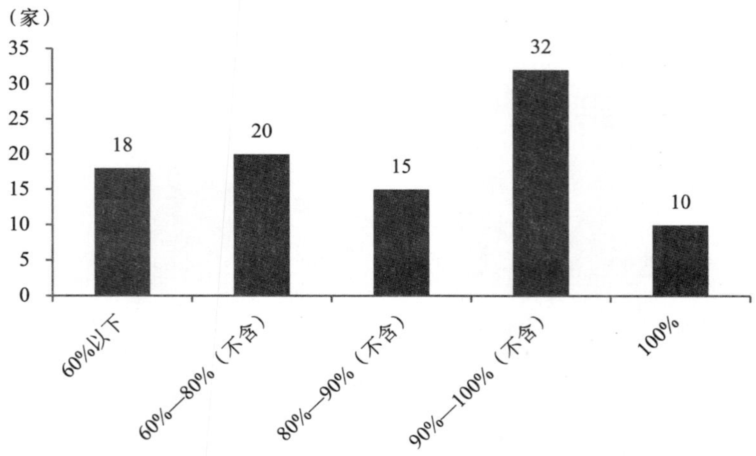

图 1-4　2015 年客户呼入电话接通率情况

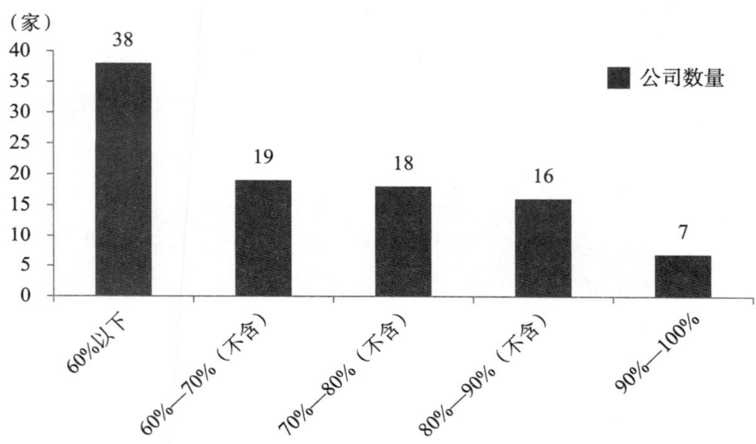

图 1-5　2015 年客户回访电话接通率情况

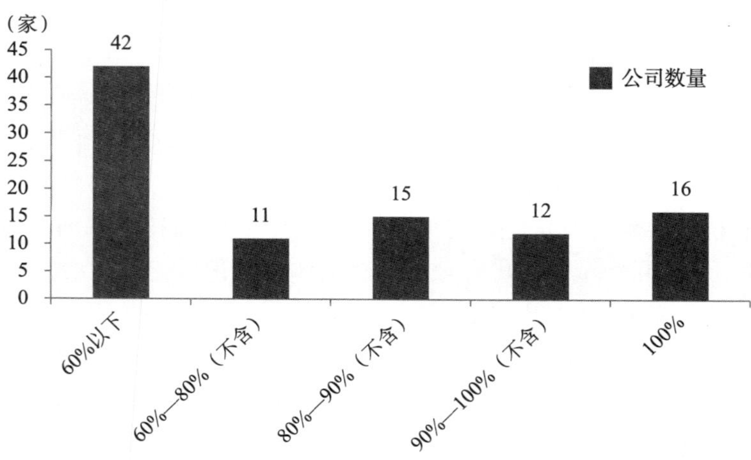

图 1-6　2015 年客户联络覆盖率情况

四、投资者教育产品制作互联网化

2015年，证券公司制作投资者教育产品共计689种，比2014年增加21%，内容涉及股票期权、分级基金等创新产品和业务，以及金融法律知识普及、投资者权益保护、投资策略及行业分析等，产品形式包括印刷品、微信H5页面、微信游戏、手机软件、动画片、微电影、视频、漫画、课件等。2015年，纸质投教产品印刷数量达1 761万份，电子投教产品点击量达615万余次。

2015年，证券公司注重开发创新产品及业务投资者教育产品，主要涉及股票期权、港股通、分级基金、融资融券、约定式购回、“一码通”、账户整合、资产证券化、小微贷等新业务或产品，共计353种，比2014年增加18%，其中以股票期权、港股通、分级基金、融资融券为主题的产品最为普遍，有314种，占比为89%。各类产品种类数量情况见图1－7。

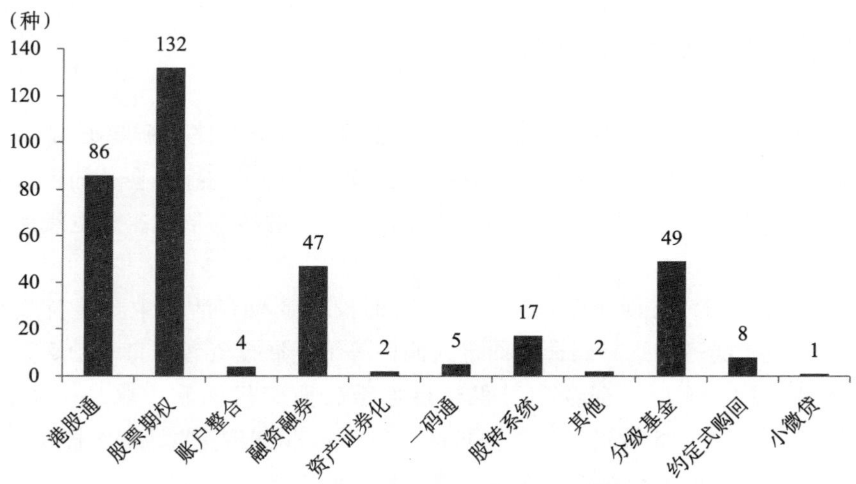

图1－7　产品及业务投资者教育产品种类数量

2015年，证券公司除针对产品或业务以外，还围绕打击非法证券活动、投资者权益保护、反洗钱、法制宣传、金融风险教育等主题制作了多种多样的投资者教育产品，产品种类达337种，比2014年增加24%。其中，打击非法证券活动宣传类投教产品为140种，占全部产品的41.5%。各类产品种类数量情况见图1－8。

2015年，证券公司针对大量新入市年轻投资者的信息接收习惯，重点开发微信端投教产品。例如，东莞证券推出“新股民大学堂”H5网页投教产品，并统一通过营业部官方微信投放，内容涵盖开户流程、软件下载、交易方式、交易规则、信用业务、分级基金、股指期货、沪港通等；东吴证券结合公司新业务的开展，推出了“沪港通来袭，你准备好了吗”微信游戏、《理性人生·财富伴生》微电影等投教作品，以寓教于乐的方式做好业务推广宣传。

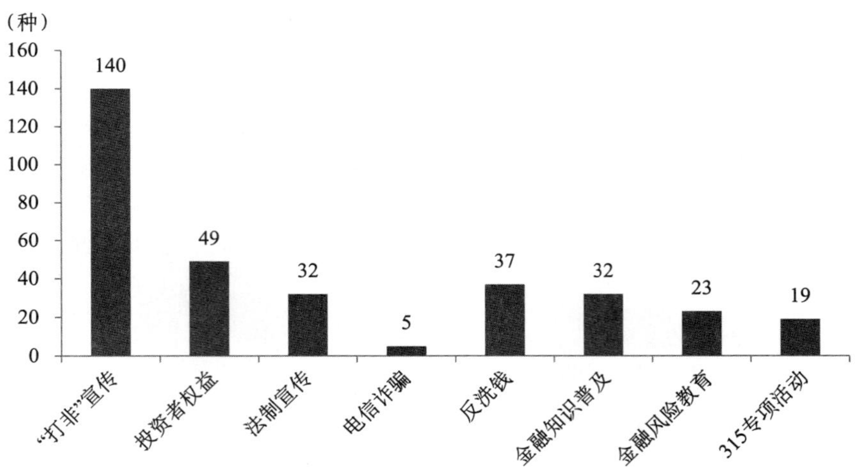

图 1－8　其他主题投资者教育产品种类数量

五、投资者教育活动广泛开展

2015 年，证券公司在配合中国证监会、中国证券业协会、交易所等开展投资者权益维护等主题活动的同时，针对产品和业务开展投资者教育活动。在报告会、知识讲座、股民学校等传统活动形式的基础上，增加了更具趣味性和互动性的活动形式，如电视海选节目、线上培训、线下健康跑等。

2015 年，证券公司针对创新产品和业务开展的投资者教育活动主要涉及股票期权、融资融券、分级基金、港股通、一码通、约定式购回等，开展投资者教育活动 5 万余场，参与投资者达 949 万人次。同时，证券公司积极参加金融监管机构和中国证券业协会组织的"12·4 法制宣传"、"3·15 投资者权益保护活动"、"打非宣传月"，以及电信诈骗、反洗钱等活动，并自主策划开展了金融知识普及、金融风险教育等其他专题投资者教育活动，开展投资者教育活动 5 万余场，参与投资者达 491 万人次。

六、投资者教育工作加强与媒体合作

2015 年，证券公司进一步借助媒体开展投资者教育服务舆论引导和宣传教育工作，广泛通过网络、报纸、电视、广播等媒体合作开展投资者教育服务宣传，合作媒体包括新华网、新浪财经、搜狐证券、和讯网等网络媒体，中国证券报、证券时报、证券日报、上海证券报、京华时报等平面媒体，中央电视台、地方电视台等电视媒体，以及新财富时间、喜马拉雅电台、FM93 交通之声等广播媒体，发布宣传文章（音频、视频）3 662 篇（部）。

七、投资者教育服务工作客户满意度良好

2015 年，62 家证券公司开展了客户满意度调查，调查覆盖 500 余万名投资者，平均满意度为 92.17%。其中，15 家证券公司客户满意度为 95%—100%，具体数据见图 1 - 9。客户满意度调查主要方式包括电话回访，及在网上交易软件、公司官网设置“问卷调查”栏目等。调查的主要内容包括客户服务满意度评价、呼叫中心存量客户回访、新开户回访、投资顾问服务客户满意度回访等。

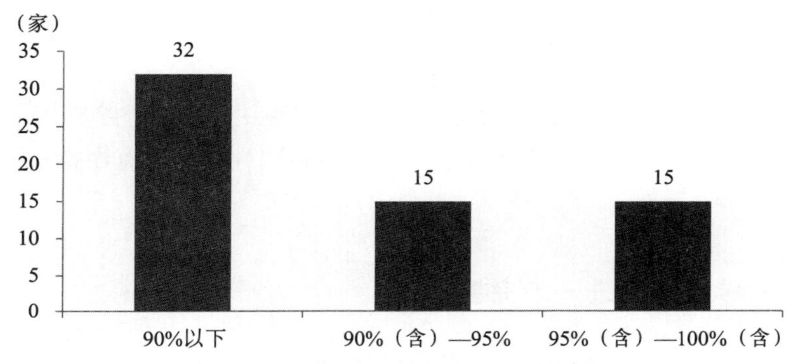

图 1 - 9　不同满意度区间的公司数量情况

八、投资者教育基地建设受到重视

2015 年 10 月，中国证监会下发《关于加强证券期货投资者教育基地建设的指导意见》，规范和促进投资者教育基地建设。证券公司积极参与筹备、申报投资者教育基地，首批参加申报公司 40 家，占调查对象的 40%；拟申报公司 24 家。已申报或拟申报互联网投教基地的公司 35 家，已申报或拟申报实体投教基地的公司 38 家，9 家公司同时申报互联网和实体投教基地。

第二章
证券公司投资者适当性制度实施情况

2015 年，证券公司根据中国证监会、中国证券业协会、交易所等机构颁布的各项适当性制度，进一步完善公司适当性管理规定及各项业务适当性规则，有序推进投资者适当性管理工作。

一、适当性制度建设进一步完善

2015 年，92% 的证券公司制定了公司层面统一的投资者适当性总制度。同时，所有证券公司都按照监管要求针对各业务制定了专门的规范性文件，业务涉及经纪业务、投资顾问、代销金融产品、证券投资基金、融资融券、股票质押式回购、资产管理、港股通、股票期权、创业板、新三板、债券市场、柜台市场等。

二、了解客户手段呈现网络化趋势

2015 年，证券公司了解客户手段网络化，在 99 家证券公司全部通过风险承受能力问卷对客户进行风险测评的基础上，56 家公司利用网上交易系统数据分析方式对客户进行后续风险承受能力测评，有 7 家公司通过人工沟通方式对客户进行了解，1 家公司通过特殊业务征信调查对客户进行风险测评。证券公司使用的客户风险测评问卷基本参考了中国证券业协会提供的客户风险承受能力问卷模板，16 家公司在模板的基础上结合公司情况对问卷进行微调。对于客户分类结果的留存方式，86 家公司采用纸质方式留存，97 家公司采用电子方式留存（见图 2－1）。

2015 年，证券公司对客户分类结果定期更新的方式也呈现网络化，91 家公司采用网上交易终端、移动交易终端等系统提醒或利用网上交易系统数据分析测评的方式，71 家公司采用定期核查的方式，65 家公司采用人工跟踪的方式（见图 2－2）。

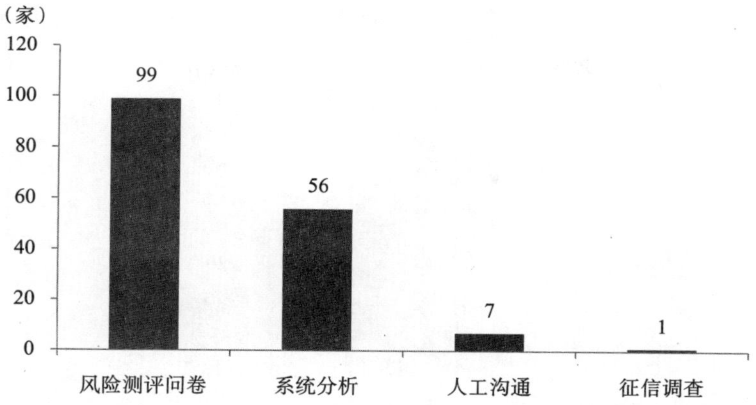

图 2－1 2015 年使用不同手段评估客户风险承受能力的公司数量情况

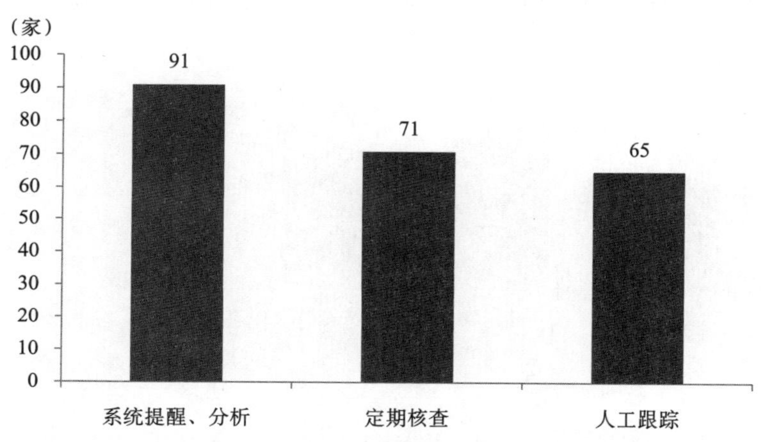

图 2－2 2015 年使用不同手段定期更新客户分类结果的公司数量情况

2015 年，证券公司客户风险测评率进一步提高，已进行风险测评客户数量占全部客户（不含休眠账户）的比例约为 86.21%，比 2014 年提高了 7.21%；超过风险测评有效期（二年）的风险测评客户占全部风险测评客户数的比例约为 21.28%，比 2014 年降低 4%，28 家公司没有超期未评客户。

三、采取三档客户分类的公司数量增加

2015 年，证券公司主要采用三档和五档客户分类方法。45 家公司将客户分为低风险（保守型）、中风险（稳健型）、高风险（积极型）三档，比 2014 年增加 11 家；40 家公司将客户分为低风险（保守型）、中低风险（相对保守型）、中风险（稳健型）、中高风险（相对积极型）、高风险（积极型）五档，比 2014 年减少 11 家；14 家公司将客户分为低风险（保守型）、中低风险（稳健型）、中风险（成长型）、高风险（积极型）四档，同 2014 年持平。

在证券公司客户分类中，中等风险客户占比最高。其中：三档分类方式下中等风险客户占 54%，同 2014 年基本一致；四档分类方式下中高风险占 30%，中等风险占 45%，同 2014

年相比略有提高；五档分类方式下中等风险占45%，同2014年相比略有提高（见图2－3）。

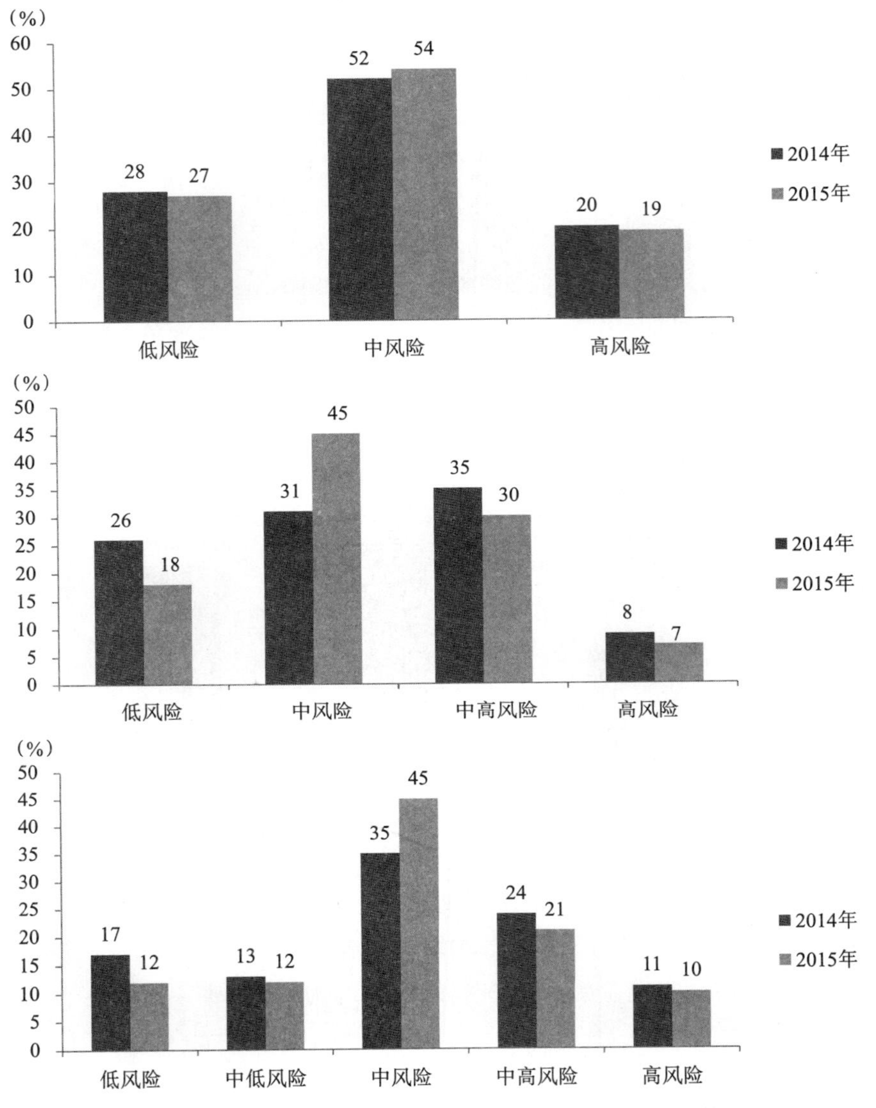

图2－3　2014年、2015年不同类型客户占比情况比较

2015年，中小投资者占全部投资者的比例基本保持稳定。证券公司投资金额在50万元人民币以下的客户约占全部有效客户的88.17%，同2014年基本持平；在99家证券公司中，50万元以下客户占总客户数90%以上的证券公司有81家，同2014年持平。

四、产品评估制度进一步完善

证券公司普遍建立了对本公司金融产品进行评估、审核的内部管理制度，包括产品委托人资格审查、产品尽职调查及风险评估、产品评审委员会等制度。证券公司一般要求引进部门对产品相关的交易对手、项目现场进行实地考察。若实地考察有困难的，还委托公司其他部门或者第三方进行现场调查，但引进部门需对调查结果进行复核，并承担相应责任。

五、采用三、五档分类评价金融产品风险的公司增加

2015 年，证券公司主要采用三档及五档分类法对金融产品进行分类。47 家公司设低风险、中风险、高风险三档产品，比 2014 年增加 7 家；4 家公司设低风险、中低风险、中风险、高风险四档产品，比 2014 年减少 10 家；39 家公司设低风险、中低风险、中风险、中高风险、高风险五档产品，比 2014 年增加 4 家。证券公司销售的金融产品中，各风险类型的产品种类相对均衡，为客户提供了全面的产品选择（见图 2－4）。

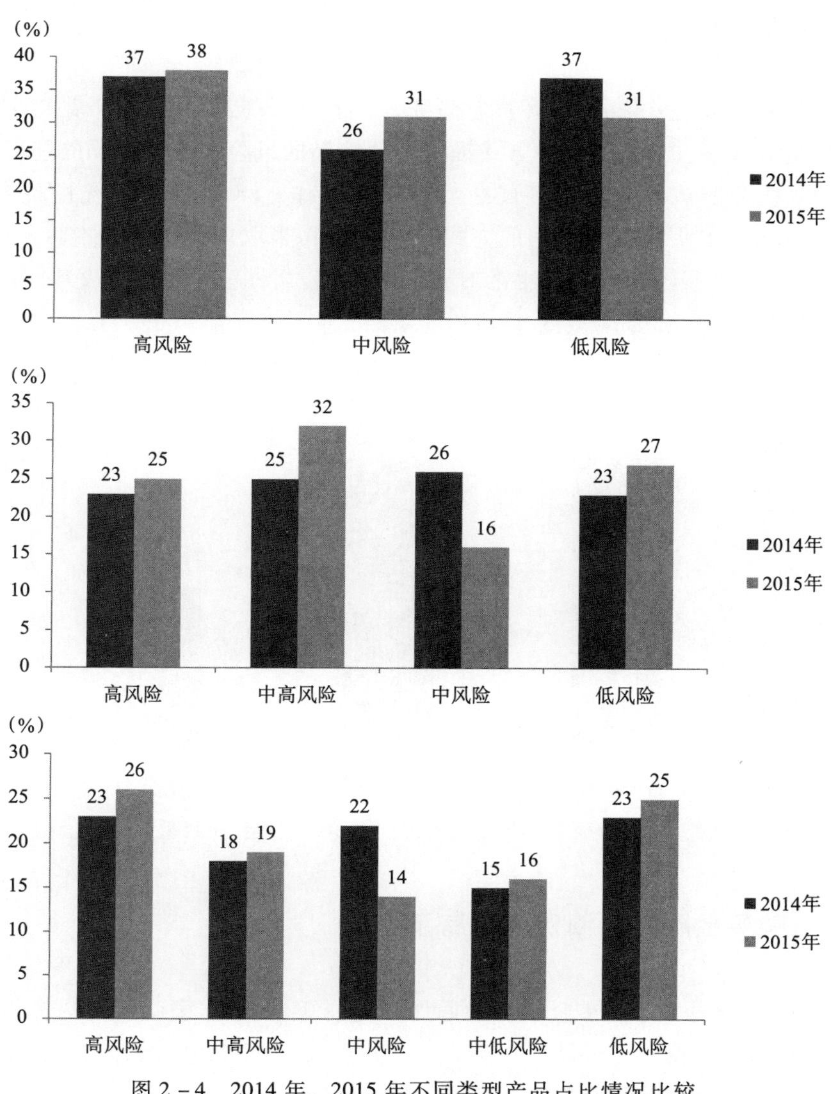

图 2－4　2014 年、2015 年不同类型产品占比情况比较

六、信息披露及风险揭示工作持续开展

2015 年，证券公司持续开展销售金融产品或提供金融服务的信息披露工作。95 家证券公司向投资者提供产品资料，包括产品合同、产品说明书、产品风险揭示书等，以及向客户披露适当性职责不构成对客户投资收益的担保，公司数量比 2014 年多 2 家。其中，90 家公司已 100% 签署风险揭示书；95 家公司平均风险揭示书签署比例达 99.62%；针对代销金融产品业务，93 家公司根据尽职调查结果向客户披露所代销产品的实际投资标的和潜在风险，公司数量同 2014 年持平。

七、适当性匹配手段进一步优化

2015 年，证券公司进一步优化客户管理系统，通过系统控制各业务适当性匹配工作。在传统签署纸质确认书、口头告知等方式提示评估结果的风险不匹配情况的基础上，进一步通过客户管理系统提醒或控制方式开展适当性匹配工作。88 家通过系统提醒或控制方式、87 家公司采取同客户签署纸质确认书的方式、48 家公司采取口头告知方式对客户进行提示。与不匹配客户 100% 签署不适当警示书的有 65 家证券公司，公司数量同 2014 年持平，所有公司的平均签署率为 90.85%（见图 2－5）。

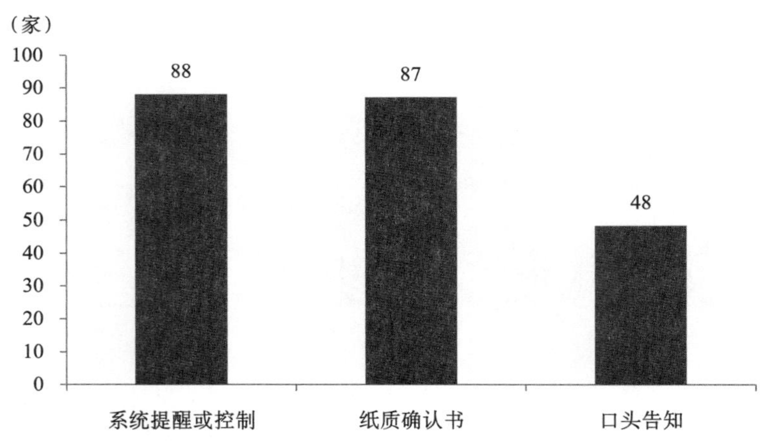

图 2－5　2015 年不同适当性匹配提示方式的公司数量情况

八、客户购买金融产品回访率略有下降

2015 年，证券公司客户购买金融产品回访率略有下降。82 家证券公司提供的金融产品客户回访数据显示，证券公司对最近一年购买金融产品客户回访的数量占全部购买产品客户的 68.81%，比 2014 年降低了 3%。其中，35 家证券公司达到了 100%，16 家公司为

60%—100%（不含），31 家公司在 60% 以下（见图 2－6）。

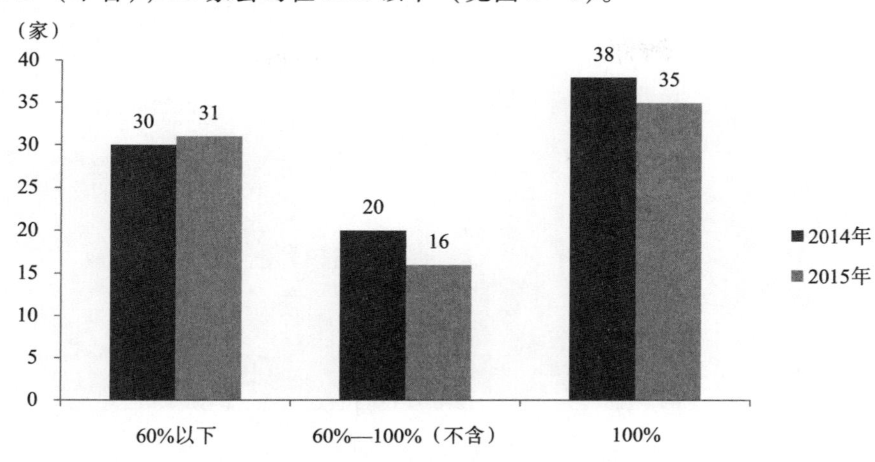

图 2－6　2014 年、2015 年不同产品回访率的公司数量比较情况

九、金融产品销售培训与检查常态化

2015 年，证券公司全年组织金融产品销售员工培训 15 412 场，同 2014 年基本持平；参加培训员工达 266 万人次，覆盖全部销售人员的 86.77%，比 2014 年下降约 4%。其中，44 家证券公司培训覆盖率达到了 100%，35 家公司为 60%—100%（不含），9 家公司在 60% 以下（见图 2－7）。

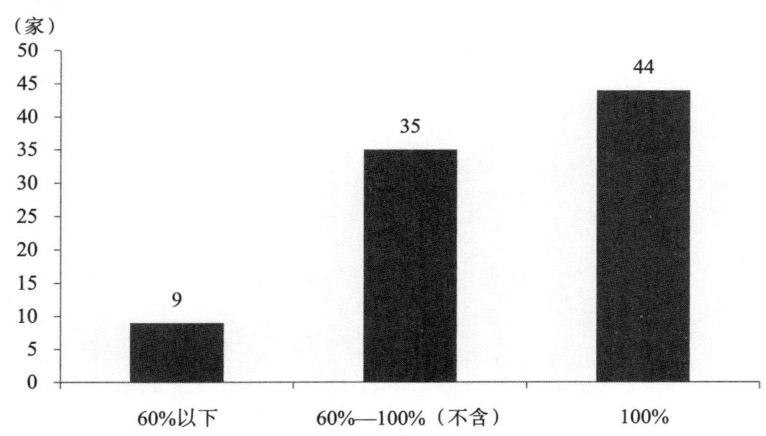

图 2－7　2015 年金融产品销售培训不同覆盖率的证券公司数量情况

2015 年，证券公司坚持开展金融产品销售检查工作。通过现场或非现场检查，以及自查或专项检查等形式开展金融产品销售检查，全年组织金融产品销售检查 671 项，对分支机构的检查覆盖率平均为 71.93%，比 2014 年下降 1.44%。其中，42 家证券公司检查覆盖率达到了 100%，3 家公司为 60%—100%（不含），28 家公司在 60% 以下。全年有 4 家公司收到 8 人次的关于违规销售金融产品的客户投诉，比 2014 年增加 2 家公司、4 人次；没有公

司报送受到监管、司法部门处理查处非法金融产品销售的情况（见图2－8）。

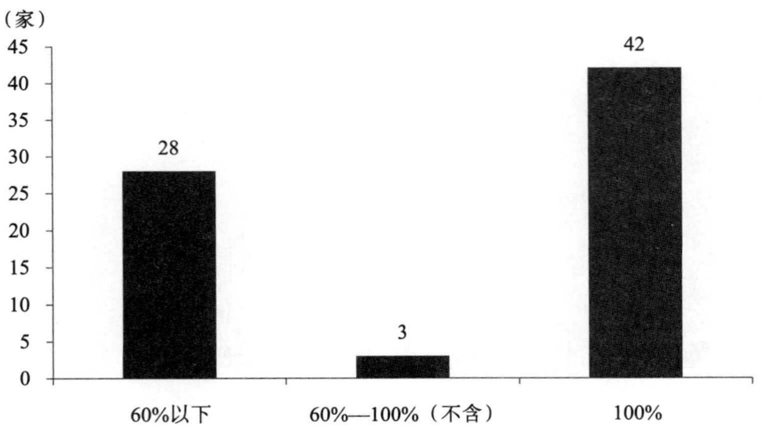

图2－8　2015年金融产品销售检查不同覆盖率的证券公司数量情况

第三章
维护投资者合法权益情况

2015 年，证券公司努力维护投资者合法权益，普遍重视客户投诉处理工作，继续推进证券市场多元化纠纷解决机制建设，开展保障中小投资者求偿权、知情权、投票权的各种活动，持续开展防范非法证券活动。

一、普遍重视客户投诉处理工作

2015 年，证券公司普遍重视投诉处理工作，努力维护投资者求偿权。99 家证券公司均建立了客户投诉处理制度，向投资者公示包括投诉电话、营业部现场、网站、网上交易系统、社交媒体，以及监管机构、自律组织等投诉渠道。证券公司一般将投诉内容分为服务态度类、佣金纠纷类、业务办理类、信息系统类、突发事件类及其他投诉情况等。

2015 年，证券公司维持较高的客户投诉处理水平，在客户投诉量激增的情况下，平均投诉处理率仍然比上年略有提高。报送此数据的 88 家证券公司收到客户投诉 18 695 起，比 2014 年增加 12 000 多起，平均投诉处理率（已处理完成数量/受理的投诉数量）达 98.91%，比 2014 年增加 1.91%。其中：57 家证券公司客户投诉处理率为 100%，23 家公司处理率为 90%—100%（不含），3 家公司处理率为 80%—90%（不含），5 家公司处理率为 80% 以下（见图 3－1）。

二、继续推进投诉处理与行业调解的对接

2015 年，证券公司投诉处理工作进一步与行业调解工作进行对接。86 家证券公司的官方网站链接了中国证券业协会证券纠纷调解在线申请平台，比 2014 年增加 7 家；91 家证券公司在公司相关业务合同或协议中加入通过证券纠纷行业调解方式解决证券纠纷的争议解决条款，比 2014 年增加 9 家。

三、努力维护投资者知情权、投票权

2015 年，证券公司继续通过组织投资者走进上市公司等活动方式维护投资者知情权。

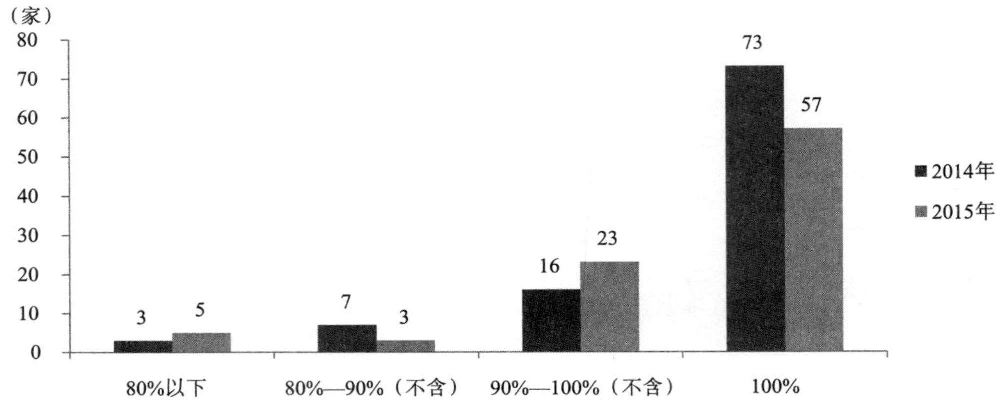

图 3－1　2014 年、2015 年不同客户投诉处理率的公司数量比较情况

据不完全统计，证券公司组织投资者走进上市公司 1 200 多次，参与人数超 17 000 人。例如，东方证券在 IPO 上市当天与上交所联合举办“我是股东——走进东方证券”活动，邀请投资者在公司上市首日参加上市仪式并与公司高管面对面交流，深入了解上市公司。

为支持投资者行使投票权，2015 年证券公司组织投资者参与上市公司表决事项投票 115 万余次。

四、持续开展防范非法证券活动

2015 年，证券公司继续配合各监管机构坚决打击非法证券活动。68 家证券公司向证券监管机构、电信局、反钓联盟机构等举报假冒本公司网站 1 202 起，比 2014 年增加约 650 起。证券公司通过多种渠道揭示非法网站及非法投资咨询，揭示渠道主要包括监管部门、行业协会、公司官网、营业场所、客服电话、短信、网上交易软件、移动交易终端、微博、微信、媒体等。

第四章
2015 年投资者保护工作中存在的问题

根据 2015 年投资者保护专项调查中证券公司反映的情况，行业投资者保护工作尚有许多需要提高之处，特别是在广泛有效宣传投资者适当性制度，切实进行投资者适当性管理方面还存在一些问题。

一、投资者教育专岗人员力量有待充实

随着证券行业对投资者教育与投资者保护工作重视程度的不断提高，证券公司总部和分支机构投资者教育专岗人员工作任务加大，专岗人员数量不足的问题凸显。另外，由于投资者教育工作成果难以与经营绩效挂钩，证券公司对投资者教育专岗人员的奖励措施不到位，不利于调动工作人员的积极性。

二、投资者适当性制度的宣传工作有待加强

行业宣传投资者适当性制度的广度和深度不够，相当多的投资者不了解投资者适当性制度，部分投资者对投资者适当性制度还存在误解，认为适当性管理限制了其交易行为。

三、投资者适当性制度在执行层面存在问题

营销部门和人员迫于任务压力，执行投资者适当性制度的积极性不高。2015 年，部分公司在融资融券交易中出现的未严格控制投资者交易资格，未对外部系统接入实施有效管理，对相关客户身份情况缺乏了解，未采集客户交易终端信息，未能确保客户交易终端信息的真实性、准确性、完整性、一致性、可读性，未采取可靠措施采集、记录与客户身份识别有关的信息，未实施有效的了解客户身份的回访、检查程序等问题。

四、部门之间投资者适当性管理的协调配合有待加强

部分证券公司的投资者教育工作小组未能真正发挥协调功能，投资者适当性管理工作仍由经纪业务管理部门独自承担，融资融券、新三板、股票期权等业务管理部门在投资者适当性管理中未发挥出应有的作用，容易造成投资者适当性制度的制订、执行、监督检查与业务管理不匹配，不利于投资者适当性管理工作的深入开展。

第五章
加强投资者保护工作建议

为适应资本市场快速发展的客观要求，提高投资者教育服务水平，切实保护投资者合法权益，建议行业从以下五个方面加强投资者保护工作：

一、进一步加强投资者适当性管理

中国证券业协会加强对行业整体投资者适当性管理工作的推动促进工作，组织投资者适当性管理培训和专项投资者教育活动，推动证券公司落实投资者适当性制度。证券公司应从上到下高度重视投资者适当性管理工作，划清投资者适当性工作职责，在业务闭环中落实投资者适当性制度，在全面了解客户、细分客户，并对客户分类结果定期跟踪更新的基础上，把金融产品或服务推荐给适当的客户。证券公司应加强对适当性管理工作的监督检查，完善适当性管理工作考核机制。证券公司在自身落实投资者适当制度的同时，加强投资者适当性宣讲力度，让社会公众知晓投资者适当性制度是投资者保护的制度安排，真正做到“卖者有责”“买者自负”，促进证券市场健康有序发展。

二、促进行业充实投资者教育专岗人员力量

中国证券业协会可举办证券公司投资者教育工作培训研讨班，加强行业投资者教育服务与保护工作的交流与沟通，宣传和推广投资者教育工作先进经验，对投资者保护工作突出的证券公司或个人给予表彰，促进证券公司提升对投资者教育与保护工作的重视程度，充实投资者教育工作专岗人员力量，增加专岗人员的激励措施。

三、进一步提升利用互联网开展投资者教育工作水平

证券公司在通过互联网、微信等渠道开展投资者教育工作时，增加投资者教育活动互动性和趣味性，增加客户参与度，充分利用网络、媒体等的舆论引导和宣传教育功能，使投资

者教育工作能够在更广泛的群体中展开。同时，利用网上交易软件和手机证券软件信息终端、委托电话、彩信、短信、邮件、微博、微信等方式，全方位、多渠道做好投资者保护宣传活动，加强投资者教育风险提示工作，加强对投资者的风险理性教育。

四、重视针对学生群体开展投资者教育

证券公司要加强与高校、媒体的合作，使投资者教育进校园、进课堂，重视对投资基础知识和投资理财理念的宣讲。

五、推进行业多元化纠纷解决机制建设

在司法改革快速推进，国家大力支持多元化纠纷解决机制建设的新形势下，证券公司要充分落实投资者投诉处理的首要责任，做好投诉处理工作，努力将矛盾纠纷化解在初始阶段。证券公司还要以多种形式支持行业调解机制建设，积极向客户宣传多元化纠纷解决机制，积极通过行业调解解决纠纷，为行业调解组织发展提供支持。行业整体要重视投诉处理、纠纷调解案例的收集、分析和宣传工作。证券公司从案例中吸取教训，提高管理水平和服务质量，同时促进投资者提升自我保护意识和理性投资意识。

附录：

2015 年中国证券行业大事记

日期	事件
1 月 7 日	中国证券业协会发布《证券市场资信评级机构评级业务实施细则（试行）》。
1 月 8 日	上海证券交易所发布《上市公司重大资产重组信息披露及停复牌业务指引》。
1 月 9 日	中国证监会发布《股票期权交易试点管理办法》。
1 月 9 日	中国证监会发布《证券期货经营机构参与股票期权交易试点指引》。
1 月 9 日	上海证券交易所发布《上海证券交易所股票期权试点投资者适当性管理指引》。
1 月 9 日	上海证券交易所、中国证券登记结算有限责任公司发布《上海证券交易所、中国证券登记结算有限责任公司股票期权试点风险控制管理办法》。
1 月 9 日	上海证券交易所发布《上海证券交易所股票期权试点交易规则》。
1 月 15 日	中国证监会发布《公司债券发行与交易管理办法》。
1 月 15 日	上海证券交易所发布《香港中央结算有限公司参与沪股通上市公司网络投票实施指引（2015 年修订）》。
2 月 3 日	上海证券交易所发布《上海证券交易所股票期权持仓限额管理业务指引》。
2 月 16 日	上海证券交易所发布《上海证券交易所债券质押式协议回购交易暂行办法》。
2 月 16 日	上海证券交易所发布《上海证券交易所债券质押式协议回购交易业务指引》。
2 月 17 日	中国证监会发布《行政和解试点实施办法》，自 2015 年 3 月 29 日起实施。
2 月 26 日	中国证券业协会发布《机构间私募产品报价与服务系统资产证券化业务指引（试行）》。
2 月 28 日	中国证监会、财政部发布《行政和解金管理暂行办法》，自 2015 年 3 月 29 日起实施。
3 月 2 日	国务院办公厅发布《关于发展众创空间推进大众创新创业的指导意见》。
3 月 2 日	中国证监会发布《公开发行证券的公司信息披露内容与格式准则第 23 号——公开发行公司债券募集说明书（2015 年修订）》。
3 月 2 日	中国证监会发布《公开发行证券的公司信息披露内容与格式准则第 24 号——公开发行公司债券申请文件（2015 年修订）》。
3 月 11 日	中国证券业协会发布《证券公司信息隔离墙制度指引》。
3 月 13 日	中国证券业协会发布《证券公司网上证券信息系统技术指引》。
3 月 13 日	中国证券业协会发布《证券公司参与支付业务信息系统技术指引》。
3 月 27 日	中国证监会发布《公开募集证券投资基金参与沪港通交易指引》。
4 月 9 日	中国证券业协会发布《证券公司股票质押式回购交易业务风险管理指引（试行）》。
4 月 12 日	中国证券登记结算有限公司发布《关于取消自然人投资者 A 股等证券账户一人一户限制的通知》。
4 月 17 日	中国证券业协会发布《基金参与融资融券及转融通证券出借业务指引》。
4 月 23 日	中国证券业协会发布《非公开发行公司债券备案管理办法》。

续表

4 月 23 日	中国证券业协会发布《非公开发行公司债券项目承接负面清单指引》。
4 月 28 日	中国证监会发布《关于证监会取消和调整部分行政审批项目等事项的公告》。
5 月 15 日	中国证监会发布《关于加强非上市公众公司监管工作的指导意见》。
5 月 18 日	中国证监会发布《关于修改 < 证券市场禁入规定 > 的决定》，自 2015 年 6 月 22 日起实施。
5 月 26 日	上海证券交易所发布《上海证券交易所上市基金流动性服务业务指引》。
5 月 29 日	上海证券交易所发布《上海证券交易所公司债券上市规则（2015 年修订）》。
5 月 29 日	深圳证券交易所发布《深圳证券交易所公司债券上市规则（2015 年修订）》。
5 月 29 日	上海证券交易所发布《上海证券交易所非公开发行公司债券业务管理暂行办法》。
5 月 29 日	深圳证券交易所发布《深圳证券交易所非公开发行公司债券业务管理暂行办法》。
5 月 29 日	上海证券交易所发布《上海证券交易所债券市场投资者适当性管理办法》。
6 月 5 日	中国证券业协会发布《公司债券受托管理人执业行为准则》。
6 月 11 日	国务院发布《关于大力推进大众创业万众创新若干政策措施的意见》。
6 月 12 日	上海证券交易所发布《上海证券交易所会员客户证券交易行为管理实施细则（2015 年修订）》
6 月 12 日	中国证券业协会发布《证券公司外部接入信息系统评估认证规范》。
6 月 24 日	中国证券业协会发布《机构间私募产品报价与服务系统私募股权转让业务指引（试行）》。
6 月 24 日	中国证券业协会发布《机构间私募产品报价与服务系统企业挂牌注册指引（试行）》。
6 月 24 日	中国证券业协会发布《机构间私募产品报价与服务系统挂牌企业分类指引（试行）》。
6 月 24 日	中国证券业协会发布《机构间私募产品报价与服务系统管理办法（试行）》。
6 月 26 日	中国证监会发布《境外交易者和境外经纪机构从事境内特定品种期货交易管理暂行办法》，自 2015 年 8 月 1 日起实施。
7 月 1 日	中国证监会发布《香港互认基金管理暂行规定》。
7 月 1 日	中国证监会发布《证券公司融资融券业务管理办法》。
7 月 1 日	上海证券交易所发布《上海证券交易所融资融券交易实施细则（2015 年修订）》。
7 月 1 日	深圳证券交易所发布《深圳证券交易所融资融券交易实施细则（2015 年修订）》。
7 月 1 日	中国金融期货交易所发布《中国金融期货交易所国债期货合约交割细则》。
7 月 10 日	中国金融期货交易所发布《中国金融期货交易所结算细则（第五次修订）》。
7 月 10 日	中国金融期货交易所发布《中国金融期货交易所风险控制管理办法（第五次修订）》。
7 月 18 日	深圳证券交易所发布《深圳证券交易所权证管理暂行办法》。
7 月 24 日	中国证券业协会发布《证券公司开展场外股权质押式回购交易业务试点办法》。
7 月 29 日	中国证券业协会发布《场外证券业务备案管理办法》，自 2015 年 9 月 1 日起实施。
7 月 31 日	中国证监会发布《关于落实注册资本登记制度改革修改相关规定的决定》。
8 月 12 日	中国证券业协会发布《机构间私募产品报价与服务系统参与人授信管理指引（试行）》。
8 月 12 日	中国证券业协会发布《中证机构间报价系统股份有限公司股权信用额度管理指引（试行）》。
8 月 20 日	中国证券业协会发布《机构间私募产品报价与服务系统非公开发行公司债券募集说明书编制指引（试行）》。

续表

8 月 20 日	中国证券业协会发布《机构间私募产品报价与服务系统债券推荐意见书范本（试行）》。
8 月 20 日	中国证券业协会发布《机构间私募产品报价与服务系统非公开发行公司债券挂牌申请材料报送须知（试行）》。
8 月 20 日	中国证券业协会发布《机构间私募产品报价与服务系统非公开发行公司债券挂牌申请材料报送须知（试行）》。
8 月 21 日	深圳证券交易所发布《深圳证券交易所债券质押式协议回购交易暂行办法》。
8 月 27 日	上海证券交易所发布《上海证券交易所股票期权试点做市商业务指引（2015 年修订）》。
9 月 8 日	中国证监会发布《关于加强证券期货投资者教育基地建设的指导意见》及《首批投资者教育基地申报工作指引》。
9 月 25 日	中国证券业协会发布《机构间私募产品报价与服务系统私募股权融资业务指引（试行）》。
10 月 9 日	上海证券交易所发布《关于扩大质押式报价回购业务质押券范围有关事项的通知》。
10 月 16 日	中国证券业协会发布《公司债券承销业务规范》。
10 月 16 日	中国证券业协会发布《公司债券承销业务尽职调查指引》。
11 月 16 日	中国证监会发布《关于进一步推进全国中小企业股份转让系统发展的若干意见》。
12 月 4 日	上海证券交易所发布《上海证券交易所交易规则（2015 年修订）》，自 2016 年 1 月 1 日起实施。
12 月 4 日	深圳证券交易所发布《深圳证券交易所交易规则（2015 年修订）》，自 2016 年 1 月 1 日起实施。
12 月 4 日	中国金融期货交易所发布《中国金融期货交易所交易细则》（修订版）、《中国金融期货交易所结算细则》（修订版）、《中国金融期货交易所风险控制管理办法》（修订版）、《沪深 300 股指期货合约》（修订版）、《中国金融期货交易所沪深 300 股指期货合约交易细则》（修订版）、《上证 50 股指期货合约》（修订版）、《中国金融期货交易所上证 50 股指期货合约交易细则》（修订版）、《中证 500 股指期货合约》（修订版）及《中国金融期货交易所中证 500 股指期货合约交易细则》（修订版），自 2016 年 1 月 1 日起实施。
12 月 17 日	中国证监会和中国人民银行发布《货币市场基金监督管理办法》，自 2016 年 2 月 1 日起施行。
12 月 30 日	中国证监会发布《关于修改〈首次公开发行股票并在创业板上市管理办法〉的决定》，自 2016 年 1 月 1 日起施行。
12 月 30 日	中国证监会发布《关于修改〈首次公开发行股票并上市管理办法〉的决定》，自 2016 年 1 月 1 日起施行。
12 月 30 日	中国证监会发布《关于修改〈证券发行与承销管理办法〉的决定》，自 2016 年 1 月 1 日起施行。

后 记

《中国证券业发展报告（2016）》由中国证券业协会组织编撰，由中国证券业协会和12家单位组成的写作组共同完成。报告分为总报告、分报告及专题报告。撰稿单位情况如下：海通证券股份有限公司负责撰写“总报告：2015年中国证券业发展回顾与展望”及“专题报告之八：2015年中国证券公司合规与风险管理发展综述”；国泰君安证券股份有限公司负责撰写“分报告之一：2015年中国证券经纪业务发展回顾与展望”；中信建投证券股份有限公司负责撰写“分报告之二：2015年中国投资银行业务发展回顾与展望”；申万宏源证券有限公司负责撰写“分报告之三：2015年中国证券公司资产管理业务发展回顾与展望”及“专题报告之九：2015年中国证券业信息技术与服务发展综述”；中信证券股份有限公司负责撰写“分报告之四：2015年中国证券公司融资类业务发展回顾与展望”和“分报告之五：2015年中国证券公司投资业务发展回顾与展望”；广发证券股份有限公司负责撰写“分报告之六：2015年中国证券公司国际化业务发展回顾与展望”；联合信用评级有限公司负责撰写“分报告之七：2015年证券市场资信评级业务发展回顾与展望”；中国证券业协会人力资源管理专业委员会组成单位负责撰写“专题报告之一：2015年证券行业人才发展综述”；中国银河证券股份有限公司负责撰写“专题报告之二：2015年全国中小企业股份转让系统发展综述”和“专题报告之三：2015年区域股权市场与柜台市场发展综述”；中证机构间报价系统股份有限公司负责撰写“专题报告之四：2015年机构间私募产品报价与服务系统发展综述”；海南港澳资讯产业股份有限公司负责撰写“专题报告之五：2015年中国证券投资咨询公司发展综述”；华泰证券股份有限公司负责撰写“专题报告之六：2015年证券公司互联网证券发展综述”；第一创业证券股份有限公司负责撰写“专题报告之七：2015年固定收益业务发展综述”；中国证券业协会纠纷调解中心负责撰写“专题报告之十：2015年证券公司投资者保护发展综述”。按报告顺序，各写作组负责人为：李明亮、朱志雄、贾新、陈晓升、张玲、曹恒乾、常丽娟、王旻、李树华、王明昆、乔光豪、庄虔华、罗再宏、王建业、谈志琦。

本报告编写过程中，得到了中国证监会证券基金机构监管部的大力支持。初稿完成后，中国证监会证券基金机构监管部、中国证券金融股份有限公司、全国中小企业股份转让系统、中国证券业协会证券经纪业专业委员会、投资银行业专业委员会、资产管理业务专业委员会、直接投资业务专业委员会、融资融券业务专业委员会、证券公司合规专业委员会、创新发展战略专业委员会、国际合作专业委员会、人力资源管理专业委员会、场外市场专业委员会、固定收益专业委员会、财务会计与风险控制专业委员会、证券投资咨询专业委员会、互联网证券专业委员会、证券资信评级专业委员会和信息技术专业委员会的专家对报告内容进行了认真审阅并提出了宝贵的修改意见和建议。此外，本报告的完成也得到了沪、深证券交易所，中国证券金融股份有限公司，全国中小企业股份转让系统及广大会员单位的支持，在此一并表示感谢！

《中国证券业发展报告（2016）》编委会

2016 年 4 月